Ricardo Anderle
Doutor em Direito Tributário pela PUC/SP
Mestre em Direito Econômico e Financeiro pela USP
Ex-Conselheiro do CARF
Advogado

CONFLITOS DE COMPETÊNCIA TRIBUTÁRIA ENTRE O ISS, ICMS E IPI

editora e livraria
NOESES
2016

Fundador e Editor-chefe: Paulo de Barros Carvalho
Gerente de Produção Editorial: Rosangela Santos
Arte e Diagramação: Renato Castro
Revisão: Equipe Noeses
Designer de Capa: Aliá3 - Marcos Duarte

2016

editora e livraria
NOESES

Editora Noeses Ltda.
Tel/fax: 55 11 3666 6055
www.editoranoeses.com.br

Dedico esse livro à memória dos meus pais – Jacó e Elisabete – exemplos de comprometimento, humildade, amor ao próximo e da luta infatigável por um mundo melhor. Tenham a certeza de que persisto na busca para que seus esforços não tenham sido em vão. E ao meu filho Enzo, na esperança de que esses ensinamentos se perpetuem.

AGRADECIMENTOS

Agradeço ao meu eterno professor, mestre e orientador no mestrado na USP, cientista no estrito sentido do termo e ser humano exemplar, Paulo de Barros Carvalho.

Ao meu orientador do doutorado e amigo, Tácio Lacerda Gama, pelos insights que jamais conseguiria sozinho.

A todos os meus colegas do IBET, do mestrado e do doutorado, e que faço em nome do pecuarista tributário, João Ricardo Dias de Pinho, amigo desde os idos do curso do IBET, no ano 2000, em São Paulo.

A todos os meus alunos, que foram mais mestres do que discípulos.

Aos meus colegas de escritório, pelo incentivo a prosseguir na vida acadêmica, e cujo reconhecimento faço em nome dos meus sócios Joel de Menezes Niebuhr, Luiz Magno Pinto Bastos Júnior e André Lipp Pinto Basto Lupi.

A toda a equipe da área tributária do escritório, que "segurou a onda" neste último ano, especialmente o Gabriel Collaço Vieira e o Michel Scaff Júnior.

Faço, com muito carinho, particular registro da imensa gratidão que tenho pela inestimável ajuda que recebi do Carlos Gilberto Crippa Júnior, da Gabriela Bittencourt e da Rafaela Roman Ros.

Aos meus amigos-irmãos, Carlos Gustavo Crippa e Alisson Hoffmann da Silva, que sempre acreditaram em mim e me apoiaram nas horas mais difíceis.

Aos meus irmãos, Fernando Jacó Anderle e Elisa Nunes Anderle, que mantêm imperturbável o elo de amor estabelecido por nossos pais.

A Deus, meu Senhor, que me ajudou a superar todas as privações que o percurso exigiu.

Por fim, à minha esposa, o amor da minha vida, Jullyana Andrade Campos Anderle, por toda a paciência, o incentivo, a cumplicidade e a compreensão. “Eu sem você não tenho porquê”.

— Bom dia. Por que acabas de apagar teu lampião?

— É o regulamento, respondeu o acendedor. Bom dia.

— Que é o regulamento?

— É apagar meu lampião. Boa noite.

E tornou a acender.

— Mas por que acabas de acender de novo?

— É o regulamento, respondeu o acendedor.

— Eu não compreendo, disse o principezinho.

— Não é para compreender, disse o acendedor. Regulamento é regulamento. Bom dia.

E apagou o lampião.

— Eu executo uma tarefa terrível. Antigamente era razoável. Apagava de manhã e acendia à noite. Tinha o resto do dia para descansar e o resto da noite para dormir...

— E depois disso, mudou o regulamento?

— O regulamento não mudou, disse o acendedor. Aí é que está o drama! O planeta de ano em ano gira mais depressa, e o regulamento não muda!

— E então? Disse o principezinho.

— Agora, que ele dá uma volta por minuto, não tenho mais um segundo de repouso. Acendo e apago uma vez por minuto!

(Passagem do meu livro de cabeceira desde a infância: O Pequeno Príncipe).

SUMÁRIO

PREFÁCIO

Eis um texto que ilustra bem os desacertos pelos quais atravessa a ordem jurídica nacional. Tanto cuidado para repartir as competências tributárias; tanto zelo para preservar a complexidade de um sistema bem composto e que tem funcionado satisfatoriamente para o caixa do Estado; mas que deixa remanescer conflitos entre as entidades tributantes, tudo, aliás, que o constituinte de 1988 quis a todo o preço evitar. As conhecidas guerras fiscais, com os detrimentos que provocam em muitos setores da sociedade brasileira, gerando retaliações e entraves para o fluxo natural das conversações que hão de existir, tendo em vista o devido entrosamento entre os subdomínios, são testemunhos importantes do esforço conjunto de nossos dias. Dito de outro modo, ainda que o objetivo fosse diverso, a verdade é que os conflitos estão aí, acontecendo a cada passo e desafiando a criatividade do meio jurídico brasileiro. Em termos de direito comparado, nosso sistema pode ser tido como bom e funcional. Torna-se imperioso combater esses processos deturpadores, num esforço conjunto que requer a participação dos órgãos do Estado, devidamente sintonizados com os sujeitos passivos das exações existentes. Sim, porque a Constituição brasileira já o proclamou de forma contundente, ao estabelecer funções específicas à lei complementar, como bem esclarece Ricardo Anderle na introdução de seu texto. Não se trata de assunto que interesse apenas ao

Estado-administração, como pode parecer no exame do primeiro instante, mas envolve toda a sociedade, reclamando a presença de todos aqueles que, direta ou indiretamente, estejam envolvidos com o assunto "tributação".

Firmando premissas sólidas para suster tecido argumentativo bem urdido, mostra o Autor seus conhecimentos de Teoria Geral do Direito e de Direito Constitucional, muito bem situados numa visão de cunho constructivista do Direito. Pode-se dizer que o "Constructivismo lógico-semântico" não só está presente nesta obra, como inspira e impulsiona Ricardo Anderle, em toda a extensão do trabalho. Faz gosto verificar como o jovem jurista se movimenta bem, transitando com naturalidade por conceitos especialmente apurados.

O livro está dividido em 5 (cinco) capítulos, que se repartem em subcapítulos e o Autor tem presente, a todo o instante, a necessidade premente de fazer de sua mensagem uma síntese eloquente entre a teoria e a prática, entre a ciência e a experiência, pois grande advogado que é, não deixaria escapar a oportunidade de enriquecê-lo com a dupla visão de quem observa a ordem dos fatos para justifica-los e melhor compreendê-los à luz dos ensinamentos teóricos.

Doutor em Direito Tributário pela PUC/SP, Mestre em Direito Econômico e Financeiro pela USP, Ex-Conselheiro do CARF, além de praticar a advocacia no mais elevado nível, Ricardo Anderle, com o presente trabalho, dá uma contribuição séria e efetiva à doutrina brasileira sobre a matéria.

São Paulo, 16 de novembro de 2016

Paulo de Barros Carvalho
Emérito e Titular da PUC/SP e da USP

1
COMPETÊNCIA TRIBUTÁRIA

1.1 Linguagem, direito e interpretação

1.1.1 Direito e linguagem

Para estudar o direito, é necessário adotar um método científico. Define-se método como uma série de regras e técnicas para tentar resolver dado problema.[1] No estudo do direito, a reflexão metodológica assume importância na medida em que se realiza um corte no objeto de estudo a ser descrito, o que possibilita elaborar proposições coerentes dentro de um sistema de referência.

Vários são os métodos científicos igualmente válidos para o estudo do direito, fenômeno cultural reconhecidamente complexo. Adotamos o método exposto por Paulo de Barros Carvalho em suas principais obras, *Direito Tributário: fundamentos jurídicos de incidência* e *Direito Tributário, linguagem*

1. ALVES-MAZZOTTI, Alda Judith; GEWANDSZNAJDER, Fernando. *O Método nas Ciências Naturais e Sociais* – Pesquisa Quantitativa e Qualitativa. 2 ed. São Paulo: Pioneira, 1999, p. 3.

e método, cujo referencial teórico é a Filosofia da Linguagem.[2] Convém adiantar que não temos a pretensão de resumir a amplitude do modelo teórico empreendido pelo citado autor; porém, considerações acerca de pontos relevantes do corte metodológico mostram-se pertinentes a fim de demarcar melhor o campo da proposta cognoscitiva.

Partimos da ideia de que o conhecimento humano surge e é transmitido por meio da linguagem, essa entendida como um conjunto de unidades ou signos constitutivos da realidade. "Conhecer", como ensina Paulo de Barros Carvalho, é "saber proposições sobre".[3] A partir das proposições formuladas pelo sujeito cognoscente, reduzem-se as complexidades do mundo real, já que os conceitos não podem reproduzir a realidade.[4] O conhecimento, então, não é formado sobre algo real, mas sobre uma realidade linguística ou conceitual, ou seja, conhecemos as coisas da forma como as constituímos ou como as criamos por meio da linguagem. Assim, os *fatos* são versões dos fatos, e nossa versão é uma versão de tal versão; os *fatos* não provam nada, simplesmente porque não falam,

2. No livro *Reviravolta linguístico-pragmática na filosofia contemporânea*, Manfredo Araújo de Oliveira expõe a mudança, ocorrida no século XX, sobre as noções de linguagem e conhecimento. O movimento, denominado "giro linguístico" (*linguistic turn*), concentra-se na ideia de que toda e qualquer forma de conhecimento pressupõe o uso da linguagem. A linguagem não é mais entendida como instrumento do conhecimento senão como condição primeira. OLIVEIRA, Manfredo Araújo de. *Reviravolta linguístico-pragmática da filosofia contemporânea*. 2. ed. São Paulo: Loyola, 2001, *passim*.
Segundo Francisco Leocata, um dos primeiros a empregar e divulgar a expressão "giro linguístico" (*linguistic turn*) foi Rorty, na obra *El giro linguístico: Las dificultades metafilosóficas de la linguística*, Barcelona, Paidós, 1990. LEOCATA, Francisco. *Persona, Lenguaje y Realidad*. Buenos Aires: Educa, 2003, p. 22, nota de rodapé.

3. CARVALHO, Paulo de Barros. IPI – Comentários Sobre as Regras de Interpretação da Tabela BM/SH (TIPI/TAB). *Revista Dialética de Direito Tributário*, v. 12, 1996, p. 42.

4. Em Heidegger, a compreensão "torna-se" explicação, porque não pode vir ao mundo sem linguagem. Conhecer o mundo é uma forma de se compreender, "que não consiste em intuir intelectualmente a própria atualidade, senão explicá-la por meio da interpretação". LEOCATA, Francisco. *Persona, Lenguaje y Realidad*. Buenos Aires: Educa, 2003, p. 256.

permanecendo no silêncio até serem postos em palavras.[5] Citando Nietzsche,[6] Dardo Scavino arremata: "Não existem fatos, só interpretação, e toda interpretação interpreta outra interpretação".[7]

Não se pretende concluir pela ausência de sensações, percepções ou eventos no mundo *real*, de forma a atingir um relativismo absoluto ou nominalismo psicológico. Porém tais sensações são entendidas como etapas de um processo interpretativo, que somente adquirem o *status* de conhecimento quando postos em linguagem. Enfim, a *realidade física ou efetiva*, que se apresenta no tempo e no espaço, simplesmente não existe como objeto de conhecimento humano se não for manifestada em linguagem.[8]

Como qualquer realidade humana, o direito é representado por meio da linguagem. Manifesta-se como um conjunto

---

5. SCAVINO, Dardo. *La filosofia actual:* pensar sin certezas. Buenos Aires: Paidós, 2000, p. 39.

6. Segundo Lenio Streck, pode-se dizer que é em Nietzsche que se produz uma ruptura do paradigma metafísico-essencialista vigente desde a antiguidade grega. Cita a célebre frase: "Há apenas fatos, eu digo: ao contrário, fatos é o que não há: há apenas interpretações". STRECK, Lenio Luiz. *Hermenêutica Jurídica e(m) Crise.* Porto Alegre: Livraria do Advogado, 2003, p. 132.

7. SCAVINO, Dardo, op. cit., p. 36.

8. A obra *Hermenêutica jurídica e(m) crise*, de Lenio Luiz Streck, faz uma abordagem histórica dos autores que estudaram as relações entre filosofia e linguagem. O autor enfatiza que, para Platão, a linguagem guardava um caráter secundário, estando presente a concepção de que o real só é conhecido verdadeiramente em si sem palavras, isto é, sem meditação linguística. A linguagem é entendida como instrumento secundário e não constitutiva da experiência humana, do conhecimento real. STRECK, Lenio Luiz, op. cit., 2003, p. 115.
Esclarece Francisco Leocata, na obra *Persona, Lenguaje y Realidad,* que com Wittgenstein leva-se mais a sério o princípio de que *falar* é estritamente correlativo com o *pensar*, e que, portanto, o *pensar* não tem primazia e nem autonomia em relação à linguagem. A partir das *Investigações Filosóficas*, Wittgenstein passa a entender que não existe um mundo em si independente da linguagem, ou melhor, só existe o mundo na linguagem. "A linguagem deixa de ser um instrumento de comunicação do conhecimento e passa a ser condição de possibilidade para a própria constituição do conhecimento. Cai por terra, assim, a teoria objetivista (instrumentalista). Não há essências. Não há relação entre os nomes e as coisas". LEOCATA, Francisco. *Persona, Lenguaje y Realidad.* Buenos Aires: Educa, 2003, p. 41 e 160.

de signos, de índole prescritiva, que busca organizar a vida em sociedade. Para Gregorio Robles, o direito é texto e, como prova dessa afirmação, diz que todos os ordenamentos jurídicos são suscetíveis de serem escritos, podem ser postos em palavras. O direito é linguagem, ainda que não escrita, como o direito consuetudinário, embora sempre passível de verbalização. Como texto, o direito pode ser analisado da mesma forma que outros textos, utilizando-se da semiótica (sintaxe, semântica e pragmática), e a teoria geral do direito é apta ser caracterizada como uma teoria hermenêutico-analítica ou comunicacional.[9]

Enquanto linguagem, é possível compreender o direito em dois níveis: a linguagem do direito positivo e a linguagem da ciência do direito. Direito positivo é o conjunto de normas válidas em determinado país que regulam, de forma prescritiva, as condutas subjetivas. Tal linguagem não diz como é a realidade para entendê-la e descrevê-la, mas prescreve, ordena que seja de determinada maneira.[10] Já a ciência do direito tem por objetivo descrever tal "enredo normativo, ordenando-o, declarando sua hierarquia, exibindo as formas lógicas que governam o entrelaçamento das várias unidades do sistema e oferecendo seus conteúdos de significações".[11] A ciência do direito procura estudar aquele plexo de proposições, descrevendo-as conforme determinada metodologia

---

9. ROBLES, Gregório. *El derecho como texto: Cuatro Estúdios de Teoria Comunicacional del Derecho*. Madrid: Civitas, 1998, p. 14-16.

10. Como adverte Paulo de Barros Carvalho, o direito atua sobre as condutas intersubjetivas, já que as intrassubjetivas estão sob o manto dos preceitos da moral, da religião etc. Prossegue o autor "convém esclarecer, entretanto, que o aludir-se a 'alterar a conduta' não significa uma intervenção efetiva, concreta, de tal modo que a linguagem do dever-ser mexesse materialmente no seu alvo: o ser da conduta". E arremata: "Opero sobre a premissa que não se transita, livremente, sem solução de continuidade, do dever-ser para o mundo do ser. Aquilo que se pretende comunicar com a expressão 'altera a conduta' é a formação de um crescente estímulo para que os comportamentos sejam modificados". CARVALHO, Paulo de Barros. *Direito tributário:* fundamentos jurídicos da incidência. 2. ed. São Paulo: Saraiva, 1999, p. 8.

11. CARVALHO, Paulo de Barros. *Curso de Direito Tributário*. São Paulo: Saraiva, 2011, p. 2.

para, enfim, construir o conteúdo, o sentido e o alcance das normas e dos enunciados jurídicos.[12]

A linguagem, que se manifesta por um conjunto de signos representativos da realidade, pode ser decomposta, assim como o signo,[13] em três planos de análise: suporte físico,

12. O direito positivo constitui, assim, uma linguagem objeto. Como salienta Carnap, citado por Jakobson, "para falar sobre qualquer linguagem-objeto precisamos de uma metalinguagem". JAKOBSON, Roman. *Linguística e Comunicação*. Trad. José Paulo Paes e Isidoro Blikstein. São Paulo: Cultrix, 2003, p. 46. De forma simples, define-se metalinguagem como a linguagem que fala de outra linguagem. Considerando o direito positivo como um objeto cultural vertido em linguagem competente com função prescritiva, pode-se dizer que o direito positivo é a linguagem-objeto da ciência do direito, na medida em que tal ciência procura descrever aquele conjunto de enunciados por meio de discurso também linguístico. A metalinguagem do direito, ou ciência do direito, encerra função descritiva ou teorética, ao passo que a linguagem-objeto (direito positivo) é invariavelmente prescritiva.

13. Pode-se conceber o signo como a unidade elementar da linguagem, dividindo-o em três partes: a) suporte físico (representado pela palavra escrita ou falada); b) significado (objeto que a palavra representa, de existência concreta ou imaginária, porém também produto da linguagem), e c) significação (a ideia que se tem a respeito do objeto). Um exemplo pode ilustrar o caso: a palavra *garrafa*. O suporte físico consiste na tinta gravada no papel formando as letras em uma sequência, portanto, um dado objetivo; o significado é a "garrafa" que existe no "mundo real" (aquilo a que o suporte físico se refere); por fim, a significação (conceito que se tem na mente) é a ideia de um vaso ou taça, em geral cilíndrico, destinado a conter líquido.
Para Saussure, o signo pode ser decomposto em duas partes apenas: a significante e o significado. O signo passou a ser visto como "coisa dupla, constituída da união de dois termos". Segundo o autor, o signo linguístico une um conceito (significado) a uma imagem acústica (significante), sendo esta última a representação natural da palavra. A união entre os dois elementos do signo dá-se de forma arbitrária, o que não implica a ideia de que o significado do signo é de livre escolha de quem fala, mas a ausência de laço natural entre os dois elementos do signo. Exemplo citado pelo autor é o conceito de *mar*, que não tem nenhuma relação necessária e "interior" com a sequência de sons *m-a--r* que lhe serve de significante. O significado da palavra *mar* poderia ser representado perfeitamente por qualquer outro significante, como ocorre em outras línguas. SAUSSURE, Ferdinand de. *Curso de linguística geral*. São Paulo: Cultrix, 2003, p. 79-84.
Exemplo interessante citado por Roman Jakobson, na obra *Linguística e comunicação*, é a tentativa de explicar a um índio unilíngue o que seja *Chesterfield* apontando com o dedo um maço de cigarros. O que o índio poderia concluir? Ele não sabe se aquele homem está se referindo àquele maço em particular ou a um maço em geral, a um cigarro ou a muitos, a determinada marca ou a cigarros em geral, ou ainda, a algo que se fuma. Ele ignora se o homem está lhe mostrando, dando, vendendo ou proibindo os cigarros. Ele somente fará ideia do que seja *Chesterfield* quando dominar uma série de outros signos linguísticos que funcionarão como "interpretantes" do signo em questão. JAKOBSON, Roman, op. cit., 2003, p. 32.
Assim, o significado de um signo linguístico não é mais que sua tradução por um outro

significado e significação. O *texto*,[14] que ocupa o tópico do suporte físico, é o ponto de partida para formar as significações e a referência aos entes significados. Transportando as ideias para o domínio do jurídico, Paulo de Barros Carvalho esclarece que "o suporte físico é o conjunto dos textos do direito posto; significado, a conduta humana compartida na vida social; e significação, o vasto repertório que o jurista extrai".[15]

Como *texto*, o direito é representado pelo conjunto de palavras (signos) identificadas no plano da literalidade textual e não contém em si significações. Os termos do direito positivo

---

signo que o pode substituir, em especial, um signo em que ele se ache desenvolvido de modo mais completo, afirmou Jakobson. E cita outro exemplo: o significado da palavra queijo, ou de qualquer outra palavra ou frase é decididamente um fato linguístico e, contra os que atribuem o significado à coisa e não ao signo, o melhor argumento seria dizer que ninguém jamais sentiu o gosto ou o cheiro do significado de queijo. O significado da palavra *queijo* somente poderá advir de um conhecimento linguístico, com a assistência de um código verbal. Ibidem, p. 63. Convém lembrar, a propósito, a mais popular obra de Shakespeare, Romeu e Julieta: "o que há em um nome? Aquilo que chamamos de rosa, com outro nome qualquer, exalaria o mesmo tão doce perfume".

14. Entende-se por texto qualquer realidade humana (suporte material) suscetível de interpretação. A realidade, inclusive a realidade natural, é um texto em sentido amplo, já que também é científico interpretar a natureza após a observação. É um texto que mostra como algo que se tem que *ler* e *interpretar* para poder *compreender*. Estas são as três palavras básicas da filosofia hermenêutica: *ler*, *interpretar* e *compreender*. ROBLES, Gregório. *Teoria del Derecho:* Fundamentos de teoria comunicacional del Derecho. Madrid: Civitas, 1998, p. 83.
Para Paulo de Barros Carvalho, o termo *texto* pode ser compreendido em sentido estrito, enquanto plano de enunciados que servem de suporte de significação e de caráter eminentemente físico ou no sentido amplo, que absorve também o sentido que lhe é atribuído. CARVALHO, Paulo de Barros. *Direito Tributário, linguagem e método*. 2. ed. São Paulo: Noeses, 2009, p. 187.
É esse o entendimento de Fabiana Del Padre Tomé: "direito é composto por linguagem, que cria sua própria realidade. Portanto, "direito é texto". Não estamos nos referindo ao texto em sentido estrito, ou seja, ao mero suporte físico, como é o caso das marcas de tinta sobre o papel. A equiparação do direito ao texto exige que tomemos o vocábulo "texto" em seu sentido lato, no qual se identifica a relação triádica inerente aos signos: suporte físico, significado e significação". TOMÉ, Fabiana Del Padre. A extrafiscalidade tributária como instrumento para concretizar políticas públicas. In: SANTI, Eurico Marcos Diniz de (Coord.). *Tributação e desenvolvimento – Homenagem ao professor Aires Barreto*. São Paulo: Quartier Latin, 2011, p. 199.

15. CARVALHO, Paulo de Barros. O absurdo da Interpretação Econômica do Fato Gerador – Direito e sua Autonomia – O Paradoxo da Interdisciplinaridade. *Revista da Faculdade de Direito de São Paulo*. São Paulo, v. 102, 2007, p. 11.

são meros estímulos que despertam em nós a construção – e não a extração – do conteúdo de significações e a interpretação[16]desses signos está invariavelmente condicionada ao *contexto* em que essa camada de linguagem é analisada. E, não há texto sem contexto, pois a compreensão dos enunciados prescritivos pressupõe associações linguísticas e extralinguísticas que determinam a compreensão da matéria legislada.[17] Percebe-se que "o pressuposto do cerco inapelável da linguagem nos conduzirá, certamente, a uma concepção semiótica dos textos jurídicos."[18] Nossa obra parte dessas premissas, especialmente da análise sintática, semântica e pragmática dos textos do direito positivo, que servem como valiosos instrumentos de aprofundamento cognoscitivo.

Procuramos analisar os textos do direito positivo e os produzidos pela ciência do direito tributário a partir das circunstâncias sociais, políticas e científicas do tempo de sua edição, para então, numa perspectiva comunicacional e linguística do

---

16. Conforme Paulo de Barros Carvalho, "compreender, como realização do espírito, é um instante nobilíssimo, se bem que a Hermenêutica atual assinale o início do processo com o travar contacto com o plano da expressão textual: leitura. Em seguida, vem a interpretação, tomada aqui como processo e não como produto. Chega-se, finalmente, à compreensão. Torna-se imperioso advertir que, no domínio dos objetos da cultura, o juízo de valor é imprescindível para a formação do trabalho cognoscitivo. Sem dado axiológico, inexistirá compreensão. O legislador, ao editar os conteúdos das mensagens do direito, fixa estimativas e o destinatário, ao tentar compreendê-las, atribui valores inerentes, como não poderia deixar de ser, à sua formação ideológica. Aquilo que todos desejam, certamente, é o equilíbrio na comunicação entre editor e receptor, de tal maneira que as expectativas normativas sejam definidas, estáveis e persistentes". CARVALHO, Paulo de Barros. Que Cabe ao Jurista Fazer? Notas Sobre as Relações de Derivação e Positivação no Sistema do Direito. *Revista de Direito Tributário*. São Paulo, n. 115, 2012, p. 18

17. CARVALHO, Paulo de Barros, op. cit., 2009, p. 186-188.
Não há, como menciona Lenio Luiz Streck, um sentido inserido no texto, escondido à espera do intérprete para revelá-lo; tampouco há um sentido imanente, inerente, ou ligação entre significante e significado. "O que ocorre é que, desde sempre, o 'sujeito cognoscente' está inserido no mundo, em um mundo linguisticamente constituído, de onde é impossível a emergência de um cogito desindexado da tradição". STRECK, Lenio Luiz. *Hermenêutica jurídica e(m) crise*. Porto Alegre: Livraria do Advogado, 2003, p. 225. (grifos no original).

18. CARVALHO, Paulo de Barros. Legislador como poeta. In: BERNARDO, Gustavo (org.). *A filosofia da ficção de Vilém Flusser*. São Paulo: Annablume, 2011, p. 52.

direito, contrapô-los com a atual realidade em que vivemos que, certamente, é fundada em novo contexto doutrinário, legal e jurisprudencial.[19]

Percorremos o processo hermenêutico do nosso sistema jurídico, como alerta Paulo de Barros Carvalho, imbuídos da noção de que ele "nasceu e cresceu entre as alternâncias de uma história política agitada, irrequieta, no meio de incertezas econômicas internas e externas".[20] Estamos certos de que é preciso "temperar os mandamentos constitucionais ao palpitante desempenho dessa sociedade que muda sob o influxo de novos valores".[21]

As propostas doutrinárias para a solução dos conflitos de competência tributária precisam ser revisitadas à luz da pragmática e do relevante papel que o jurista assume diante da sociedade. Propostas desconectadas da real dificuldade enfrentada pelos intérpretes na aplicação das normas tributárias e que, muitas vezes, não se prestam a atingir a segurança jurídica e reduzir os conflitos entre os sujeitos, devem ser, no mínimo, questionadas.

1.1.2 Axiomas da interpretação: inesgotabilidade e intertextualidade

Antes de adentrarmos no tema da competência tributária, cabe-nos registrar que a interpretação[22] dos textos ju-

---

19. Para Tácio Lacerda Gama, "a Ciência do Direito responde, com seus enunciados, a provocações de sentido despertadas nos observadores pelo contato com os textos de direito positivo. A mensagem de uma norma jurídica, por sua vez, está em constante diálogo com a mensagem de outras normas e, numa acepção ampla, com as próprias construções doutrinárias, jurisprudenciais e sociais". GAMA, Tácio Lacerda. Teoria Dialógica da Validade – Existência, Regularidade e Efetividade das Normas Tributárias. Teoria dialógica da validade – existência, regularidade e efetividade das normas tributárias. Direito Tributário – Homenagem a Paulo de Barros Carvalho. São Paulo: Quartier Latin, 2008, p. 132.

20. CARVALHO, Paulo de Barros. Legislador como poeta. In: BERNARDO, Gustavo (org.). *A filosofia da ficção de Vilém Flusser.* São Paulo: Annablume, p. 57.

21. Ibidem, p. 57.

22. Nas palavras de Paulo de Barros Carvalho, "interpretar é atribuir valores aos símbolos, isto é, adjudicar-lhes significações e, por meio dessas, referências a objetos. (...) A linguagem, típica realização do espírito humano, é sempre um objeto da

rídicos, entendida como o processo de construção de sentido dos enunciados prescritivos, é regida pelos axiomas da *inesgotabilidade* e da *intertextualidade*.[23]

A inesgotabilidade consiste em reconhecer que o processo de compreensão da realidade e, portanto, do direito, é infindável, modificando-se conforme o contexto,[24] como o tempo e o espaço, e em especial com os valores, as experiências e as ideologias do ser cognoscente, formando-se o que se denominou "espiral hermenêutica".[25] Como enfatiza Paulo de Barros Carvalho, "conhecer e operar os textos, aprofundando o saber, é obra de uma vida inteira, mesmo que se trate de algo simples, aparentemente acessível ao exame do primeiro instante".[26] As relações entre os homens, pautadas pela instabilidade, ocasionam profundas alterações semânticas

---

cultura e, como tal, carregando consigo valores". O autor ressalta que o termo "interpretação" "padece, como tantos outros, da ambiguidade processo/produto, uma vez que alude à atividade de construção de sentido, por um lado, e da própria compreensão, de outro". CARVALHO, Paulo de Barros. *Direito Tributário, linguagem e método*. 2. ed. São Paulo: Noeses, 2009, p. 180 e 193.

23. Segundo Paulo de Barros Carvalho, "a intertextualidade e a inesgotabilidade são axiomas da interpretação. Esta parte do texto em sentido estrito, mas a ele retorna, em movimento dialético que não cessa. Trata-se de um trajeto, de uma atividade, de um processo que dá, como produto, a compreensão da mensagem. Advirta-se que a intertextualidade e a inesgotabilidade distam de significar ausência de limites à tarefa interpretativa". CARVALHO, Paulo de Barros, *op. cit.*, 2011, p. 63.

24. Para Tácio Lacerda Gama, "a relação entre texto e contexto afasta a ideia de que o sentido é construído monologicamente, a partir de uma única perspectiva. O sentido é fruto da conjugação de textos, que se articulam criando e condicionando relações de significação. A referência genérica a um contexto acaba por ser uma metáfora de inúmeras circunstâncias que, embora influenciem a produção de sentido, não podem ser identificadas, definidas e classificadas". GAMA, Tácio Lacerda. Sentido, Consistência e Legitimação no Direito. *Revista Diálogo Jurídico*. Salvador, n. 18, 2012, p. 251.

25. A filosofia hermenêutica chama o ato de interpretar a realidade cada vez mais e melhor de *círculo hermenêutico*, propondo Gregório Robles a expressão *espiral hermenêutica*, por considerá-la mais apropriada. "A razão, mediante os esforços da interpretação, vai penetrando e penetrando paulatinamente no sentido das coisas que nos rodeiam, compreendendo cada vez mais e melhor. Nunca se acaba". ROBLES, Gregório. *El Derecho como texto:* Cuatro estúdios de teoria comunicacional del Derecho. Madrid: Civitas, 1998, p. 85.

26. CARVALHO, Paulo de Barros. Legislador como poeta. In: BERNARDO, Gustavo (org.). *A filosofia da ficção de Vilém Flusser.* São Paulo: Annablume, 2011, 57.

de forma que aquela inabalável convicção, em específico momento de nossa existência, passa a ser constantemente questionada. "Os signos do direito surgem e vão se transformando ao sabor das circunstâncias. Os fatores pragmáticos, que intervêm na trajetória dos atos comunicativos, provocam inevitáveis modificações na amplitude de irradiação dos valores significados."[27]

Já a *intertextualidade* é a constatação de que o percurso gerador de sentido é pautado pelo permanente diálogo que os textos mantêm entre si, independentemente das proximidades de matéria e das relações de hierarquia que os escritos apresentem.[28] A intertextualidade no direito apresenta-se em dois níveis: (i) o jurídico *stricto sensu*, que se estabelece entre os diversos textos que compõem o sistema de direito positivo; e (ii) jurídico *latu sensu*, que inclui outras propostas de conhecimento do direito, como a Sociologia do Direito, a História do Direito, a Antropologia Cultural do Direito etc.[29] O "ato de interpretação é regido, assim, pelo princípio da intertextualidade, interior e exterior ao direito, sem a qual se tornaria impraticável".[30]

Os axiomas da intertextualidade e da inesgotabilidade da interpretação fazem do direito um campo aberto às construções do espírito, limitado apenas pelas fronteiras de nossa

---

27. Ibidem, 59.
Nessa linha, Gregorio Robles afirma que nunca se pode compreender totalmente a realidade.
Como prova, sabe-se que nunca se chega à compreensão plena de si mesmo, apesar de "nos termos tão perto". Não é possível entender plenamente os demais nem a realidade humana e social que nos rodeia. Mesmo assim, é necessário compreender-nos a nós mesmos, os demais e o mundo que nos circunda. "E isto porque a compreensão forma parte constitutiva de nosso ser existencial. A compreensão é uma tarefa sem limites, que nunca se acaba. A penetração no sentido da realidade que somos e que nos rodeia é tarefa permanente e sem fim". ROBLES, Gregório. *El Derecho como texto:* Cuatro estúdios de teoria comunicacional del Derecho. Madrid: Civitas, 1998, p. 85. Tradução livre do autor.

28. CARVALHO, Paulo de Barros, op. cit., 63.

29. CARVALHO, Paulo de Barros. *Direito Tributário, linguagem e método*. 2. ed. São Paulo: Noeses, 2008, p. 79

30. Ibidem, p. 192.

cultura. Os conflitos interpretativos identificados no Poder Judiciário bem demonstram como a relativização do conhecimento pode assumir proporções impressionantes.[31]

Essas breves noções acerca da relação entre texto e contexto e os predicados hermenêuticos da inesgotabilidade e intertextualidade são relevantes ao trabalho na medida em que pretendemos propor soluções aos conflitos de competência instaurados no Sistema Tributário Nacional, cujos contornos, no âmbito da ciência do direito tributário, foram traçados décadas atrás.

Em que pese inexistirem significativas mudanças no plano da literalidade textual quanto à outorga constitucional de competência tributária para instituir o ISS, ICMS e IPI, sabidamente, são deveras distintos o atual contexto social, o da Constituição Federal de 1988 e o da Reforma do Sistema Tributário Nacional, implantada pela Emenda Constitucional n. 18/1965, a qual influenciou nossa discriminação de competências tributárias.

As proposições científicas, influenciadas por diferentes momentos históricos, aparecem também como um texto, passível de nova interpretação e crítica. Conceitos arraigados no âmbito da dogmática do direito tributário, como a rigidez na demarcação da competência tributária, a bitributação e a função da lei complementar na solução de conflitos de competência, exigem uma nova leitura, preocupada com a inesgotabilidade e a intertextualidade da interpretação.

Sem desprezar a importância da busca pela precisão terminológica dos termos, tampouco os aspectos sintáticos e semânticos da linguagem do direito, estamos preocupados com a atividade pragmática, em que se analisam os efeitos das propostas para solucionar os conflitos de competência apresentados pela ciência do direito tributário e, essencialmente,

---

31. CARVALHO, Paulo de Barros. Legislador como poeta. In: BERNARDO, Gustavo (org.). *A filosofia da ficção de Vilém Flusser.* São Paulo: Annablume, 57.

a intertextualidade com as decisões judiciais que, a cada dia, enriquecem o contexto hermenêutico.

1.2 Competência tributária e conceitos constitucionais

1.2.1 Competência tributária: acepção da expressão

O estudo da competência tributária atribuída aos entes políticos apresenta-se como tema central para enfrentar os conflitos entre ISS, ICMS e IPI. Cumpre-nos, de início, definir em que sentido a expressão *competência tributária*[32] será utilizada no decorrer deste livro.

---

32. A ambiguidade da expressão competência tributária já foi demonstrada por Tarek Moysés Moussallem quando identificou seis diferentes acepções do termo: "(1) indicativo de uma norma jurídica; (2) qualidade jurídica de um determinado sujeito; (3) relação jurídica modalizada pelo functor permitido entre o órgão competente e os demais sujeitos da comunidade; (4) hipótese da norma de produção normativa que prescreve em seu consequente o procedimento para a produção normativa; (5) previsão do exercício da competência que, aliada ao procedimento para a produção normativa, resulta na criação de enunciados prescritivos que a todos obrigam, e a que denominaremos norma sobre a produção jurídica; e (6) veículo introdutor que tem no seu antecedente a atuação da competência e do procedimento previstos na norma sobre a produção, dando por resultado uma norma específica, que também a todos obriga". MOUSSALLEM, Tárek Moysés. *Fontes do Direito Tributário*. São Paulo: Max Limonad, 2001, p. 97-98.
Na obra Competência Tributária, Cristiane Mendonça trouxe dez significados da expressão competência tributária: "(i) aptidão para criar tributos *in abstracto*; (ii) parcela do poder tributário de que são dotadas as pessoas políticas para instituir seus próprios tributos; (iii) poder de instituir e de exonerar tributos; (iv) poder para instituir, exigir e arrecadar tributos; (v) competência legislativa plena de que são dotadas as pessoas políticas para instituírem seus tributos; (vi) competência para legislar sobre matéria tributária; (vii) poder para legislar sobre tributos, administrar tributos e julgar litígios tributários; (viii) aptidão para criar tributos *in concreto*; (ix) norma jurídica que autoriza a criação e a alteração dos enunciados prescritivos veiculadores de tributos (normas gerais e abstratas ou individuais e concretas); ou (x) autorização jurídico-positiva para a criação e a alteração dos enunciados prescritivos veiculadores de tributos (normas gerais e abstratas ou individuais e concretas)". MENDONÇA, Cristiane. *A competência legislativo-tributária no Estado brasileiro*. Tese (Doutorado em Direito). Pontifícia Universidade Católica de São Paulo, São Paulo, 2005, p. 37-38.
Todas essas acepções – umas mais, outras menos – já se encontram assimiladas pelo jurista menos incauto. Não nos parece que essa plurivocidade semântica possa gerar algum grave problema pragmático, bastando observar o contexto em que o termo é empregado, para daí se extrair o seu sentido no particular. A sua sistematização, ainda assim, é relevante, na medida em que chama a atenção para a singular abrangência do termo.

O texto constitucional utiliza a expressão *competência tributária* em duas ocasiões,[33] ambas denotando *poder* conferido às pessoas políticas para instituir tributos. Nesse sentido, discute-se se a competência pode ser entendida como um *poder* – poder tributário [34] – que os entes políticos detêm sobre seus súditos ou se é mera *parcela de* poder, ou seja, competência tributária.[35]

---

33. Art. 154. A União poderá instituir:
II – na iminência ou no caso de guerra externa, impostos extraordinários, compreendidos ou não em sua *competência tributária*, os quais serão suprimidos, gradativamente, cessadas as causas de sua criação.
Art. 155. Compete aos Estados e ao Distrito Federal instituir impostos sobre:
§ 2º O imposto previsto no inciso II atenderá ao seguinte:
IX – incidirá também:
b) sobre o valor total da operação, quando mercadorias forem fornecidas com serviços não compreendidos na *competência tributária* dos Municípios;

34. Para Tercio Sampaio Ferraz a competência está relacionada com o sistema de papéis isolados e integrados na chamada pessoa jurídica. Competência é o poder jurídico atribuído pelo estatuto da pessoa jurídica aos seus órgãos. "A competência é apenas para exercer poder jurídico, isto é, assumir direitos e deveres, ou, mais genericamente, realizar atos jurídicos". FERRAZ JR., Tercio Sampaio. *Introdução ao estudo do direito*. São Paulo: Atlas, 1995, p. 152.
Em outra obra, assevera: "competência é uma forma de poder jurídico, isto é, de exercício impositivo de comportamento e relação de autoridade regulado por normas". FERRAZ JR., Tercio Sampaio. Competência Tributária Municipal. *Revista de Direito Tributário*. São Paulo. v. 14, n. 53, jul-set. 1990, p. 84.
Acerca do tema, Heleno Taveira Tôrres esclarece que "o poder de tributar, enquanto poder constituído, não é mais do que uma manifestação funcional da soberania estatal, porquanto estabelecido constitucionalmente para gestão do respectivo sistema tributário, apto, por via de suas normas, a possibilitar a entrada de receitas suficientes para o financiamento das atividades inerentes ao Estado, com a aplicação dos tributos existentes e/ou criação de outros, quando conveniente e oportuno, conforme os angustos limites demarcados constitucionalmente". TÔRRES, Heleno Taveira. *Pluritributação internacional sobre as rendas das empresas*. 2 ed. São Paulo: RT, 1997, p. 50.

35. Geraldo Ataliba adverte que no Brasil não há *poder* tributário: "ninguém o tem, no sentido do que existe na França, que é a 'faculdade de tributar'". Acrescenta que tanto a "União quanto os Estados e os Municípios têm meras competências tributárias, ou seja, parcelas delimitadas de poder, porções previamente restritas de poder. Aí está o conceito legítimo de competência". Trata-se então, de "parcela de poder, uma certa quantidade de poder, que não é poder, porque é próprio do poder ser ilimitado e global – é competência". SOUSA, Rubens Gomes de; ATALIBA, Geraldo; CARVALHO, Paulo de Barros Carvalho. *Comentários ao Código Tributário Nacional*. São Paulo: RT, 1975, p. 56 e 61.
A mesma posição é adotada por Roque Antônio Carrazza, que entende que, no Brasil, "por força de uma série de disposições constitucionais, não há que se falar em

Em verdade, não existe substancial contradição entre a adoção de competência tributária e poder tributário: nenhum dos autores que opta pelo uso da expressão *poder tributário* assume as consequências sugeridas pela literalidade do termo; pelo contrário, não deixam de advertir quanto aos limites para autuação estatal no exercício da sua competência.[36] A escolha pelo termo *competência* se deve, como lembra Tácio Lacerda Gama, a razões culturais e não ontológicas.[37] Permanecemos, portanto, em face de sua ampla utilização, com a expressão competência tributária.

Quanto à extensão do conceito, há quem defina a competência tributária ora em sentido mais amplo,[38] compreenden-

---

poder tributário (incontestável, absoluto), mas tão-somente em competência tributária (regrada, disciplinada pelo Direito). (...) Em boa técnica, não se deve dizer que as pessoas políticas têm, no Brasil, poder tributário. Poder tributário tinha a Assembleia Nacional Constituinte, que era soberana. Ela, realmente, tudo podia, inclusive em matéria tributária". CARRAZZA, Roque Antônio. *Curso de Direito Constitucional Tributário*. São Paulo: Malheiros, 2011, p. 469-470.

36. COSTA. Maurício Ricardo Pinheiro da Costa. *Semiose Jurídica e a Mutação de Normas de Competência Tributária*, 2011. Dissertação (Mestrado em Direito). Pontifícia Universidade Católica de São Paulo, São Paulo, 2011, p. 105-106

37. Tácio Lacerda Gama, *Competência tributária*, p. 345. Para o autor, "entre os conceitos de Teoria Geral do Estado, competência pode ser vista como sinônimo de Poder. Competência tributária seria, então, sinônimo de Poder Tributário". GAMA, Tácio Lacerda. *Competência Tributária:* Fundamentos para uma teoria da nulidade. São Paulo: Noeses, 2009, p. 345.

38. Para Paulo de Barros Carvalho, a competência tributária encerra um sentido mais amplo: "no plexo das faculdades legislativas que o constituinte estabeleceu, figura a de editar normas que disciplinem a matéria tributária, desde a que contemple o próprio fenômeno da incidência até aquelas que dispõem a propósito de uma imensa gama de providências, circundando o núcleo da regra-matriz e que tornam possível a realização concreta dos direitos subjetivos de que é titular o sujeito ativo, bem como dos deveres cometidos ao sujeito passivo". CARVALHO, Paulo de Barros. *Curso de Direito Tributário*. São Paulo: Saraiva, 2011, p. 234-235.
E define competência tributária como "uma das parcelas entre as prerrogativas legiferantes [competência legislativa] de que são portadoras as pessoas políticas, consubstanciada na faculdade de legislar para a produção de normas jurídicas sobre tributos". Por competência legislativa, adverte o autor, entenda-se "a aptidão de que são dotadas as pessoas políticas para expedir regras jurídicas, inovando o ordenamento positivo. Opera-se pela observância de uma série de atos, cujo conjunto caracteriza o procedimento legislativo". CARVALHO, Paulo de Barros. op. cit. p. 141.
Valendo-se também de um sentido mais amplo, Tácio Lacerda Gama designa

do a *faculdade de editar enunciados prescritivos tributários em geral,* ora em termos estritos, como a *aptidão legislativo-tributária de criar tributos.*[39]

Para o presente estudo, a competência tributária será considerada em sua acepção mais ampla, enquanto capacidade conferida aos entes políticos para instituir, arrecadar ou fiscalizar tributos. Aproxima-se, assim, do sentido empregado pelo próprio Código Tributário Nacional no Livro Primeiro, Título II, Capítulo I, intitulado "Competência Tributária". Nos artigos 6º e 7º colhe-se a noção de que a competência tributária compreende a competência legislativa plena e as funções de arrecadar e fiscalizar tributos.[40] Sob a mesma expressão, une-se o sentido de competência tributária e capacidade

---

competência tributária como a "aptidão para criar normas jurídicas que, direta ou indiretamente, disponham sobre a instituição, arrecadação ou fiscalização de tributos." GAMA, Tácio Lacerda. *Competência Tributária:* Fundamentos para uma teoria da nulidade. São Paulo: Noeses, 2009, p. 65.

39. Roque Antônio Carrazza define a competência como a possibilidade de criar, *in abstrato*, tributos, "descrevendo, legislativamente, suas hipóteses de incidência, seus sujeitos ativos, seus sujeitos passivos, suas bases de cálculo e suas alíquotas. Como corolário disso, exercitar a competência tributária é dar nascimento, no plano abstrato, a tributos". Para o autor, a competência tributária esgota-se na lei, ou seja, depois que esta for editada, não há de se falar mais em competência tributária (direito de criar o tributo), apenas em capacidade tributária ativa. CARRAZZA, Roque Antônio. *Curso de Direito Constitucional Tributário*. São Paulo: Malheiros, 2011, p. 471-473.

40. Art. 6º. A atribuição constitucional de competência tributária compreende a competência legislativa plena, ressalvadas as limitações contidas na Constituição Federal, nas Constituições dos Estados e nas Leis Orgânicas do Distrito Federal e dos Municípios, e observado o disposto nesta Lei.
Parágrafo único. Os tributos cuja receita seja distribuída, no todo ou em parte, a outras pessoas jurídicas de direito público pertencerá à competência legislativa daquela a que tenham sido atribuídos.
Art. 7º. A competência tributária é indelegável, salvo atribuição das funções de arrecadar ou fiscalizar tributos, ou de executar leis, serviços, atos ou decisões administrativas em matéria tributária, conferida por uma pessoa jurídica de direito público a outra, nos termos do § 3º do artigo 18 da Constituição.
§ 1º A atribuição compreende as garantias e os privilégios processuais que competem à pessoa jurídica de direito público que a conferir.
§ 2º A atribuição pode ser revogada, a qualquer tempo, por ato unilateral da pessoa jurídica de direito público que a tenha conferido.
§ 3º Não constitui delegação de competência o cometimento, a pessoas de direito privado, do encargo ou da função de arrecadar tributos.

tributária ativa, como empregados, dentre outros, por Paulo de Barros Carvalho.[41]

A opção pelo uso da acepção ampla da expressão competência tributária se justifica pelo objeto deste estudo: os conflitos decorrentes do seu exercício. Verificado que os conflitos se apresentam em todo o percurso do processo de positivação do direito tributário, desde as normas gerais e abstratas que instituem o tributo até as normas individuais e concretas que constituem a obrigação tributária, entende-se mais apropriado designar como competência a aptidão para a edição de normas tributárias em sentido amplo, em cujo conceito se incluem as normas constitucionais que atribuem competência legislativa, a norma que edita os elementos da regra-matriz de incidência, a norma que constitui a obrigação tributária, além das demais normas editadas no interesse da fiscalização com o objetivo de arrecadar e fiscalizar tributos.

1.2.2 Federação, autonomia municipal e repartição da competência tributária

A distinção entre o Estado Federal e o unitário, dividido em províncias, é apenas em relação ao grau de descentralização, como assinalou Hans Kelsen. Para o autor, a ordem jurídica de um Estado Federal compõe-se, por um lado, de normas centrais válidas para todo o território; e, por outro, de normas locais válidas apenas para porções desse território. As leis federais são criadas por um órgão legislativo central e

41. Sobre a diferença entre competência tributária e capacidade tributária ativa, Paulo de Barros Carvalho esclarece: "Uma coisa é legislar, desenhando o perfil jurídico de um gravame ou regulando os expedientes necessários à sua funcionalidade; outra coisa é reunir credenciais para integrar a relação jurídica, no tópico de sujeito ativo. O estudo da competência tributária é um momento anterior à existência mesma do tributo, situando-se no plano constitucional. Já a capacidade tributária ativa, que tem como contranota a capacidade tributária passiva, é tema a ser considerado no ensejo do desempenho das competências, quando o legislador elege as pessoas componentes do vínculo abstrato, que se instala no instante em que acontece, no mundo físico, o fato previsto na hipótese normativa". CARVALHO, Paulo de Barros. *Curso de Direito Tributário*. São Paulo: Saraiva, 2011, p. 212.

formam uma ordem jurídica única, mas parcial, que abarca todos os indivíduos residentes dentro do Estado Federal. Essa comunidade jurídica central parcial é a federação. As leis locais são editadas por órgãos legislativos pertencentes às unidades e formam outra ordem jurídica parcial válida apenas para partes do território. Dessa forma, o indivíduo pertence simultaneamente a duas ordens jurídicas parciais.[42]

Como se vê, a Federação é uma forma de organização de Estado em que se estabelecem, juridicamente, unidades que gozam de relativo poder político-administrativo independente, mas que integram, de maneira harmônica, um poder central. Na ordem constitucional brasileira, trata-se de princípio fundamental na formação do Estado e de cláusula pétrea.[43]

Sem dúvida, o elemento fundamental na identificação do Estado federal é a existência de uma relativa autonomia constitucional outorgada a cada unidade. A dificuldade, porém, é compreender em que termos essa autonomia se opera, que, ao sabor da história, acomoda-se em concepções variadas, como o federalismo dual, federalismo centrífugo, federalismo centrípeto, federalismo de segregação, federalismo clássico, novo federalismo e federalismo cooperativo.[44]

Dentro da diversidade de federalismos identificados na história do Brasil, pode-se traçar alguns elementos definidores, que ora se apresentam de forma mais clara e rígida e ora mais fluidos e imprecisos, mas que, de qualquer forma, estão

---

42. KELSEN, Hans. *Teoria geral do Direito e do Estado*. São Paulo: Martins Fontes, 2000, p. 452.

43. No art. 1º, Título I da Constituição Federal intitulado "Dos Princípios Fundamentais" encontra-se a seguinte redação: Art. 1º A República Federativa do Brasil, formada pela união indissolúvel dos Estados e Municípios e do Distrito Federal, constitui-se em Estado Democrático de Direito e tem como fundamentos: (...)
Já o art. 60, § 4º determina que "não será objeto de deliberação a proposta de emenda tendente a abolir:
I – a forma federativa de Estado;"

44. Sobre as formas de federalismo brasileiro, *vide* HORTA, Raul Machado. Reconstrução do Federalismo Brasileiro. *Doutrinas essenciais de Direito Constitucional*. São Paulo, v. 3, mai. 2011, p. 211 e ss.

presentes na estrutura federal: a pluralidade de unidades estatais, a indissolubilidade do vínculo federativo, a repartição de competências, a autonomia do Estado-membro, a intervenção federal, o sistema bicameral, a repartição tributária e a existência de um Supremo Tribunal.[45]

No Brasil, uma característica singular da Federação foi outorgar aos Municípios autonomia para se organizarem administrativamente e se autogovernarem por meio de competências legislativas próprias e eleição de seus representantes. Esses entes receberam diretamente da Constituição Federal (arts. 29 e 30) uma autonomia elevada a *status* de princípio, tudo dentro da parcela de competência designada pelo legislador constituinte.

Sabe-se que a forma federativa de um Estado e a autonomia concedida a entes locais está intimamente ligada à noção de distribuição de fontes de recursos financeiros que satisfaçam as necessidades de cada unidade, tema relacionado à discriminação de rendas.

Em sentido amplo, a discriminação de rendas é o mecanismo pelo qual determinado Estado distribui a competência em matéria financeira aos entes políticos que o compõem, incluindo todas as receitas ou ingressos públicos em geral. Em sentido estrito, refere-se apenas à partilha da competência tributária ou impositiva entre os membros autônomos da federação.[46]

Como ressaltou Goffredo Telles Junior, não há como estabelecer um sistema *a priori* de discriminação de rendas que se preste para todos os Estados em qualquer contexto histórico. Em cada fase evolutiva de um Estado e em função de sua realidade nacional, o legislador deve modelar o sistema de seu

45. Ibidem, p. 212.

46. FALCÃO, Amilcar de Araújo. *Sistema Tributário Brasileiro* – Discriminação de rendas. Rio de Janeiro: Financeiras, 1965, p. 20.

país, combinando, em regra, diversos modos possíveis de repartição de receitas tributárias.[47]

Uma característica, porém, é ínsita a todo Estado federado: a necessidade de autonomia financeira de cada membro. Como já assinalava Carvalho Pinto, a subtração da independência financeira é a negativa de elemento substancial de uma federação: a autonomia político-administrativa da unidade.[48]

Na classificação proposta por Antônio Roberto Sampaio Dória, a autonomia financeira pode ser obtida mediante a discriminação pela fonte, ou originária, situação em que a receita provém do mesmo órgão responsável pela arrecadação, como no caso do exercício da competência tributária; ou pode ser uma discriminação derivada, quando a entidade beneficiada não recebe poder tributário direto, mas o produto da arrecadação de terceiros.[49]

Entendemos que a autonomia financeira não pressupõe a outorga de competência tributária – a discriminação pela fonte – desde que sejam garantidos incondicionalmente recursos suficientes ao exercício das atribuições que uma entidade da federação detém.[50]

---

47. TELLES JR., Goffredo. Discriminação constitucional de fontes de receita tributária. *Revista de Direito Público*. São Paulo, v. 4, ano I, p. 125, abr.-jun, 1968, p. 127-128

48. PINTO, Carlos Alberto A. de Carvalho. *Discriminação de rendas*. São Paulo: 1943, p. 37.

49. DÓRIA, Antônio Roberto Sampaio. *Discriminação de competência impositiva (sua evolução na Federação Brasileira)*. Tese (Concurso à cadeira de Direito Financeiro da Faculdade de Direito da Universidade de São Paulo) – Universidade de São Paulo, São Paulo, 1972, p. 19.

50. Esse ponto é objeto de embate doutrinário. Antônio Roberto Sampaio Dória entende, a princípio, que a autonomia financeira se realiza pela outorga de competência impositiva aos entes federados. Porém, na mesma obra, parece concluir ao contrário: "o dado importante, a se atender nessa matéria, é o da adequação e suficiência das receitas, produzidas segundo a atuação de mecanismos objetivos. Assegurada tal premissa, é irrelevante que a fonte seja originária e privativa ou derivada e alheia. (...) O que ocasiona a dependência é a insuficiência de rendas (se privativas) ou distorções políticas em seu processo distributivo (...)". Ibidem, p. 204.
Tácio Lacerda Gama, ao contrário, admite autonomia financeira sem competência

De qualquer forma, o Estado brasileiro compreende um sistema misto de discriminação de fontes de receitas. Outorga-se competência tributária para instituir diversas espécies tributárias (impostos, taxas, contribuições de melhorias, empréstimos compulsórios e contribuições) e partilham-se as receitas entre os entes políticos, conforme preveem os artigos 157 a 162 da Constituição.

Na repartição da competência tributária, a Constituição indicou, de maneira um tanto discreta, como veremos a seguir, materialidades possíveis para as espécies tributárias, limitadas, porém, pelo âmbito de validade territorial de cada norma tributária instituidora do tributo. Em outros casos, como em algumas contribuições e nos empréstimos compulsórios, o poder constituinte demarcou a competência mediante a menção a uma finalidade.[51]

---

tributária. Para este autor, "está presente a ideia de autonomia financeira sempre que o ente federativo disponha de recursos necessários à realização das competências que lhe são atribuídas pela Constituição". GAMA, Tácio Lacerda. *Competência Tributária:* Fundamentos para uma teoria da nulidade. São Paulo: Noeses, 2009, p. 200.
A propósito, vale lembrar a autocrítica proclamada por Rubens Gomes de Souza ao reconhecer a falha da discriminação proclamada pela EC n. 18/65, base do nosso atual sistema tributário. Diz o autor que o propósito da discriminação de rendas é assegurar fontes de receita a cada um dos entes políticos a fim de se obter autonomia financeira e de se evitar que essas fontes de receita se sobreponham. Em ambos os aspectos, a Emenda fracassou. Propõe o jurista substituir a discriminação rígida de fonte de receita por uma repartição de resultados, pois o fator mais importante na discriminação de rendas é o de que o dinheiro vem sempre do mesmo lugar, o bolso do contribuinte. E "aos que (mais uma vez!) me atirarem em rosto 'a morte da federação', responderei que o governo pode ser federado, mas o contribuinte é unitário". SOUSA, Rubens Gomes de. Os Impostos sobre o valor acrescido no Sistema Tributário. *Revista de Direito Administrativo.* Rio de Janeiro, n. 110, out.-dez 1972, p. 24-25.

51. Trata-se de observar a finalidade constitucionalmente prevista para a instituição do tributo, critério que demarca a norma de competência dos empréstimos compulsórios e das contribuições. Embora não haja uma demarcação direta para o comportamento tributável dos empréstimos compulsórios, sua instituição depende das seguintes causas: a) atender a despesas extraordinárias, decorrentes de calamidade pública, de guerra externa ou sua iminência; b) no caso de investimento público de caráter urgente e de relevante interesse nacional. As causas ou finalidades das contribuições são as mais diversas, como as ações do Poder Público destinadas a assegurar os direitos relativos à saúde, à previdência e à assistência social, finalidade da contribuição prevista no art. 195, ou o custeio do serviço de iluminação pública, causa para instituir a contribuição com fundamento no art. 149-A da Constituição Federal.

Ainda que seja relativamente pacífica essa técnica de partilha de receitas, identificamos diversos conflitos instaurados pelo legislador infraconstitucional e pelo próprio aplicador das normas tributárias. Interessa-nos, dentro de nosso tema, compreender a precisão empreendida pelo legislador constituinte na demarcação da competência tributária. De um lado, temos uma noção de rigidez do sistema tributário nacional que remete à menor autonomia da União no estabelecimento de normas gerais de direito tributário; de outro, maior flexibilidade atribuída ao legislador infraconstitucional. Em ambos os casos, o tema da federação e da autonomia municipal circunda o problema, como se verá no item a seguir.

1.2.3 Rigidez e exaustividade da competência tributária

Certamente, um dos mais importantes efeitos do federalismo é aquele que nega a centralidade e proíbe a invasão de competências pela União sobre as matérias atribuídas aos Estados e Municípios, haja vista a ausência de hierarquia e a garantia de igualdade jurídica entre as unidades autônomas.[52] De outro lado, sabe-se que a autonomia dos Estados e Municípios é limitada constitucionalmente, refletindo-se, portanto, em certa tensão entre as competências da comunidade jurídica central e as ordens locais.

Especificamente na matéria relativa à competência tributária, identificamos profunda divergência entre os autores que tratam do tema. Sob o auspício do princípio da federação, parte da doutrina[53] do direito tributário restringe o uso de normas nacionais que possam interferir, de qualquer forma, nas competências tributárias dos entes locais. Pugnando por maior flexibilidade e harmonia no sistema, encontramos

52. TÔRRES, Heleno Taveira. Sistema Constitucional e Competências Tributárias. *Interesse Público*. Belo Horizonte. v.14. n.76. p.179-99, nov.-dez 2012, p. 191-192

53. ATALIBA, Geraldo. *Lei Complementar na Constituição*. São Paulo: RT, 1971, p. 27. CARRAZZA, Roque Antônio. *Curso de Direito Constitucional Tributário*. São Paulo: Malheiros, 2011, p. 994.

aqueles[54] que admitem a edição de leis complementares conformadoras do poder tributário pertencente aos Estados e Municípios. Em nossa obra, não há como enfrentar os critérios de solução de conflitos de competência sem analisar esse aspecto do federalismo fiscal brasileiro.

Dizem que a discriminação das competências tributárias no Brasil é informada pelo princípio da *rigidez do sistema tributário*, "síntese orgânica de todos os demais princípios constitucionais",[55] conforme manifestou Geraldo Ataliba. Porém não apenas a efetiva presença desse princípio, mas dos exatos efeitos da aplicação da rigidez, é matéria que ainda não encontrou harmonia entres os autores que se dedicam ao tema.

Foi Geraldo Ataliba um dos maiores defensores da *rigidez* do nosso sistema tributário nacional. Valendo-se da classificação empregada por autores que analisavam os diplomas constitucionais, como Oswaldo Aranha Bandeira de Mello – Teoria das Constituições Rígidas – pregava que a nossa Constituição demarcou de maneira profunda, precisa e exaustiva, as competências outorgadas aos entes políticos.[56] Para o autor, "tudo foi feito e acabado pelo constituinte"[57] de forma que o exercício da faculdade de criar tributos é "hirta e inflexivelmente ordenado, circunscrito, limitado e restrito".[58]

---

54. MARTINS, Ives Gandra da Silva; BASTOS, Celso Ribeiro. *Comentários à Constituição do Brasil (Promulgada em 5 de Outubro de 1988).* São Paulo: Saraiva, 1990, p. 73. SCHOUERI, Luis Eduardo. A lei complementar e a repartição de competências tributárias. In: COSTA, Alcides Jorge et al. *Congresso Nacional de Estudos Tributários: Sistema Tributário e a Estabilidade da Federação Brasileira.* São Paulo: Noeses, 2012, p. 680-682.

55. ATALIBA, Geraldo. Normas gerais de direito financeiro e tributário e a autonomia dos Estados e Municípios. *Revista de Direito Público*, São Paulo: RT, ano 2, n. 10, p. 45-80, out./dez. 1969, p. 46.

56. ATALIBA, Geraldo *Sistema constitucional tributário brasileiro.* São Paulo: RT, 1968, p.16.

57. ATALIBA, Geraldo *Sistema constitucional tributário brasileiro.* São Paulo: Revista dos Tribunais, 1968, p. 18

58. Ibidem, p. 26. Para Ataliba, "Na perseguição do intuito de obviar a bitributação – mediante a caracterização da inconstitucionalidade por invasão de competência

Já Amilcar de Araújo Falcão não utilizava o predicado da exaustividade, ao argumento de que, em matéria tributária, o predicado *rigidez* teria exatamente a mesma significação. Lembra também o autor que a classificação em *rígida ou flexível é usada* pelos constitucionalistas para distinguir as Constituições de acordo com o processo adotado para sua revisão, reforma ou emenda. No âmbito do direito tributário, o sentido seria diferente. Emprega-se o termo *rígidas* para as distribuições de competência tributária realizadas de modo privativo ou exclusivo para cada um dos entes políticos, ou seja, sentido afeto ao problema das superposições tributárias.[59] Ainda conforme o citado autor, para lograr a rigidez do sistema pode-se empregar: (i) um critério nominalista, em que se procede a designação do *nomen juris* dos impostos em geral; ou (ii) pela indicação explícita dos respectivos fatos ge-

---

– foi que se engendrou o sistema rígido, circunscritor de cada competência tributária; como consequência natural e lógica, alcançou-se a rigidez do próprio sistema tributário constitucional. (...) Pode-se dizer que o legislador constituinte atirou no que viu e acertou tanto no que viu quanto no que não viu. Criou um sistema completo, fechado e harmônico, que limita e ordena estritamente, não só cada poder tributante – como consequência lógica – toda a atividade tributária, globalmente considerada". Ibidem, p. 26-27.
O jurista entende que o conjunto de normas que outorga competências tributárias forma um sistema que se caracteriza por "a) minúcia e exaustividade no delineamento do âmbito dessa outorga, b) privatividade e c) rigidez das competências tributárias outorgadas a cada qual". ATALIBA, Geraldo; BARRETO, Aires Fernandino. ISS e Locação – Conceito Constitucional de Serviço – Locação não é Serviço: Não Pode a Lei Assim Considerá-la para Efeitos Tributários. *Revista dos Tribunais*. São Paulo, v. 619, maio, 1987, p. 16.

59. FALCÃO, Amílcar de Araújo. *Sistema Tributário Brasileiro* – Discriminação de Rendas. Rio de Janeiro: Financeiras, 1965, p. 23-24.
Para Gomes Canotilho: "esta dicotomia, coincidente, em larga medida, com a distinção entre constituição escrita e constituição não escrita, tem hoje um valor tendencialmente arqueológico: (1) a maior parte dos países possui constituição escrita, mas não com rigidez absoluta, antes com rigidez relativa (constituição semirrígida); (2) o problema da flexibilidade ou rigidez do direito constitucional não se reconduz somente à susceptibilidade ou insusceptibilidade de alteração das leis constitucionais pelas leis ordinárias, mas a uma problemática muito mais vasta e complexa que é a da *abertura ao tempo* (Bäumlin) do direito constitucional e do consequente *desenvolvimento constitucional* (O-Bryde). O desenvolvimento constitucional significará, precisamente, o compromisso, pleno de sentido, entre a estabilidade e a dinâmica do direito constitucional". CANOTILHO, José Joaquim Gomes. *Direito Constitucional*. 6. ed. Coimbra: Almedina, 1993, p. 148.

radores.[60] Todavia, ainda que o critério seja nominalista, o fato gerador está implícito no nome utilizado.[61] E com o critério da rigidez, "tem-se que essas cédulas de competência serão sempre inconfundíveis entre si e incomunicáveis de uma para outra esfera".[62]

Percebe-se que a noção de rigidez, fundada na perfeição empreendida pelo legislador constituinte, conduz-nos à ideia de que a área de atuação do legislador infraconstitucional é absolutamente limitada, que não é livre para eleger as materialidades dos tributos, como também os conteúdos de significação dos termos empregados pela Constituição não poderiam ser ampliados nem reduzidos.[63]

Nesses termos, a rigidez do sistema tributário resultaria nos seguintes efeitos: (i) garantia do federalismo brasileiro, em face da autonomia financeira dos entes políticos ao receberem campos de tributação exclusivos; (ii) redução do âmbito de atuação do legislador infraconstitucional, já que a Constituição regulou a matéria de forma exaustiva; (iii) bloqueio das sobreposições e dos conflitos de competências, devido à perfeição perseguida pelo legislador constituinte na demarcação das materialidades.

---

60. FALCÃO, Amilcar de Araújo, op. cit., p. 25.
O autor não concordava que o sistema tributário de 1946 era essencialmente nominalista. "Pode-se afirmar que o critério nominalista somente foi aplicado para a definição dos impostos municipais de licença, de indústrias e profissões e, de alguma forma, com relação aos impostos predial e territorial e sobre diversões públicas. FALCÃO, Amilcar de Araújo. *Sistema Tributário Brasileiro* – discriminação de rendas. Rio de Janeiro: Financeiras, 1965, p. 25.

61. Ibidem, p. 26.

62. Ibidem, p. 342

63. É o que se verifica na seguinte passagem da obra de Amilcar de Araújo Falcão: "no particular, interessa saber se a distribuição da competência tributária foi feita separadamente, em termos expressos, unívocos e inconfundíveis, a cada uma das categorias ou ordens de entidades federadas, de modo que para cada uma destas se configure uma área definida e ampla de competência privativa ou exclusiva, abrangedora senão da totalidade, pelo menos da porção prevalente das respectivas receitas fiscais. No caso afirmativo, a discriminação será rígida; na hipótese contrária, definir-se-á como flexível ou elástica". FALCÃO, Amilcar de Araújo, op. cit., p. 24.

Pensamos em sentido diametralmente oposto. A outorga de competência tributária privativa não garante a aplicação do princípio federativo, porquanto a autonomia financeira não depende da competência tributária em si, mas da suficiência de recursos financeiros para cumprir as obrigações constitucionalmente assumidas pelos entes federativos. Ademais, essa autonomia pode ser auferida com as receitas partilhadas incondicionalmente entre os entes, sem o exercício de competência tributária.[64]

Não entendemos também que a Constituição tenha demarcado de maneira precisa e exaustiva a competência tributária de forma a prescindir de legislação infraconstitucional. Vários motivos nos levam a esse entendimento.

Primeiro: sabemos que a Constituição não traz em si conceitos, mas apenas signos. O sentido atribuído ao signo é obra do intérprete que constrói o conteúdo de significação conforme o contexto interpretativo. Como então defender um conceito preciso e imutável para expressões como *produtos industrializados*, *serviços de qualquer natureza* ou *circulação de mercadorias*? Todas essas palavras têm seu conteúdo preenchido de acordo com a própria evolução cultural do direito, guiada por ideologias dominantes. Isso é facilmente

---

64. Antônio Roberto Sampaio Dória concorda com essa posição: "O dado importante, a se atender nessa matéria, é o da *adequação* e *suficiência* das receitas, produzidas segundo a atuação de mecanismos *objetivos*. Assegurada tal premissa, é irrelevante que a fonte seja originária e privativa ou derivada ou alheia. É ilusório pensar-se que tal objetividade resulte apenas do exercício de competência própria, que neutralize a dependência política, alvo perseguido desde 1934 a 1965, com efeitos opostos". DÓRIA, Antônio Roberto Sampaio. *Discriminação de competência impositiva (sua evolução na Federação Brasileira).* Tese (Concurso à cadeira de Direito Financeiro da Faculdade de Direito da Universidade de São Paulo) – Universidade de São Paulo, São Paulo, 1972, p. 204.
Luís Barroso também caminha nesse sentido: "O poder constituinte é a manifestação da soberania do Estado e não existem, prefixados, limites que lhe possam ser impostos na repartição de competências, de forma a assegurar maior ou menor autonomia aos estados e municípios. (...). Em outras palavras, não se pode concluir, de forma genérica, que uma partilha rígida das competências tributárias seja mais favorável à federação do que um sistema flexível, em que imperem as competências concorrentes BARROSO, Luís Roberto, *Direito constitucional brasileiro: o problema da federação.* Rio de Janeiro: Forense, 1982, p. 79 e 90.

perceptível pela própria mutação desses conceitos no âmbito da doutrina do direito tributário e do Supremo Tribunal Federal. Assim, de que *precisão* estamos falando?

Segundo: a Constituição não dispendeu muitas palavras no desenho de cada uma dessas materialidades. Veja o caso do imposto sobre produtos industrializados. Quais são as materialidades possíveis? Várias, como se vê na legislação infraconstitucional. Acreditamos, ao contrário, que a outorga de competência se deu mediante a referência, *bastante discreta*, a bens, negócios, atividades, finalidades ou eventos cujos conceitos são fluidos e vagos, demandando maior elucidação por parte do legislador complementar. Onde, portanto, identificar essa *exaustividade*?

Terceiro: a própria Constituição foi demasiadamente clara ao estabelecer as funções da lei complementar, que, em termos expressos, deve dispor sobre conflitos de competência, limitações constitucionais ao poder de tributar e normas gerais de direito tributário, inclusive fato gerador, base de cálculo e contribuinte dos impostos.[65] Ceifar qualquer uma dessas funções é fazer uma interpretação reducionista do próprio texto, desconectada dos objetivos do legislador constituinte e da almejada harmonia do próprio sistema tributário nacional.

---

65. Art. 146. Cabe à lei complementar:
I – dispor sobre conflitos de competência, em matéria tributária, entre a União, os Estados, o Distrito Federal e os Municípios;
II – regular as limitações constitucionais ao poder de tributar;
III – estabelecer normas gerais em matéria de legislação tributária, especialmente sobre:
a) definição de tributos e de suas espécies, bem como, em relação aos impostos discriminados nesta Constituição, a dos respectivos fatos geradores, bases de cálculo e contribuintes;
b) obrigação, lançamento, crédito, prescrição e decadência tributários;
c) adequado tratamento tributário ao ato cooperativo praticado pelas sociedades cooperativas.
d) definição de tratamento diferenciado e favorecido para as microempresas e para as empresas de pequeno porte, inclusive regimes especiais ou simplificados no caso do imposto previsto no art. 155, II, das contribuições previstas no art. 195, I, e §§ 12 e 13, e da contribuição a que se refere o art. 239.

No que se refere à *perfeição* na demarcação das competências aptas a obviar as sobreposições e os conflitos de competências, também estamos em desacordo com aqueles apontamentos doutrinários antes referidos. Aqueles autores defendem que os conflitos só existem porque imperfeitos são os intérpretes, meros mortais, incapazes de compreender a vontade suprema do *Deus Constitucional*. Não é preciso muito esforço analítico para verificar a presença de diversas bitributações lícitas no sistema tributário nacional, conforme veremos mais adiante, e da absoluta impossibilidade de evitar conflitos de competência sem a presença efetiva e pontual do legislador complementar, assunto para o último capítulo.

Aliás, o termo *rigidez* nos parece até ultrapassado. Se as definições dos conceitos são sempre influenciadas pelo contexto, como pugnar por precisão, perfeição e exaustividade? Defender que o legislador constituinte é perfeito e que os conflitos surgem por deficiência do intérprete é colocar-se em posição etérea, metafísica, despreocupada com a experiência e em desacordo com a riqueza pragmática da aplicação das normas jurídicas.

A linguagem constitucional é deveras vaga, ambígua, e, portanto, potencialmente conflituosa. Antevendo os problemas que poderiam surgir com a interpretação dos dispositivos que outorgam competência tributária, a Constituição adequadamente elegeu um instrumento legal, de âmbito nacional, para solucionar os conflitos e fixar barreiras legais ao exercício da faculdade de criar tributos. Realmente, se as competências fossem fixadas de maneira rígida, não haveria qualquer sentido em o legislador Constituinte inserir, na Seção I, Princípios Gerais do Sistema Tributário Nacional, extenso artigo em que incumbe relevantes matérias à lei complementar.

A redução da incerteza só é possível no curso do processo de positivação do direito tributário, partindo de normas em grau máximo de vagueza, para normas que apresentam maior conotação das materialidades de impostos, leis complementares, para, enfim, estabelecer os elementos que compõem a regra-matriz de incidência.

Numa explicação a princípio contraditória, poderíamos dizer que a interpretação da norma infraconstitucional decorre da norma constitucional; mas a mesma norma constitucional exige a norma infraconstitucional para que seu conteúdo seja esclarecido. A dificuldade, porém, está em identificar a parcela de conteúdo que cada norma deve estabelecer, ou seja, quanto de *rigidez* há no texto constitucional, e o limite do legislador infraconstitucional, assunto que abordaremos mais adiante.

Revisitando o tema das normas gerais de direito tributário, Souto Maior Borges insiste na observação de que o art. 146, III da Constituição Federal acentuou ainda mais o campo da lei complementar. Para o autor, esse dispositivo procurou preservar a segurança jurídica na repartição de competências e, de forma alguma, potencializou a usurpação da competência tributária alheia pela União ou atentou contra a federação. Em suas palavras: "não é possível, sem distorcer o sentido da CF, art. 146, III, negar aplicabilidade a esse dispositivo". Reduzir o âmbito de atuação da lei complementar resultaria em uma antinomia entre duas normas constitucionais: "(a) o princípio federal exacerbado (CF, art. 1°) e (b) a previsão de lei complementar no art. 146, III. Qual a preferência de aplicabilidade? Antecipadamente, nada é possível esclarecer".[66]

---

66. BORGES, José Souto Maior. Normas gerais de Direito Tributário: velho tema sob perspectiva nova. *Revista Dialética de Direito Tributário*. São Paulo. n. 213, jun. 2013, p. 54. Aos que criticam essa posição argumentando que se trata de mera intepretação literal, Souto Maior Borges rebate: "Não é interpretação corretiva de sua literalidade, nem interpretação conforme a Constituição, pretender excluir de qualquer aplicabilidade parte do âmbito total de validade do art. 146, III. (...)". Não há qualquer fundamento em sustentar que o art. 146, III seria, ele próprio, uma afronta à federação, de forma a permitir uma ingerência da União na Competência de outros entes violando-se a isonomia e a autonomia estadual e municipal. "Essa interpretação criticada recusa à lei complementar do art. 146, III até o benefício da dúvida cética: podem ou não ocorrer atentados no exercício dessa competência legislativa, como em qualquer lei de integração constitucional. Ela é, a *priori*, no sentido de que antecipa efeitos de ato legislativo inconstitucional ainda não consumado e que, talvez, não venha a sê-lo. Não é uma predição, mas uma profecia. Rebelião doutrinária contra o art. 146, III, da

Não é possível problematizar antecipadamente a autonomia dos entes políticos diante de leis nacionais e eventual usurpação da competência sequer está submetida a probabilidade estatística, "é meramente um produto do acaso, contingente, e não necessário. Mas, estranhamente, é essa antecipação de inconstitucionalidade o que mais preocupa a doutrina do direito tributário. Como se ela fosse inelutável".[67]

Luís Eduardo Schoueri trilha caminho parecido quando afirma que o constituinte de 1988 não tinha a ilusão de que a nominação dos impostos apresentasse limites rígidos. "Ao contrário, sabia ele (constituinte) que se tratava de expressões fluidas, que por vezes implicariam uma interpenetração, possibilitando, até mesmo, o nascimento de conflitos de competência".[68]Nas funções da lei complementar de solucionar os conflitos de competência e definir os fatos geradores e bases de cálculo dos impostos encontra-se a "criação, pelo

---

CF – é o que a inspira. Revolta contra a legalidade integrativa da CF (CTN) e jurisprudência do STF que a aplica – é sua congênita deficiência". Ibidem, p. 59.
A definição das materialidades dos tributos pela legislação complementar tem plena validade diante da Constituição Federal. "É, porém, isso que, estranhamente, nega ampla doutrina, em posição, no fundo, ideológica – a ideologia absoluta, incontida e descontrolada dos Estados-membros, do DF e dos Municípios, diante da União. A autonomia das pessoas constitucionais é conceito de direito positivo e, portanto, essencialmente limitado. O dogma da indeterminação da autonomia absoluta dos Estados e Municípios diante da União é uma ideologia, nascida da ciência do direito tributário, mas dela emancipada. Assim, esse dogma não é manifestação de doutrina, mas de doutrinação. É um recurso retórico ('endoutrinamento', com a permissão do neologismo), que, inobstante generalizado, contribui apenas para disseminar o erro na interpretação do CTN. Como, sem a interposição de preconceitos, desconsiderar que devem ser preservadas tanto a competência dos Estados, DF e Municípios, quanto a da União, que pode, eventualmente, ser invadida por essas pessoas constitucionais? É pergunta, até agora, sem resposta. Porque a lei complementar, norma-de-normas, funciona, em tais hipóteses, como fundamento infraconstitucional de aplicabilidade de normas estaduais, municipais e do DF. A lei estadual ou municipal com ela desconforme perde a eficácia." Ibidem, p. 65.

67. BORGES, José Souto Maior. Sobre o Todo e Suas Partes no Sistema Tributário Nacional. *Revista Dialética de Direito Tributário*. São Paulo. n. 218, p. 33-48, nov 2013, p. 116.

68. SCHOUERI, Luis Eduardo. Discriminação de Competências e Competência Residual. In: SCHOUERI, Luis Eduardo; ZILVETI, Fernando Aurelio. *Direito Tributário*. Estudos em homenagem a Brandão Machado. São Paulo: Dialética, 1998, p. 112.

legislador complementar, de definições das realidades contempladas pelo constituinte".[69] Para o autor, a discriminação

69. Ibidem, p. 113.
Para o autor: "Na história constitucional brasileira, o tema da discriminação de competências teve uma evolução marcada por um caráter muito mais empírico do que racional. Os impostos foram se incluindo em cada texto constitucional a partir de realidades preexistentes, sendo o elenco que se encontra no texto de 1988 mera distribuição de impostos que já se conheciam, por vezes com pequenas modificações. Em outras palavras, o constituinte de 1988 tinha uma noção (tipológica) da existência de tributos e com eles trabalhou na previsão de recursos financeiros para o Estado.
Tal constatação implica reconhecer que a Constituição brasileira nem sempre se valeu de conceitos rígidos ao distribuir competências tributárias; pelo contrário, o constituinte tinha em vista, na definição das esferas de competência de cada ente federativo, categorias preexistentes no ordenamento, cujos contornos foram traçados com a evolução histórica do sistema tributário brasileiro.
Tratando-se de realidade preexistente (impostos que tradicionalmente foram sendo introduzidos em nosso sistema tributário), o constituinte de 1988, ao distribuir aqueles impostos entre as três esferas políticas no elenco nominativo dos artigos 153, 155 e 156, não tinha a ilusão de que o referido elenco apresentasse limites rígidos. Ao contrário, sabia ele que se tratava de expressões fluidas, que por vezes implicariam uma interpenetração, possibilitando, até mesmo, o nascimento de conflitos de competência.
Basta ver, a este respeito, o caso da tributação dos serviços (ISS), de competência municipal, e da circulação de mercadorias (ICMS), cuja competência foi atribuída aos Estados. Como saber, a partir da discriminação constante da Constituição, se o profissional que pinta uma residência fornecendo o material, presta um serviço, sujeito ao ISS, ou vende mercadorias (tintas), sujeitas ao ICMS? Não parece ser possível extrair, da própria Constituição, solução para o conflito.
(...)
O maior problema surge, entretanto, porque nem sempre se extrai, do próprio texto constitucional, um conceito. Muitas vezes, o constituinte apenas se referiu aos impostos a partir de uma aproximação tipológica.
Sob tal perspectiva, considera-se que o elenco de competências apenas apresenta figuras típicas. Ou seja: o típico Imposto de Renda ficou na competência federal, assim como o típico Imposto sobre Serviços de Qualquer Natureza ficou para os Municípios. O constituinte – insiste-se – não os descreveu nem tampouco os criou; apenas tomou aquilo que conhecia, em linhas gerais, e distribuiu". SCHOUERI, Luis Eduardo. A lei complementar e a repartição de competências tributárias. In: COSTA, Alcides Jorge et al. *Congresso Nacional de Estudos Tributários: Sistema Tributário e a Estabilidade da Federação Brasileira*. São Paulo: Noeses, 2012, p. 680-682.
Misabel Derzi é contra a ideia de tipos para definir a competência tributária: "Ora, o tipo como ordenação do conhecimento em estruturas flexíveis, de características renunciáveis, que admite as transições fluidas e contínuas e as formas mistas, não se adapta à rigidez constitucional de discriminação da competência tributária.
Essa rigidez tem como pedra básica a competência privativa, mola mestra do sistema, o qual repele a bitributação e evita a promiscuidade entre tributos distintos. Conceitos como bitributação, invasão de competência, bis in idem, identidade ou diversidade entre espécies tributárias necessários ao funcionamento harmônico e aplicação das normas constitucionais não se aperfeiçoam por meio das relações comparativas do 'mais

de competências de 1988 não decorreu de "uma análise lógico-racional da realidade econômica, consistindo o trabalho do constituinte, muito mais, numa mera repartição de impostos, a partir de aspectos históricos e políticos".[70]

Para nós, o problema da rigidez da demarcação das competências não pode ser estabelecido de maneira uniforme e imutável. Os núcleos *rígidos* das competências constitucionais para instituir o ISS, o IPI e o ICMS, por exemplo, são completamente diferentes. Cada um desses tributos encerra determinada parcela de conteúdo construído constitucionalmente e, nesse aspecto, o legislador infraconstitucional deve respeitá-lo. Porém não é possível, a *priori*, definir maior ou menor atuação do legislador infraconstitucional sem analisar cada um dos tributos e de acordo com cada contexto histórico.

Em relação ao ICMS, por exemplo, a Constituição de 1988 deferiu à lei complementar uma série de atribuições com o objetivo de uniformizar e harmonizar sua instituição e cobrança. Não é demais concluir que, em matéria de ICMS, boa parte da competência tributária está em poder da União e do Senado Federal, e não dos Estados. Já no que diz respeito aos Municípios, também encontramos significativa parcela de competência no Congresso Nacional, que deve definir os serviços tributáveis, regular os benefícios fiscais e fixar as alíquotas mínimas e máximas.

Perceba-se que a inexistência de legislação complementar, em face da completa vagueza do texto constitucional, poderia inclusive ruir com a própria federação. Como assegurar uma harmonia entre os entes políticos se os limites para o exercício da competência tributária não estiverem mais bem

---

ou menos'... ou 'tanto mais... quanto menos' inerentes ao pensamento tipológico. Muito mais ajustam-se às excludentes 'ou...ou' e às características irrenunciáveis e rígidas dos conceitos determinados". DERZI. Misabel Abreu Machado. *Direito Tributário, Direito Penal e Tipo.* São Paulo: RT, 1988, p. 102-103.

70. SCHOUERI, Luis Eduardo. Discriminação de competências e competência residual. In: SCHOUERI, Luis Eduardo; ZILVETI, Fernando Aurelio. *Direito Tributário.* Estudos em homenagem a Brandão Machado. São Paulo: Dialética, 1998, p. 88.

definidos? Só prescindiríamos de uma legislação nacional caso permanecêssemos na crença de que as competências foram fixadas de maneira rígida, precisa, exaustiva e perfeita, o que não nos parece aceitável.

Para finalizar, fixamos as seguintes conclusões: (i) não existem limites *rígidos* na demarcação da competência tributária; (ii) porém, em cada contexto é possível estabelecer núcleos mínimos de significação que estabelecem balizas ao legislador infraconstitucional, conforme veremos a seguir; (iii) em determinados casos, especialmente em tributos contíguos ou confrontantes, o legislador constituinte anteviu as dificuldades relativas ao exercício das competências e expressamente designou à lei complementar a tarefa de dispor sobre os potenciais conflitos; (iv) o respeito à legislação complementar é também garantia da federação e da autonomia municipal, que não é ilimitada; (v) para saber qual o limite do legislador complementar é preciso analisar cada tributo em cada contexto histórico. Diante de tais conclusões, resta-nos atentar para o problema dos conceitos constitucionais, que claramente influenciam a demarcação da competência tributária, assunto do próximo item.

1.2.4 Conceitos constitucionais e a competência tributária

O texto, enquanto suporte físico, constitui matéria bruta apta a receber significados atribuídos pelos seus intérpretes. Esses significados se apresentam na forma de *conceitos*, que são construídos na mente do ser cognoscente, permitindo-lhe conhecer a realidade.

O real, segundo Lourival Vilanova, apresenta-se "múltiplo, complexo, rico em propriedade, em diferentes tipos de relação, regido por conexões diversas. Tal como se oferece não pode ser conhecido". E arremata mais adiante: "a tarefa de desarticular o real em séries é cumprida pelo *conceito*."[71]

---

71. VILANOVA, Lourival. Sobre o conceito de direito. In: VILANOVA, Lourival.

O objeto "é o dado envolvido pela forma conceptual, é aquilo que, na coisa, o pensamento delimita. O dado tem propriedades; caracteres; o conceito é constituído de notas. As notas correspondem aos aspectos, aos caracteres, às propriedades da coisa".[72] Recortando as propriedades do objeto, o conceito reduz a complexidade do real e permite ao intérprete conhecer as coisas.

A dificuldade do intérprete, porém, está na limitação da linguagem, que é incapaz de reproduzir totalmente o objeto, não só porque se tratam de planos distintos, mas pela própria imprecisão das palavras, dotadas, quase sempre, de considerável ambiguidade e vagueza.[73] Diante dessas considerações, as definições dos conceitos são aproximações "mais ou menos grosseiras, que se prestam bem para uma análise inicial, sob o prisma dos significados, mas que exigem suplementação interminável, mediante, muitas vezes, o exame de casos paradigmáticos de emprego dos termos em questão".[74]

Escritos jurídicos e filosóficos. v. 1. São Paulo: Axis Mundi - IBET, 2003, p. 14. (grifo acrescido).

72. Ibidem, p. 9.

73. Segundo Fabiana Del Padre: "A ambiguidade é um caso de incerteza designativa, ocorrendo quando coexistirem dois ou mais significados relativamente a uma única palavra. Pode ser do tipo homônima, como é o caso do termo 'manga', que designa uma fruta ou uma parte do vestuário; apresentar-se sob a forma de polissemia, quando um mesmo termo designa significados conectados metaforicamente (é possível que a palavra 'pesado' refira-se a um livro, a uma tonelada de ferro ou a uma pessoa cansativa); ou ainda, ser do tipo processo-produto, quando a palavra fizer alusão tanto a uma atividade como ao seu resultado (o termo 'contrato' pode designar o ato de contratar ou os documentos resultantes dessa atividade). (...) A vaguidade, por sua vez, ocorre quando não há regra definida acerca da aplicabilidade e extensão de um termo, em virtude da inexistência de limites precisos para a sua denotação". TOMÉ, Fabiana Del Padre, *A prova no direito tributário*. 3. ed. São Paulo: Noeses, 2011, p. 29-30.
Esse aspecto, conforme destaca Paulo Ayres Barreto, é o "grande desafio posto ao intérprete. Em outras palavras, até que ponto é possível encontrar, a partir de exegese eminentemente constitucional, os específicos contornos conceituais de cada signo positivado ou, reversamente, qual o espaço existente para que o legislador infraconstitucional colabore para precisar tais conceitos". BARRETO, Paulo Ayres. *Contribuições:* regime jurídico, destinação e controle. São Paulo: Noeses, 2006, p. 36.

74. HEGENBERG, Leonidas. *Definições* - termos teóricos e significados. São Paulo: Cultrix, 1974, p. 68.

Ainda que a definição de um conceito seja necessária, "é fútil a ideia de uma linguagem inteiramente precisa. Termos têm suas definições dependentes do significado de outros termos, num regresso que só termina na ostentação".[75] A precisão de um conceito se mostra como um ideal utópico, porque parte do conceito é sempre instável, produto da história individual de cada ser e de determinada comunidade. Em vez de procurar uma precisão dos termos, devemos resolver problemas, pois são eles que fixam o nível de precisão e de certeza que desejamos alcançar.[76]

Os conceitos são indeterminados, mas sempre determináveis. Não é possível inferir um conceito eterno, imutável de um texto; porém é perfeitamente factível definir conceitos prováveis e aceitos em dado momento por determinada comunidade. A tarefa da ciência é oferecer definições para os conceitos acerca dos objetos analisados e articulá-los dentro do sistema referência em que esses conceitos estão inseridos, tudo com o objetivo de resolver um problema. Nesse sentido, a ciência é uma "constrição conceptual."[77]

As definições devem levar em conta como os termos serão usados, pois, se não existe uma clara formulação de objetivos, inexistem critérios para uma definição apropriada.[78] Esta última advertência é extremamente relevante para definir termos jurídicos, que devem ser interpretados de acordo com a função que desempenham no sistema do direito positivo.

A definição de um termo empregado pela Constituição tem claramente um objetivo diferente da conceituação de um termo utilizado por uma instrução normativa, já que as palavras empregadas nos mais altos escalões da estrutura

---

75. Ibidem, p. 121.

76. Ibidem, p. 121.

77. VILANOVA, Lourival. Sobre o conceito de direito. In: VILANOVA, Lourival. Escritos jurídicos e filosóficos - vol.1. São Paulo: Axis Mundi - IBET, 2003, p. 4.

78. HEGENBERG, Leonidas. *Definições – termos teóricos e significados*. São Paulo: Cultrix, 1974, p. 112.

normativa servem para emprestar validade aos termos empregados pelo legislador no processo de positivação do direito. Entra aqui a noção de conceitos constitucionais.

A expressão *conceito constitucional*, própria da ciência do direito, indica a ideia de conceitos construídos com base na lei máxima e que estariam a demarcar o processo de positivação do direito, bem como a própria interpretação das normas constitucionais. Antes de avançarmos no campo tributário, cabem ainda alguns esclarecimentos acerca da expressão.

Primeiramente, sabemos que não existem conceitos na Constituição. O texto constitucional é apenas a base empírica de que o intérprete dispõe para construir conteúdos de significações e, na sequência, articulá-los na forma de norma jurídica. Todavia, ainda que os conceitos não estejam na Constituição, é possível, em cada momento histórico, construir um conceito constitucional para cada signo utilizado pelo texto. Na verdade, não só é possível, mas é um imperativo do sistema jurídico definir conteúdos normativos organizados em graus hierárquicos.[79]

É bem verdade que a expressão *conceito constitucional* é, em si, um argumento retórico de que se vale o intérprete, já que ninguém ousaria falar de competência tributária legislativa com base em conteúdos de significação construídos exclusivamente no âmbito infraconstitucional. Todos falam em nome da Constituição. Contudo, ainda que seja instrumento da retórica, a expressão é também uma exigência do próprio direito e nos permite, especialmente em matéria de competência tributária, verificar a constitucionalidade das normas produzidas pelo legislador ordinário e complementar. Assim, embora a Constituição não tenha definido o que é renda, propriedade, importação, exportação, dentre outros signos

79. O ordenamento jurídico não poderia existir sem que houvesse uma hierarquia entre suas unidades, as normas jurídicas, porquanto ninguém saberia qual regra aplicar. Entende-se, assim, que a estrutura hierarquizada do direito positivo é um axioma fundamental para o seu pleno funcionamento.

utilizados pelo legislador constituinte, é necessário construir um conceito para cada um desses termos, limitando-se, sobremaneira, a liberdade do legislador infraconstitucional.

Todavia, falar em conceitos constitucionais nos leva novamente aos axiomas hermenêuticos da inesgotabilidade e da intertextualidade.

De um lado, sabemos que os conceitos, inclusive os constitucionais, não são eternos. A vagueza e a ambiguidade próprias dos signos, bem como a fluidez em que a interpretação se opera, impõem-nos admitir que as significações estão sujeitas a variações ao longo dos tempos. Não existe um conceito imutável de mercadoria, serviço e produto industrializado de forma a se atingir uma rigidez absoluta dos conceitos constitucionais.

Já sobre a perspectiva da intertextualidade, reconhecemos que a interpretação dos conceitos constitucionais não toma por base *apenas* o texto constitucional. Sim, o exegeta tem como base o texto da Constituição, mas recorre, a todo instante, a diversos outros textos jurídicos e extrajurídicos para construir aqueles conceitos. Vale-se, por exemplo, de dicionários da língua portuguesa, definições de outras áreas do conhecimento, como contabilidade, economia, química, biologia, textos legais inferiores, decisões judiciais, doutrina e de quaisquer outros elementos que o auxiliam a compreender a máxima constitucional e a realidade que ela refere. Como interpretar o termo "ouro", "vida", "livro", "templos de qualquer culto" empregados na Constituição, sem se valer de definições propostas em outros textos legais e extralegais? Isso não quer dizer que acreditamos numa interpretação contábil, econômica ou biológica do fato jurídico. Não é isso que defendemos. O fato jurídico se vale de critérios essencialmente jurídicos, construídos com base no texto do direito positivo. Porém, a própria construção do conceito jurídico demanda o contato com outros textos, no caminho da intertextualidade.

Não entendemos como correto, por exemplo, defender que tal exação é um tributo porque assim diz a ciência econômica ou que a receita bruta é aquilo que a contabilidade diz que é. O conceito de tributo e de receita são eminentemente jurídicos, ainda que o intérprete trave contato com textos de outras ciências. A explicação de Paulo de Barros Carvalho acerca da interdisciplinaridade e da autonomia do direito é elucidativa:

> o direito não pede emprestado conceitos de fatos para outras disciplinas. Ele mesmo constrói sua realidade, seu objeto, suas categorias e unidades de significação. O paradoxo inevitável, e que causa perplexidade no trabalho hermenêutico, justifica a circunstância do disciplinar levar ao interdisciplinar e este último fazer retornar ao primeiro. Sem disciplinas, portanto, não teremos as interdisciplinas, mas o próprio saber disciplinar, em função do princípio da intertextualidade, avança na direção dos outros setores do conhecimento, buscando a indispensável complementariedade. Tanto o jurídico quanto o econômico fazem parte do domínio social e, por ter este referente comum, justifica-se que entre um e outro haja aspectos ou áreas que se entrecruzem, podendo ensejar uma tradução aproximada e, em parâmetros mais amplos, uma densa e profícua conversação.[80]

Todas essas considerações nos permitem dizer que os termos constitucionais, isoladamente considerados, não são capazes de induzir o intérprete a uma definição de seus conteúdos. Se assim fosse, um leigo com um dicionário em mãos e em contato com a Constituição seria capaz de construir conceitos aceitos e utilizados pela comunidade jurídica. O que dizer das palavras tributo, imposto, propriedade e renda sem recorrer aos textos infralegais, mormente o Código

---

80. CARVALHO, Paulo de Barros. O absurdo da interpretação econômica do fato gerador – Direito e sua autonomia – o paradoxo da interdisciplinariedade. *Revista da Faculdade de Direito de São Paulo*. São Paulo, v. 102, 2007, p. 442.
Sobre essa dialogicidade da interpretação, Tácio Lacerda Gama enfatiza que "dialogicamente, textos da Ciência e do direito positivo se condicionam mutuamente. E ainda, cada um deles, individualmente, se relaciona com várias outras espécies de texto que dão forma ao contexto". GAMA, Tácio Lacerda. Sentido, consistência e legitimação no Direito. *Revista Diálogo Jurídico*. Salvador, n. 18, 2012, p. 19.

Tributário? O alerta é de Tácio Lacerda Gama: "O que não se admite, por ser ingênuo e ineficaz, é ignorar os diálogos mantidos entre norma superior e inferior. Apenas na situação de se configurar incompatibilidade entre esses dois planos de sentido é que deve prevalecer o produzido por autoridade superior."[81]

No entanto, apesar de reconhecermos que os conceitos constitucionais são imprecisos, variáveis e não tomam por base exclusivamente a Constituição, cremos que é possível, em cada instante, definirmos a amplitude desses conceitos dentro de certos limites. Em outras palavras, os axiomas da inesgotabilidade e da intertextualidade não infirmam a existência de conceitos constitucionais, tampouco a ideia de que a interpretação não tenha limites.

Quanto aos limites do exegeta, sabemos que são vários. Com um primeiro balizamento, parte-se de um plano comum a todos – o texto – e o percurso empreendido pelo intérprete não só o tem como base, mas também é conduzido por ele. Na sequência, o intérprete do texto, invariavelmente, emana suas significações dentro de um contexto histórico-cultural concreto, que certamente estabelece limites para a construção de sentido.[82]

---

81. GAMA, Tácio Lacerda. *Competência tributária:* fundamentos para uma teoria da nulidade. São Paulo: Noeses, 2009, p. 179.

82. O intérprete e o direito *já estão juntos no mundo* por meio da linguagem. A partir da "virada" linguística, o intérprete é alguém já inserido – desde sempre – na linguagem. Percebe-se o objeto enquanto algo que somente é conhecido linguisticamente. A compreensão desse objeto só pode ser realizada mediante as condições proporcionadas pelo horizonte de sentido do intérprete. Voltando-se ao direito, o intérprete é um sujeito inserido de forma inexorável em um ambiente cultural-histórico concreto. Produto da tradição, esse ambiente dá ao intérprete os limites de suas escolhas interpretativas, estabelece os limites para o processo decisório, de escolha de sentido. Os limites culturais do homem não determinam a interpretação, mas impõem limites para a decisão. Dentro dessa limitação, cabe ao intérprete a tarefa de construir o sentido adequado do objeto com base na criatividade e na razão crítica. O homem surge dentro de uma comunidade concebida pela linguagem, é um ser já, desde sempre, imerso num mundo cultural, seu contexto. STRECK, Lenio Luiz. *Hermenêutica Jurídica e(m) Crise*. Porto Alegre: Livraria do Advogado, 2003, p. 225.

Outras fronteiras se apresentam quando do ingresso no plano do conteúdo dos textos jurídicos, como destaca Paulo de Barros Carvalho, já que a interpretação leva em conta os jogos de linguagem utilizados pela comunidade jurídica e as próprias diretrizes do sistema. Numa perspectiva em que se privilegia o ângulo sintático ou lógico, forma-se uma moldura, como mencionou Kelsen, porém o próprio material semântico colhido no curso do processo de positivação do direito constitui um novo contexto interpretativo, fixando-se novos limites hermenêuticos, agora sob o ângulo pragmático. Nesse ponto, as possibilidades interpretativas sofrem considerável limitação por meio das decisões proferidas pelos órgãos competentes, estabelecendo direção axiológica e certeza para a região dos comportamentos interpessoais.[83]

Lenio Luiz Streck é enfático ao afirmar que "não se pode dizer qualquer coisa sobre qualquer coisa ou ainda qualquer coisa que a consciência nos impõe".[84] A intersubjetividade que se instaura com o giro linguístico "exige que, no interior da própria linguagem, seja feito o necessário controle hermenêutico. Deve-se, pois, levar o texto a sério".[85] A construção de sentido toma por base o texto constitucional, e as palavras ali mencionadas, apesar de não conterem em si mesmas uma significação, denotam conceitos acatados por determinada

83. CARVALHO, Paulo de Barros. Legislador como poeta. In: BERNARDO, Gustavo (org.). *A filosofia da ficção de Vilém Flusser.* São Paulo: Annablume, p. 9

84. STRECK, Lenio Luiz. Os Limites semânticos e sua importância na e para a democracia. *Revista da AJURIS*, v. 41, n. 135, set 2014, p. 175.

85. Segue o autor: "De todo modo, mesmo hoje, em plena era da tão festejada invasão da filosofia pela linguagem, de um modo ou de outro, continua-se a reproduzir o velho debate 'formalismo-realismo'. Assim, na verdade, em muitos casos, há uma mixagem teórica entre posturas 'formalistas' e 'realistas', isto é, por vezes, a 'vontade da lei' e a 'essência da lei' são buscadas com todo o vigor; em outras, procura-se pela 'vontade do legislador'; e finalmente, quando nenhuma das duas orientações é 'suficiente', põe-se no topo a 'vontade do próprio intérprete', colocando-se, em segundo plano, os limites semânticos do texto, fazendo soçobrar até mesmo a Constituição. O resultado disso é que aquilo que começa com uma subjetividade 'criadora' de sentidos acaba em 'decisionismos' e arbitrariedades interpretativas, isto é, em um 'mundo jurídico' em que cada um interpreta como (melhor) lhe convém". Ibidem, p. 175.

comunidade linguística. Os limites semânticos, nesse sentido, decorrem do fato de que "somos seres lançados num mundo de significações, num contexto intersubjetivo em que os sentidos se dão dialogicamente numa fusão de horizontes".[86]

Assim, os sentidos não podem ser arbitrariamente construídos pelo intérprete, pois ele é um ser inserido numa comunidade jurídica e em um preciso momento histórico. Como lembra Tathiane dos Santos Piscitelli, "não poderá o intérprete, ao aplicar o direito positivo, atribuir a determinado vocábulo sentido que não seja condizente com aqueles habitualmente aceitos pela comunidade linguística".[87]A comunidade normativa estabelece uma base semântica possível de significação das normas jurídicas e "fora desses sentidos possíveis, ou não haverá comunicação, ou haverá arbitrariedade por parte do julgador".[88]

Pois bem, reconhecida a existência de conceitos constitucionais e a existência de limites ao intérprete, resta-nos compreender a relação entre esses conceitos e a competência tributária. Já salientamos que, no âmbito do direito tributário, a Constituição reconheceu a importância do legislador infraconstitucional na demarcação da competência tributária legislativa ao expressamente outorgar à lei complementar a importante tarefa de resolver conflitos de competência, regular limitações constitucionais ao poder de tributar e estabelecer normas gerais de direito tributário.

Com base nessas premissas, entendemos que, na seara tributária, os conceitos constitucionais devem ser construídos com base numa noção de "conceito mínimo", fundado na referência discreta que o legislador fez aos termos que indicam as materialidades dos tributos. Sabemos, todavia, que não há na Constituição propriamente esse "conceito mínimo", senão,

86. Ibidem, p. 183.

87. PISCITELLI, Tathiane dos Santos. *Os limites à interpretação das normas tributárias*. São Paulo: Quartier Latin. 2007, p. 97.

88. Ibidem, p. 97.

como ressalta Aurora Tomazini de Carvalho, "aquele que nós construímos e consideramos como mínimo".[89]

Retomando aqui a questão da definição dos conceitos, entendemos que mais do que pugnar por uma precisão utópica, devemos procurar resolver problemas; ou seja, a precisão é sempre relativa, pois depende dos objetivos pretendidos. Para nós, os conceitos constitucionais em matéria tributária têm por finalidade principal limitar a atuação do legislador infraconstitucional, que só poderá instituir tributos em obediência aos conceitos mínimos construídos a partir do texto constitucional. Acerca dos conceitos constitucionais mínimos que demarcam a competência dos impostos em análise, remetemos o leitor ao capítulo seguinte. Antes, porém, entendemos necessário analisar se os conceitos constitucionais em matéria tributária também servem para evitar sobreposições de tributos. É o que veremos no item a seguir.

1.3 Competência tributária e a bitributação

1.3.1 Bitributação: sua origem no Brasil

Poucas questões são tão relevantes e, ao mesmo tempo, tão mal discutidas e mal compreendidas como a da sobreposição de tributos sobre um mesmo fato, fenômeno mais conhecido como bitributação.[90] Iniciamos o item com brevíssimas anotações sobre o emprego da palavra *bitributação* nas ordens constitucionais anteriores para que possamos compreender o seu sentido à época, diferentemente do que se tem usado atualmente.

---

89. CARVALHO, Aurora Tomazini de. *Teoria geral do Direito (o construtivismo lógico-semântico)*. 4. ed. São Paulo: Noeses, 2014, p. 241.

90. Na obra *Discriminação de rendas*, de 1941, Carlos Alberto Pinto já alertava que a bitributação constitui um dos mais debatidos problemas do direito tributário e que, em função dos diferentes pontos de vista em que ela é analisada, não se tem qualquer facilidade em definir o instituto. PINTO, Carlos Alberto A. de Carvalho. *Discriminação de rendas*. São Paulo: 1943, p. 57.

Foi a Constituição Federal de 1934 que, de fato e de direito, trouxe a vedação da bitributação à realidade normativa brasileira,[91] ao proibir, expressamente em seu artigo 11,[92] a dupla tributação, determinando ao Senado Federal a incumbência de declará-la, estabelecendo qual tributo deveria prevalecer.

O sistema tributário concebido pelo diploma constitucional de 1937 não trouxe significativas mudanças em relação ao de 1934.[93] O seu artigo 24[94] igualmente vedava a bitributação, impondo-lhe, porém, consequências diversas: caberia ao órgão Conselho Federal (e não mais ao Senado Federal) a competência para declarar a justaposição tributária, caso em que prevaleceria o tributo federal sobre o estadual, por expressa determinação constitucional.

Possivelmente devido às críticas[95] à ausência de defini-

91. Amilcar de Araújo Falcão confirma que "sim, o instituto teve ingresso no nosso direito constitucional, pela via do art. 11 do diploma fundamental promulgado naquele ano". FALCÃO, Amilcar de Araújo. *Sistema Tributário Brasileiro* – Discriminação de rendas. Rio de Janeiro: Financeiras, 1965, p. 108.

92. Art. 11. É vedada a bitributação, prevalecendo o imposto decretado pela União quando a competência for concorrente. Sem prejuízo do recurso judicial que couber, incumbe ao Senado Federal, *ex officio* ou mediante provocação de qualquer contribuinte, declarar a existência da bitributação e determinar a qual dos dois tributos cabe a prevalência.

93. Segundo Amilcar de Araújo Falcão, "na carta de 1937, a redação foi melhorada, porque a referência à bitributação passou a inserir-se num contexto em que se começava por aludir à competência concorrente. (...) A redação melhorou, repetimos. A ideia de bitributação está literalmente vinculada à de competência concorrente (...)".FALCÃO, Amilcar de Araújo, op. cit., p. 109.

94. Art. 24. Os Estados poderão criar outros impostos. É vedada, entretanto, a bitributação, prevalecendo o imposto decretado pela União, quando a competência for concorrente. É da competência do Conselho Federal, por iniciativa própria ou mediante representação do contribuinte, declarar a existência da bitributação, suspendendo a cobrança do tributo estadual.

95. Para Pérsio Oliveira Lima, a Constituição de 1946 não adotou o termo bitributação por influência de Aliomar Baleeiro o qual sustentou que a referência à bitributação não era necessária, pois a Constituição já fazia a discriminação das competências tributárias e continha artigo que, no caso de competência concorrente, prevaleceria o imposto federal. Se houvesse dois impostos gravando a mesma situação teríamos a prevalência do tributo federal ou uma invasão de competência privativa. LIMA, Pérsio Oliveira. Bitributação na Doutrina do Direito Tributário. *Re-*

ção legal do conceito de bitributação, o poder constituinte de 1946 não repetiu o mesmo tratamento normativo, tal como disposto nos mencionados artigos 11 e 24 das Cartas de 1934 e 1937. Não obstante, a regulamentação desse fenômeno jurídico continuou semelhante, na medida em que, muito embora o termo *bitributação* tenha sido tolhido do texto constitucional de 1946, o artigo 21 da Carta de 1946[96] determinava que, em casos de sobreposição de impostos estaduais e federais, somente estes deveriam prevalecer, o que levou Geraldo Ataliba a concluir ser este dispositivo "continuador de disposições semelhantes – todas voltadas precipuamente para o problema da bitributação".[97]

A Emenda Constitucional n. 18, de 1965, certamente representou um dos passos mais decisivos no caminho da formação do atual sistema tributário. A semelhança da ordem constitucional com a atual era tamanha, que, menos de um ano após a aprovação dessa Emenda, foi promulgada a Lei n. 5.172/66, que concebeu o Código Tributário Nacional, e que se mantém até hoje intacto diante do controle difuso de constitucionalidade da Corte Suprema. A Emenda, contudo, não tratou do tema da bitributação, especialmente porque não autorizava a criação de impostos que não aqueles expressamente previstos em seu texto.[98]

Por sua vez, a Constituição de 1967 não promoveu significativas alterações em relação à Emenda Constitucional n. 18

---

vista de Direito Público. São Paulo, n. 25, ano VI, p. 129, jul-set. 1973, p. 132.

96. Art. 21. A União e os Estados poderão decretar outros tributos além dos que lhe são atribuídos por esta Constituição, mas o imposto federal excluirá o estadual idêntico. Os Estados farão a arrecadação de tais impostos e, à medida que ela se efetuar, entregarão vinte por cento do produto à União e quarenta por cento aos Municípios onde se tiver realizado a cobrança.

97. ATALIBA, Geraldo *Sistema constitucional tributário brasileiro*. São Paulo: RT, 1968, p. 117.

98. Art. 5º. Os impostos componentes do sistema tributário nacional são exclusivamente os que constam desta Emenda, com as competências e limitações nela previstas.

de 1965, mas autorizou a União a criar novos impostos, desde que não tivessem base de cálculo e fato gerador idênticos aos já previstos na Constituição, expressão que, segundo Luís Eduardo Schoueri, é mera explicitação do que já antes vigia: "Em vez de referência aos impostos 'idênticos', passou-se a falar em 'fatos geradores e bases de cálculo idênticos'. Em ambos os textos, temos sempre o conceito de bitributação: a tributação do mesmo objeto por mais de um poder".[99] Por fim, destaca-se que, nesse aspecto, o texto da Emenda Constitucional de 1969[100] é quase idêntico ao da Constituição de 1967.

Pelo fato de as Constituições de 1934, 1937 e 1946 tratarem normativamente a bitributação como um problema na criação de impostos idênticos pela União e pelos Estados, diversos autores[101] acabaram por definir a *bitributação como um*

---

99. SCHOUERI, Luis Eduardo. Discriminação de Competências e Competência Residual. In: SCHOUERI, Luís Eduardo; ZILVETI, Fernando Aurelio. *Direito Tributário.* Estudos em homenagem a Brandão Machado. São Paulo: Dialética, 1998, p. 87.
Art. 19. Compete à União, aos Estados, ao Distrito Federal e aos Municípios arrecadar:
(...)
§ 6º A União poderá, desde que não tenham base de cálculo e fato gerador idênticos aos dos impostos previstos nesta Constituição, instituir outros além daqueles a que se referem os arts. 22 e 23 e que não se contenham na competência tributária privativa dos Estados, Distrito Federal e Municípios, assim como transferir-lhes o exercício da competência residual em relação a determinados impostos, cuja incidência seja definida em lei federal.

100. Art. 18. Além dos impostos previstos nesta Constituição, compete à União, aos Estados, ao Distrito Federal e aos Municípios instituir:§ 5º A União poderá, desde que não tenham base de cálculo e fato gerador idênticos aos dos previstos nesta Constituição instituir outros impostos, além dos mencionados nos artigos 21 e 22 e que não sejam da competência tributária privativa dos Estados, do Distrito Federal ou dos Municípios, assim como transferir-lhes o exercício da competência residual em relação a impostos, cuja incidência seja definida em lei federal.

101. Como anota Baleeiro, na Constituição Federal de 1934 a "bitributação passou a ser entendida como a exigência de impostos idênticos, sobre a mesma pessoa ou coisa em certa situação, por governos diferentes, em vista de parecer do Senador Clodomir Cardos, esposado em várias Resoluções do Senado, ao exercer a função do art. 11". BALEEIRO, Aliomar. Bis in idem. *In:* CARVALHO SANTOS, J. M. de. *Repertório enciclopédico do direito brasileiro.* Rio de Janeiro: Borsoi, 1947. v. 6, p. 24.
No mesmo sentido, Rubens Gomes de Sousa "uma decorrência fundamental do conceito de bitributação, assim definido, é a de que o fenômeno somente pode ocorrer entre tributos de competência concorrente, isto é, entre tributos que não sejam privativos de uma das entidades tributantes em presença; com efeito, se uma entidade tributante

problema relacionado exclusivamente ao exercício da competência concorrente.

O que se pode colher sobre o tema da bitributação, aqui analisado sobretudo sob o enfoque das cartas constitucionais anteriores e da produção literária à época sobre o assunto, é que o fenômeno ocorria quando existiam três condições: (i) criação de impostos idênticos, (ii) no exercício da competência concorrente pela União e Estados e que (iii) gravam o mesmo fato.[102] Havia certa unanimidade quanto à ocorrência da

criar tributo privativo de outra, a inconstitucionalidade decorrerá do fato de se tratar de invasão de competência privativa, não se tratando, porém de bitributação". SOUSA, Rubens Gomes de. *Municípios – competência tributária – bitributação e competência concorrente. Revista de Direito Administrativo.* Rio de Janeiro, v. 21, 1950, p. 352.

Ao conceituar o termo bitributação, Seabra Fagundes diz que a palavra tem "sentido específico para significar a duplicidade vedada de gravação de um mesmo fundo, atividade ou pessoa, sob idêntico aspecto, por entidades tributantes diferentes (União e Estado) e no uso da competência concorrente a elas permitida". FAGUNDES, Seabra. *In:* CARVALHO SANTOS, J. M. de. Repertório enciclopédico do direito brasileiros. Rio de Janeiro: Borsoi, 1947. v. 6, p. 38.

Gilberto Ulhoa Canto, também entende que "não se pode dar o caso de bitributação envolvendo imposto municipal, porque aquela anomalia tributária só se configura na esfera dos impostos comuns à União e aos Estados". CANTO, Gilberto de Ulhôa. Alguns Problemas da Competência Tributária Concorrente. *Revista de Direito Administrativo.* São Paulo, v. 57, p. 9-19, jul-set. 1959, p. 14.

Amilcar de Araújo Falcão, ao comentar a Constituição de 1946, assevera que foi eliminada a referência ao conceito de bitributação, e o "pressuposto, como se vê, para a configuração da bitributação reside em que, no exercício da competência concorrente, União e Estado decretem imposto idêntico". Em outro trecho: "não há bitributação em relação a impostos municipais. O Município não possui competência concorrente: só a tem a União e os Estados". FALCÃO, Amílcar de Araújo. *Sistema Tributário Brasileiro* – Discriminação de rendas. Rio de Janeiro: Financeiras, 1965, p. 118.

Ataliba não usava a expressão "competência concorrente": "Não aceitamos, *data venia*, tal designação, por tal concorrência não existir, senão em tese, quando os poderes competentes ainda não tenham usado da faculdade prevista". ATALIBA, Geraldo. Bitributação. *Revista da Faculdade de Direito da Universidade de São Paulo.* São Paulo, v. 60, p. 167.

Bernardo Ribeiro de Moraes também asseverava que "consignou-se um conceito de bitributação típico do direito tributário brasileiro (art. 11), em razão da competência concorrente da União e dos Estados". MORAES, Bernardo Ribeiro de. *Compêndio de Direito Tributário.* Rio de Janeiro: Forense, 1995, p. 137.

102. PINTO, Carlos Alberto A. de Carvalho. *Discriminação de rendas.* São Paulo: 1943, p. 59. SOUSA, Rubens Gomes de, op. cit., p. 353. FALCÃO, Amilcar de Araújo, op. cit., p. 118. FAGUNDES, Seabra. *In:* CARVALHO SANTOS, J. M. de. Repertório enciclopédico do direito brasileiro. Rio de Janeiro: Borsoi, 1947. V. 6, p. 184.

bitributação somente nos casos de competência concorrente, nunca na competência privativa. Todavia, as demais condições retro citadas nem sempre eram adequadamente explicadas, em especial no que consistiam os "impostos idênticos" e a oneração de um "mesmo fato".[103]

De qualquer forma, o problema da bitributação, nos moldes mencionados, era sempre visto como um fenômeno vedado. Em suma, se União e Estados criassem novos impostos *idênticos* – mesmo *fato gerador* e *base de cálculo* – apenas um deveria prevalecer. Se o imposto criado não fosse *novo*, estar-se-ia diante de um caso de invasão de competência, hipótese

103. Amilcar de Araújo Falcão entendia que impostos idênticos devem ser considerados sob o ponto de vista da natureza dos respectivos fatos geradores. Segundo o autor, "há bitributação, pois, quando União e Estados, no exercício da competência concorrente estabelecida pelo art. 21 do estatuto supremo, decretam imposto idênticos, caso em que terá prevalência o imposto federal". FALCÃO, Amilcar de Araújo, op. cit., p. 107.
No mesmo sentido Geraldo Ataliba: "Somente haverá bitributação quando o imposto novo, federal ou estadual, concorrer sobre o mesmo fato gerador. Nessa hipótese, prevê a Constituição, o federal excluirá o estadual idêntico, afastando a bitributação". E mais adiante: "Haverá bitributação juridicamente considerada, quando as categoriais jurídicas, oneração tributária e fato gerador coincidirem, isto é: quando o fato jurígeno, eleito como imponível, se constitua em ensejo para dois tributos". ATALIBA, Geraldo. Bitributação. *Revista da Faculdade de Direito da Universidade de São Paulo*. São Paulo, v. 60, 1965, p. 164.
De igual forma entende Celso Cordeiro Machado: "o que se intentou sempre evitar, a partir de determinado instante da evolução de nosso sistema fiscal, foi a superposição de incidências sobre os mesmos fatos jurídicos – fatos geradores – que, é certo, têm conteúdo econômico, mas traduzem momentos, fases, aspectos diferentes do processo". MACHADO, Celso Cordeiro. *Limites e conflitos de competência tributária no sistema brasileiro, 1968*. Tese (Concurso para provimento da cátedra de Finanças e Direito Financeiro da Faculdade de Direito da UFMG). UFMG, Belo Horizonte, 1968, p. 131.
Seabra Fagundes mencionou a identidade de pessoas, atividades ou fundos sendo tributados sob "o mesmo prisma, isto é, gravando-se em um mesmo aspecto", sem, contudo, tecer maiores esclarecimentos sobre o que isso constituía. FAGUNDES, Seabra. *In:* CARVALHO SANTOS, J. M. de. Repertório enciclopédico do direito brasileiros. Rio de Janeiro: Borsoi, 1947. V. 6, p. 39.
Juan José Carro Rodrigues propõe a expressão "imposto da mesma natureza". RODRIGUES, Juan José Carro. *Fatos Geradores confrontantes* – Colisões entre IPI-ISS-ICMS e outros impostos, 1988. Dissertação (Mestrado em Direito). Universidade de São Paulo, São Paulo, 1988, p. 178.
Pérsio Oliveira Lima fala em "identidade de situação tributada" gravando a economia "sob o mesmo aspecto". LIMA, Pérsio Oliveira. Bitributação na Doutrina do Direito Tributário. *Revista de Direito Público*. São Paulo, n. 25, ano VI, jul-set. 1973, p. 145.

também proibida.[104] Essa conclusão levou Geraldo Ataliba a afirmar que "a questão da bitributação – fenômeno juridicamente impossível entre nós – é secundária, atualmente. O que sempre dominará a questão e ditará as decisões judiciais é a inconstitucionalidade por invasão de competência".[105]

Esse conceito de bitributação, porém, evoluiu, seja a partir de novas considerações doutrinárias sobre o tema, seja pela nova ordem constitucional de 1988, seja pelos diferentes sentidos do termo empregados pela jurisprudência, o que tornou ainda mais impreciso seu uso dentro do direito tributário. É o que veremos a seguir.

1.3.2 Conceito de bitributação

De início, entendemos ser relevante abandonar o conceito de bitributação *clássico* mencionado no item anterior, pois já não temos a possibilidade do exercício de competência concorrente pela União e pelos Estados para instituírem novos impostos. Ademais, no conceito anterior, o fenômeno da dupla incidência restringia-se aos casos de *fatos geradores idênticos* ou *impostos idênticos*, o que não representa boa parte das situações de bitributação atualmente no Brasil. E, ainda, visto sob outro ângulo, a noção de que a bitributação (no sentido em que era empregado) era sempre inconstitucional não se confirmava, porquanto a União, desde a Emenda

---

104. Aliomar Baleeiro era enfático: "A bitributação, isto é, a exigência do mesmo imposto por governos diversos, importa sempre em inconstitucionalidade, pois só um deles será competente". BALEEIRO, Aliomar. *Uma introdução* à ciência das finanças. 14. ed. Rio de Janeiro: Forense, 1984, p. 239.
No mesmo sentido, afirma Geraldo Ataliba: "Tão perfeito é o sistema da Constituição brasileira que se pode afirmar a impossibilidade jurídica de bitributação. Esse caminho deliberadamente tomado pela nossa Constituição, tendo em vista as experiências brasileiras passadas e a tumultuosa realidade americana, faz da bitributação – sob o aspecto jurídico – impossível entre nós". ATALIBA, Geraldo, op. cit., p. 167.

105. ATALIBA, Geraldo *Sistema constitucional tributário brasileiro*. São Paulo: RT, 1968, p. 215.

Constitucional n. 18 de 1965[106] (hipótese repetida em outros termos pelas demais ordens constitucionais) poderia instituir impostos extraordinários compreendidos ou não em sua competência.

De fato, encontramos uma considerável ambiguidade do termo *bitributação*, muitas vezes chamado de *dupla imposição*,[107] *sobreposição*,[108] *superimposição*,[109] *dupla incidência*,[110] *justaposição*,[111] *interpenetração*[112] e *dupla exigência*,[113] dentre outros designativos. A seguir, destacamos alguns pontos que se chocam entre os conceitos encontrados:

i. entes políticos distintos: a bitributação seria a oneração de um mesmo fato por diferentes pessoas políticas, diferenciando-se do *bis in idem*[114], pois este

106. Art. 17. Compete à União, na iminência ou no caso de guerra externa, instituir, temporariamente, impostos extraordinários, compreendidos ou não na enumeração constante dos artigos 8º e 16, suprimidos, gradativamente, no prazo máximo de cinco anos, contados da celebração da paz.

107. TORRES, Ricardo Lobo. *Curso de Direito Financeiro e Tributário.* 10 ed. Rio de Janeiro: Renovar, 2003, p. 101.

108. MOTA, Sergio Ricardo Ferreira. *Bitributação no Âmbito do Direito Interno Brasileiro:* Distinção do *bis in idem* na Tributação, da Justaposição e da Sobreposição Econômica de Tributos, 2012. Dissertação (Mestrado em Direito) - Universidade Federal de Santa Catarina, Florianópolis, 2012, p. 147.

109. SOUSA, Rubens Gomes de. *O Imposto de Consumo na Constituição Federal.* In: Conferência Centro de Estudos dos Agentes Fiscais do Imposto de Consumo. São Paulo, 1948, p. 44.

110. ATALIBA, Geraldo. Bitributação. *Revista da Faculdade de Direito da Universidade de São Paulo.* São Paulo, v. 60, 1965, p. 159.

111. XAVIER, Alberto. *Direito tributário internacional do Brasil.* Rio de Janeiro: Forense. 6. ed. 2004, p. 33.

112. FUNDAÇÃO GETÚLIO VARGAS. Comissão de Reforma do Ministério da Fazenda. Reforma da Discriminação Constitucional de Rendas (anteprojeto). vol.6. Rio de Janeiro. 1965, p. 29.

113. LIMA, Pérsio Oliveira. Bitributação na Doutrina do Direito Tributário. *Revista de Direito Público.* São Paulo, n. 25, ano VI, p. 129, jul-set. 1973, p. 145.

114. *Bis*, no latim, significa duas vezes. *Idem*, representa o mesmo. *Dicionário Latim-português.* Porto: Porto Editora, p. 105.
A bitributação "exprime a exigência da mesma imposição fiscal por duas vezes" e

decorre de uma dupla tributação pelo mesmo ente. De outro lado, há quem não estabeleça essa diferença.[115]

ii. apenas dois entes: a bitributação implica a tributação por apenas dois entes. Nessa linha, se o concurso de incidência ultrapassar esse número, preferem denominar de multiplicidade de exações,[116] pluritributação,[117]

"distingue-se do *bis in idem* porque neste trata-se da mesma entidade tributante que exige dois impostos idênticos, da mesma pessoa e em relação ao mesmo fato gerador". RODRIGUES, Juan José Carro. *Fatos Geradores confrontantes* – Colisões entre IPI-IS-S-ICMS e outros impostos, 1988. Dissertação (Mestrado em Direito). Universidade de São Paulo, São Paulo, 1988, p. 177.
Baleeiro também fazia a diferença: "Se a mesma pessoa jurídica de direito público competente para decretação dum imposto incorre em *bis in idem* ou na pluritributação, em regra geral, não há problema jurídico, salvo se for violado dispositivo constitucional que, por acaso, fixe limite máximo à tributação". BALEEIRO, Aliomar. Bis in idem. In: CARVALHO SANTOS, J. M. de. *Repertório enciclopédico do direito brasileiros.* Rio de Janeiro: Borsoi, 1947. v. 6, p. 22.
Pérsio Lima adota conceito parecido: "Pode-se, pois, concluir que para o Direito tributário, a bitributação é diferente do *bis in idem* porque: a) na bitributação, há a exigência de tributos por mais de um poder tributante, enquanto no *bis in idem* a titularidade ativa é única; b) na bitributação, a diversidade de tributos *in genere* não descaracteriza a figura, enquanto que no *bis in idem*, por ser simples adicional, há uniformidade do tipo de tributo; na bitributação, pode haver diferentes bases de cálculo, enquanto no *bis in idem* não, porque a divergência de bases de cálculo desnaturaria o tributo". LIMA, Pérsio Oliveira. Bitributação na Doutrina do Direito Tributário. *Revista de Direito Público.* São Paulo, n. 25, ano VI, p. 129, jul-set. 1973, p. 132.
Já para Fabio Goldschmidt, não há por que "se falar em 'bis in idem', já que tal expressão é desprovida de significado deôntico. O que existe é o aforismo jurídico 'non bis in idem' ou 'ne bis in idem', ou ainda a 'proibição de bis in idem'". GOLDSCHMIDT, Fabio Brun. *Teoria da proibição de bis in idem no direito tributário e sancionador tributário.* São Paulo: Noeses, 2014, p. 101.

115. Para Alberto Xavier o *bis in idem* é a pluralidade de aplicações da mesma norma. "Trata-se aqui do instituto da *duplicação*, vedado pelo princípio *ne bis in idem*, o qual se coloca no plano da atividade tributária concreta ou secundária, na terminologia de Alessi, e não no da atividade abstrata ou primária". XAVIER, Alberto. *Direito tributário internacional do Brasil.* Rio de Janeiro: Forense. 6. ed. 2004, p. 42.

116. DÓRIA, Antônio Roberto Sampaio. *Discriminação de Competência Impositiva (Sua Evolução na Federação Brasileira).* Tese (Concurso à cadeira de Direito Financeiro da Faculdade de Direito da Universidade de São Paulo) – Universidade de São Paulo, São Paulo, 1972, p. 130.

117. TÔRRES, Heleno Taveira, Pluritributação internacional sobre as rendas das empresas. 2 ed. São Paulo: RT, 1997, p. 378.

multiplicidade acumulativa,[118] multitributação,[119] tri-tributação,[120] superposição triplicada[121] e outros termos semelhantes. Temos autores[122] que não limitam a bitributação a apenas dois entes políticos.

iii. identidade de tributos:[123] a bitributação pressupõe a existência de tributos idênticos, esse entendido com o mesmo "fato gerador" e/ou base de cálculo. Há, todavia, quem não encontre apenas nesses elementos as situações em que se configura a bitributação.[124]

---

118. FUNDAÇÃO GETÚLIO VARGAS. Comissão de Reforma do Ministério da Fazenda. Reforma da Discriminação Constitucional de Rendas (anteprojeto). v. 6. Rio de Janeiro. 1965, p. 135.

119. MANDETTA, p. 522, *apud* MOTA, Sergio Ricardo Ferreira. Bitributação no Âmbito do Direito Interno Brasileiro: Distinção do 'bis in idem' na Tributação, da Justaposição e da Sobreposição Econômica de Tributos, 2012. Dissertação (Mestrado em Direito) – Universidade Federal de Santa Catarina, Florianópolis, 2012, p. 123.

120. BALTHAZAR, Ubaldo Cesar. *História do tributo no Brasil*. Florianópolis: Fundação Boiteux, 2005, p. 100.

121. TILBERY, p. 298, *apud* MOTA, Sergio Ricardo Ferreira. Bitributação no Âmbito do Direito Interno Brasileiro: Distinção do 'bis in idem' na Tributação, da Justaposição e da Sobreposição Econômica de Tributos, 2012. Dissertação (Mestrado em Direito) – Universidade Federal de Santa Catarina, Florianópolis, 2012, p. 123.

122. Bernardo Ribeiro de Moraes entende que o termo "bitributação (de *bis*: repetido; tributação: tribute, imposição), conforme o nome indica, exprime a exigência da mesma imposição fiscal por duas ou mais vezes". MORAES, Bernardo Ribeiro de. *Compêndio de Direito Tributário*. Rio de Janeiro: Forense, 1995, p. 284.
Roque Carrazza também admite o uso do termo bitributação para indicar a tributação por duas ou mais pessoas políticas. CARRAZZA, Roque Antônio. *Curso de Direito Constitucional Tributário*. São Paulo: Malheiros, 2011, p. 626.
De fato, o prefixo *bi* é o equivalente do latim *bis*. Por sua vez, a palavra *bis* significa *repetição, duas vezes, outra vez*. Por conseguinte, a palavra *bitributação* significaria tributação repetida. MOTA, Sergio Ricardo Ferreira, op. cit., p. 123.

123. Segundo Seabra Fagundes: "Desde que a pessoa, atividade, mercadoria, renda ou imóvel tributados não sejam os mesmos, o imposto na sua natureza poderá ser idêntico e cobrado pela União e por um Estado, ao mesmo tempo, sem que tal importe em bitributação. Haverá identidade de impostos na sua modalidade, mas com pontos de incidência diversos". FAGUNDES, Seabra. In: CARVALHO SANTOS, J. M. de. *Repertório enciclopédico do direito brasileiros*. Rio de Janeiro: Borsoi, 1947. v. 6, p. 39.

124. Sergio Mota entende que a bitributação "significa o fenômeno jurídico configurado pela tributação de um mesmo sujeito passivo da obrigação tributária, por dois

iv. a bitributação é sempre inconstitucional:[125] não é possível, no Brasil, o fenômeno da bitributação. Outros autores admitem haver bitributação lícita e ilícita.[126]

v. bitributação econômica e jurídica.[127] Parte dos auto-

---

ou mais tributos instituídos por diferentes pessoas jurídicas de direito público interno dotadas de poder legislativo, relacionada a uma mesma situação jurídica, ato jurídico, fato jurídico ou conjunto de fatos jurídicos". MOTA, Sergio Ricardo Ferreira, op. cit., p. 126.

125. Para José Eduardo Soares de Melo "a bitributação consiste na dupla exigência de tributos, de modo ilegítimo, por parte de duas (ou mais) pessoas de direito público". MELO, José Eduardo Soares de. Sistema Tributário - Bitributação, Bis in Idem e Cumulatividade - Reformas. In: MARTINS, Ives Gandra da Silva (coord.). *Direito Tributário e Reforma do Sistema.* São Paulo: RT, 2003, p. 142.
No mesmo sentido Pérsio Lima: "A expressão 'bitributação' deve ter sentido preciso para ser cientifica, não podendo ser confundida com qualquer dupla exigência de tributos. A bitributação será a dupla exigência de tributos de forma ilegítima, por encontrarmos a mesma situação atingida por duas ou mais (pluritributação) pretensões tributárias". LIMA, Pérsio Oliveira. Bitributação na doutrina do Direito Tributário. *Revista de Direito Público.* São Paulo, n. 25, ano VI, p. 129, jul-set. 1973, p. 145.

126. "Há bitributações permitidas, bitributações proibidas e bitributações obrigatórias". GOLDSCHMIDT, Fabio Brun. *Teoria da Proibição de Bis in Idem no Direito Tributário e Sancionador Tributário.* São Paulo: Noeses, 2014, p. 103.
Sergio Mota também concorda que "a bitributação não é vedada pela atual Constituição. Aliás, somente esteve vedada na vigência das Cartas de 1934 e 1937". MOTA, Sergio Ricardo Ferreira. Bitributação no Âmbito do Direito Interno Brasileiro: Distinção do 'bis in idem' na Tributação, da Justaposição e da Sobreposição Econômica de Tributos, 2012. Dissertação (Mestrado em Direito) - Universidade Federal de Santa Catarina, Florianópolis, 2012, p. 126.

127. Para Geraldo Ataliba, teremos "bitributação econômica, quando - não obstante juridicamente distintos - dois tributos oneram a mesma matéria tributável. Não é constante, nem necessária a simultaneidade das duas circunstâncias. Pode acontecer, e é mesmo frequente, que a categoria jurídica não se superponha precisamente à categoria econômica. Sobre a pluritributação econômica, aliás, - diga-se com ênfase, dada a relevância da afirmação - é ela, mais do que comum, necessária". ATALIBA, Geraldo. Bitributação. *Revista da Faculdade de Direito da Universidade de São Paulo.* São Paulo, v. 60, 1965, p. 164.
De acordo com Sergio Mota, "essa sobreposição corresponde a toda e qualquer tributação repetida incidente sobre determinado substrato econômico". MOTA, Sergio Ricardo Ferreira, op. cit., p. 99.
Para Amilcar de Araújo Falcão: "O conceito de bitributação ou de pluritributação é usado em mais de um sentido, comportando mesmo uma acepção econômica ao lado de uma acepção jurídica. (...) A nós interessa, numa primeira aproximação, o conceito jurídico de bitributação. Por tal entende-se, para repetir a definição de

> res entende que existem dois tipos de bitributação: a jurídica, quando há identidade de "fatos geradores", e a econômica, quando se tributa a mesma riqueza, a despeito de "fatos geradores" distintos.

Sabemos que o rigor terminológico deve sempre ser buscado pelo cientista, mas entendemos que não nos cabe, neste espaço, rebater todos os sentidos em que o termo *bitributação* é empregado. O tema, que realmente nos parece longe de receber tratamento uniforme, merece nossa atenção na medida em que indicamos o sentido em que a acepção será utilizada no curso deste livro. Mais do que pela precisão, pugnamos pela coerência do conceito frente às premissas estabelecidas.

Para nós, a bitributação designa: (i) o concurso de normas jurídicas; (ii) fundadas em normas de competência distintas; (iii) recortando propriedades de um mesmo fato social; e, (iv) gravando, parcial ou totalmente, a mesma riqueza econômica.

Quanto à primeira parte do conceito (i), entendemos que na bitributação há sempre a existência de duas ou mais normas ou, como definiu Alberto Xavier,[128] um concurso de normas. Tal simultaneidade de incidência de normas – *coincidência* – pressupõe normas de (ii) competência legislativas distintas, característica que diferencia a bitributação do *bis in idem*. Assim, se a União instituiu dois tributos fundados em duas normas de competência, temos a bitributação, a despeito de ser um mesmo ente político. Já o *bis in idem* é a dupla tributação fundada numa única norma de competência, portanto, sempre exercida pelo mesmo ente político.[129]

Dorn, a circunstância de vários sujeitos ativos dotados de poder tributário exigirem, contemporaneamente, imposto idêntico do mesmo contribuinte, com fundamento no mesmo fato gerador." FALCÃO, Amilcar de Araújo. *Sistema Tributário Brasileiro* – Discriminação de Rendas. Rio de Janeiro: Financeiras, 1965, p. 101.

128. Alberto Xavier: "Dupla tributação é um conceito com que no Direito Tributário se designam os casos de *concurso de normas*. Como se sabe, há concurso de normas quando o *mesmo fato* se integra na *previsão* de *duas normas diferentes*". XAVIER, Alberto. *Direito tributário internacional do Brasil*. Rio de Janeiro: Forense. 6. ed. 2004, p. 31.

129. Em uma perspectiva abstrata, o *bis in idem* consiste na existência de duas

O terceiro elemento do conceito – (iii) incidência sobre um mesmo ou único fato social – exige algumas considerações. Primeiramente, é preciso lembrar que o direito recorta eventos da vida social e, por meio de uma linguagem própria, faz nascer efeitos jurídicos, de modo a estabelecer um vínculo entre os diversos sujeitos de direitos e obrigações. Em determinadas situações, um único fato social é utilizado como fundamento para aplicar duas normas jurídicas.[130]

É o que Pontes de Miranda denomina múltipla incidência, quando o mesmo acontecimento pode ser suporte fático de mais de uma norma jurídica. Nesse caso, as normas jurídicas incidem e transformam o fato social em fato jurídico, com a sua respectiva irradiação de eficácia. "No mundo jurídico, ele é múltiplo; entrou, ou reentrou por várias aberturas, levado por diferentes regras jurídicas, sem deixar de ser, fora desse mundo, ou nele mesmo, inicialmente, um só."[131]

Fato aqui será entendido nos termos da teoria de Paulo de Barros Carvalho, para quem o fato é um relato em linguagem própria de um evento. Trata-se de um único fato se a identificação da enunciação enunciada referir-se a apenas um

---

normas tributárias relativas ao mesmo tributo (*in idem*). A segunda norma funcionaria como um adicional do tributo criado. Nesse aspecto, não há, a priori, ilegalidade na sua ocorrência. Já em uma perspectiva concreta, o *bis in idem* é sempre vedado, ou seja, é precedido da palavra *ne*, *non*, vedação ou proibição. Nesse sentido, *vide* XAVIER, Alberto, op. cit., p. 42.
Sobre a perspectiva abstrata e concreta da proibição do *bis in idem*, *vide* GOLDSCHMIDT, Fabio Brun. *Teoria da Proibição de Bis in Idem no Direito Tributário e Sancionador Tributário*. São Paulo: Noeses, 2014, p. 52 e ss.

130. Nesse sentido, Aurora Tomazini esclarece que toda linguagem é redutora do mundo sobre o qual incide. "A metalinguagem da facticidade jurídica é redutora da linguagem dos fatos sociais que, por sua vez, é redutora da linguagem da experiência. Um fato jurídico é um fato social, juridicizado pela linguagem do direito. Por isso, a afirmação segundo a qual a sobrelinguagem do direito positivo vem separar, no mundo do real-social, o setor juridicizado do não juridicizado, destacando os fatos capazes de desencadear efeitos jurídicos dos meros acontecimentos sociais". CARVALHO, Aurora Tomazini de. *Teoria Geral do Direito (o construtivismo lógico-semântico)*. 4. ed. São Paulo: Noeses, 2014, p. 397-398.

131. MIRANDA, Francisco Cavalcanti Pontes de. *Tratado de direito privado*. 3. ed. Rio de Janeiro: Borsoi, 1970. t. 1, p. 27.

acontecimento – relato em linguagem própria de um evento delimitado pelas coordenadas de tempo e espaço. Nesse caso, as hipóteses de incidência dos tributos que se sobrepõem, apesar de poderem selecionar diferentes aspectos do fato, projetam-se sobre um mesmo acontecimento social, recortando-o duplamente.

Por fim, quanto à (iv) última parte do conceito, entendemos que a bitributação pressupõe a oneração, parcial ou totalmente, da mesma riqueza manifestada pelo fato. A base de cálculo, assim, vai dimensionar semelhante proporção econômica da realidade adjacente.

Retomando o conceito, temos que a *bitributação* designa: (i) o concurso de normas jurídicas; (ii) fundadas em normas de competência distintas; (iii) recortando propriedades de um mesmo fato social; e (iv) gravando, parcial ou totalmente, a mesma riqueza econômica. Nesses termos, a bitributação comporta, ainda, dois sentidos: um mais estrito, outro de maior amplitude.

No primeiro caso, a bitributação em sentido estrito, temos a possibilidade de duas normas, com fundamento em normas de competência distintas, elegerem a mesma hipótese de incidência e base de cálculo.[132] Trata-se, nesse aspecto, de *tributos idênticos,*[133] porém instituídos e cobrados com base em diferentes fundamentos legais, seja pelo mesmo ente ou por entes distintos. Em outras palavras, é uma *dupla tributação perfeita*, pois sempre quando um tributo incidir o outro necessariamente também incide, com a base de cálculo identificando a mesma unidade de medida. Para ilustrar o conceito, temos o caso da bitributação pelo PIS e COFINS sobre o

132. Teremos, assim, idêntica significação para os enunciados que compõem o critério material e quantitativo (base de cálculo). Para tanto, podemos ter os mesmos suportes físicos no plano da literalidade textual, ou, a despeito de suportes físicos diferentes, significações que conduzem a uma aplicação conjunta dos enunciados.

133. Os tributos não são exatamente os mesmos, seja porque fundados em diferentes normas de competência, seja porque possuem destinação legal, sujeito ativo, alíquota ou outros aspectos que os diferenciam.

faturamento;[134] da COFINS e da CPRB;[135] ou, hipoteticamente, em eventual exercício de competência residual pela União na criação de impostos extraordinários em caso de guerra.

Já a bitributação *em sentido amplo* decorre da existência de duas normas tributárias que gravam um único fato, porém, com hipóteses de incidência e/ou bases de cálculo distintas.[136] Na grande maioria dos casos de bitributação no Brasil temos: situações em que duas normas tributárias, com materialidades ou bases de cálculo que não são idênticas, mas que são capazes de onerar, parcial ou totalmente, as mesmas proporções econômicas do fato social. Nesse caso, temos: (i) materialidades idênticas com bases de cálculo distintas; (ii) materialidades distintas com bases de cálculo idênticas; (iii) materialidades e bases de cálculos distintas.

Na primeira situação (i), encontramos a mesma materialidade, mas bases de cálculo dimensionando diferentes aspectos do comportamento eleito pelo legislador. Em razão da identidade da materialidade, a dupla tributação vai ocorrer sempre, mas com diferentes medidas de grandeza. Podemos citar o caso da bitributação do II, PIS e COFINS na importação de bens por pessoa jurídica ou o IRPJ e CSLL no recebimento de lucros.

Na segunda situação (ii), as normas de incidência não têm a mesma materialidade, mas podem, eventualmente, recortar o mesmo fato, medindo-o de forma idêntica (mesma base de cálculo). É o caso da incidência do ICMS nas operações de circulação de mercadorias juntamente com o IPI nas operações

134. Conforme as Leis 10.833/03 e 10.637/02, a COFINS e o PIS são contribuições que tem como materialidade *auferir faturamento ou receita bruta*, e a base de cálculo de ambos os tributos é o valor da receita auferida.

135. A CPRB, instituída pelo art. 8º da Lei n. 12.546/11, é uma contribuição previdenciária sobre a receita bruta e possui a mesma materialidade e base de cálculo da COFINS.

136. Nesse caso, os suportes físicos relacionados ao critério material ou base de cálculo não são os mesmos; porém, suas significações possuem pontos ou características em comum, capazes de recortar o mesmo fato.

com produtos industrializados destinadas a industrial ou revendedor. Por suas diferentes materialidades, nem sempre incidem conjuntamente, mas, quando incidem, seguem idêntica base de cálculo.

Por último, temos a tributação de um mesmo fato por meio da aplicação de normas tributárias com hipóteses de incidência e bases de cálculo que não se identificam (iii). Nessa situação, os tributos não se acumulam em todas as situações fáticas e, quando incidem conjuntamente, as bases de cálculo são distintas. É o caso da dupla incidência do IPI e ICMS na venda de mercadoria para pessoa física ou não contribuinte do ICMS.

Para finalizar, cabe-nos recordar as lições de Amilcar de Araújo Falcão[137] e de Rubens Gomes de Souza,[138] que defendiam que o conceito de bitributação é sempre contextual e varia de acordo com cada ordenamento. A pergunta básica, que se impõe diante deste assunto e que guarda a mais imediata pertinência com o tema do conflito de competência, é saber como o poder constituinte de 1988 tratou da questão da dupla (ou múltipla) incidência tributária.

1.3.3 Bitributação na Constituição de 1988

A interpretação das regras relativas à competência tributária exige, *a priori*, o enfrentamento da seguinte questão correlata: existe norma constitucional geral que proíbe a bitributação?[139]

137. Para o autor: "O conceito jurídico de bitributação é circunstancial e contingente, variando conforme o direito público interno de cada país". FALCÃO, Amilcar de Araújo. *Sistema Tributário Brasileiro – Discriminação de Rendas*. Rio de Janeiro: Financeiras, 1965, p. 104.

138. Segundo Rubens Gomes de Souza, a bitributação é um "instituto jurídico ligado ao ordenamento positivo de cada país, porquanto se se tratasse da atuação prática de um princípio geral econômico a solução teria naturalmente de ser a mesma em todos os casos". SOUSA, Rubens Gomes de. O Imposto de consumo na Constituição Federal. In: *Conferência Centro de Estudos dos Agentes Fiscais do Imposto de Consumo*. São Paulo, 1948, p. 44.

139. José Roberto Vieira entende que é "tão excêntrica e extravagante uma

Entendemos que não existe em nosso ordenamento uma norma ou princípio do direito tributário que estabeleça uma regra geral a proibir a bitributação, inclusive no âmbito de competência para instituir impostos.

De fato, podemos identificar a permissão de bitributação por meio da análise dos dispositivos constitucionais que tratam da atribuição de competência legislativa aos entes políticos que, realmente, admitem sobreposições de bases e hipóteses de incidência, como os que enumeramos a seguir:

i. Em caso excepcional de guerra externa ou na sua iminência, está autorizada a União a instituir impostos que se sobreponham às competências dos outros entes da federação (art. 154, II);[140]

ii. Em casos em que o negócio jurídico configurar a materialidade do ICMS e do IPI, poderá haver dupla incidência tributária (art. 155, § 2º, XI);[141]

---

hipótese de bitributação que não seja constitucionalmente permitida de forma expressa, que bastaria, a uma, recordar a sentença definitiva de Geraldo Ataliba: '*onde cabe ISS, não cabe IPI; onde cabe IPI, não cabe ISS. Isto é radical na Constituição*'; e, a duas, lembrar que tais casos de bitributação, por violarem a inflexível repartição de competências tributárias, e por transgredirem o Princípio da Federação, do qual decorre aquela repartição, cláusula intangível do nosso Estatuto Maior (art. 60, § 4º, I), raiam tão flagrantemente pelo recinto das mais patentes inconstitucionalidades que não demandam nem merecem mais atenção nesse espaço". VIEIRA, José Roberto. O Papel da Lei Complementar no Estabelecimento das Fronteiras IPI x ISS: Óculos para Macacos. In: MOREIRA, André Mendes et al. (orgs.). *Sistema Tributário Brasileiro e as relações internacionais*. São Paulo: Noeses, 2013, p. 567.

140. Art. 154. A União poderá instituir:
[...]
II – na iminência ou no caso de guerra externa, impostos extraordinários, compreendidos ou não em sua competência tributária, os quais serão suprimidos, gradativamente, cessadas as causas de sua criação.

141. Art. 155. Compete aos Estados e ao Distrito Federal instituir impostos sobre:
II – operações relativas à circulação de mercadorias e sobre prestações de serviços de transporte interestadual e intermunicipal e de comunicação, ainda que as operações e as prestações se iniciem no exterior;
§ 2º O imposto previsto no inciso II atenderá ao seguinte:
XI – não compreenderá, em sua base de cálculo, o montante do imposto sobre

iii. As contribuições sociais e de intervenção no domínio econômico podem apresentar como base de cálculo o faturamento, a receita bruta ou o valor da operação e, no caso de importação, o valor aduaneiro ("a" do inc. III do art. 149, §2º, III, *a*);[142] os dois primeiros signos constituem a base de cálculo constitucionalmente prevista para as contribuições sociais da alínea *b* do inc. I do art. 195,[143] e o último constitui a base do PIS-importação (art. 195, §1º, IV) e do ICMS-importação (art. 155, § 2º, IX, *a*);[144]

iv. Até a edição da Emenda Constitucional n. 3, de 1993, portanto, por determinação do poder constituinte originário, era de competência dos Estados

---

produtos industrializados, quando a operação, realizada entre contribuintes e relativa a produto destinado à industrialização ou à comercialização, configure fato gerador dos dois impostos;

142. Art. 149. Compete exclusivamente à União instituir contribuições sociais, de intervenção no domínio econômico e de interesse das categorias profissionais ou econômicas, como instrumento de sua atuação nas respectivas áreas, observado o disposto nos arts. 146, III, e 150, I e III, e sem prejuízo do previsto no art. 195, § 6º, relativamente às contribuições a que alude o dispositivo.
[...]
§ 2º As contribuições sociais e de intervenção no domínio econômico de que trata o *caput* deste artigo:
III – poderão ter alíquotas:
a) *ad valorem*, tendo por base o faturamento, a receita bruta ou o valor da operação e, no caso de importação, o valor aduaneiro;

143. Art. 195. A seguridade social será financiada por toda a sociedade, de forma direta e indireta, nos termos da lei, mediante recursos provenientes dos orçamentos da União, dos Estados, do Distrito Federal e dos Municípios, e das seguintes contribuições sociais:
[...]
b) a receita ou o faturamento;

144. Art. 155: [...]
§ 2º O imposto previsto no inciso II atenderá ao seguinte:
IX – incidirá também:
a) sobre a entrada de bem ou mercadoria importados do exterior por pessoa física ou jurídica, ainda que não seja contribuinte habitual do imposto, qualquer que seja a sua finalidade, assim como sobre o serviço prestado no exterior, cabendo o imposto ao Estado onde estiver situado o domicílio ou o estabelecimento do destinatário da mercadoria, bem ou serviço.

e do Distrito Federal a instituição de adicional de imposto de renda, em até 5% (art. 155, II, pela redação original);[145]

v. Também por força da mesma Emenda, foi tolhida a competência para a instituição de adicional de "vendas a varejo de combustíveis líquidos e gasosos, exceto óleo diesel", previsto na redação original do inc. III do art. 156,[146] e que autorizava a justaposição desse imposto com o ICMS;

vi. Sobre operações envolvendo energia como bem de objeto negocial, a Constituição Federal autoriza a incidência de ICMS, II e IE, concedendo imunidade relativa a todos os demais tributos (art. 155, § 3º).[147]

A existência de dispositivos constitucionais inseridos num sistema de repartição de competências que, de maneira expressa e específica, autorizam a justaposição de tributos sugere, por indução, existir uma regra implícita na Constituição de 1988 de que, em todos os demais casos, a bitributação seria vedada. À primeira vista, natural seria então concluir pela existência de uma regra geral nesse sentido. Mas tal raciocínio seria coerentemente sustentável somente se não existissem outros dispositivos que, também de maneira expressa e específica, determinassem o contrário.

---

145. Art. 155. Compete aos Estados e ao Distrito Federal instituir:
[...]
II – adicional de até cinco por cento do que for pago à União por pessoas físicas ou jurídicas domiciliadas nos respectivos territórios, a título do imposto previsto no art. 153, III, incidente sobre lucros, ganhos e rendimentos de capital.

146. Art. 156. Compete aos Municípios instituir impostos sobre:
III – vendas a varejo de combustíveis líquidos e gasosos, exceto óleo diesel;

147. Art. 155. Compete aos Estados e ao Distrito Federal instituir impostos sobre:
[...]
§ 3º À exceção dos impostos de que tratam o inciso II do *caput* deste artigo e o art. 153, I e II, nenhum outro imposto poderá incidir sobre operações relativas a energia elétrica, serviços de telecomunicações, derivados de petróleo, combustíveis e minerais do País.

É o caso das seguintes determinações constitucionais que proíbem a sobreposição de tributos:

i. Para o exercício da competência residual, a União é proibida de instituir tributos que apresentem fato gerador ou base de cálculo idênticos a outros já discriminados na Constituição (art. 154, I);[148]

ii. O ouro, quando for ativo financeiro ou instrumento cambial, sujeita-se exclusivamente ao IOF (art. 153, § 5º);[149]

iii. O ISS exclui a incidência do ICMS, quando mercadorias forem fornecidas conjuntamente a serviços compreendidos na lista (art. 155, IX, *b*);[150]

iv. Os serviços de transporte interestadual e intermunicipal e de comunicação são de competência exclusiva dos estados, estando expressamente vedada a competência dos municípios para instituir o ISS (art. 156, III);[151]

---

148. Ar. 154 A União poderá instituir:
I – mediante lei complementar, impostos não previstos no artigo anterior, desde que sejam não cumulativos e não tenham fato gerador ou base de cálculo próprios dos discriminados nesta Constituição;

149. Art. 153. Compete à União instituir impostos sobre:
[...]
§ 5º O ouro, quando definido em lei como ativo financeiro ou instrumento cambial, sujeita-se exclusivamente à incidência do imposto de que trata o inciso V do «caput» deste artigo, devido na operação de origem; a alíquota mínima será de um por cento, assegurada a transferência do montante da arrecadação nos seguintes termos

150. Art. 155. Compete aos Estados e ao Distrito Federal instituir impostos sobre:
[...]
IX – incidirá também:
[...]
b) sobre o valor total da operação, quando mercadorias forem fornecidas com serviços não compreendidos na competência tributária dos Municípios;

151. Art. 156. Compete aos Municípios instituir impostos sobre:
[...]
III – serviços de qualquer natureza, não compreendidos no art. 155, II, definidos em lei complementar.

v. E, para instituir novas contribuições previdenciárias, não previstas no texto constitucional, o poder constituinte vedou também o emprego de hipótese de incidência ou base de cálculo idênticas a outras já discriminadas na Constituição (art. 195, § 4º).[152]

Como se pode perceber, em vez de formular uma regra geral para a bitributação, o legislador constituinte optou por formular regras de competência, ora permitindo ora proibindo a justaposição entre tributos e situações específicas. A existência de comandos que permitem a bitributação, dispostos ao lado de outros que a proíbem, impede que se retire de tais itens um comando que se revista de regra geral (p. ex., "é proibida a bitributação no Brasil" ou "é proibida a bitributação quando não expressamente autorizada").

Por outro lado, o que esse quadro normativo parece apontar é que as competências foram definidas com base em dois polos opostos, que tencionam o sistema de maneira irregular e quase aleatória: um polo da vedação à bitributação – como um símbolo de harmonia e racionalidade do sistema – oposto ao polo da necessidade de concessão de fontes de custeio, condizentes com as necessidades financeiras dos entes tributantes – como uma necessidade real e política da federação brasileira.

Esse dado, se não contribui para revelar a resposta firme do texto constitucional ao problema da bitributação, contribui, sob outro enfoque de análise, para perceber que o poder constituinte nunca teve a intenção de resolver essa questão.

A propósito, esse espírito de relativa tolerância à bitributação é também observado no relatório da Subcomissão da

---

152. Art. 195. A seguridade social será financiada por toda a sociedade, de forma direta e indireta, nos termos da lei, mediante recursos provenientes dos orçamentos da União, dos Estados, do Distrito Federal e dos Municípios, e das seguintes contribuições sociais:
[...]
§ 4º A lei poderá instituir outras fontes destinadas a garantir a manutenção ou expansão da seguridade social, obedecido o disposto no art. 154, I.

Reforma Constitucional de 1988, em que o Relator Fernando Bezerra de Carvalho tece observações indicando que, muito embora a intenção do poder constituinte não tenha sido institucionalizar a bitributação, também não era sua maior preocupação evitá-la, sobretudo quando, por questões financeiras, fosse conveniente a sobreposição de competências.[153]

Ao admitirmos, portanto, que não havia a preocupação do constituinte em estabelecer uma norma expressa, ampla e geral, proibindo a bitributação, já que se sabia de antemão que, até certa medida, ela era conveniente. Aliás, essa conveniência já era identificada na reforma do Sistema Tributário Nacional de 1965, que deu as bases para nosso atual sistema.[154] Uma década depois, Rubens Gomes de Souza reconhe-

153. Relatório da subcomissão (Da reforma de 1988): "O Sr. Relator (Fernando Bezerra de Carvalho): Gostaria de fazer ainda algumas considerações sobre o que já foi referido por diversos Constituintes, quanto à ocorrência ou não da bitributação quando da instituição do Imposto sobre Vendas a Varejo. À primeira vista nos assalta a preocupação de que estaríamos, como bem definiu o Constituinte Nion Albernaz, institucionalizando a bitributação no texto constitucional. Consultando os técnicos em Direito Tributário, fornos informados de que a bitributação ocorre na competência residual, quando o Estado e a União cobram, no exercício dessa competência, impostos sobre fatos ou atos equivalentes. É lógico que, no caso de Imposto sobre Vendas a Varejo, o Município, como entidade competente para a sua cobrança não estará bitributando, mas exercendo seu poder tributário autorizado pela Constituição. Hoje isso ocorre, pois o industrial paga o ICM e o IPI. E é por isso que há um parágrafo específico no anteprojeto que repete o texto da Constituição em vigor, no sentido de evitar a bitributação quando incida esses dois impostos: o IPI e o ICM". BRASIL, Senado Federal (Atas da Comissão). Disponível em: http://www2.camara.leg.br/atividade-legislativa/legislacao/Constituicoes_Brasileiras/constituicao-cidada/publicacoes/anais-da-assembleia-nacional-constituinte.

154. No relatório da Reforma Tributária Nacional, a Comissão justificou a necessidade de ser mantido um adicional ao ICM por parte dos Municípios em face da perda de receita que esses entes vinham sofrendo. Consta do relatório: "A Comissão está plenamente consciente de ter transgredido com uma de suas premissas básicas, a de impedir a interpenetração dos campos tributários privativos de governos diferentes; mas é igualmente claro que a justificativa da transigência é uma imposição da realidade nacional". Em outro trecho, admite indiretamente a bitributação, quando discorre sobre o ICM e o IPI: "Essa generalização de sua incidência aproxima este imposto (ICM) do federal sobre produtos industrializados (art. 13), que é o atual imposto de consumo com denominação ajustada à sua natureza, e cuja identidade econômica com o atual imposto de vendas e consignações é inegável: ambos são impostos sobre a circulação, distinguindo-se apenas pela característica extrínseca de ser genérica a incidência do primeiro, ao passo que a do segundo é

ceu essa falha em nossa discriminação de rendas. A transcrição é longa, mas válida, porque soa como verdadeiro desabafo daquele que foi um dos principais responsáveis pelos pilares do nosso modelo de repartição de competências:

> A segunda falha é muito mais fácil, é a de evitar ou impedir que as atribuições constitucionais de tributos a cada um dos órgãos se sobreponham ou se interpenetrem, e aí estamos diante de uma pura questão de fato. Superposição ou interpenetração é matéria de todos os dias; é o nosso trabalho profissional, quando não seja decorrente do próprio texto da Constituição, inclusive da Emenda n. 18: IPI e ICM são a mesma coisa e, no entanto, estão atribuídos a dois órgãos diferentes, contrariando tudo o que eu próprio, no relatório da Reforma, havia dito. Então, afora aqueles casos de interpenetração ou superposição, que estão embutidos na própria discriminação de rendas, há os outros, os patológicos, diria eu que exigem solução através de uma mecânica de solução de conflitos de competência ou de uma delimitação mais rigorosa do poder de tributar. Mas não são estas as únicas superposições e nem de longe as mais graves. Estas são as que a própria Constituição admite e impõe.
>
> Resumo da ópera em português: a discriminação de rendas é um tabu, no sentido de que se converteu em um imutável pilar da Constituição. (...) Por maior que tivesse sido a boa vontade da Comissão, o seu esforço honesto de desbastar terreno, de abrir novos horizontes, faltou esta visão e nós ficamos dentro daquela mesma bitola, que vem se repetindo desde 1981. Sugestão: abolir a bitola.[155]

Não há dúvida de que a Constituição de 1988 permite a bitributação, sendo, no entanto, vedada a invasão de competência. Não concordamos com Geraldo Ataliba, para quem, quando se fala em bitributação, a propósito de discriminação de rendas, quer-se referir aos conflitos ou superposições de competências tributárias.[156]

---

específica a determinados negócios jurídicos". FUNDAÇÃO GETÚLIO VARGAS. Comissão de Reforma do Ministério da Fazenda. *Reforma da Discriminação Constitucional de Rendas* (anteprojeto), 1965, p. 48.

155. SOUSA, Rubens Gomes de; ATALIBA, Geraldo; CARVALHO, Paulo de Barros Carvalho. *Comentários ao Código Tributário Nacional*. São Paulo: RT, 1975, p. 27.

156. ATALIBA, Geraldo *Sistema constitucional tributário brasileiro*. São Paulo: RT, 1968, p. 40.

Para nós, a invasão de competência não é sinônimo de bitributação, cujo conceito, em si mesmo, pouco nos auxilia a resolver o problema dos conflitos de competência entre as diferentes espécies tributárias. Estamos com Amilcar de Araújo Falcão, que criticava a proibição da bitributação formulada em termos absolutos. O "problema relevante não é a multiplicidade de incidências, mas a competência ou incompetência de quem decrete o tributo – caso de invasão de competência".[157]

Enfrentar o tema da competência tributária com base na premissa de que temos um princípio implícito de *proibição de bitributação* nos leva necessariamente a: (i) optar por um tributo frente a outro quando o legislador constituinte não optou, ocasionando a redução indevida de competência de um ente político; (ii) criar critérios casuísticos e muitas vezes contraditórios para solucionar supostos *conflitos de competência*;[158] (iii) buscar, de maneira incessante, ingrata e criativa, uma racionalidade no sistema tributário que é de todo inexistente e,

---

Esclarecemos que o autor referia-se à Constituição Federal de 1967, mas a sua conclusão é ainda aplicável em face das premissas que ele expõe.
No mesmo sentido, Juan José Carro Rodrigues: "agora, sempre que houver a exigência de um mesmo imposto por duas ou mais entidades tributantes, o que existirá não é uma bitributação, mas sim uma *invasão de competência tributária.* Para que isto ocorra, basta que uma entidade política tributante desrespeite a discriminação de rendas tributárias e invada matéria de competência privativa de outra. Pode ocorrer somente com impostos, jamais com taxas ou contribuições de melhoria". RODRIGUES. Juan José Carro. *Fatos Geradores confrontantes* – Colisões entre IPI-ISS-ICMS e outros impostos, 1988. Dissertação (Mestrado em Direito). Universidade de São Paulo, São Paulo, 1988, p. 179.

157. FALCÃO, Amilcar de Araújo. *Sistema Tributário Brasileiro – Discriminação de Rendas*. Rio de Janeiro: Financeiras, 1965, p. 108. Cleber Giardino também trilha caminho semelhante ao analisar a bitributação do IPI e ICM. Entende o autor que se trata de uma bitributação econômica autorizada pela constituição. "Não há, porém, inconstitucionalidade, e nem é cabível falar em invasão de competências tributárias, na medida em que o próprio texto constitucional se encarregou de conceder essas competências, que se superpõem economicamente, e que propiciam muitos pontos de contato sob o ponto de vista jurídico". GIARDINO, Cleber. Conflitos entre Impostos sobre Produtos Industrializados e Imposto sobre Operações relativas à Circulação de Mercadorias. *Revista de Direito Tributário*. São Paulo, n. 13-14. jul-dez. 1980, p. 138.

158. Conflitos que sequer podem existir, conforme veremos no item 3.3.2. Sobre os critérios de solução de conflitos de competência, *vide* capítulo 3.

consequentemente, (iv) tentar resolver os problemas de sobreposições de competências exclusivamente no plano hermenêutico, afastando-se da única solução possível para findar com a bitributação: a mudança legislativa. Ou seja, trilhar esse caminho conduz o intérprete a permanecer, assim, desconectado do legislador constituinte derivado, pois, insiste na crença de que o constituinte originário foi perfeito e que o sistema não precisa ser aperfeiçoado.

O resultado é facilmente percebido. Paralelamente com as lições doutrinárias em sentido oposto, temos bitributações por todos os lados, e conflitos de competência até hoje não resolvidos. Perdem o Judiciário, o contribuinte, o Estado e a sociedade. Portanto, como premissa, entendemos que não é correto enfrentar o tema acerca dos conflitos de competência a partir da concepção de uma regra geral que proíba a bitributação.

Realmente, a bitributação é um fenômeno próprio deste país federado que procurou outorgar competências a entes políticos distintos e que, muitas vezes, é exercida sobre um mesmo fato. É, em si, um fenômeno ruim, já que o contribuinte se vê obrigado a cumprir normas e ser fiscalizado por diferentes órgãos, além de correr grave risco de sofrer uma tributação excessiva que, ao se tornar confiscatória, passa a ser inconstitucional.

Corroboramos o pensamento de Rubens Gomes de Sousa de que "a discriminação de rendas é um tabu", e o primeiro passo para enfrentar essa quimera é reconhecermos que nosso sistema não foi concebido de forma a evitar as superposições tributárias. Ao contrário do que afirmou Geraldo Ataliba, para quem o nosso ordenamento é perfeito (imperfeito é o intérprete),[159] o sistema tributário nacional é vago, impreciso e recheado de situações em que os contornos de materialidade e base de cálculo dos tributos ora são precisamente idênticos, ora coincidem com um mesmo fato.

---

159. ATALIBA, Geraldo; CARRAZZA, Roque; BARRETO, Aires Fernandino; GIARDINO, Cléber. Conflitos entre ICM, ISS e IPI. *Revista de Direito Tributário*. São Paulo, v. 7-8, ano III, p. 105-131, 1979,p. 119.

2

COMPETÊNCIA TRIBUTÁRIA PARA INSTITUIR O ISS, ICMS E IPI

2.1 Competência para a instituição de impostos

2.1.1 Repartição da competência nos impostos

A aptidão legislativa para instituir impostos é fruto das normas de competência tributária construídas a partir da referência, pelo texto constitucional, a possíveis materialidades típicas de cada tributo. É lugar comum conceber que a Constituição expressamente relacionou signos indicativos de comportamentos a serem realizados pelos contribuintes e dividiu-os entre os diversos entes políticos, com a repartição dos impostos por matéria. Em algumas circunstâncias, quando concorrente a materialidade, a própria Constituição também indicou o ente competente mediante uma demarcação territorial, como se vê no ITBI, no ICMS e no ITCMD.[160]

---

160. No ITBI, o art. 156, § 2°, II; no ICMS, art. 155, § 2°, VII, VIII e, no ITCMD, art. 155, § 1°, I e II.

Entendemos que a Constituição não especifica os critérios da regra-matriz de incidência, deixando ao legislador infraconstitucional a tarefa de fixar o desenho estrutural da norma de incidência tributária, que "não pode refugir dos limites constitucionais da sua competência, que é oferecida de maneira discreta, mediante a indicação de meros eventos ou de bens".[161]

O texto constitucional estabelece apenas pontos de referência, signos, que constituem tão-somente a base física para o processo de interpretação. Quando, por exemplo, o legislador constituinte definiu que a União poderia instituir o imposto sobre a renda, apenas fixou um ponto de partida para o início da tarefa interpretativa. O conceito de renda não está na Constituição nem no próprio signo *renda*. O conteúdo de significação do termo é produto do intérprete, que constrói o sentido de todo e qualquer signo. A referência a palavras como *propriedade predial*, *produtos industrializados*, *mercadorias* e *serviços* exige do intérprete a construção de um conceito constitucional para cada um desses termos. Passíveis de mutação ao longo do tempo, esses conceitos guardam uma significação normalmente aceita em cada momento histórico.

Já refutamos, no capítulo anterior, os argumentos de que as competências tributárias foram desenhadas pelo legislador constituinte de maneira precisa, exaustiva e inconfundível. Ao contrário: foi demarcada de maneira discreta, referindo-se a termos ambíguos e vagos. A tarefa do intérprete do texto na construção das normas de competência tributária é inesgotável e intertextual, exigindo que o hermeneuta recorra a textos jurídicos e extrajurídicos para melhor delimitar, a cada instante, os contornos das materialidades dos impostos indicados na Constituição.

A divisão do poder de tributar empreendida pelo texto constitucional, material e territorial, não é capaz, sozinha,

---

161. CARVALHO, Paulo de Barros. *Curso de Direito Tributário*. São Paulo: Saraiva, 2011, p. 317.

de precisar a demarcação da competência tributária entre as pessoas políticas e, consequentemente, de resolver os diversos conflitos de competência que se instauram todos os dias. A própria Constituição reconheceu essa deficiência e elegeu a lei complementar como instrumento apto a dispor sobre conflitos de competência e a definir o fato gerador, a base de cálculo e o sujeito passivo dos impostos, conforme prevê a redação do art. 146.

Todavia, o exercício da competência tributária não é limitado unicamente pela amplitude conceitual dos signos indicativos de materialidades e territorialidades dos impostos. Diversas outras balizas também foram estabelecidas, como os princípios e as imunidades tributárias. Tratando-se de impostos, além de se referirem a possíveis comportamentos do contribuinte, as materialidades indicadas devem necessariamente expressar capacidade contributiva, sem a qual não é possível tributar. Em suma, nenhum conceito constitucional relativo à competência de impostos pode ser construído sem denotar uma ação do sujeito passivo que manifeste, presuntivamente, uma riqueza. Tem-se, assim, uma regra comum à interpretação de todas as materialidades dos impostos.

A competência tributária para instituir impostos está intimamente ligada à noção de *privatividade*, para saber se é possível a incidência de impostos sobre um mesmo fato sem que ocorra um problema de invasão de competência – assunto para o item a seguir.

2.1.2 Privatividade da competência tributária e bitributação

Ao final do capítulo anterior, expusemos nossa ideia acerca da inexistência em nosso ordenamento de uma regra geral que proíba a bitributação. Cabe, agora, outro questionamento: em que medida a chamada *privatividade* da competência tributária dos impostos relaciona-se à identificação de sobreposições tributárias ilícitas?

Sabemos que o "problema da privatividade das competências tributárias é intricadíssimo"[162] e remonta aos tempos da nossa primeira Constituição republicana. O texto da Constituição de 1891 foi o primeiro a atribuir competência privativa ("exclusiva", segundo os arts. 7º[163] e 9º[164]) à União e aos Estados para criarem diversos tributos, embora permitisse claramente a bitributação por esses entes na criação de novas fontes de receita (art. 12[165]). As demais Constituições brasileiras seguiram com a nominação de tributos, em especial os impostos, que poderiam ser criados por cada um dos entes políticos, o que levou a doutrina[166] a formular o conceito de

---

162. CARRAZZA, Roque Antônio. *Curso de Direito Constitucional Tributário*. São Paulo: Malheiros, 2011, nota de rodapé 22, p. 549.

163. Art. 7º. É da competência exclusiva da União decretar:
1º) impostos sobre a importação de procedência estrangeira;
2º) direitos de entrada, saída e estadia de navios, sendo livre o comércio de cabotagem às mercadorias nacionais, bem como às estrangeiras que já tenham pago impostos de importação;
3º) taxas de selo, salvo a restrição do art. 9º, § 1º, n. 1;
4º) taxas dos correios e telégrafos federais.
§ 1º. Também compete privativamente à União:
1º) a instituição de bancos emissores;
2º) a criação e manutenção de alfândegas.

164. Art. 9º. É da competência exclusiva dos Estados decretar impostos:
1º) sobre a exportação de mercadorias de sua própria produção;
2º) sobre Imóveis rurais e urbanos;
3º) sobre transmissão de propriedade;
4º) sobre indústrias e profissões.
§ 1º – Também compete exclusivamente aos Estados decretar:
1º) taxas de selos quanto aos atos emanados de seus respectivos Governos e negócios de sua economia;
2º) contribuições concernentes aos seus telégrafos e correios.

165. Art. 12. Além das fontes de receita discriminadas nos arts. 7º e 9º, é licito à União como aos Estados, cumulativamente ou não, criar outras quaisquer, não contravindo, o disposto nos arts. 7º, 9º e 11, n. 1.

166. Segundo Celso Cordeiro Machado, "o que a técnica da competência privativa pretende é evitar as pluritributações sobre o mesmo fato ou ato jurídico, ou, o mesmo fato ou ato econômico, juridicamente qualificado, como é o fato gerador". MACHADO, Celso Cordeiro. *Limites e Conflitos de Competência Tributária no Sistema Brasileiro, 1968*. Tese (Concurso para provimento da cátedra de Finanças e Direito Financeiro da Faculdade de Direito da UFMG). Universidade Federal de Minas Gerais, Belo Horizonte, 1968, p. 125.
No mesmo sentido, Hugo de Brito Machado confirma que privativa é a

privatividade da competência tributária.

No regime da discriminação da competência tributária por meio da privatividade, os tributos são especificados, nominados e exclusivamente atribuídos a cada um dos governos existentes, que passam a ter o direito de cobrar determinados tributos que foram expressamente nomeados e que lhes pertencem privativamente.[167]

É amplamente aceito o entendimento de que, na privatividade, os impostos arrolados caberão, exclusivamente, a cada nível de governo e, por consequência, sobre o campo de incidência não poderão acamar-se múltiplas tributações. Temos, assim, uma distribuição vertical da *materialidade* tributável entre União, Estados e Municípios e uma atribuição horizontal ou *territorial*, no caso de idêntica matéria tributária.[168] Realmente, o critério que a Constituição adotou para formular o sistema tributário de demarcação de competências é de natureza *material* e *geográfica*.[169]

"competência para instituir e cobrar tributo que tenha sido atribuída a uma pessoa jurídica de direito público em caráter de exclusividade". MACHADO, Hugo de Brito. A privatividade das competências tributárias. In: PARISI, Fernanda Drummond. TÔRRES, Heleno Taveira; MELO, José Eduardo Soares de. *Estudos de Direito Tributário em homenagem ao professor Roque Antônio Carrazza*. São Paulo: Malheiros, 2014, p. 313.
Vide também: PINTO, Carlos Alberto A. de Carvalho. *Discriminação de Rendas*. São Paulo: 1943, p. 138. DÓRIA, Antônio Roberto Sampaio. *Discriminação de Competência Impositiva (Sua Evolução na Federação Brasileira)*. Tese (Concurso à cadeira de Direito Financeiro da Faculdade de Direito da Universidade de São Paulo) – Universidade de São Paulo, São Paulo, 1972, p. 20.

167. TELLES JR., Goffredo. Discriminação Constitucional de Fontes de Receita Tributária. *Revista de Direito Público*. São Paulo, v. 4, ano I, p. 125, abr.-jun, 1968, p. 130. Continua o autor: "Este regime tem dois inconvenientes flagrantes. O primeiro é a dificuldade de se estabelecer em lei, listas completas e fixas de impostos, que sejam adequadas às variáveis circunstanciais de tempo e de lugar. As necessidades da receita se alteram; alteram-se as possibilidades dos campos de incidência. (...) Como se há de, pois, achar a fórmula, estática e paralisada, que distribua, nominalmente, de modo completo, útil e sempre atual, entre os governos existentes num país, todos os tributos já criados ou que possam vir a ser criados?". Ibidem, p. 130.

168. DÓRIA, Antônio Roberto Sampaio, op. cit., p. 20

169. Segundo Heron Arzua, "para evitar um eventual conflito de competência o texto constitucional fez referências a bens ou eventos sobre os quais podem incidir os

Parece fácil aceitar a ideia de que cada pessoa política dispõe de uma faixa privativa de tributos a exigir, e "quem diz privativa, diz exclusiva, quer dizer: excludente de todas as demais pessoas (...). A exclusividade de uma competência de uma pessoa implica proibição peremptória, *erga omnes*, para explorar esse campo".[170]

No entanto, para nós não é possível defender uma área *exclusiva* de tributação no Brasil se temos, por exemplo, a possibilidade da União, no exercício da competência residual, instituir impostos extraordinários *compreendidos ou não em sua competência* (art. 154, II, da CF). E as situações de superposições tributárias não param por aí. O que dizer da importação de bens, fato sujeito concomitantemente ao II, IPI e ICMS? Temos também o problema das contribuições, que a todo instante abraçam materialidades de diversos outros impostos (CSLL e IR; PIS-importação, COFINS-importação e II; ISS e CIDE-importação). Realmente, estamos certos de que a privatividade não é atributo da competência tributária.

No entanto, ainda que verdadeiramente não exista uma competência *privativa*, no sentido de exclusividade, certas

---

tributos e, ainda, limitou o exercício da cobrança de exações ao território do ente político competente". ARZUA, Heron. Fabricação e instalação de elevadores – ICMS e ISS. *Revista Dialética de Direito Tributário*. São Paulo. n. 49, out. 1999, p. 119.
No mesmo sentido, Roque Antonio Carrazza esclarece que o critério adotado pela Constituição, na partilha das competências impositivas dos Estados, dos Municípios e do Distrito Federal foi o *material* e o *territorial*. Noutros termos: "Levou em conta, para a solução dos possíveis conflitos neste campo, o âmbito de aplicação territorial das leis que criam os impostos estaduais, municipais e distritais. Por conseguinte, as leis tributárias que instituem tais gravames apenas têm voga sobre os fatos verificados no território da ordem jurídica que as editou". CARRAZZA, Roque Antônio. *Curso de Direito Constitucional Tributário*. São Paulo: Malheiros, 2011, p. 318-319.

170. ATALIBA, Geraldo *Sistema constitucional tributário brasileiro*. São Paulo: RT, 1968, p. 106.
Heron Arzua expressa essa proibição nos seguintes termos: "Obfirme-se que a discriminação constitucional de rendas, além de rígida e exaustiva, faz-se de modo exclusivo, de forma que o fato Ataliba atribuído a um dos entes federados ou aos Municípios não o foi, em princípio, e simultaneamente, a outro (as ressalvas à regra vêm sempre expressas no próprio corpo do texto)". ARZUA, Heron. O Imposto sobre Serviço e o Princípio da Territorialidade. In: MELLO, Celso Antônio Bandeira. *Estudos em homenagem a Geraldo Ataliba*. São Paulo: Malheiros, 1997, p. 143.

materialidades são tipicamente exercidas por determinados entes políticos e, nesse sentido, não podem ser confundidas. A dificuldade, no entanto, está em compreender a amplitude dessa noção de privatividade, ou seja, *em que sentido a tipicidade opera*?

De um lado, a dupla tributação não pode ocorrer em qualquer caso, já que, a par de superposições tributárias admitidas pelo texto constitucional, concordamos que existem áreas particulares, atribuídas a certas pessoas políticas. A tributação, por exemplo, da renda, da propriedade territorial rural, da exportação de produtos são próprias da União; a propriedade de veículos automotores e a transmissão causa mortis e doação, de quaisquer bens ou direitos são tributados pelo Estado, enquanto os Municípios tributam a propriedade predial e territorial urbana e a transmissão *inter vivos*, a qualquer título, por ato oneroso, de bens imóveis.

A dúvida é saber, nesses casos, a *extensão da privatividade*, que pode ser entendida de duas formas: (i) a privatividade consiste na impossibilidade de um ente político eleger, legislativamente, a materialidade outorgada a outro ente, ou seja, indicar certos enunciados prescritivos no texto legal?; ou (ii) pressupõe também a proibição de dois tributos incidirem sobre um mesmo fato (bitributação)?

Para nós, a privatividade representa a capacidade do ente político de tributar a significação dos enunciados indicados pelo texto constitucional, de forma que as demais pessoas políticas não poderão introduzir signos que venham a colidir com o conteúdo da norma de competência legislativa alheia.

Em outras palavras, ainda que excepcionada pela competência residual da União no art. 154, a privatividade acarreta reconhecer que determinados conceitos jurídicos que compõem as normas de competência tributária não podem ser confundidos, ou seja, é vedado aos entes políticos elegerem, no plano legislativo, signos idênticos ou com significações reservadas à outra entidade. Por exemplo: o conceito jurídico de "propriedade territorial e predial urbana" é próprio, particular, privativo dos Municípios. O Estado não pode indicar esses termos, tampouco palavras sinônimas, em sua legislação tributária como elemento a compor a hipótese da sua regra-matriz de incidência.

Todavia, isso não implica, necessariamente, a proibição de dupla tributação de um mesmo fato, pois os conceitos jurídicos não tocam os fatos econômicos e sociais, e, consequentemente, conceitos distintos no plano do direito podem valer-se de um mesmo substrato fático da realidade social, ocasionando uma bitributação permitida. Temos, assim, bitributações lícitas e ilícitas.

A construção dos conteúdos de significação dos signos oferecidos pelo legislador para demarcar a competência dos impostos pode revelar a seguinte relação entre as materialidades, implícitas na Constituição: (i) significações contraditórias, nas situações em que a acepção de um conceito acarreta necessariamente a rejeição de outro. Temos aqui materialidades que se excluem mutuamente, como entre o IPTU e o ITR e entre o ITBI e o ITCMD; (ii) significações contíguas, em que, apesar da inexistência de identidade, ambos os conceitos podem coexistir e tributar, em tese, um mesmo fato. É o caso do ICMS e IPI e do ISS e IPI – deste último trataremos no próximo capítulo.

Do que foi dito, entendemos que a definição do conteúdo de cada signo indicativo de materialidade de um imposto é absolutamente relevante. Os termos empregados pelo constituinte, como serviços, propriedade predial, circulação de mercadorias, renda, importação, entre outros, não são sinônimos. É imprescindível defini-los a fim de verificarmos se a competência tributária é exercida de acordo com a referência manifestada pelo legislador constitucional.

Só não concordamos que, na construção da norma de competência, deva o intérprete, a qualquer custo, evitar eventual superposição tributária sobre um mesmo fato. Os fatos brutos são muito mais ricos do que o recorte realizado pela realidade jurídica. Um único fato, nesse sentido, pode ser objeto de várias normas jurídicas, cada qual elegendo determinados aspectos do fato, caso em que haverá múltipla incidência, e, tratando-se de normas tributárias, bitributação. Nessa situação não há razão para optar por um ou outro tributo, desde que ambas as normas, construídas com base no texto constitucional, possam coincidir sem acarretar contradição.[171]

---

171. Expõe Celso Cordeiro Machado acerca da Reforma do Sistema Tributário Nacional de 1965: "É certo que o novo sistema, resultante dos trabalhos da Comissão, constituída de notáveis especialistas dos mais prestigiosos do País, é mais aperfeiçoado do que o anterior, e deu um passo à frente no sentido de delimitar melhor os campos de incidência e de reduzir as interpenetrações e as superposições tributárias. Mas não as aboliu, pois manteve, a exemplo dos sistemas anteriores, elevado o número das figuras tributárias, o que acarreta fatalmente a interpenetração econômica e, apenas eventualmente, a interpenetração jurídica. (...) Há no novo sistema vários impostos economicamente idênticos, mas juridicamente diferentes. (...) Por isso é que certos impostos realmente assentam sobre fatos econômicos idênticos ou sobre manifestações similares de capacidade contributiva". MACHADO, Celso Cordeiro. *Limites e Conflitos de Competência Tributária no Sistema Brasileiro, 1968.* Tese (Concurso para provimento da cátedra de Finanças e Direito Financeiro da Faculdade de Direito da UFMG). Universidade Federal de Minas Gerais, Belo Horizonte, 1968, p. 127, 129 e 131.
Amilcar de Araújo Falcão trata também do assunto nos seguintes termos: "A objeção pode ser de alguma forma válida, do ponto de vista econômico: o imposto de consumo e o de vendas e consignações, o de renda e o de indústria e profissões, por exemplo, realmente assentam sobre fatos econômicos idênticos ou sobre manifestações similares de capacidade contributiva. Essa circunstância, por si só, não se afigura necessariamente indesejável em um sistema tributário, sabido como é que, seja para fins de integração das formas tributárias, seja para fins de controle fiscal recíproco, seja para fins de equiparar situações ou captar consequências de outras situações básicas, não se contraindica de modo absoluto e radical o emprego simultâneo ou concomitante de forma tributárias de conteúdo ou de efeitos econômicos semelhantes ou análogos. (...) Voltamos ao ponto essencial: a competência privativa é disciplinada com fundamento em pressupostos perfeitamente diferenciados, sob o ponto de vista jurídico, de modo a tornarem-se inconfundíveis os impostos atribuídos privativamente aos diversos níveis ou escalões da federação". FALCÃO, Amilcar de Araújo. *Sistema Tributário Brasileiro* – Discriminação de rendas. Rio de Janeiro: Financeiras, 1965, p. 43-44.
Como observa Luis Eduardo Schoueri, apesar de o Constituinte ter feito a discriminação de competências tributárias, "fenômenos economicamente equivalentes desdobram-se em situações juridicamente independentes, permitindo daí, a múltipla incidência tributária." SCHOUERI, Luís Eduardo Schoueri. *Direito tributário.* 2. ed. São Paulo: Saraiva. 2013, p. 614.

Por não ser vedada, a coincidência é, em regra, permitida. Só é vedada quando as normas de competência não alcançam o mesmo fato por causa da amplitude semântica dos signos que atribuem competência ou por expressa norma constitucional que veda a bitributação. Haverá, por exemplo, coincidência ilícita se as normas tributarem situações que são *semanticamente excludentes*, como: territorial e urbano; oneroso e gratuito; mercadoria e serviço.

O sistema tributário brasileiro não vedou as superposições de incidências. De fato, a bitributação agrega maior complexidade ao sistema, aumentando as exigências e, potencialmente, a carga tributária. Mas isso é questão de política fiscal. Em vez de tentar encontrar uma racionalidade – no sentido de perfeição – na discriminação das rendas, deve o cientista tributário tecer as críticas ao ordenamento e, caso deseje, propor mudanças legislativas. O que não lhe cabe é buscar corrigir, sob o ponto de vista hermenêutico, o caótico sistema tributário sem que o intérprete incorra em uma rebelião doutrinária contra a própria Constituição.

A privatividade, enfim, não significa a impossibilidade absoluta de determinados acontecimentos serem gravados juridicamente por dois ou mais impostos, pois o constituinte não se preocupou com uma divisão perfeita das competências tributárias.

Alguns exemplos podem ilustrar o que defendemos. Vejamos o caso do ICMS-mercadoria. Os signos indicados pela Constituição relacionam-se à expressão "operações de circulação de mercadoria", cuja significação, de forma simplificada, é a realização de um negócio jurídico relativo à transmissão de um bem, objeto de mercancia. Nenhum ente político poderá eleger esses signos (ou outros que denotem o mesmo conceito) como indicativos da materialidade de qualquer tributo, e, nesse sentido, pode-se dizer que há privatividade da competência tributária. De outro lado, a União detém competência para instituir o IPI-industrial, cujo conceito jurídico compreende as operações com produtos industrializados que resultem na transferência da posse ou da propriedade de um bem. Da mesma forma, nenhum ente poderá indicar essa materialidade em sua regra-matriz de incidência, o que torna também privativa essa competência. Agora, o fato de uma empresa *vender um produto por ela industrializado* serve de fundamento para compor as duas normas jurídicas tributárias, sem resultar em invasão de competência.

Em outro exemplo, tomamos o seguinte fato: *importação, via contrato de* leasing, *de um bem*. Esse único acontecimento, tomado na perspectiva da linguagem social, serve de suporte para a constituição do fato jurídico tributário do ISS (que incide sobre a atividade de *leasing*) e do II (que incide na importação do bem) e ocasiona, consequentemente, uma bitributação lícita. E, caso a importação do bem seja mediante contrato de compra e venda, teremos a sobreposição tributária do ICMS-importação e novamente do II. Em todas essas situações, não estamos diante de invasão de competência ou de afronta a privatividade da competência para instituir impostos. Em suma, a *privatividade* não significa proibição de bitributação em termos absolutos, já que esse fenômeno não foi vedado pelo legislador constituinte.

De outro lado, a crença na privatividade, enquanto sinônimo de proibição de dupla tributação, nos levaria à necessidade de encontrarmos critérios para afastar um tributo quando os dois poderiam incidir. Leva-nos à necessidade de optar, quando a Constituição Federal não optou.

A privatividade, assim, é sobre o tema relativo a cada tributo, sendo certo que existem fatos que podem ser recortados sob várias perspectivas e, dentro desses prismas, pode haver dupla incidência ou pluri-incidência. Para saber se há invasão de competência, é necessário estudar as normas de competência tributária dos impostos envolvidos. É o que faremos nos próximos itens.

2.2 Competência tributária legislativa para instituir o ISS

O conceito de serviço tributável consiste em uma das mais conflituosas definições relativas à competência tributária que a ciência do direito tributário e a jurisprudência vêm enfrentando ao longo dos anos. Para avaliar essa complexa situação, basta ver as inúmeras conclusões divergentes identificadas em dissertações de mestrado, teses de doutorado, livros, artigos e decisões do Supremo Tribunal Federal acerca dessa questão.

Podemos dividir o problema em duas grandes discussões. A primeira, sobre a taxatividade da lista de serviços editada por lei complementar. A segunda, em relação a quais atividades podem ou não entrar na lista. Vamos ao primeiro ponto.

2.2.1 Lista de serviços da lei complementar

O imposto sobre serviços de qualquer natureza – ISS foi introduzido em nossa ordem jurídica pela Emenda Constitucional n. 18/1965,[172] fruto do trabalho da Comissão da Reforma Tributária Nacional. Autores,[173] na época, discutiam se o ISS era um novo imposto ou se representava um tributo apenas rebatizado, tal como "vinho velho em pipa nova",[174] na

172. Art. 15. Compete aos Municípios o impôsto sôbre serviços de qualquer natureza, não compreendidos na competência tributária da União e dos Estados.
Parágrafo único. Lei complementar estabelecerá critérios para distinguir as atividades a que se refere êste artigo das previstas no art. 12.

173. Bernardo Ribeiro de Moraes entende que a certidão de nascimento do ISS está fundamentada no art. 15 da Emenda n. 18/65. MORAES, Bernardo Ribeiro de. *Doutrina e prática do imposto sobre serviços.* São Paulo: Revista dos Tribunais, 1975, p. 58.
Para Celso Cordeiro Machado, o ISS também foi criado pela Emenda n. 18 e não tinha precedente no sistema tributário nacional. MACHADO, Celso Cordeiro. *Limites e Conflitos de Competência Tributária no Sistema Brasileiro, 1968.* Tese (Concurso para provimento da cátedra de Finanças e Direito Financeiro da Faculdade de Direito da UFMG). Belo Horizonte, 1968, p. 122.

174. BALEEIRO, Aliomar. *Uma introdução à ciência das finanças.* 14. ed. Rio de Janeiro:

expressão de Aliomar Baleeiro. Prevaleceu a tese, propagada por Bernardo Ribeiro de Moraes, de que o ISS é um imposto que "somente ingressou no elenco dos tributos integrantes de nosso sistema tributário com a Emenda Constitucional n. 18, de 1.12.1965".[175]

Com a Emenda n. 18/65, o legislador infraconstitucional recebeu a tarefa de fixar os critérios para distinguir as atividades tributáveis pelo ISS daquelas que estariam sujeitas ao ICM, conforme estabeleceu o parágrafo único do art. 15 da referida emenda. Adveio então o Código Tributário Nacional, Lei n. 5.172/66, que conceituou os serviços tributáveis e elegeu algumas atividades sujeitas ao imposto (art. 71), alterado posteriormente pelo Ato Complementar n. 27/66 e pelo Ato Complementar n. 34/68 e, mais adiante, revogado pelo Decreto-lei n. 406/68, que adotou o conhecido sistema de "lista de serviços" tributáveis, atualmente disciplinado pela Lei Complementar n. 116/03.

A questão, pois, era saber se a lista de serviços seria ou não taxativa. Diversos juristas[176] propagavam a

---

Forense, 1984, p. 381. O autor entendia que o ISS representava o resíduo do "mais que secular imposto de indústria e profissões". BALEEIRO, Aliomar, op. cit., p. 381.
Realmente, este imposto, conforme definição de Rubens Gomes de Sousa, tinha como fato gerador o efetivo exercício das atividades civis, comerciais, industriais ou profissionais (SOUSA, Rubens Gomes de. Parecer: *O Imposto de Indústrias e Profissões em Face do Imposto Único Sobre Combustíveis e Lubrificantes*, 1955, p. 23), e, nesse sentido, não deixa o ISS de ser residual em relação àquele. Porém, os contornos são diferentes, menores, no que reconhecemos ser um imposto realmente novo.
Em parecer no ano de seu falecimento, em 1978, Aliomar Baleeiro admite que o ISS foi introduzido no sistema tributário pela EC n. 18/65. BALEEIRO, Aliomar. ISS e Empresas de Vigilância. *Revista de Direito Tributário*. São Paulo, n. 5, ano II, p. 7-19. jul-set 1978, p. 8.

175. MORAES, Bernardo Ribeiro de. *Doutrina e prática do imposto sobre serviços*. São Paulo: Revista dos Tribunais, 1975, p. 60.

176. Elisabeth Nazar Carrazza afirma que "a Lei complementar não cria o ISS, nem tampouco, estabelece limitações constitucionais ao poder de tributar. Regula, apenas, o exercício da competência tributária por seu titular. Desta forma, a competência municipal para tributar serviços independe da edição de lei complementar que os defina". CARRAZA, Elizabeth Nazar. Imposto sobre Serviço na Constituição, 1976. Dissertação (Mestrado). Pontifícia Universidade Católica de São Paulo, São Paulo, 1976, p. 62.
Juan José Carro Rodrigues seguia a mesma linha: "A competência municipal para

inconstitucionalidade da lista, pois a definição dos serviços tributáveis, por lei complementar, afrontaria a autonomia municipal. Geraldo Ataliba e Aires Barreto, por exemplo, não aceitavam a existência de uma lei intermediária entre a outorga constitucional e o exercício atual da competência por parte do legislador ordinário municipal. "Se assim fosse, a sua ausência importaria inibição do Município".[177] Em célebre comentário, fundado em Rui Barbosa e repisado por muitos autores que acatam a inconstitucionalidade da lista, entendem que a Constituição "não retira com a mão direita aquilo que deu com a mão esquerda". [178] Seria uma contradição em termos admitir que os "serviços de qualquer natureza" é que haverão de ser definidos, "pois se são de qualquer natureza, prescindem de definição; se são definidos, não serão jamais os de qualquer natureza, mas sim, os definidos".[179]

---

tributar serviços independe da edição de lei complementar que os defina. O legislador complementar não pode fixar o rol de serviços tributados pelo Município". RODRIGUES. Juan José Carro. *Fatos Geradores confrontantes* – Colisões entre IPI-ISS-ICMS e outros impostos, 1988. Dissertação (Mestrado em Direito). Universidade de São Paulo, São Paulo, 1988, p. 242.
Souto Maior Borges defendia que a lista é exaustiva quando lida com conflito de competência com o ICMS e exemplificativa ao permitir que se tributem outros serviços não previstos na lista. BORGES, José Souto Maior. ISS na Constituição. In: DÓRIA, Antônio Roberto Sampaio; ATALIBA, Geraldo; CARVALHO, Paulo de Barros. *Textos Selecionados de Direito Tributário.* São Paulo: Resenha Tributária e Revista dos Tribunais, 1983, p. 39.
Essa posição o autor também manteve ao analisar a nova lista de serviços da LC n. 116/03: "A lista é exaustiva, hoje como antes, só na de conflitos entre o ISS e o ICMS". BORGES. José Souto Maior. Aspectos Fundamentais da Competência Municipal Para Instituir o ISS. In: TÔRRES, Heleno Taveira (coord.). *ISS na Lei Complementar n. 116/2003 e na Constituição.* São Paulo: Manole, 2004, p. 47.
Ao que parece, sua posição atual é pela taxatividade. BORGES, José Souto Maior. Normas Gerais de Direito Tributário: Velho Tema Sob Perspectiva Nova. *Revista Dialética de Direito Tributário.* São Paulo. n. 213. jun. 2013, p. 57.

177. ATALIBA, Geraldo; BARRETO, Aires Fernandino. ISS na Constituição – Pressupostos Positivos – Arquétipo do ISS. *Revista de Direito Tributário.* São Paulo, n. 37, ano 10, jut-set, 1986, p. 38.

178. Ibidem, p. 38.

179. Ibidem, p. 38.
Em outra obra Geraldo Ataliba afirma: "Vamos, porém, mais além: nem mesmo exemplificativo é o rol de serviços". Em outro trecho: "Tem prevalecido uma interpretação primária, pedestre e literal, francamente contrastante com as mais

De outro lado, porção significativa da doutrina entendia pela taxatividade da lista, como Rubens Gomes de Souza,[180] para quem as atividades sujeitas ao imposto já deveriam ter sido arroladas com a edição do Código Tributário Nacional, assim como Bernardo Ribeiro de Moraes,[181] Ruy Barbosa Nogueira[182] e Aliomar Baleeiro.[183]

---

elementares exigências capitulares do sistema. Entendem certos escritores que a lei complementar aí prevista vai 'definir' o campo de competência municipal. Vai-lhe dar os confins, os limites e até mesmo a substância. (...) Só o apego servil à expressão literal do Texto Constitucional pode servir de suporte a tal tese". ATALIBA, Geraldo. Imposto Sobre Serviço. *Revista de Direito Tributário.* São Paulo, n. 35, 1986, p. 88 e 77.
Em outra obra Geraldo Ataliba afirma: "Vamos, porém, mais além: nem mesmo exemplificativo é o rol de serviços". Em outro trecho: "Tem prevalecido uma interpretação primária, pedestre e literal, francamente contrastante com as mais elementares exigências capitulares do sistema. Entendem certos escritores que a lei complementar aí prevista vai 'definir' o campo de competência municipal. Vai-lhe dar os confins, os limites e até mesmo a substância. (...) Só o apego servil à expressão literal do Texto Constitucional pode servir de suporte a tal tese". ATALIBA, Geraldo. Imposto Sobre Serviço. *Revista de Direito Tributário.* São Paulo, n. 35, 1986, p. 88 e 77.

180. Rubens Gomes de Souza, quando da reforma de 1965, já havia elaborado uma relação de atividades que estariam sujeitas ao ISS, propondo definir serviços por meio de uma solução casuística. A Comissão, entretanto, preferiu uma solução "conceitual", o que favoreceu o problema dos conflitos de competência com o ICM nas chamadas operações mistas. Com a edição do Decreto-lei n.406/68 o autor confirma que foi adotada a solução por ele proposta. "Como se vê, nenhuma tentativa sequer de elaborar um conceito de serviço. Pode-se mesmo dizer, em face do texto transcrito (art. 8 do DL) que, para os efeitos do IMS, serviço é o que conste da lista anexa ao Decreto-lei n. 406, e nada mais do que isso". SOUSA, Rubens Gomes de. O ICM, o IMS, o IPI e a Construção Civil. *Revista de Direito Público.* São Paulo, v. 22, ano V, out.-dez. 1972, p. 303 e 307.

181. Bernardo Ribeiro de Moraes: "Pelo sistema tributário nacional, muitos serviços não são onerados pelo ISS, uma vez que ficaram fora do campo de incidência do tributo municipal. Tais serviços não podem ser tributados pelo Município simplesmente porque a lei complementar não os definiu como serviços alcançados pelo ISS, isto é, não os incluiu na lista de serviços". MORAES, Bernardo Ribeiro de. *Doutrina e prática do imposto sobre serviços.* São Paulo: RT, 1975, p. 154.

182. Ruy Barbosa Nogueira: "O serviço que não estiver especificado nessa lista não incide no imposto de serviço municipal". NOGUEIRA, Ruy Barbosa. *Imposto sobre produto industrializado. Suplemento – Matéria Tributária.* São Paulo, n. 77-73, ano IX. ago. 1973, p. 300.

183. Aliomar Baleeiro: "Preliminarmente, parece-me que se deve indagar qual o fim direito e imediato da cláusula que restringe o ISS dos Municípios a uma lei complementar. Parece-me que não é cercear a receita municipal, mas tirar da

O tema chegou ao Supremo Tribunal Federal logo em 1970 que, desde então, acolheu, de maneira absolutamente pacífica, a taxatividade da lista, ainda que admitida uma interpretação extensiva dentro de cada item.[184] Hoje, embora nem todos sigam convencidos,[185] o uso da lista encontra respaldo

---

Prefeitura o discricionarismo na escolha dos serviços ou na alíquota que os tributará. Esse discricionarismo foi entregue ao Congresso, exigindo-se quórum na maioria absoluta. Por outras palavras, o que há de ser onerado ou não onerado obedecerá não ao 'peculiar interesse local' mas ao interesse geral da Nação". (...) Resumindo, os serviços tributáveis pelo ISS são unicamente os que o Congresso, pela maioria absoluta dos senadores e dos deputados, determinar até que certo ponto será taxativa a lista. BALEEIRO, Aliomar. ISS e Empresas de Vigilância. *Revista de Direito Tributário*. São Paulo, n. 5, ano II, p. 7-19. jul-set 1978, p. 9-10.

184. *Vide* RE n. 69.780-SP. RE n. 75.952-SP no STF.

185. Roque Carrazza: "é inconcebível aceitar que a 'lista de serviços' é taxativa". CARRAZZA, Roque Antônio. ISS e Local da Prestação (Breves considerações sobre o artigo 12 do Decreto-lei n. 406/68). In: DORIA, Antônio Roberto Sampaio; ATALIBA, Geraldo; CARVALHO, Paulo de Barros. *Textos Selecionados de Direito Tributário*. São Paulo: Resenha Tributária e Revista dos Tribunais, 1983, p. 173
Para Clélio Chiesa, "admitir que a lei complementar possa enumerar os serviços que poderão ser tributados por meio de ISS, é transferir para a União o poder de definir o campo de atuação dos municípios no tocante a esse imposto, amesquinhando sua autonomia". CHIESA, Clélio. A Tributação dos Serviços de Internet Prestados pelos Provedores: ICMS ou ISS? *Revista Tributária e de Finanças Públicas*. São Paulo, v. 27, abr. 1999, p. 9.
Segundo Dejalma Campos, "é evidente que se traz o texto constitucional a autonomia municipal como 'subprincípio' do princípio federativo, não há forma de submeter essa autonomia às amarras do legislador complementar, sem ignorar o sistema constitucional". CAMPOS, Dejalma de. O exercício da competência municipal relativo ao ISSQN e a LC n. 116/03. *Revista Tributária e de Finanças Públicas*. São Paulo, v. 59, nov. 2004, p. 323.
Heron Arzua mantém o mesmo entendimento: "No tangente à fixação de serviços requerida por lei – à vista de que o texto do art. 156, II, refere-se a serviços definidos em lei complementar, (...) a nossa compreensão é a de que, se a definição vier consubstanciada em lista, como sói ocorrer atualmente, ela só pode ser meramente sugestiva". ARZUA, Heron. O Imposto sobre Serviço e o Princípio da Territorialidade. In: MELLO, Celso Antônio Bandeira. *Estudos em homenagem a Geraldo Ataliba*. São Paulo: Malheiros, 1997, p. 150.
Nesse sentido, José Roberto Vieira a taxatividade "situa-se na esteira de uma lamentável interpretação literal, que, não progredindo além de uma paupérrima preocupação gramatical, adota uma visão assistemática e miseravelmente apegada ao texto". (...) Optamos, assim, pela segunda tendência (lista exemplificativa), privilegiando a sugestividade proposta por ATALIBA. VIEIRA, José Roberto, O Papel da Lei Complementar no Estabelecimento das Fronteiras IPI x ISS: Óculos para Macacos. In: MOREIRA, André Mendes et al. (orgs.). *Sistema Tributário Brasileiro e as relações internacionais*. São Paulo: Noeses, 2013, p. 569.

em grande parte da doutrina,[186] como se observa na seguinte lição de Paulo de Barros Carvalho: "Sem sombra de dúvidas é de afirmar-se o caráter taxativo da lista de serviços introduzida pela lista anexa à Lei Complementar n. 116/2003."[187] Em outro trecho: "Compete à legislação de caráter nacional, portanto, auxiliar na delimitação do critério material do Imposto Sobre Serviços, indicando quais atividades se inserem nos limites competenciais dessa pessoa política".[188]

Vencida a tese da taxatividade, restou à doutrina discutir o conceito de serviço, já que, de plano, toda e qualquer atividade prevista na lista seria tributável pelo ISS. Em outras palavras, permaneceu a dúvida em saber quais atividades seriam consideradas serviço e que, portanto, poderiam realmente constar da lista. No âmbito da ciência do direito tributário, cumpre apontar o conceito de serviço construído com base no direito privado, acatado pela quase totalidade dos autores que cuidam do tema, conforme veremos a seguir.

2.2.2 Crítica ao conceito civilista de serviço

De início, ressaltamos que a palavra *serviço* é usada no texto constitucional 216 vezes e com diferentes significações,

---

186. Para José Eduardo Soares de Melo, a "obrigação ao recolhimento do ISS tem nascimento com a prestação de serviços previstos na Lista Anexa à Lei Complementar n. 116/03, incorporada à legislação municipal". MELO, Jose Eduardo Soares de. Tributação sobre os Serviços da Guerra Fiscal. In: *V Congresso Nacional de Estudos Tributários*, 2008, p. 457.
Na mesma linha José Afonso da Silva: "uma vez definidos em lei complementar, os serviços serão tributáveis pelo município como serviços de qualquer natureza". SILVA, José Afonso da. Imposto Municipal sobre Serviços – Incidência sobre operações bancárias não tributadas pela União ou Estado. *Revista de Direito Público*. São Paulo, v. 4, ano I, abr.-jun, 1968, p. 107.
Cristiano Carvalho: "(...) não cabe outra conclusão: a lista é taxativa" CARVALHO, Cristiano Rosa de. Seção VI – Imposto Sobre Serviço de Qualquer Natureza (artigos 71 ao 73). In: PEIXOTO, Marcelo Magalhães; LACOMBE, Rodrigo Santos Masset (coords.). *Comentários ao Código Tributário Nacional*. São Paulo: MP Editores, 2005, p. 621.

187. CARVALHO, Paulo de Barros, *Derivação e positivação*. v. II. São Paulo: Noeses, 2013, p. 336.

188. Ibidem, p. 320.

como a noção de trabalho, atividade econômica, função, unidades de organização administrativa e parcela que corresponde ao pagamento de uma dívida.[189] Assim, como saber em que sentido o termo foi usado para demarcar a competência tributária dos municípios?

Predomina no direito tributário[190] uma definição civilis-

---

189. FORTES, Maurício Cezar Araújo. *A regra-matriz de incidência de imposto sobre serviço de qualquer natureza*, 2009. Dissertação (Mestrado) – Faculdade de Direito da Universidade de São Paulo, São Paulo, 2009, p. 71.

190. Heleno Taveira Tôrres: "Prestação de serviços designa uma obrigação de fazer, um negócio jurídico pelo qual uma parte se obrigue a realizar um 'fazer', a prestar um serviço, mediante o pagamento de contraprestação". TÔRRES, Heleno Taveira. Conceito de Estabelecimento Como Critério de Solução de Conflitos no ISS. In: PINTO, Sergio Luiz de Moraes; MACEDO, Alberto; ARAÚJO, Wilson José (org). *Gestão tributária municipal e tributos municipais*. São Paulo: Quartier Latin, 2011, p. 231.
Marçal Justen Filho: "o ICM será cabível quando a obrigação for de dar; o ISS incidirá quando a obrigação for de fazer (mesmo se o fazer importar, posteriormente, em um dar)". JUSTEN FILHO, Marçal. O imposto sobre Serviços na Constituição, 1985. Dissertação (Mestrado em Direito). Pontifícia Universidade Católica de São Paulo, São Paulo, 1985, p. 232.
Marcelo Caron Batista: Prestação de serviço é prestação jurídica de fazer. BAPTISTA, Marcelo Caron. *ISS: Do texto à norma*. São Paulo: Quartier Latin, 2005, p. 282.
Eduardo Bottallo: "A prestação de serviços há de configurar uma utilidade (material ou imaterial), como execução de obrigação de fazer (e, não, de dar)". BOTTALLO, Eduardo Domingos. Notas Sobre o ISS e a Lei Complementar n. 116/2003. In: ROCHA, Valdir de Oliveira (coord.). *O ISS e a LC n. 116*. São Paulo: Dialética, 2003, p. 79.
Edvaldo Brito: "Serviço é prestação de fazer algo para outrem, ainda que o resultado desse operar seja um objeto do mundo físico". BRITO, Edvaldo. ISS e a Lei Complementar n. 116 - Conflito de Competência. In: ROCHA, Valdir Oliveira. *Grandes questões atuais do Direito Tributário*. São Paulo: Instituto Brasileiro de Estudos Tributários, 2004, p. 95.
Roque Carrazza: "daí podemos avançar o raciocínio, frisando que o tributo em pauta (ISS) só pode surgir da execução de uma obrigação de fazer, isto é, do fato prestar serviços". CARRAZZA. Roque. Inconstitucionalidade dos itens 21 e 21.1 da Lista Anexa. In: TÔRRES, Heleno Taveira (coord.). *ISS na Lei Complementar n. 116/2003 e na Constituição*. São Paulo: Manole, 2004, p. 354.
Cristiano Carvalho: "a distinção entre obrigação de dar e obrigação de fazer é relevante para o ISS, pois este sendo um imposto que incide sobre 'prestações de serviço', pela própria definição só pode ter como base as obrigações de fazer". CARVALHO, Cristiano Rosa de. Seção VI - Imposto Sobre Serviço de Qualquer Natureza (artigos 71 ao 73). In: PEIXOTO, Marcelo Magalhães; LACOMBE, Rodrigo Santos Masset (coords.). Comentários ao Código Tributário Nacional. São Paulo: MP Editores, 2005, p. 614.
José Eduardo Soares de Melo: "considerando que o direito tributário constitui um direito de superposição, incidindo sobre realidades postas por outros ramos do direito (civil, comercial, etc.), torna-se imprescindível buscar o conceito das espécies das obrigações (dar e fazer), para delimitar o âmbito do ISS". MELO, José Eduardo Soares de. Regime Constitucional do ISS. In: TÔRRES, Heleno Taveira (coord.). Tratado de Direito

ta de serviço, notavelmente baseada no conceito de *obrigação de fazer*. Para esses autores, é de elementar evidência que os fatos incluídos no conceito de serviço são de competência do Município e que essa noção advém do direito privado. A Constituição teria, de modo expresso, discriminado, identificado e demarcado a esfera da competência dos Municípios para a tributação dos "serviços de qualquer natureza"' no interior dos lindes do conceito de obrigação de fazer obtido no direito privado.[191] O raciocínio é de que a Constituição Federal discriminou de forma exaustiva, minudente e rígida a competência tributária, atribuindo a cada uma das pessoas políticas faixas privativas de competência e que não podem ser alteradas pelo legislador infraconstitucional. E, sem maiores considerações, entendem que a Constituição se valeu dos conceitos de direito privado para outorgar a competência para tributar serviço; logo, serviço tributável é o que o direito privado entende como serviço.[192] Geraldo Ataliba e Aires Barreto chegam a afirmar que "não se encontrará, na doutrina, nenhuma dissensão quanto à noção, substancial e elementar, de que serviço traduz, sempre, uma obrigação de fazer".[193]

Constitucional Tributário. *Estudos em* Homenagem a Paulo de Barros Carvalho. São Paulo: Saraiva, 2005, p. 649.
Marcelo Peixoto: "identificado que se contratou prestação de fazer, ou seja, manifestação de força humana em favor de outrem, como objeto-fim do contrato, tem-se aí serviço, que poderá ser alvo de tributação do ISS, desde que atendidos os pressupostos constitucionais e legais". PEIXOTO, Marcelo Magalhães; DINIZ, Marcelo Lima Castro. Imposto sobre serviços de qualquer natureza. In: MARTINS, Ives Gandra da Silva. Curso de Direito Tributário. São Paulo: Saraiva, 2011, p. 961.
Em outra obra: "não se pode, portanto, entender que serviço seja algo que não represente uma obrigação de fazer". PEIXOTO, Marcelo Magalhães. Comentários à Lista de Serviços Anexa à Lei Complementar n. 116/03. In: PEIXOTO, Marcelo Magalhães. *Direito Tributário Brasileiro – Temas Relevantes.* São Paulo: MP, 2014, p. 322.

191. ATALIBA, Geraldo; BARRETO, Aires Fernandino. ISS e Locação – Conceito Constitucional de Serviço – Locação não é Serviço: Não pode a lei assim considerá-la para efeitos tributários. *Revista dos Tribunais*. São Paulo, v. 619, mai. 1987, p. 10.

192. Ibidem, p. 10.

193. ATALIBA, Geraldo; BARRETO, Aires Fernandino. ISS – Não incidência sobre cessão de espaço em bem imóvel. *Revista de Direito Tributário.* São Paulo, n. 76, 1999, p. 48.
Em outro artigo com Aires Barreto entendem que "o conceito de serviço no Direito

A partir das definições propagadas pelos civilistas e acatadas pela doutrina de direito tributário, o conceito de serviço foi afinal aceito pelo Supremo Tribunal Federal no ano 2000, ao julgar o RE 112.947-6 em que se discutia a incidência do ISS na locação de bens móveis. Na ocasião, decidiram os Ministros do Corte, por maioria de votos (seis votos contra cinco) que, com base no art. 110 do Código Tributário Nacional, deve-se adotar o conceito de serviço a partir da ideia de obrigação de fazer, citando, inclusive, Aires Barreto e Cleber Giardino no voto do Ministro Celso Melo.[194]

Privado corresponde a noção cediça vetusta, mesmo, pois remonta ao Direito Romano – pacífica e inequívoca: é a prestação de obrigação de fazer (locação de serviço), jamais de obrigação de dar (da qual a locação de coisa é, talvez, o exemplo mais típico). As obrigações de fazer e de dar – e, pois, a locação de serviços e de coisas, respectivamente – são figuras diversas e inconfundíveis, acima de tudo, pela diversidade das respectivas prestações – realizar serviço ou prestar coisa existente, respectivamente – conforme noções consagradas pelo Direito Privado". ATALIBA, Geraldo; BARRETO, Aires Fernandino, op. cit., p. 11.
Em outra obra: "O prestador do serviço, assim, assume obrigação de fazer. Faz-se devedor, pelo contrato de prestação de serviço, de um determinado comportamento consistente em praticar um ato, ou uma série de atos (atividade)". ATALIBA, Geraldo; BARRETO, Aires Fernandino. Serviço Tributável. In: DÓRIA, Antônio Roberto Sampaio; ATALIBA, Geraldo; CARVALHO, Paulo de Barros. *Direito Tributário.* São Paulo: Resenha Tributária e Revista dos Tribunais, 1983, p. 159.

194. Segue trecho do voto do Ministro Celso Melo no RE n. 112.947-6 do STF: "Tenho para mim, na mesma linha de entendimento exposta por AIRES FERNANDINO BARRETO ('Revista de Direito Tributário', v. 38/192) e por CLÉBER GIARDINO ('Revista de Direito Tributário', v. 38/196), que a qualificação da *'locação de bens móveis'*, como serviço, para efeito de tributação municipal mediante incidência do ISS, nada mais significa do que a inadmissível e arbitrária manipulação, por lei complementar, da repartição constitucional de competências impositivas, eis que o ISS somente pode incidir sobre obrigações de fazer, a cuja matriz conceitual não se ajusta a figura contratual da locação de bens móveis".
Contudo, como destaca Aldo de Paula Junior, até o ano 2000 a jurisprudência do Supremo Tribunal não aceita o conceito de serviço fixado pelo direito privado porque: "i) interpretar a Constituição em subordinação à lei (ainda que lhe fosse anterior), implica em inversão da supremacia da Constituição; ii) desde a Emenda n. 18, à Carta de 1946, passando pelo Código Tributário Nacional, Decretos-leis n. 406-68 e n. 834-69 e pela Constituição de 1967, e sua Emenda n. 1, o termo 'serviços' vem sendo utilizado como 'uso, utilidade ou préstimo que se tira de certas coisas'"; iii) a expressão 'de qualquer natureza' alarga a intelecção do que seja 'serviço'; iv) desde 1965, o país tributa as operações sobre consumo de bens materiais por meio de um imposto sobre vendas de mercadorias e produtos (pelo ICM) de competência dos Estados e a venda de bens imateriais pelo ISS de competência dos Municípios".

Algumas considerações mostram-se necessárias acerca do conceito acima tratado. Primeiramente, vale a advertência de que o ISS, desde que foi criado, com o advento da Emenda Constitucional n. 18/65, nunca se restringiu ao fornecimento de trabalho.[195] Ao contrário, o conceito sempre foi mais amplo, incluindo expressamente a locação de bens, típica obrigação de dar, como atividade tributável pelo referido imposto.[196]

A ideia de que a obrigação de fazer se relaciona com o ISS foi proposta, ao que nos parece, por Aires Barreto para resolver os conflitos de competência com o ICM. O autor, no ano de 1979, fez a indagação: "Será que não deveríamos examinar essa matéria em função da obrigação assumida pelas

---

PAULA JUNIOR. Aldo de. O Conceito de Serviço para fins de ISS. Da Locação de Bens Móveis ao Leasing Financeiro: o STF mudou de entendimento? In: PAULA JUNIOR, Aldo de et al. *Congresso Nacional de Estudos Tributários*. Direito Tributário e os Conceitos de Direito Privado. São Paulo: Noeses, 2010, p. 6.

195. Para Rubens Gomes de Sousa, o imposto sobre serviços alcança não somente o trabalho de quem atua por conta de outrem ou no interesse de alguém, mas também o uso, o préstimo ou a utilidade que se tira das coisas. SOUSA, Rubens Gomes de. O ISS e o Aceite Bancário - Competência Privativa da União - Mandando de Segurança. *Revista de Direito Administrativo*, v. 94, out.-dez, 1968, p. 355.

196. O Código Tributário Nacional assim estabelecia:
"Art. 71. (...)
§ 1°. Para os efeitos deste artigo, considera-se serviço:
I - O fornecimento de trabalho, com ou sem utilização de máquinas, ferramentas ou veículos, a usuários ou consumidores finais;
II - locação de bens móveis;
III - a locação de espaço de bens imóveis, a título de hospedagem ou para guarda de bens de qualquer natureza."
Rubens Gomes de Souza já dizia: "A locação de bens é um contrato, portanto uma 'operação'; mas esse contrato tem por objeto a cessão onerosa do uso e gozo da coisa alugada (Código Civil, art. 1.188) enquadrando-se, pois, no conceito de 'serviço'". Ibidem, p. 355.
Porém, diversos autores entenderam que a locação não seria tributável pelo ISS, como: CHIESA, Clélio. O critério espacial do ISSQN e a questão da sua incidência ou não sobre a locação de bens móveis. *Revista Tributária e de Finanças Públicas*. São Paulo, v. 40, set., 2001, p. 119; ATALIBA, Geraldo; BARRETO, Aires Fernandino. ISS e Locação - Conceito Constitucional de Serviço - Locação não é serviço: não pode a lei assim considerá-la para efeitos tributários. *Revista dos Tribunais*. São Paulo, v. 619, maio, 1987, p. 11; MELO, José Eduardo Soares de. O ISS e a Lei Complementar n. 116 - Conflito de Competência. In: ROCHA, Valdir Oliveira (coord.). *Grandes questões atuais de Direito Tributário*. São Paulo: Instituto Brasileiro de Direito Tributário, 2004, p. 308.

partes, ora materializada sob a modalidade de uma 'obrigação de fazer', ora materializada no corpo de uma 'obrigação de dar'?"[197]

O tom sugestivo da citada indagação revela, a nosso ver, que a identificação do objeto da obrigação, dar ou fazer, como critério hábil à definição da materialidade do ISS, não nasceu da vontade do legislador e tampouco representou entendimento doutrinário relevante antes da década de 1980.

Tanto é que essa proposição, acatada e debatida à época por diversos juristas, como Geraldo Ataliba e Mara Viana Medeiros, recebeu importantíssima advertência de Cléber Giardino, no sentido de que a distinção entre obrigação de fazer e dar, no direito civil, não tem a importância que tem no direito tributário; e, ao estabelecer esse divisor de águas na competência do ISS e ICM, seria prudente aprofundar a questão.[198]

Porém, maior investigação sobre a distinção entre obrigação de fazer e dar, a nosso ver, não ocorreu, restando esquecido o requisitado empenho proposto por Cléber Giardino no ano de 1979. Os autores que defendem o serviço como obrigação de fazer baseiam-se nos conceitos construídos no direito

---

197. ATALIBA, Geraldo; CARRAZZA, Roque; BARRETO, Aires Fernandino; GIARDINO, Cléber. Conflitos entre ICM, ISS e IPI. *Revista de Direito Tributário*. São Paulo, v. 7-8, ano III, 1979, p. 105-131.

198. Em suas palavras: "Eu gostaria de pedir o empenho dos colegas civilistas, no sentido de tentar aprofundar a distinção entre 'obrigação de dar' e 'obrigação de fazer'. Porque me parece que, no campo do direito civil, os reflexos, os efeitos dessas duas modalidades de obrigações são, de certa forma, menos relevantes do que no plano tributário (nossa preocupação atual). Nós estamos pretendendo estabelecer um divisor de águas entre a competência dos estados - para instituir o ICM - e a competência dos Municípios - para instituir ISS. Isso se coloca indiscutivelmente, num plano de muito maior relevância e importância do que aquele em que se tem debatido na teoria civilista, para distinguir a 'obrigação de dar' e a 'obrigação de fazer'. Mesmo porque, na prática e na realidade das coisas, ambas se resolvem em perdas e danos, e portanto, o conteúdo, o conceito fundamental, do ponto de vista jurídico, de uma ou outra obrigação, passa a ser algo, digamos assim, de importância secundária. Por isso, acho que seria o momento de se tentar aprofundar esses conceitos".
Ao final, Geraldo Ataliba concorda com a sugestão: "Então, a proposta do Dr. Cléber Giardino é como sempre, lucidíssima: aprofundemos o nosso estudo em torno das distinções entre as categorias e seus regimes". Ibidem, p. 123.

romano e de autores civilistas do início do século passado.

Atualmente, não são poucos os civilistas que entendem ser imprecisa a distinção de obrigação de fazer e dar, de forma que a classificação vem sofrendo restrições na doutrina contemporânea e foi abandonada por diversos códigos.[199] Como alerta Arnold Wald – para quem a *obrigação de dar* não deixa de ser "fazer alguma coisa" – a diferença só adquire importância na fase processual de execução.[200] E devido a tais "inconvenientes, os Códigos mais modernos puseram de lado a classificação tricotômica (dar, fazer e não fazer), a que recusam, sistematicamente, qualquer relevância jurídica. Dentre eles, só o Polonês se mantém fiel à velha e tradicional divisão".[201]

Fábio Ulhoa Coelho elenca três razões que dificultam a distinção: (i) há obrigações que podem ser igualmente descritas como de uma ou de outra espécie; (ii) em certas ocasiões, existem obrigações de fazer que só podem ser prestadas com a execução concomitante de uma obrigação de dar, resultando em uma interdependência entre elas; (iii) em termos

---

199. WALD, Arnold. *Direito Civil:* Direito das obrigações e teoria geral dos contratos. 20 ed. São Paulo: Saraiva, 2011, p. 50-51.

200. Para Wald: "Na realidade, a distinção entre dar e fazer nem sempre é fácil. (...) Por essas razões, a caracterização da obrigação como sendo de dar ou de fazer só adquire importância na fase de execução, para saber se admite a execução específica ou se, necessariamente, se resolve em perdas e danos. Além disso, para melhor compreender o sistema jurídico, entendemos ser mais ilustrativo fazer a distinção das obrigações em dois grupos: a) as obrigações de dar e de fazer que não são personalíssimas (obrigações fungíveis), que constituiriam um primeiro grupo; e b) as obrigações personalíssimas de fazer, criadas coma finalidade de realização por pessoa certa do serviço contratado, formando um segundo grupo (obrigações infungíveis)". Ibidem, p. 50-51.
Washington de Barros também reconhece que a "principal diferença entre as duas modalidades repousa na forma de execução. As obrigações de dar caracterizam-se, efetivamente, em geral, pela execução específica, elas são executórias *in terminis*, literalmente; recebem completa execução com a entrega da própria coisa prometida pelo devedor. As obrigações de fazer, ao inverso, em princípio, não comportam execução literal e específica, execução in natura; em caso de inadimplemento, resolvem-se elas em perdas e danos (art. 389 do Cód. Civil de 2002)". MONTEIRO, Washington de Barros. *Curso de Direito Civil* – Direito das obrigações, V Parte. São Paulo: Saraiva, 2003, p. *92*.

201. Ibidem, p. *92*.

estritamente lógicos, toda obrigação de dar seria uma espécie de obrigação de fazer, no que resulta em uma inconsistência da classificação criada pela tecnologia jurídica.[202]

Realmente, Carvalho Mendonça,[203] Sílvio Venosa,[204] Washington de Barros[205] não só entendem que a diferenciação é difícil, como tem reduzidíssima importância prática.[206] E, nesse aspecto, somos compelidos a perceber que a ciência do direito tributário simplesmente parou no tempo, firmando suas bases num conceito que não é mais adotado em grande parte da doutrina civilista, o que é grave ao ser considerar que se trata de um conceito caro para o direito tributário, pois diretamente relacionado à competência dos entes políticos.

O equívoco não se restringe a fundar o conceito de serviço na ultrapassada classificação das obrigações propagada pelo direito romano, mas também em defender que esse conceito é unívoco no direito civil. Aliás, "o próprio direito privado não estabelece uma distinção precisa do que seja ou não serviço".[207]

---

202. COELHO, Fábio Ulhoa. *Curso de Direito Civil:* Obrigações e responsabilidade civil. 5 ed. São Paulo: Saraiva, 2012, p. 136 e ss.

203. Carvalho de Mendonça: "A distinção entre os casos em que o objeto é na realidade uma coisa a entregar e aquela em que é um fato a realizar, é muito delicada para se aplicar, pois que, no fundo, toda obrigação é uma prestação de fazer, um *facere*. (...) Há, pois, inegavelmente uma certa identidade entre a obrigação de dar e a de fazer". MENDONÇA, Manoel Ignácio Carvalho de. *Doutrina e prática das obrigações.* Curitiba: Typ. E Lith a Vapor Imp. Parananense, 1908, p. 89.

204. Silvio Venosa: "Nem sempre, e esta é a crítica costumeiramente feita, existe distinção entre as obrigações de dar e de fazer. Ambas as espécies constituem-se nas obrigações positivas, em contraposição às obrigações negativas, que são as obrigações de não fazer". VENOSA, Silvio de Salvo. *Direito Civil:* Teoria geral das obrigações e teoria geral dos contratos. 13 ed. São Paulo: Atlas, 2013, p. 79.

205. Washington de Barros Monteiro: "A classificação ressente-se, com efeito, de certa ambiguidade. Rigorosamente, toda obrigação de dar mistura-se e complica-se com uma obrigação de fazer, ou de não fazer". MONTEIRO, Washington de Barros. *Curso de Direito Civil* – Direito das obrigações, V Parte. São Paulo: Saraiva, 2003, p. 52.

206. Ibidem, p. 51.

207. FORTES, Maurício Cezar Araújo. A Regra-matriz de Incidência de Imposto sobre Serviço de Qualquer Natureza, 2009. Dissertação (Mestrado) – Faculdade de

Não é difícil perceber que, no direito, o termo *serviço* é empregado por diversos diplomas legais, como no Código de Defesa do Consumidor,[208] na Lei de Franquias,[209] no Código Civil,[210] na Lei de Licitações[211] e em diversas outras leis. Fica a questão: como saber a que direito privado estamos nos referindo. Além da divergência dos conceitos dentro do próprio direito, nem todos os conceitos de direito privado são produtos do legislador, mas muitas vezes são construídos doutrinariamente.[212]

O art. 110 do CTN, tantas vezes invocado pela doutrina que defende um conceito civilista de serviço, em nada contribui para o deslinde da controvérsia. É demasiadamente certo que os conceitos constitucionais não podem ser alterados pelo

---

Direito da Universidade de São Paulo, São Paulo, 2009, p. 73. Para o autor, "não existe, portanto, um critério objetivo para distinguir os limites entre o que seja dar e fazer". Ibidem, p. 73.

208. Art. 2º. Consumidor é toda pessoa física ou jurídica que adquire ou utiliza produto ou serviço como destinatário final.
(...)§ 2° Serviço é qualquer atividade fornecida no mercado de consumo, mediante remuneração, inclusive as de natureza bancária, financeira, de crédito e securitária, salvo as decorrentes das relações de caráter trabalhista.

209. Art. 2º. Franquia empresarial é o sistema pelo qual um franqueador cede ao franqueado o direito de uso de marca ou patente, associado ao direito de distribuição exclusiva ou semiexclusiva de produtos ou serviços e, eventualmente, também ao direito de uso de tecnologia de implantação e administração de negócio ou sistema operacional desenvolvidos ou detidos pelo franqueador, mediante remuneração direta ou indireta, sem que, no entanto, fique caracterizado vínculo empregatício.

210. Art. 594. Toda a espécie de serviço ou trabalho lícito, material ou imaterial, pode ser contratada mediante retribuição.
Art. 966. Considera-se empresário quem exerce profissionalmente atividade econômica organizada para a produção ou a circulação de bens ou de serviços.

211. Art. 6º Para os fins desta Lei, considera-se:
(...)
II – Serviço – toda atividade destinada a obter determinada utilidade de interesse para a Administração, tais como: demolição, conserto, instalação, montagem, operação, conservação, reparação, adaptação, manutenção, transporte, locação de bens, publicidade, seguro ou trabalhos técnico-profissionais;

212. MACHADO, Raquel Cavalcanti – *Competência Tributária: Entre a Rigidez do Sistema e a Atualização Interpretativa*, 2013. Tese (Doutorado em Direito). Pontifícia Universidade Católica de São Paulo, São Paulo, 2013, p. 195.

legislador infraconstitucional com o objetivo de definir competência tributária. A dificuldade, porém, é saber em que sentido o texto constitucional utilizou determinado termo e, nesse ponto, o citado artigo em nada nos auxilia. O problema, como adverte Cecilia Priscila de Souza, "ao se refletir acerca da intertextualidade existente entres os textos de direito privado e de direito tributário, se concentra exatamente nesse ponto: como se dá essa vinculação? E quais são seus limites?"[213]

Estudos recentes já demonstram que, "embora o Código Civil regule algumas formas de relação de prestação de serviços, não estabelece o significado (conteúdo semântico) da expressão 'prestação de serviços'".[214] Assim, "só é possível admitir o conceito de serviço como 'obrigação de fazer' considerando-o uma criação da doutrina, não integrante, portanto, do direito positivo".[215]

---

213. SOUZA. Cecilia Priscila de. Intertextualidade no Direito Tributário, 2012. Dissertação (Mestrado em Direito). Pontifícia Universidade Católica de São Paulo, São Paulo, 2012, p. 118.
Conforme Luís Eduardo Schoueri, "hoje, entende-se caber ao intérprete verificar se o legislador levou em conta, ou não, a estrutura de direito privado, na deificação da hipótese tributária. O legislador é livre para se vincular, ou não, às formas daquele". SCHOUERI, Luís Eduardo Schoueri. *Direito tributário*. 2. ed. São Paulo: Saraiva. 2013, p. 614

214. DÁCOMO, Natália de Nardi. ISS: Atividade-fim x Atividade-meio. In: PINTO, Sergio Luiz de Moraes; MACEDO, Alberto; ARAÚJO, Wilson José (orgs.). *Gestão Tributária Municipal e Tributos Municipais*. São Paulo: Quartier Latin, 2011, p. 391.

215. Ibidem, p. 392.
Para a autora, o conteúdo semântico do conceito de serviço é o seguinte: "Ação ou efeito de servir, propiciar, dar, conceder, dispensar, dar de si algo em forma de atividade, executar um trabalho intelectual ou uma obra material. Desta forma, a relação de prestação de serviço pode ter como objeto tanto uma obrigação de dar (produto) como também uma obrigação de fazer (processo)". DÁCOMO, Natália de Nardi. Hipótese de incidência do imposto sobre serviços. São Paulo: Noeses, 2007, p. 34.
Segundo Maurício Cezar Araújo Fortes, a materialidade do ISS é o "comportamento humano intersubjetivo e economicamente apreciável, que consista em um mínimo de fazer, ainda que se faça necessária aplicação ou dele resulte coisa, cuja exata delimitação deve ser estabelecida em norma geral introduzida por lei complementar". FORTES, Maurício Cezar Araújo. *A Regra-matriz de Incidência de Imposto sobre Serviço de Qualquer Natureza*, 2009. Dissertação (Mestrado) – Faculdade de Direito da Universidade de São Paulo, São Paulo, 2009, p. 82.
Para Péricles Prade, "se a mesma pessoa tem como atividade econômica a cessão do uso de bem por ela adquirido exclusivamente para a consecução de seu objeto social,

Para finalizar, nos últimos julgamentos do Supremo Tribunal Federal[216] em que se debateu o conceito de serviço, os ministros abandonaram, de maneira bastante enfática, a distinção traçada por aquela linha doutrinária antes referida.

Para o Ministro Joaquim Barbosa, em seu voto no RE n. 547.245-SC,

> ainda que a legislação ordinária contivesse um conceito universal e inequívoco para prestação de serviços de qualquer natureza, o alcance do texto constitucional não é condicionado de forma imutável por ele.
>
> (...) ideias como a divisão das obrigações em 'dar' e 'fazer' desafiam a caracterização de operações nas quais a distinção dos meios de formatação do negócio jurídico cede espaço às funções econômica e social das operações e à postura dos sujeitos envolvidos.

Já o Ministro Eros Grau afasta a ideia de obrigação de fazer no conceito de serviço nos seguintes termos:

> Em síntese, há serviços, para os efeitos do inciso III do artigo 156 da Constituição, que, por serem de qualquer natureza, não consubstanciam típicas obrigações de fazer. Raciocínio adverso a este conduziria à afirmação de que haveria serviço apenas nas prestações de fazer, nos termos do que define o direito privado. Note-se, contudo, que afirmação como tal faz tábula rasa da expressão 'de qualquer natureza', afirmada do texto da Constituição. Não me excedo em lembrar que toda atividade de dar consubstancia também um fazer e há inúmeras atividades de fazer que envolvem um dar.

Por fim, o voto do Ministro Cezar Peluso:

> As dificuldades teóricas opostas pelas teses contrárias a todos os votos já proferidos vêm, a meu ver, de um erro que eu não diria

---

a relação obrigacional a configura". PRADE, Péricles. Competência tributária privativa do município para instituir o ISSQN nas operações de leasing. *Revista Dialética de Direito Tributário*. São Paulo, n. 96, 2003, p. 69.

216. *Vide* RE n. 592.905-SC e RE n. 547.245-SC no STF.

> apenas histórico, mas um erro de perspectiva, qual seja o de tentar interpretar não apenas a complexidade da economia do mundo atual, mas sobretudo os instrumentos, institutos e figuras jurídicos com que o ordenamento regula tais atividades complexas com a aplicação de concepções adequadas a certa simplicidade do mundo do império romano, em que certo número de contratos típicos apresentavam obrigações explicáveis com base na distinção escolástica entre obrigações de dar, fazer e não fazer. O mundo moderno é extremamente mais complexo para poder ser explicado à luz da economia do mundo romano ou à luz dos institutos que ali os regiam.

Visto, portanto, os problemas que implicam a adoção da classificação das obrigações em dar e fazer, até mesmo na esfera de direito privado, e visto, também, que a sua utilização não é tão cômoda e indiscutível como atualmente parece ser, cabe-nos tecer considerações acerca do conceito que reconhecemos mais adequado.

2.2.3 Serviço tributável e definição extensiva

Para nós, os contornos do conceito de serviço no sentido preconizado no art. 156, III, da Constituição, são diferentes daqueles propagados pelos autores acima citados. Adotamos uma definição mais próxima dos anseios da Reforma de 1965, que identificou no serviço um conceito advindo da ciência econômica, porém positivado pelo direito.

A Comissão da Reforma, composta, dentre outros, por Rubens Gomes de Souza, Gerson Augusto da Silva e Gilberto de Ulhôa Canto, buscou consolidar os "impostos de idênticas naturezas em figuras unitárias, definidas por via de referência às suas bases econômicas", classificando, assim, os impostos em quatro grupos: os impostos sobre a produção e circulação, patrimônio e renda, comércio exterior e impostos especiais.[217]

---

217. FUNDAÇÃO GETÚLIO VARGAS. *Comissão de Reforma do Ministério da Fazenda. Reforma* da Discriminação Constitucional de Rendas (anteprojeto). vol.6. Rio de Janeiro. 1965, p. 30.
O uso de bases econômicas na discriminação das competências na Reforma de 65 é

Rubens Gomes de Sousa, relator da Reforma de 1965, já havia feito uma advertência quanto à discriminação de rendas da Constituição de 1946 baseada essencialmente em um mecanismo jurídico. Considerava que os impostos então existentes (federal, sobre o consumo; estadual, sobre as vendas e consignações; e municipal, sobre indústria e profissões) são impostos economicamente idênticos, o que o levou a cunhar a conhecida frase: "Temos hoje, em matéria tributária, mais formas ou moldes jurídicos que substância econômica para enchê-los".[218]

O sistema tributário brasileiro, moldado a partir da Reforma de 1965, preencheu qualquer lacuna no que se refere à tributação da atividade econômica de produção de bens e serviços. Gerson Augusto da Silva chega a afirmar que "os impostos discriminados na Constituição parecem esgotar, em seus diversos ângulos, todas as bases da tributação nacional". E mais adiante: "Não existe, a rigor, um campo remanescente, que possa ser explorado por novos impostos".[219]

---

confirmado por Gilberto de Ulhôa Canto ao dizer que o "sistema foi procurado – não sei se se chegou a lográ-lo como se desejava – em termos de se dividirem os vários impostos conhecidos em categoriais econômicas predeterminadas, procedendo-se, em seguida, a respectiva partilha entre União, Estados e Municípios". CANTO, Gilberto Ulhôa. Reforma Tributária – Emenda Constitucional n. 18. *Revista de Direito Administrativo*. Rio de Janeiro, n. 89, 1967, p. 438.

218. SOUSA. Rubens Gomes de. O Sistema Tributário Federal. *Revista de Direito Administrativo*, v. 72, abr.-jun, 1963, p. 19.
A distinção das "figuras tributárias" por meio de bases econômicas sofreu, na sequência, críticas da doutrina nacional. Geraldo Ataliba indaga: "como enfrentar tão capitular – a pedra de toque da própria soberania (e das autonomias nela compreendidas) – visceralmente jurídico e exigente de cuidados só viáveis mediante instrumental jurídico, com fórmulas econômicas, ainda que – sob essa perspectiva – primorosas?" ATALIBA, Geraldo *Sistema constitucional tributário brasileiro*. São Paulo: RT, 1968, p. 232.
A exigência de analisar as competências por meio de critérios estritamente jurídicos já era antiga, como se observa neste trecho da obra de Amilcar de Araújo Falcão: "A competência privativa é disciplinada com fundamento em pressupostos perfeitamente diferenciados, sob o ponto de vista jurídico, de modo a tornarem-se inconfundíveis os impostos atribuídos privativamente aos diversos níveis ou escalões da federação". FALCÃO, Amilcar de Araújo. *Sistema Tributário Brasileiro* – Discriminação de rendas. Rio de Janeiro: Financeiras, 1965, 1965, p. 44.

219. SILVA, Gerson Augusto da. *Sistema Tributário Brasileiro*. Rio de Janeiro: Financeiras, 1948, p. 99.

Realmente, a Emenda Constitucional n. 18/65 não previa a competência residual da União para instituir novos impostos, "já que não teria razão de ser num sistema que, como o proposto, procura conter (...) toda a matéria econômica suscetível de tributação".[220]

Como observa Alberto Macedo, o aspecto do negócio jurídico a partir do qual laborou a Comissão não era o seu aspecto formal, e sim a sua utilidade econômica:

> O que se pretendeu (explicitamente desde 1965 com a reforma tributária advinda com a Emenda Constitucional n. 18) com a tributação do consumo dos bens e serviços foi alcançar todo o universo de produtos da atividade econômica, então, nos serviços destaca-se muito mais aquilo que neles realmente interessa, e pelo qual os tomadores pagam, a utilidade que esses serviços trazem.[221]

Cumpre destacar que, para alguns juristas,[222] o conceito de

---

220. FUNDAÇÃO GETÚLIO VARGAS. Comissão de Reforma do Ministério da Fazenda. Reforma da Discriminação Constitucional de Rendas (anteprojeto). vol.6. Rio de Janeiro. 1965, p. 7.

221. MACEDO, Alberto. ISS – O conceito econômico de serviços já foi juridicizado há tempos também pelo direito privado. In: XII *Congresso Nacional de Estudos Tributários – IBET.* São Paulo, 2015, p. 50.

222. Para Sergio Pinto Martins, "pode-se afirmar que a expressão 'imposto sobre serviços de qualquer natureza' é uma denominação de imposto com sentido essencialmente econômico. Este conceito de serviço há de se buscar na economia". MARTINS, Sérgio Pinto. Manual do Imposto sobre Serviços. São Paulo: Malheiros, 1998, p. 30.
Em outra obra: "Com razão, o entendimento do que seja serviço acha-se radicado na Economia (na ideia de serviço produzido, serviço bem econômico incorpóreo susceptível de apreciação economia) e não no Direito". MARTINS. Sérgio Pinto. *A Lei Complementar Definidora dos Serviços Submetidos ao ISSQN, 1992.* Dissertação (Mestrado em Direito). Universidade de São Paulo, São Paulo, 1992, p. 32.
Segundo Bernardo Ribeiro de Moraes: "O conceito de serviço é outro, que se acha radicado na economia". O objeto da tributação, segundo o autor, não se restringe apenas às hipóteses de prestação de serviços decorrentes do direito civil. O "conceito de serviço nos vem da economia, do trabalho, como produto. De fato, o trabalho, aplicado à produção, pode dar como resultado duas classes de bens: bens materiais, denominados material, produto ou mercadoria; e bens imateriais, conhecidos como serviços". MORAES, Bernardo Ribeiro de. *Doutrina e prática do imposto sobre serviços.* São Paulo: RT, 1975, p. 84 e 98.
No mesmo sentido Fernando Zilveti: "o conceito de "prestação de serviço" é

serviço deve ser buscado na economia e significa o "produto da atividade humana destinado à satisfação de uma necessidade, mas que não se apresenta sob a forma de bem material".[223] Serviço seria "a existência de transferência onerosa, por parte de uma pessoa a outra, de bem imaterial que se acha na movimentação econômica. Prestam-se, assim, serviços quando se vende um bem imaterial".[224]

Não obstante, precisamos distinguir duas questões que muitas vezes são confundidas na análise do conceito de serviço. A primeira é saber se é possível interpretar o conceito de serviço com base na economia, a outra é reconhecer que o conceito econômico serviu de base, de suporte, de elemento pré-jurídico, para definir o conceito jurídico de serviço e que, a partir de então, passou a ser um conceito estritamente jurídico, ainda que de origem extrajurídica na economia.

Para nós, o conceito de serviço não é econômico, mas essencialmente jurídico. A ciência do direito tributário, ainda que trave contato com outras ciências, deve estabelecer as suas definições sem "pegar emprestado" conceitos de outras áreas do conhecimento. Como alertou Alfredo Augusto Becker, "o maior equívoco no Direito Tributário é a contaminação entre princípios e conceitos jurídicos e princípios e conceitos pré-jurídicos (econômicos, financeiros, políticos, sociais etc.)".[225]

---

econômico e, como tal, não admite subordinação da definição de locação, do direito civil". ZILVETI, Fernando Aurelio. A LC n. 116/03 do ISS em Face dos Princípios de Direito Tributário. In: FERRAZ, Roberto. *Princípios e limites da tributação*. São Paulo: Quartier Latin, 2005, p. 554.
Em outra obra: "admita-se, então, a integração entre o direito privado e o direito tributário, sem prevalência de um sobre o outro, nem tampouco a autonomia sistêmica. Acatar a teoria da interpretação segundo o critério econômico, bem como a vinculação da obrigação tributária à propriedade econômica, representariam ações nesse sentido". ZILVETI, Fernando Aurelio. O ISS, a Lei Complementar n. 116/03 e a Interpretação Econômica. *Revista Dialética de Direito Tributário*. São Paulo. n.104. p. 34-46, maio, 2004, p. 46.

223. MORAES, Bernardo Ribeiro de. *Doutrina e prática do imposto sobre serviços*. São Paulo: RT, 1975, p. 84.

224. MARTINS, Sérgio Pinto. *Manual do imposto sobre serviços*. São Paulo: Malheiros, 1998, p. 40.

225. BECKER, Alfredo Augusto. *Teoria geral do Direito Tributário*. 3 ed. São Paulo,

Os conceitos da ciência econômica podem até ser usados, numa perspectiva extrajurídica e intertextual, como instrumento para a formação do direito positivo. Todavia, uma vez positivados, as significações dos enunciados inseridos não são colhidas a partir daquela ciência, mas construídas no referencial do próprio direito.[226] Serviço, assim, para o direito, não deve ser concebido como aquilo que a economia, a contabilidade ou a administração diz que é serviço, senão o que o próprio direito enuncia.

Ainda que tentássemos obter, na economia, o conceito de serviço, esbarraríamos em incontornáveis problemas, até mesmo porque essa ciência não tem como clara essa definição.[227] Aliás, as fronteiras entre as atividades de serviços e as demais estão desaparecendo, pois algumas empresas produtoras também prestam serviços, sendo que economistas contemporâneos chegam a afirmar que não existe um setor de serviços, mas, sim, uma série de atividades que aumentaram em diversidade ou especialização com a evolução da sociedade.[228]

Saraiva, 2002, p. 40.

226. Alberto Macedo faz também este alerta: "Uma coisa é ignorar a definição jurídica de serviço para alcançar, com a tributação, algo que não seja serviço, alegando que, economicamente, se assemelha a serviço; outra coisa totalmente distinta é concluir, em atividade interpretativa, que o conceito econômico foi incorporado pelo direito, tornando-se, portanto, a partir dessa incorporação, jurídico. E essa incorporação se deu não só no Direito Constitucional Tributário, como no Direito Privado". MACEDO, Alberto. ISS – O conceito econômico de serviços já foi juridicizado há tempos também pelo direito privado. In: XII *Congresso Nacional de Estudos Tributários – IBET.* São Paulo, 2015, p. 67.

227. Para Dimária Silva e Meirelles: "No âmbito das abordagens contemporâneas verifica-se um amplo leque de interpretações a respeito das características dos serviços e da forma de classificá-los, refletindo focos de análise distintos. De um lado, há autores cuja análise está centrada nas características de oferta, ou seja, nas características do processo de produção e do produto gerado. De outro, há autores mais preocupados com as características de consumo, relacionadas às funções desempenhadas pelos serviços e o público a que se destinam (indústria, famílias e entidades de governo)". MEIRELLES, Dimária Silva. O conceito de serviço. *Revista de Economia Política.* v. 26. São Paulo. jan.-mar. 2006.

228. MELO, Hildete Pereira de; ROCHA, Frederico; FERRAZ, Galeno; DWECK, Ruth. *O setor serviços no Brasil:* Uma visão global 1985/95. IPEA – Texto Para Dis-

Ainda sobre o tema dos conceitos jurídicos, agora na perspectiva dos conceitos constitucionais para demarcar a competência tributária, estamos com Marcelo Gentile Fachini, no sentido de que o constituinte pode empregar termos criados ou não pelo direito, termos advindos de outras ciências ou da linguagem comum e que, uma vez utilizados na linguagem do legislador, ganham conformação jurídica. "Com isso, pretendemos enfatizar que termos idênticos são empregados em diferentes textos normativos, embora designando conceitos diversos".[229]

Retornando ao conceito de serviço no âmbito do direito tributário, entendemos que sua definição não se amolda ao conceito civilista de obrigação de fazer, mas em uma noção

---

cussão n. 549. Rio de Janeiro, 1998, *passim*.

229. FACHINI, Marcelo Gentile. *Concretização das normas de competência tributária*, p. 220 a 222.
O autor cita alguns exemplos: "O art. 155, inciso III, por exemplo, faculta ao legislador estadual instituir imposto sobre "a propriedade de veículos automotores". Nota-se, aí, que a expressão "veículo automotor" não é uma expressão criada pelo direito, como, por exemplo, parece ser aquela empregada no art. 153, inciso V, quando autoriza a União a instituir imposto (quebra de página da 220 para 221) sobre operações relativas "a títulos e valores mobiliários". O art. 156, II, quando emprega as expressões "direitos reais sobre imóveis" ou "cessão de direitos", adota termos genuinamente jurídicos, além de recorrer à classificação jurídica clássica dos bens imóveis "por natureza ou acessão física". Quando a Constituição, em seu art. 155, § 2º, X, refere-se a "lubrificantes", "combustíveis líquidos e gasosos dele derivados" e "energia elétrica", ou, também, no art. 149, § 2º, II, fala em "álcool combustível", emprega termos que, evidentemente, não são criados pelo direito, e que, por isso, são tomados da linguagem comum, ou de alguma ciência que estuda, e, por conseguinte, classifica os combustíveis em determinadas espécies. O legislador constituinte, de outra forma, também adota termos não criados pelo direito, como a palavra "ouro", insculpida no art. 153, § 5º, limitando, porém, a sua abrangência semântica aos casos em que for "definido em lei como ativo financeiro ou instrumento cambial", para sobre ele fazer incidir um específico tributo, a saber, o IOF. Enfim, pode-se notar que a Constituição, ao atribuir competência tributária aos entes federados, não se limita a empregar apenas termos ou expressões criados pelo próprio direito, recolhendo da linguagem ordinária ou técnica outros dados linguísticos, que ajudam a conformar os limites dos plexos de competência tributária". FACHINI. Marcelo Gentile. *Concretização das normas de competência tributária:* Uma análise a partir da teoria estruturante do Direito de Friederich Muller, 2010. Dissertação (Mestrado em Direito). Pontifícia Universidade Católica de São Paulo, São Paulo, 2010, p. 220-222.

mais ampla, no sentido de tributar residualmente todos os negócios jurídicos com conteúdo econômico que não se referem à circulação de mercadorias. Em outras palavras, a atividade econômica é exercida com a produção e circulação de bens e serviços, e, não havendo uma terceira espécie, todas essas atividades podem ser alcançadas pela tributação do ICMS e do ISS.

Nessa linha, Alberto Macedo defende que o conceito econômico de serviços foi juridicizado pelo direito privado[230] e incorporou a ideia de elemento "complementar ao termo 'bens' (bens materiais), no binômio bens e serviços, binômio este que esgota o universo dos produtos decorrentes da atividade econômica".[231]

Convém salientar que ao tratar das garantias do contribuinte, o art. 150, § 5º, da Constituição Federal estabelece uma regra que parece confirmar essa dicotomia quando determina que cabe à lei esclarecer os consumidores "acerca dos impostos que incidam sobre mercadorias e serviços". A Lei n. 12.741/12, que viria regular o dispositivo constitucional, prescreve que, "por ocasião da venda ao consumidor de mercadorias e serviços", deverá constar a informação do valor

230. Segundo Alberto Macedo, essa "adjetivação 'de qualquer natureza' (referindo-se ao imposto sobre serviços de qualquer natureza), aliás, faz muito mais sentido quando se entende que o constituinte incorporou o conceito econômico de serviços. Isso porque, diferentemente do conceito de serviços no Direito Civil (e não no Direito Privado como um todo) – que não demanda maiores exercícios interpretativos, por ser facilmente apreensível (embora dificilmente aplicável numa série de atividades econômicas) – o conceito de serviços na Economia, de maneira distinta, já apresenta, de pronto, uma vagueza semântica caracterizada pelo conjunto de atividades econômicas que não consubstanciam, como produtos, bens materiais. Tal vagueza, ao ser acompanhada da expressão 'de qualquer natureza', denota que é tributável pelo ISS toda a residualidade desse conceito no universo da atividade econômica, depois de afastados os serviços de comunicação e de transporte interestadual ou intermunicipal, tributáveis pelo ICMS; os serviços financeiros, tributáveis, pelo IOF". MACEDO, Alberto. ISS – O conceito econômico de serviços já foi juridicizado há tempos também pelo direito privado. In: XII *Congresso Nacional de Estudos Tributários – IBET.* São Paulo, 2015, p. 64.

231. Ibidem, p. 69. Alberto Macedo demonstra isso com muita propriedade nesse artigo.

aproximado correspondente à totalidade dos tributos federais, estaduais e municipais. Não há, realmente, uma terceira espécie.[232]

Reconhecido o fato de que o termo *serviço* não se restringe ao conceito civilista de obrigação de fazer, cumpre-nos avançar na *definição de serviço tributável pelo ISS* e, como se sabe, são várias as regras e formas de definir conceitos e significados dos termos.[233]

Interessa-nos a distinção entre definição intencional e extensional, também conhecidas, respectivamente, como conotativa e denotativa. A definição extensional ou denotativa, segundo Irving Copi, é aquela em que se relacionam todos os membros do conceito, enumerando-os um por um. Por exemplo: ao conceituar-se a palavra "metal", estaríamos incluindo na sua significação o ouro, a prata, o estanho etc. Já a definição conotativa ou intencional é realizada mediante a divisão de "gênero e diferença" e consiste em estabelecer as propriedades do gênero, fixando-se, assim, o conceito.[234] O termo "metal" seria definido como normalmente faz o dicionário, "grupo de substâncias simples que ostentam um brilho característico, 'brilho metálico', lustroso ou opaco, quando polidas".[235]

---

232. Nesse sentido, vale citar parte do voto do Ministro Eros Grau no RE n. 592.905, que menciona parecer do ex-Ministro Ilmar Galvão, nos seguintes termos: "Tem-se, assim, que a lei complementar a que se refere o art. 156, III, da CF, ao definir os serviços de qualquer natureza a serem tributados pelo ISS: a) arrola serviços por natureza; b) inclui serviços que, não exprimindo a natureza de outro tipo de atividade, passam à categoria de serviços, para fins de incidência do tributo, por força de lei, visto que, se assim não considerados, restariam incólumes a qualquer tributo; c) em caso de operações, mistas, afirma a prevalência do serviço, para fim de tributação pelo ISS."

233. Temos definições ostensivas, explícitas, contextuais, implícitas, analíticas, recursivas, condicionais, operativas, dentre outras. HEGENBERG, Leonidas. *Definições* – termos teóricos e significados. São Paulo: Cultrix, 1974, passim.

234. COPI, Irving M. *Introdução à lógica*. Tradução de Álvaro Cabral. São Paulo: Mestre Jou, 1978, p. 128.

235. MICHAELIS. *Dicionário prático* – Língua Portuguesa. São Paulo: Melhoramentos, 2011, p. 432.

Entendemos que o conceito de serviço deve ser construído mediante uma definição extensional ou denotativa e, nesse sentido, a advertência de Paulo de Barros é precisa: "A lista de serviços veiculada por lei complementar (ou por diploma normativo com força equivalente) serve para especificar ou delimitar a extensão do significado da locução 'serviços de qualquer natureza'".[236] Os vocábulos constantes da lista de serviços exercem função sintática adjetiva, "qualificando as atividades que, estando abrangidas pelo conteúdo semântico de 'serviços', são passíveis de tributação pelos Municípios".[237]

Corroboramos o pensamento de Bernardo de Ribeiro de Moraes sobre a técnica para distinguir a atividade sujeita ao ICM ou ISS:

> (a) em primeiro lugar, definindo serviço pelo oposto ao conceito de venda de bem material (...)
>
> (b) em segundo lugar, diante de um conceito pela negativa, sempre perigoso, limitando o conceito de serviço, adotando um critério taxativo. (...) O que não constitui transmissão (circulação) de mercadorias, isto é, venda de bens materiais, ou de bens imóveis (...) as demais transmissões (de bens imateriais) ficam na competência dos Municípios, como imposto sobre serviços de qualquer natureza, caso lei complementar as defina como serviço.[238]

Acatamos uma definição extensional de serviços, já que os "conceitos do ICMS e do ISS nascem da lei complementar,

---

236. CARVALHO, Paulo de Barros. *Derivação e positivação*. v. II. São Paulo: Noeses, 2013, p. 321.
Para o autor: "a Lei Maior não esgotou a definição de competência tributária municipal, ficando a cargo da lei complementar estabelecer os serviços de qualquer natureza que podem havendo lei ordinária municipal, ser submetidos ao ISS. A norma constitucional contida no art. 156, inciso III, tem, pois, eficácia limitada, reduzida, isto é, produz efeitos desde a entrada em vigor da Constituição, porém, deixa a tarefa da normatividade específica ao legislador infraconstitucional, que será competente para integrá-la, dando-lhe plena eficácia". Ibidem, p. 326. O citado autor, todavia, entende que serviço é obrigação de fazer.

237. Ibidem, p. 321.

238. MORAES, Bernardo Ribeiro de. *Doutrina e prática do imposto sobre serviços*. São Paulo: RT, 1975, p. 154.

não da Constituição",[239] e a lista da lei complementar acabou por definir serviços "mediante uma solução casuística da relação nominal de atividades. (...) Como se vê, nenhuma tentativa sequer de elaborar um conceito de serviço".[240] E, parafraseando Rubens Gomes de Souza, pode-se mesmo dizer que, para os efeitos do ISS, serviço é o que conste da lista anexa à lei complementar, e nada mais que isso.[241]

Para concluir, tecemos as seguintes considerações:

i. A demarcação da competência tributária sobre o exercício da atividade econômica é fixada, desde 1965, mediante a tributação, pelo ICMS, das mercadorias (e serviços), e o ISS, dos serviços de qualquer natureza. Não há campo residual.

ii. Qualquer tentativa de estabelecer uma definição conotativa de serviço, seja econômica, seja jurídica, aumenta a insegurança dos contribuintes e do próprio Estado, haja vista essas atividades se interpenetrarem a todo instante.

iii. A definição de serviço tributável é eminentemente extensional, ou seja, o conceito é construído mediante a indicação de atividades arroladas na lista de serviços. O sistema de listas e, portanto, a definição extensiva de serviço, adotado no Brasil desde 1968, foi recepcionada pela Constituição de 1988.

iv. Não houve, por parte do legislador constituinte, a incorporação de um conceito civilista de serviço, baseado na noção de obrigação de fazer. Se assim

---

239. SCHOUERI, Luís Eduardo. Discriminação de competências e competência residual. In: SCHOUERI, Luis Eduardo; ZILVETI, Fernando Aurelio. *Direito Tributário.* Estudos em homenagem a Brandão Machado. São Paulo: Dialética, 1998, p. 114.

240. SOUSA, Rubens Gomes de. O ICM, o IMS, o IPI e a Construção Civil. *Revista de Direito Público.* São Paulo, v. 22, ano V, out.-dez, 1972, p. 307

241. Ibidem, p. 307.

fosse, não haveria sentido o texto constitucional ter, expressamente, enunciado que os serviços deveriam ser "definidos em lei complementar". Se serviço é o que a lei civil diz que é serviço, o texto do art. 156, III, *in fine*, da Constituição Federal perderia o sentido. Serviço tributável, portanto, é o que consta da lista.

v. O direito privado utiliza o conceito de serviço em diferentes sentidos, e, dentre os possíveis, está a noção de atividade residual à de circulação de mercadorias.

vi. É a doutrina, e não a lei civil, que relaciona o conceito de serviço à obrigação de fazer. Essa definição está ultrapassada, fato reconhecido por diversos autores civilistas contemporâneos.

vii. O Código Tributário Nacional, na sua redação original, bem como as listas de serviços publicadas desde 1968, definiam a locação de bens como atividade tributável pelo ISS, prova de que serviço não é obrigação de fazer.

Tais conclusões, conjuntamente levadas em consideração, constituem as premissas acerca do nosso conceito de serviço tributável que entendemos como toda e qualquer atividade objeto de um negócio jurídico, com conteúdo econômico, capaz de gerar utilidade, material ou imaterial a terceiro e prevista na lista de serviços editada por lei complementar. Os limites da lei, na definição de atividades que podem gerar conflitos com o ICMS e com o IPI, serão tratados no Capítulo 5.

2.3 Competência tributária legislativa para instituir o ICMS

2.3.1 Uma sigla, vários tributos

O ICMS, imposto de competência dos Estados, é, sem sombra de dúvida, o tributo com mais dispositivos constitucionais relativos ao exercício da competência tributária.[242] Trata-se, a bem da verdade, de apenas uma sigla[243] sob a qual estão contemplados alguns tributos,[244] dentre os quais cabe destacar: a) ICMS-mercadorias; b) ICMS-serviços; c) ICMS-importação.

---

242. O texto constitucional disciplina aspectos da não cumulatividade, seletividade, casos de imunidade, alíquotas, sujeição ativa, sujeição passiva, base de cálculo, substituição tributária e atribuições da lei complementar específica para esse imposto. *Vide* art. 155, II e parágrafos 2º, 3º, 4º e 5º.

243. Segundo Eduardo Bottallo, o ICMS não é um tributo. "Ele é, antes de mais nada, uma sigla, porque sob essa denominação 'imposto sobre circulação de mercadorias e serviço' estão compreendidos vários impostos". BOTTALLO, Eduardo Domingos. ICMS: Base de Cálculo. São Paulo, Malheiros, 2012. p. 74-79. *Revista de Direito Tributário*. São Paulo, n. 116, 2012, p. 76.

244. Roque Carrazza entende que são 5: a) o imposto sobre operações mercantis (operações relativas à circulação de mercadorias), que, de algum modo, compreende o que nasce da entrada, na Unidade Federada, de mercadorias importadas do exterior; b) o imposto sobre serviços de transporte interestadual e intermunicipal; c) o imposto sobre serviços de comunicação; d) o imposto sobre produção, importação, circulação, distribuição ou consumo de lubrificantes e combustíveis líquidos e gasosos e de energia elétrica; e e) o imposto sobre a extração, circulação, distribuição ou consumo de minerais. CARRAZZA, Roque Antônio. *ICMS*. 16. ed. São Paulo: Malheiros, 2012, p. 40-41.
Leandro Paulsen, que também reconhece 5 tributos, apresenta diferentes hipóteses de incidência: "(a) sobre as operações relativas à circulação de mercadorias (art. 155, II, primeira parte); (b) sobre prestações de serviços de transporte interestadual e intermunicipal e de comunicação (art. 155, II, segunda parte); (c) o ICMS-importação sobre bem ou mercadoria que ingressar no território nacional (art. 155, § 2º, IX, 'a', primeira parte); (d) o ICMS-importação sobre os serviços prestados no exterior (art. 155, § 2º, IX, 'a', segunda parte); e (e) sobre as operações mistas, quando as mercadorias forem fornecidas com serviços não compreendidos na competência tributária dos Municípios (art. 155, § 2º, IX, 'b')". PAULSEN, Leandro. *Curso de Direito Tributário completo*. 6. ed. Porto Alegre: Livraria do Advogado, 2014, p. 268.

O ICMS-serviços incide sobre a prestação de serviços de comunicação e de transporte interestadual e intermunicipal.[245] O ICMS-importação tributa a entrada de bem ou mercadoria importada do exterior, assim como sobre o serviço prestado no exterior.[246] O ICMS-mercadorias incide sobre as operações relativas à circulação de mercadorias e, por nos interessar diretamente, será tratado com mais detalhes no item a seguir.

2.3.2 ICMS-mercadoria

O ICMS-mercadoria tem sua competência fixada pelo texto constitucional ao redor de três palavras: operação, circulação e mercadoria. A articulação das significações desses termos é o que demarca, constitucionalmente, o exercício do poder de tributar por parte dos Estados.

---

245. O ICMS-serviço é um tributo que conflita com o ISS, porém, como veremos no próximo capítulo, nosso objetivo é estudar exclusivamente os problemas entre o ICMS-mercadorias e o ISS.

246. É ainda grande a polêmica sobre o ICMS-importação, mesmo após a edição da EC n. 33/2001. Para Thatiane Piscitelli "o ICMS e o ICMS importação não figuram como dois tributos distintos e independentes. *O ICMS importação é apenas uma variável do ICMS* genericamente previsto no art. 155, II, e dessa feita, encontra-se sob o 'guarda-chuva' desse mesmo imposto, não havendo que se falar na possibilidade de tributar a importação senão por conta da realização de uma operação de circulação de mercadorias em sentido estrito". PISCITELLI, Tathiane. Incidência do ICMS na Importação de Bens - Notas sobre Invasão de Competência e a Postura do STF. *Revista Tributária das Américas*. São Paulo, v. 5, jan, 2012, p. 55.
No RE n. 540.829, o STF entendeu que se trata de um tributo independente do ICMS-mercadorias. O Ministro Gilmar Mendes, em seu voto, esclarece que "o ICMS não pode ser visto, atualmente, como um imposto incidente apenas sobre operações mercantis e alguns serviços, mas também como um imposto que incide sobre importações. Poder-se-ia ter-lhe conferido nova denominação, mas o Constituinte Derivado optou por manter a tradicional nomenclatura".
O Ministro Marco Aurélio, voto vencido, tem posição contrária: "O imposto não é de importação, porque, se o fosse, a competência ativa seria da União. O imposto versado é o ICMS, e o negócio jurídico que motivou a entrada da mercadoria em território brasileiro mostrou uma locação, o arrendamento mercantil".
Da mesma forma o Ministro Luiz Fux: "Ou seja, para não se transfigurar em um imposto de importação, só incidirá esse ICMS se esse ingresso se der a título de circulação da mercadoria".

Reconhecemos que o ICMS não incide sobre mercadorias, mas sobre *operações* relativas à circulação de mercadorias. É o signo "operação" o elemento nuclear do tributo, servindo os termos *circulação* e *mercadoria* para qualificar aquele verbo.

A palavra *operação* representa a ocorrência de ato ou negócio jurídico[247] capaz de movimentar juridicamente uma mercadoria, tal como a compra e venda, a dação em pagamento e a troca. A operação, conforme ensina Roque Carrazza, deve ser regida pelo direito comercial, ser praticada no contexto de atividade empresarial, ter por finalidade o lucro e por objeto uma mercadoria.[248] O que se tributa, logo, não é a mercadoria, mas o negócio jurídico (operação) que o tenha por objeto.

Já o termo *circulação* refere-se à passagem de mercadoria de uma pessoa para outra, sob o manto de um título jurídico e que promova uma mudança de patrimônio.[249] A mudança de titular é requisito para qualificar os atos de circulação, mas a simples mudança não é bastante em si, requer também que essa modificação seja realizada no âmbito de um ato ou de um negócio jurídico.[250] Assim, a "mutação patrimonial há de operar-se sob o pálio de um título jurídico", como destaca Paulo de Barros Carvalho.[251]

---

247. Geraldo Ataliba e Cleber Giardino entendem que: "operações são atos jurídicos; atos regulados pelo Direito como produtores de determinada eficácia jurídica; são atos juridicamente relevantes; circulação e mercadorias são, nesse sentido, adjetivos que restringem o conceito substantivo de operações". ATALIBA, Geraldo; GIARDINO, Cleber. Núcleo da definição constitucional do ICMS (operações, circulação e saída). *Revista de direito tributário*. São Paulo: RT, n. 25/26, 1983, p. 103.

248. CARRAZZA, Roque Antônio. *Curso de Direito Constitucional Tributário*. São Paulo: Malheiros, 2011, p. 44.

249. MELO, José Eduardo Soares de. *ICMS – Teoria e Prática*. São Paulo: Dialética, 2005, p. 16.

250. TÔRRES, Heleno Taveira. A hipótese do ICMS sobre operações mercantis na constituição e a solução de conflitos normativos. In: SCHOUERI, Luis Eduardo (coord.). *Direito Tributário*. Homenagem a Paulo de Barros Carvalho. São Paulo: Quartier Latin, 2008, p. 329.

251. CARVALHO, Paulo de Barros. *A regra matriz do ICM*. Tese (Livre docência em Direito) – Pontifícia Universidade Católica de São Paulo, São Paulo, 1981, p. 65. Souto Maior esclarece que "o processo circulatório está demarcado, na vida do

Temos, dessa forma, a incidência do ICMS na operação relativa à circulação de um bem, não um bem qualquer, mas uma mercadoria. A mercadoria é um bem destinado ao comércio, característica obtida de acordo com a finalidade que esse bem desempenha numa atividade econômica no ciclo de produção-circulação-consumo. "Assim, ao tempo que circulam é porque servem de objeto às operações entabuladas entre as partes, nas mudanças de titularidade".[252] Como Souto Maior Borges esclareceu: "Mercadoria é o bem móvel sujeito à mercancia, porque introduzido no processo econômico circulatório. A coisa móvel objeto de circulação econômica, tal é o conceito de mercadoria."[253] A natureza mercantil do produto, como manifesta Paulo de Barros Carvalho, "não está, absolutamente, entre os

---

comércio, pelo trânsito das mercadorias dos produtores originários aos consumidores finais. Dinamiza-se a circulação mediante sucessivos contratos mercantis, tais como compra e venda, consignação, comissão, depósito penhor. Essas operações são os elos que interligam os diversos estágios ou etapas de circulação por se relacionarem a mutações na propriedade ou posse de mercadoria". BORGES, José Souto Maior. O fato gerador do ICM e os estabelecimentos autônomos. *Revista de Direito Administrativo*. Rio de Janeiro, n. 103, jan.-mar, 1971, p. 35
Argos Simões entende que são as "relações jurídicas privadas de cunho mercantil em que haja transferência de titularidade de bens que sejam mercadorias no momento dessa transmissão que podem ser consideradas operações relativas à circulação de mercadorias. É essa a materialidade constitucional que deve ser observada pelos veículos infraconstitucionais que tratam do tema". Em outro trecho: "a realização de operações relativas à circulação de mercadorias prescinde da transmissão de propriedade (faculdade de usar, gozar e de dispor), bastando a transmissão de titularidade representada pela singela transferência do poder de disposição". SIMÕES, Argos Campos Ribeiro. *As regras-matrizes de incidência tributária do ICMS-importação e suas aplicações*, 2011. Dissertação (Mestrado em Direito). Pontifícia Universidade Católica de São Paulo, São Paulo, 2011, p. 74 e 77.
Convém salientar o entendimento do STJ no Resp 1.125.133/SP no sentido de que as transferências entre estabelecimentos da mesma empresa não estão sujeitas ao ICMS, porque, nesse caso, não ocorre a circulação jurídica da mercadoria, ou seja, a mudança da titularidade.

252. TÔRRES, Heleno Taveira. A hipótese do ICMS sobre operações mercantis na constituição e a solução de conflitos normativos. In: SCHOUERI, Luis Eduardo (coord.). *Direito Tributário*. Homenagem a Paulo de Barros Carvalho. São Paulo: Quartier Latin, 2008, p. 330.

253. BORGES, José Souto Maior. O fato gerador do ICM e os estabelecimentos autônomos. *Revista de Direito Administrativo*. Rio de Janeiro, n. 103, jan.-mar, 1971, p. 34

requisitos que lhe são intrínsecos, mas na destinação que se lhe dê".[254]

Tema ainda controverso na doutrina[255] é saber se a mercadoria pressupõe apenas os bens corpóreos, ou também abrange os bens incorpóreos. Na Medida Cautelar na Ação Direta de Inconstitucionalidade n. 1.945, pendente ainda de julgamento de mérito, o Supremo Tribunal Federal inclinou-se a defender que o ICMS pode incidir sobre bens incorpóreos, a exemplo dos *softwares* transmitidos por meio eletrônico. Essa distinção, porém, não afeta os objetivos de nosso trabalho.

Do que foi exposto, podemos concluir que o ICMS-mercadorias é o imposto que incide sobre *operações*, negócios jurídicos, que permitam a *circulação* (patrimonial e jurídica) de *mercadorias*. Esses três termos conjugados são os

---

254. CARVALHO, Paulo de Barros. *Direito Tributário, linguagem e método*. 2. ed. São Paulo: Noeses, 2009, p. 648.
Ives Gandra, no mesmo sentido, entende que a "palavra 'mercadoria' implica uma relação negocial, em que um dos polos, necessariamente, exerce com habitualidade a atividade de alienar bens com intuito negocial, ou seja, de obter lucros. A venda que um cidadão faz a outro, esporadicamente, de um bem, como um armário velho, por realizar-se entre não 'comerciantes', na expressão do Código Comercial, não configura a compra e venda de 'mercadoria', mas compra e venda de um 'bem'. 'Mercadoria' é o 'bem' destinado ao comércio, em que um dos polos é necessariamente 'comerciante', para usar a terminologia do vetusto Código Comercial. Toda a mercadoria é um bem, mas nem todo o bem é uma mercadoria". MARTINS, Ives Gandra da Silva. A hipótese de imposição do ICMS nas operações com energia elétrica. *Revista Tributária e de Finanças Públicas*. São Paulo, v. 39, jul. 2001, p. 241-242.

255. Segundo Carrazza, "[...] não é qualquer bem móvel que é mercadoria, mas tão somente o bem móvel corpóreo (bem material) que se submete à mercancia". CARRAZZA, Roque Antônio. *ICMS*. 16. ed. São Paulo: Malheiros, 2012, p. 48.
Simone Barreto defende que "diante do significativo avanço tecnológico verificado ao longo do tempo, que resultou na frequente comercialização de bens virtuais, pode-se dizer que este conceito (mercadoria) sofreu uma mutação, a qual admite que também um bem incorpóreo objeto de atividade mercantil seja considerado mercadoria, para fins de incidência do ICMS". Em outro trecho "a nosso ver, a mutação do conceito constitucional de mercadoria, diante da realidade atual, é mandatória, sob pena de uma operação nitidamente mercantil ficar excluída da competência tributária dos Estados. A negação da mutação constitucional, nesse caso, implicaria o reconhecimento do obsoletismo do direito". BARRETO, Simone Rodrigues Costa. *Mutação do conceito constitucional de mercadoria*, 2014. Tese (Doutorado em Direito) – Pontifícia Universidade Católica, São Paulo, 2014, p. 185-187.

elementos essenciais para configurar a hipótese de incidência do tributo.[256]

Assunto relevante ao nosso tema consiste em compreender o sentido do art. 155, § 2º, IX, *b*, da Constituição Federal, que determina que o ICMS incidirá sobre o valor total da operação, quando mercadorias forem fornecidas com serviços não compreendidos na competência tributária dos Municípios. Diversos autores[257] reconhecem que esse dispositivo não permite ao Estado tributar qualquer parcela do serviço, salvo aqueles que estão dentro de sua competência: comunicação e transporte interestadual e intermunicipal. Esse tema será explorado no capítulo final do livro.

---

256. Paulo de Barros Carvalho não destoa desse entendimento: "Tenho para mim que o vocábulo 'operações', no contexto, exprime o sentido de atos ou negócios jurídicos hábeis para provocar a circulação de mercadorias. 'Circulação', por sua vez, é a passagem das mercadorias de uma pessoa para outra, sob o manto de um título jurídico, com a consequente mudança de patrimônio. Já o adjunto adnominal "de mercadorias" indica que nem toda a circulação está abrangida no tipo proposto, mas unicamente aquelas que envolvam mercadorias". CARVALHO, Paulo de Barros. *Direito Tributário, linguagem e método*. 2. ed. São Paulo: Noeses, 2009, p. 648.
Heleno Tôrres no mesmo sentido: "Numa síntese do conteúdo da LC n. 87/96, a corroborar o quanto se encontra na Constituição, o que importa é identificar operações (i) de circulação (ii) de mercadorias (iii) para os fins de tributação pelo ICMS em quaisquer hipóteses relativas a operações com mercadorias, para a definição das obrigações tributárias. Noutras palavras, para o ICMS, a Constituição apenas autoriza a tributação das manifestações de capacidade contributiva decorrentes de atos de circulação de bens qualificados como mercadorias, quando promovidas mediante operações, por atos juridicamente relevantes e que permitam sua verificação no tempo e no espaço". TÔRRES, Heleno Taveira. A hipótese do ICMS sobre operações mercantis na constituição e a solução de conflitos normativos. In: SCHOUERI, Luís Eduardo (coord.). *Direito Tributário.* Homenagem a Paulo de Barros Carvalho. São Paulo: Quartier Latin, 2008, p. 327.

257. Clélio Chiesa é enfático: "Logo, podemos concluir que o art. 155, § 2º, IX, *b*, da CF (LGL\1988\3) diz respeito, tão-somente, às operações com mercadorias fornecidas nas prestações de serviços de transporte e de comunicação transmunicipais, pois todas as demais prestações de serviços são de competência dos Municípios". CHIESA, Clélio. Competência para Tributar as Operações com Programas de Computador (Softwares). *Revista Tributária e de Finanças Públicas.* São Paulo, v. 36, p. 41, jan. 2001, p. 44.
No mesmo sentido Aires Barreto: "A letra *b*, do inciso IX, do § 2.º, do art. 155, não atribui, portanto, ao Estado serviços de competência dos Municípios. Limita-se a admitir que, no caso de serviço de transporte (interestadual e intermunicipal) ou de comunicação, a base de cálculo seja o valor total da operação". BARRETO, Aires. *ISS na Constituição e na Lei*. 3 ed. São Paulo: Dialética, 2009, p. 51.

2.4 Competência tributária legislativa para instituir o IPI

2.4.1 Um imposto em busca de materialidade

O imposto sobre produtos industrializados – IPI é um tributo que substituiu o antigo imposto sobre consumo por ocasião da Reforma Tributária de 1965. O relator da Reforma, Rubens Gomes de Sousa, entendeu que a substituição fora meramente formal, pois se tratava substancialmente do mesmo imposto, alterando-se apenas sua denominação.[258]

E com razão. O IPI surgiu do imposto sobre consumo, e a legislação infraconstitucional pouco mudou com a Emenda Constitucional n. 18/65 que, como alertou o relator da reforma, procurou adequar a Constituição à legislação ordinária pretérita. A regra-matriz de incidência do imposto sobre o consumo prevista na Lei n. 4.502/64, anterior à Reforma de 1965, apresenta os mesmos contornos do atual IPI; porém, entendemos que a substituição, no texto constitucional, da expressão "consumo de mercadorias" para "produtos industrializados" alterou efetivamente a competência legislativa para instituir esse imposto, de forma que a EC n. 18/65 acabou por introduzir o IPI no sistema tributário nacional.[259]

---

258. SOUSA, Rubens Gomes de. O ICM, o IMS, o IPI e a Construção Civil. *Revista de Direito Público*. São Paulo, v. 22, ano V, out.-dez. 1972, p. 297.
Segue o autor: "Com efeito, já muito antes da reforma tributária, o imposto havia deixado de ser sobre o consumo de mercadorias, cobrado do produtor e transferido obrigatoriamente para o consumidor, e passara a ser sobre a circulação de mercadorias, em sua fase de produção, termo que inclui a importação das estrangeiras e a fabricação das nacionais. (...) Daí a identidade do IPI também com o ICM, igualmente reconhecida pela comissão de que voltarei a falar, salvo que o ICM, além de abranger também a fase de produção, prossegue na fase subsequente da circulação mercantil". Ibidem, p. 297-298.

259. Edvaldo Brito faz a crítica: "A Comissão, porém, equivoca-se, pois o imposto resultante da formulação dada pela emenda não é o mesmo do art. 15, II, da Constituição de 1946. O tributo cujo tipo nela se descreve incidia sobre o consumo de mercadorias. Ora, mercadoria é, por definição jurídica, uma coisa móvel utilizada por alguém que desempenha atividade específica, para obter lucro. Esse

A Constituição de 1967, a Emenda Constitucional n. 01/69 e a Constituição Federal de 1988 pouco modificaram a redação dada pela Emenda Constitucional n. 18/65, o que torna esse imposto um claro exemplo do quanto o texto constitucional pode ser discreto na demarcação da competência tributária de um ente político. Previsto no art. 153, IV, logo se percebe que foram poucos os signos utilizados pelo legislador constituinte, deixando, assim, ao legislador infraconstitucional a tarefa de definir as situações em que o tributo incide.[260]

O Código Tributário Nacional - CTN, Lei n. 5.172/66, disciplinou os aspectos da hipótese de incidência, da base de cálculo e da sujeição passiva do IPI, nos arts. 46 a 51, que continua fundamentado na Lei Ordinária n. 4.502/64, alterada pelo Decreto-lei n. 34/66, cujo art. 1º rebatizou o *imposto de consumo* com o nome *imposto sobre produtos industrializados*.[261]

---

equívoco da Comissão somente pode permanecer, hoje, se for por conveniência da Administração tributária, mas necessita ser dirimido, tal como se dirime neste trabalho". BRITO, Edvaldo. IPI: Gerador na Importação. *Revista Tributária de Finanças Públicas*. São Paulo, v. 45, jul-ago. 2002, p. 217.

260. Antonio Mauricio Cruz, em trabalho sobre o IPI, arremata que "na materialidade da hipótese de incidência deste imposto, pois, o legislador ordinário da União pode colocar a reimportação, a produção, a circulação, a distribuição ou o consumo de produtos industrializados (...)".CRUZ, Antonio Mauricio da. *O Regime Constitucional do Imposto sobre Produtos Industrializados*, 1981. Dissertação (Mestrado em Direito). Pontifícia Universidade Católica de São Paulo, São Paulo, 1981, p. 65.

261. Segundo Ruy Barbosa Nogueira, "a mudança de nome feita pelo art. 1º do Decreto-lei n. 34, de 18 de novembro de 1966, teve por objetivo dar um nome mais específico, isto é, indicar que esse imposto não é o único imposto sobre o consumo de mercadorias entre nós - pois de modo geral impostos sobre o consumo de mercadorias também o são o Imposto de Importação, o ICM, o Imposto Único sobre combustíveis, eletricidade e minerais - ainda deixar claro que esse imposto não incide sobre 'produtos *in natura*', mas somente sobre os 'produtos industrializados", somente sobre aqueles que sejam resultado de um processo de fabricação ou de adaptação ao consumo". NOGUEIRA, Ruy Barbosa. *Imposto sobre produto industrializado. Suplemento - Matéria Tributária*. São Paulo, n. 77-73, ano IX, ago. 1973, p. 349-350.
Eduardo Bottallo defende que "o IPI, em sua atual denominação, corresponde, numa linha evolutiva, ao conhecido e antigo Imposto de Consumo, provavelmente um dos primeiros tributos que foram instituídos no nosso País. (...) O 'rebatizamento' dado pela EC n. 18/65 não teve o dom de dar, comparado ao antigo imposto de consumo, uma feição econômica diferente da que o imposto já tinha. Tanto é verdade que as suas características constitucionais continuam sendo orientadas no sentido de prestigiar muito mais a dimensão 'consumo' do que a dimensão 'produção'".

Portanto, entendemos que, assim como o ICMS, o IPI é uma sigla que alberga, conforme prevê o art. 46 do CTN, três impostos distintos, sendo dois devidos na aquisição de produtos industrializados (importação ou arrematação) e um terceiro, o chamado verdadeiro IPI, devido por ocasião da saída desses produtos de estabelecimentos empresariais.[262]

O elemento comum aos três impostos é a expressão "produtos industrializados", assim definida no parágrafo único do art. 46: "Considera-se industrializado o produto que tenha sido submetido a qualquer operação que lhe modifique a natureza ou a finalidade, ou o aperfeiçoe para o consumo". O conceito de produto industrializado, proposto pelo Código Tributário Nacional, segundo Eduardo Botallo, "não encontra óbices na jurisprudência, sendo, ademais, acolhido pela doutrina", e qualifica o produto sempre que adquire utilidade nova ou se mostre mais bem ajustado para o consumo.[263]

BOTTALLO, Eduardo Domingos. Linhas básicas do IPI. *Revista de Direito Tributário*. São Paulo, n. 13-14, ano IV, jul-dez. 1980, p. 196.

262. Segundo Eduardo Bottallo: "O art. 46 do CTN, sob a denominação de 'imposto sobre produtos industrializados', alberga três impostos distintos, dos quais apenas um pode ser considerado IPI em sentido estrito: aquele cujo aspecto material da hipótese de incidência é 'industrializar produto e celebrar operação jurídica que promova a transferência de sua propriedade ou posse'". BOTTALLO, Eduardo Domingos. *IPI* – Princípios e estrutura. São Paulo: Dialética, 2009, p. 32.

263. BOTTALLO, Eduardo Domingos. *Fundamentos do IPI (Imposto sobre Produtos Industrializados)*. São Paulo: RT, 2002, p. 40.
Temos sim discussões doutrinárias e jurisprudências sobre o conceito de produto industrializado nos moldes fixados pela Lei n. 4.502/65 e, especialmente, o Regulamento do IPI, Decreto 7.212,10; porém essa questão não nos interessa para fins deste trabalho.
José Roberto Vieira reconhece esse problema: "Não são pequenas as restrições doutrinárias ao conceito da legislação ordinária, e especialmente às noções regulamentares (Decreto n. 7.212, de 15.06.2010, art. 4º, I a V), para as quais caracterizam industrialização as operações de transformação (obtenção de espécie nova), beneficiamento (aperfeiçoamento de um produto), montagem (reunião de produtos), acondicionamento ou reacondicionamento (colocação ou substituição de embalagem) e renovação ou recondicionamento (restauração de produto VIEIRA, José Roberto, O Papel da Lei Complementar no Estabelecimento das Fronteiras IPI x ISS: Óculos para Macacos. In: MOREIRA, André Mendes et al. (orgs.). *Sistema Tributário Brasileiro e as Relações Internacionais*. São Paulo: Noeses, 2013, p. 570.

2.4.2 IPI-industrial

Interessa-nos, por potencialmente gerar conflitos com o ISS, o IPI incidente quando da saída de produtos industrializados de estabelecimentos industriais (IPI-industrial).[264] Equivocadamente, o Código Tributário Nacional determinou que o *fato gerador*, nesse caso, é a saída do produto do estabelecimento industrial (art. 46, II), aspecto, como se sabe, relativo apenas ao elemento temporal da regra matriz de incidência.

A definição do comportamento tributável pelo IPI, no caso em análise, toma como ponto de partida os seguintes signos previstos na Constituição: *operação*, *produtos* e *industrializados*.[265]

O termo *operação* empregado na Constituição diz respeito, assim como no ICMS, a atos ou negócios jurídicos, o que nos leva a concluir que o IPI incide sobre a *realização de operações com produtos industrializados*. No ICMS, o termo *mercadoria* qualifica a operação, da mesma forma que a expressão *produto industrializado* presta-se a reduzir, "como simples locução adjetiva, o campo material das operações tributadas. No contexto constitucional essas expressões assumem função definitiva, ou seja, a de especificar, qualificando pelo objeto, as 'operações' suscetíveis de tributação".[266] Como manifestou Cleber Giardino, "o IPI é um imposto sobre produtos industrializados, apenas e na medida em que estes se constituem em objeto de operações".[267] Esse entendimento é acatado também por Geraldo

---

264. Não entendemos como relevante, para fins deste trabalho, a análise da incidência do IPI na importação e na saída de produtos industrializados de estabelecimentos comerciais que os forneça aos industriais, já que não representam casos de conflitos com o ISS.

265. Art. 153. Compete à União instituir impostos sobre:
IV – produtos industrializados;
§ 3º O imposto previsto no inciso IV:
II – será não cumulativo, compensando-se o que for devido em cada operação com o montante cobrado nas anteriores;

266. ATALIBA, Geraldo; GIARDINO, Cleber. Hipótese de incidência do IPI. *Revista de Direito Tributário*. São Paulo, ano 10, n. 37, jul-set 1986, p. 149.

267. GIARDINO, Cleber. Conflitos entre Impostos sobre Produtos Industrializados

Ataliba,[268] José Roberto Vieira,[269] Júlio Mariz de Oliveira[270] e José Eduardo Soares de Melo.[271]

---

e Imposto sobre Operações relativas à Circulação de Mercadorias. *Revista de Direito Tributário*. São Paulo, n. 13-14, jul-dez. 1980, p. 140.

268. Para Ataliba, "não basta, para configurar a hipótese de incidência do IPI, a só existência quer do objeto (produto) quer do negócio (operação, ato jurídico mercantil), mas sim a existência de ambos, relacionados com o ato e seu objeto. Em outras palavras: não basta a existência de um produto, nem o que com ele possa fisicamente acontecer entrar etc.) se ele não se constitui em objeto de um negócio jurídico que qualifique a sua movimentação (ou circulação econômica), que se inicia pela saída". ATALIBA, Geraldo. Imposto sobre Produtos Industrializados e sua hipótese de incidência. *Doutrinas Essenciais de Direito Tributário*. São Paulo, v. 3, fev. 2011, p. 853.
Em outra obra em conjunto com Cleber Giardino: "O quadro constitucional do IPI conduz, portanto, a essa inexorável conclusão: gravam-se atos ou operações tão somente qualificados pelo objeto material ao qual referidos, ou seja: os produtos industrializados. Essa cláusula objetiva exerce função meramente delimitadora ou restritiva do conteúdo da operação tributável. Em outras palavras: o IPI incide sobre operações; não todas, porém. Do universo dos atos que os industriais podem realizar, apenas autorizam a incidência do tributo os (atos) que digam específico respeito (que tenham por objeto) produtos industrializados. O produto é, assim, nesse contexto, simples elemento de determinação da operação tributável. Não é e não constitui, em si mesmo, o núcleo da hipótese de incidência do IPI". ATALIBA, Geraldo; GIARDINO, Cleber. Hipótese de incidência do IPI. *Revista de Direito Tributário*. São Paulo, ano 10, n. 37, jul-set 1986, p. 149.

269. José Roberto Vieira: "Temos, enfim, o critério material da hipótese de incidência tributária desse imposto, em sua inteira compostura constitucional: realizar operações com produtos industrializados". VIEIRA, José Roberto. Imposto sobre Produtos Industrializados – Uma águia Garciamarquiana entre os tributos. In: SANTI, Eurico Marcos Diniz; ZILVETI, Fernando Aurélio; MOSQUERA, Roberto Quiroga (coord.) *Tributação das Empresas*. São Paulo: Quartier Latin, 2006, p. 179

270. Júlio Mariz de Oliveira: "Como se vê, ao dispor sobre a não cumulatividade do imposto, o legislador constituinte referiu-se expressamente à operação, indicando com absoluta clareza que a incidência do tributo está relacionada com a prática do ato 'operação'. De conseguinte, não é a existência do produto industrializado, mas a realização de operação com esta espécies de coisas móveis o fato objeto de tributação". OLIVEIRA, Júlio M. de. A Constituição, a Lei e o Regulamento do IPI – Hipóteses de conflito. In: PEIXOTO, Marcelo Magalhães (coord.). IPI – Aspectos jurídicos relevantes. São Paulo: Quartier Latin do Brasil, 2003, p. 230.

271. José Eduardo Soares de Melo: "A realização de 'operações' é que molda a tipicidade prevista na CF, configurando o verdadeiro sentido do fato juridicizado, ou seja, a prática de operação jurídica, como a transmissão de um direito (posse ou propriedade). Essa operação tem produto industrializado por objeto, em razão do que para a configuração jurídica do IPI, podem ser apontados os requisitos seguintes: a) a existência de um produto industrializado; e b) um negócio jurídico". MELO, José Eduardo Soares de. *IPI – Teoria e prática*. São Paulo: Malheiros, 2009, p. 53.

No IPI-industrial, necessitamos distinguir dois sentidos do termo *operação*. Um primeiro, empregado na Constituição, que denota a realização de ato ou negócio jurídico; e um segundo, fixado pelo Código Tributário Nacional em seu art. 46, parágrafo único,[272] que qualifica o processo de industrialização.[273]. Nesse sentido, o IPI só incidirá se alguém realizar uma *operação de industrialização* e, posteriormente, promover a saída desse produto em função de um ato ou negócio jurídico (operação com produto industrializado). Temos, portanto, duas operações e, consequentemente, dois verbos na materialidade do IPI, o que leva alguns autores a defenderem ser o termo *industrializar* o verbo que caracteriza a materialidade do imposto, privilegiando a operação relativa ao ato ou processo industrial.[274]

---

272. Parágrafo único. Para os efeitos deste imposto, considera-se industrializado o produto que tenha sido submetido a qualquer operação que lhe modifique a natureza ou a finalidade, ou o aperfeiçoe para o consumo.

273. José Eduardo Toledo define com mais precisão os dois sentidos do termo operação: "É por tal razão que o IPI, diferentemente do ICMS, não incide sobre operações, no sentido unicamente de 'ato' ou 'negócio jurídico', de forma indiscriminada, sem que se faça a correta distinção dos conceitos de 'operações'- como processo de industrialização – e de 'operações' como 'atos' ou negócios jurídicos'. (...) Em outras palavras, a incidência ocorrerá sobre o resultado da operação (processo) de industrialização (produto industrializado) e não apenas sobre esse processo (industrialização). (...) Em outras palavras, a mera existência de um produto industrializado, sem que a saída seja decorrente de um 'ato' ou 'negócio jurídico', não é suficiente para ensejar a incidência do IPI. De outro lado, a existência de um 'ato' ou 'negócio jurídico', sem que se esteja diante de um produto resultante de um processo de industrialização, também não dará ensejo à incidência do IPI. (...) Em síntese, por tudo o quanto foi exposto até o presente momento, pode-se concluir que um dos critérios materiais de incidência do IPI é justamente a realização de operações (no sentido de processo) das quais resultem produtos industrializados (e desde que seja posteriormente acompanhado por uma saída decorrente de um 'ato' ou 'negócio jurídico' que envolva a transferência de sua titularidade. TOLEDO, José Eduardo Tellini. *O IPI* – A incidência tributária e princípios pertinentes ao artigo 153 da Constituição Federal, 2003. Dissertação (Mestrado em Direito). Pontifícia Universidade Católica de São Paulo, São Paulo, 2003, p. 57.

274. Paulo de Barros Carvalho assim enuncia: "O constituinte não determinou a conduta ligada a *produtos industrializados*, o legislador infraconstitucional, exercendo a competência que lhe fora deferida, escolheu três tipos de ação: *industrializar produtos*, *importar produtos industrializados* e *arrematar em leilões produtos industrializados* (encontrando-se este último atualmente desativado)". CARVALHO, Paulo de Barros. *Direito Tributário, linguagem e método*. 2. ed. São Paulo: Noeses, 2009, p. 610 No mesmo sentido, Claine Chiesa: "A riqueza eleita no ICMS, para ser tributada, é o

A conjunção dos seguintes elementos é, assim, necessária para caracterizar a materialidade do IPI-industrial: (i) a ocorrência de uma operação de industrialização de produto objeto de (ii) um negócio jurídico. Sua incidência, todavia, depende da (iii) saída desse produto do estabelecimento industrial.

Aspecto importante ao nosso estudo e que será analisado com mais profundidade no capítulo seguinte, item 3.3.2, quando trataremos dos conflitos de competência do IPI com o ISS, é saber a que título essa operação relativa ao produto industrializado deve ocorrer. A doutrina diverge nesse ponto: alguns autores entendem que a operação deve ser mercantil[275] (produto

valor econômico envolvido na operação 'realizar operações relativas à circulação de mercadoria'; diferentemente ocorre com o IPI, cujo valor econômico, ou seja, a riqueza a ser tributada, é a venda de um produto antecedido de uma industrialização. É a industrialização condutora do comportamento tributável". CHIESA, Claine. *IPI – Compostura das Regras-Matrizes e a Essencialidade dos Produtos Como Fator Determinante na Fixação da Carga Tributária,* 2013. Dissertação (Mestrado em Direito). Pontifícia Universidade Católica de São Paulo, São Paulo 2013, p. 49.
No entanto, a autora concorda que é necessária a realização de um negócio jurídico: "O critério material 'industrializar produtos' deve ser conjugado com os demais critérios da hipótese tributária, para se concluir que a produção industrial deve ser submetida a um negócio jurídico. Ou seja, a saída do produto do estabelecimento do industrial é aquela representativa de um negócio jurídico". Ibidem, p. 54

275. Claine Chiesa entende que "o agente realizador da hipótese de incidência do IPI – o industrial – é o vendedor do produto industrializado. Ele 'produz para vender'. Haverá venda de um produto cujo comportamento antecedente foi o de industrialização". Ibidem, p. 54
Robson Maia Lins: "tributa-se sempre uma conduta, não uma coisa, ainda que esta sirva de critérios para a verificação da ocorrência (enquanto complemento do critério material) ou para a medição do valor do tributo. Por isso, tributa-se sempre uma operação, um negócio jurídico, melhor diria, realizado com um produto industrial (...) estando o vocábulo 'operações' compreendido como negócio jurídico que transfira o domínio de uma coisa". LINS, Robson Maia . A regra matriz do Imposto sobre Produtos Industrializados. In: SANTI, Eurico Marcos Diniz de; CANADO, Vanessa Rahal (org.). *Tributação do setor industrial.* São Paulo: Saraiva, 2013, p. 40 e 41.
Luiza Nagib: "A palavra chave é 'operação'. (...) Temos a existência de uma operação jurídica, pois a nossa interpretação será feita no sentido jurídico. (...) Esta operação a que alude a Lei Magna significa negócio jurídico. Não se trata de uma operação física ou econômica, mas em uma operação jurídica, a qual se traduz num negócio jurídico. Este negócio jurídico envolve a transferência de titularidade do objeto (produto industrializado)". NAGIB, Luiza. *IPI – Critério Material,* 2010. Tese (Doutorado em Direito). Pontifícia Universidade Católica de São Paulo, São Paulo, 2010, p. 74-75.

industrializado como mercadoria), enquanto outros[276] admitem títulos jurídicos diversos, capazes de transmitir a posse, como comodato, consignação ou locação.

Adiantamos que, para nós, o negócio jurídico apto a ensejar a tributação do IPI é qualquer um que transmita a posse ou propriedade do produto industrializado. O contribuinte do IPI não é necessariamente um comerciante, mas essencialmente um industrial, classe de sujeito que promove a industrialização de produtos, inclusive de terceiros, como nas industrializações sob encomenda.

---

276. José Roberto Vieira: "No critério material da hipótese deparamos o comportamento do realizar operações com produtos industrializados. Tais operações, demonstradas jurídicas, promovem a saída de produtos industrializados dos estabelecimentos industriais, transferindo-lhes a propriedade ou posse, em típicas 'obrigações de dar'". VIEIRA, Jose Roberto. *A Regra-Matriz de Incidência do IPI,* 1992. Dissertação (Mestrado em Direito) – Universidade de São Paulo, São Paulo, 1992, p. 245.
Júlio Mariz de Oliveira: "Ora, na medida em que a realização de operações tem por requisito essencial a bilateralidade, há que se concluir que o critério material da hipótese de incidência do IPI configura-se somente nas hipóteses de prática de ato ou negócio jurídico de que decorra a transmissão da posse ou da propriedade de produtos industrializados". OLIVEIRA, Júlio M. de. A Constituição, a Lei e o regulamento do IPI – Hipóteses de Conflito. In: PEIXOTO, Marcelo Magalhães (coord.). *IPI* – Aspectos jurídicos relevantes. São Paulo: Quartier Latin do Brasil, 2003, p. 230, p. 231.
Geraldo Ataliba: "É, em princípio, hipótese de incidência do IPI, o fato de um produto, sendo industrializado, sair de estabelecimento produtor, em razão de um negócio jurídico translativo da posse ou da propriedade do mesmo. Esta definição é jurídica e se despreocupa quer dos ângulos econômicos do fenômeno subjacente, quer da motivação do legislador ou de seus desígnios". ATALIBA, Geraldo. Imposto sobre Produtos Industrializados e sua hipótese de incidência. *Doutrinas Essenciais de Direito Tributário.* São Paulo, v. 3, fev. 2011, p. 851.
Eduardo Bottallo: "O IPI só é devido quando ocorrer o fato de um produto industrializado sair do estabelecimento produtor (estabelecimento industrial ou a ele equiparado), em razão de negócio jurídico real ou ficto, translativo de sua posse ou propriedade". BOTTALLO, Eduardo Domingos. *Fundamentos do IPI (Imposto sobre Produtos Industrializados).* São Paulo: RT, 2002, p. 26.

3
CONFLITOS DE COMPETÊNCIA TRIBUTÁRIA ENTRE O ISS, ICMS E IPI

3.1 Conflitos de competência tributária entre impostos

3.1.1 Conflito de competência, de leis ou de incidência?

No exercício das funções de criar, regulamentar, fiscalizar ou cobrar tributos, o ente político ou a autoridade fazendária sujeitam-se a uma eventual invasão de competência, o que se denominou corriqueiramente de *conflito de competência* tributária.

Novamente aqui o problema da imprecisão terminológica da expressão que se pretende usar: *conflito de competência*, *conflito de leis* ou *conflito de incidência*?

Ao definir conflito de competência como "a circunstância de dois sujeitos se julgarem competentes para gravar um mesmo fato qualificado numa competência privativa ou exclusiva", Tácio Lacerda Gama sugere a expressão "conflito de incidências tributárias".[277]

277. GAMA, Tácio Lacerda. *Competência Tributária:* Fundamentos para uma teoria da nulidade. São Paulo: Noeses, 2009, p. 235.

Outros autores[278] também refutam o uso da expressão *conflito de competência*, sob o argumento de que a Constituição delineou perfeitamente a parcela de poder atribuída a cada ente político para criar tributos e sugerem a expressão *conflito de leis*, por considerá-la mais consentânea com o problema da invasão de competência. Segundo essa inteligência, se a Constituição Federal repartiu com rigor e precisão as competências tributárias, não haveria possibilidade, no plano lógico-jurídico, de ocorrer *conflitos de competência*, pois o que se tem é a dificuldade de interpretar a Constituição. Quando a Constituição refere, no art. 146, inciso I, a finalidade de lei complementar para dispor sobre "conflitos de competência em matéria tributária", deve-se entender essa expressão como *conflitos de leis*.[279]

A impossibilidade lógica dos conflitos de competência é entendimento advogado por Geraldo Ataliba e Cleber Giardino, passando por Roque Carrazza, Marçal Justen Filho e Tácio Lacerda Gama: todos tratam do assunto adjetivando o substantivo *conflito* com palavras tendentes a infirmar a sua real existência, como *aparentes* ou *pretensos* (conflitos de competência).[280]

---

278. CARRAZZA, Roque Antônio. *Curso de Direito Constitucional Tributário*. São Paulo: Malheiros, 2011, p. 1036. ATALIBA, Geraldo; CARRAZZA, Roque; BARRETO, Aires Fernandino; GIARDINO, Cléber. Conflitos entre ICM, ISS e IPI. *Revista de Direito Tributário*. São Paulo, v. 7-8, ano III, p. 105-131, 1979, *passim*. VIEIRA, José Roberto. IPI x ICMS e ISS: Conflitos de Competência ou Sedução das Aparências? In: SANTI, Eurico Marcos Diniz de; CANADO, Vanessa Rahal (org.). *Tributação do Setor Industrial*. São Paulo: Saraiva, 2013, v. 1, p. 55. COELHO, Sacha Calmon Navarro. *Comentários à Constituição de 1988 – Sistema Tributário*. 7 ed. Rio de Janeiro: Forense, 1998, p. 86.

279. ATALIBA, Geraldo; CARRAZZA, Roque; BARRETO, Aires Fernandino; GIARDINO, Cléber. Conflitos entre ICM, ISS e IPI. *Revista de Direito Tributário*. São Paulo, v. 7-8, ano III, p. 105-131, 1979, p. 109.
Segundo Cleber Giardino, "todas as vezes que se diz: estamos diante de um conflito, quer-se significar, na verdade, que estamos diante de uma situação de maior ou menor dificuldade no sentido de corretamente interpretar o texto constitucional. Portanto, poder-se-ia encaixar a expressão 'conflito' no plano da interpretação jurídica, no plano do trabalho científico de localizar, na Constituição, o verdadeiro conteúdo das normas de competência". Ibidem, p. 112.

280. VIEIRA, José Roberto, O Papel da Lei Complementar no Estabelecimento das Fronteiras IPI x ISS: Óculos para macacos. In: MOREIRA, André Mendes et al. (orgs.). *Sistema Tributário Brasileiro e as Relações Internacionais*. São Paulo: Noe-

De fato, não há de se falar em conflito de competência se a análise do problema estiver circunscrita ao texto constitucional. O conjunto de normas constitucionais que atribuem competência aos entes políticos, em si, não guarda antinomias, não sendo conflitantes. O conflito de competência procede, naturalmente, de um problema hermenêutico e surge no curso do processo de positivação do direito tributário. Por não compreender adequadamente os limites estabelecidos nas normas de competência, o intérprete/aplicador edita norma jurídica em desacordo com o sistema tributário nacional.

Em que pese os conflitos não estarem localizados nas normas de competência legislativa construídas a partir do texto constitucional, ainda assim, preferimos a expressão *conflitos de competência*. Justificamos nossa opção.

Quanto à expressão *conflito de leis*, entendemos inadequado o seu emprego, pois além de o termo *leis* poder ser empregado em várias acepções, como já assinalou Tárek Moyses Moussallem,[281] o seu sentido comum nos afasta dos casos de

---

ses, 2013, p. 567.

José Roberto Vieira adverte que, antes de conflitos de leis, temos conflitos de interpretação. Segundo o autor: "Instala-se o conflito de leis infraconstitucionais apenas e tão somente porque ele foi antecedido de interpretações constitucionais assinaladas pela fragilidade e insuficiência, pela debilidade e imperfeição. Assim, só se estabelecem os conflitos de leis quando precedidos de conflitos de interpretações. Eis, aqui, a natureza constitucional daquilo que a doutrina versa como 'conflitos de competência': secundariamente, conflitos legais; primariamente, conflitos hermenêuticos". (grifos removidos). Ibidem, p. 59.

No mesmo sentido, Roque Antônio Carrazza: "Os 'conflitos' entre o ICM e o ISS só existem na mente do doutrinador, do intérprete ou do aplicador do Direito e, assim, são fruto do erro, a dizer, da inexata compreensão dos desígnios constituintes". CARRAZZA, Roque Antonio. *Conflitos de Competência* – Um caso concreto. São Paulo: RT, 1983, p. 78.

281. Tárek Moyses Moussallem esclarece que as expressões como Constituição Federal, emenda constitucional, lei complementar, leis ordinárias, leis delegadas etc. são empregados em dois sentidos: "(1) ora para designar o documento normativo ou texto jurídico – folha de papel escrita, na qual se encontra a expressão material das regras jurídicas; (2) ora para indicar os instrumentos introdutórios de regas – os modelos estipulados pelo ordenamento jurídico para imitir regras no sistema". MOUSSALLEM, Tárek Moysés. *Fontes do Direito Tributário.* São Paulo: Max Limonad, 2001, p. 97-98.

conflitos instaurados quando da edição de normas individuais e concretas, portanto, de atos infralegais. Por sua vez, *conflito de incidência* não traduz satisfatoriamente o sentido de invasão de competência, já que esses conflitos podem ocorrer por motivos diversos, de tal modo que, mais do que precisar a discussão, a expressão pode levar o problema da vagueza semântica para outros campos de possível significação.

Muito embora a expressão *conflito de competência* não seja precisa, ainda assim consideramos inapropriado pô-la em desuso, por alguns motivos: (i) inicialmente, porque temos percebido, na prática jurídica, que ela não deixa de sugerir ao intérprete a ocorrência do problema de invasão de competências e nem insinua que o problema se instala no altiplano constitucional; (ii) para o nosso estudo, a competência tributária compreende a aptidão conferida ao ente político para criar, arrecadar e fiscalizar tributos; e, verificado que o conflito pode se instaurar em todo o processo de positivação do exercício da competência tributária, a expressão parece mais adequada por abranger todo esse processo; (iii) mas, sobretudo, porque uma eventual atecnia terminológica do poder constituinte, positivada no inciso I do art. 146, não se mostra radicalmente intolerável, se compararmos a imprecisão semântica em outros dispositivos constitucionais (tal como ocorre entre os termos isenção e imunidade, por exemplo), de forma que não existe uma razão contundente para deixar de se aplicar essa terminologia.

Justificado o uso da expressão *conflito de competência*, cabe-nos agora prover o seu significado.

3.1.2 Conflitos de competência entre impostos

O conflito de competência compreende a tributação de um fato que somente poderia ser afetado juridicamente por ente tributante diverso. Equivale, portanto, à invasão de competência. A sua identificação pressupõe a análise do processo pelo qual a exigência de um tributo percorre, desde as normas constitucionais que atribuem competência legislativa, até as normas complementares que regulam os conflitos de competência, as normas ordinárias que instituem os tributos e as normas que constituem a obrigação tributária. Essas normas conflitantes podem advir de ambiguidade, vagueza ou literalidade dos dispositivos que perpassam o ciclo de positivação da norma de incidência. Interessa-nos, na presente obra, identificar os conflitos de competência entre os impostos.

De maneira geral, compreendemos que os conflitos de competência entre impostos podem decorrer: (i) da introdução, no plano legal, de enunciados que denotam materialidades, bases de cálculo ou territorialidades pertencentes à outra pessoa política, ou seja, *conflitos no plano da lei tributária*; ou (ii) da circunstância em que o intérprete qualifica um fato tributário em desacordo com a norma que o regulamenta, ocasionando *conflitos no plano da aplicação da regra-matriz de incidência.*

No primeiro caso – *conflitos no plano da lei tributária* – o desacordo surge porque o legislador infraconstitucional introduz signos que correspondem a conteúdos normativos pertencentes a outros entes, seja porque o texto constitucional outorgou aquela significação a uma pessoa política diversa, seja porque a própria Carta vedou expressamente a bitributação. Em todas as hipóteses a seguir exemplificadas, a invasão de competência é perpetrada, primordialmente, pelo legislador infraconstitucional: (i) exigência do ICMS e ISS sobre a integralidade do negócio jurídico, em face da vedação constitucional prevista no item *b* do inciso IX do art. 155;[282] (ii) tributação do ouro como ativo financeiro ou instrumento cambial, frente à vedação do § 5º do art. 153;[283] (iii) bitributação ilícita no exercício da compe-

282. Art. 155. Compete aos Estados e ao Distrito Federal instituir impostos sobre:
[...]
IX – incidirá também:
[...]
b) sobre o valor total da operação, quando mercadorias forem fornecidas com serviços não compreendidos na competência tributária dos Municípios;

283. Art. 153. Compete à União instituir impostos sobre:
[...]

tência residual por meio da União, ao eleger fatos geradores ou bases de cálculo de outros impostos previstos na Constituição, conforme prevê o inciso I do art. 154[284]; (iv) invasão da competência da pessoa política que elege signos indicativos de materialidades idênticas às atribuídas a outros entes políticos ou que denotam a mesma significação, como a União pretender tributar a *propriedade urbana*, os Estados *a transmissão onerosa de bens imóveis* ou os Municípios *a renda*; (v) bitributação ilícita nos casos em que o aspecto territorial ou a base de cálculo indicados na lei pertencem a outra pessoa política.

Todavia, entendemos que atualmente os conflitos entre impostos no Brasil não decorrem de invasões cometidas pelo legislador ordinário, que inadvertidamente introduz signos no plano da literalidade textual em desacordo com os desígnios constitucionais. A União não editou lei em que elegeu expressamente como materialidade *serviços*, tampouco o fez os Municípios em relação às *mercadorias* nem os Estados sobre a *propriedade urbana*. Não. Os casos de conflitos decorrem essencialmente das situações em que se verifica – ao par da inexistência de norma proibindo a bitributação – a indevida ampliação do conteúdo da norma de competência de um ente político, ante uma vagueza ou ambiguidade dos enunciados do texto constitucional ou infraconstitucional. Esses conflitos nascem no plano infralegal, quando o intérprete, diante de imprecisão do enunciado previsto no suporte legal, qualifica o fato indevidamente na hipótese normativa.

Diferentemente de outrora, quando as invasões ocorriam no plano legislativo, os conflitos entre impostos hoje são, na

---

§ 5º O ouro, quando definido em lei como ativo financeiro ou instrumento cambial, sujeita-se exclusivamente à incidência do imposto de que trata o inciso V do «caput» deste artigo, devido na operação de origem; a alíquota mínima será de um por cento, assegurada a transferência do montante da arrecadação nos seguintes termos

284. Ar. 154 A União poderá instituir:
I - mediante lei complementar, impostos não previstos no artigo anterior, desde que sejam não cumulativos e não tenham fato gerador ou base de cálculo próprios dos discriminados nesta Constituição;

sua maioria, problemas *lógico-semânticos* do intérprete *aplicador e destinatário* da norma tributária, que acaba por introduzir norma individual e concreta em desacordo com a norma que lhe empresta validade. Não é, portanto, um problema de invasão no plano legislativo, mas uma afronta às significações possíveis das normas de competência tributária (norma de competência legislativa, norma geral ou regra-matriz de incidência) quando da aplicação da norma tributária.

Nos chamados conflitos verticais, temos a competência de pessoas políticas para tributarem materialidades distintas, ou seja, planos de significação de enunciados que se excluem, mas que recortam fatos do cotidiano que se avizinham. Nesses casos, não é possível, por exemplo, que um mesmo fato, na sua integralidade, seja alvo de IPTU e ITR; ITCMD e ITBI; ISS e ICMS.[285] Na primeira situação, mesmo com a existência de imóveis situados em localidades que apresentem, em igual medida, características de áreas urbanas e rurais, sabe-se que essa classificação normativa (entre imóveis rurais e urbanos) impõe-se de tal modo que, ao se qualificar um imóvel como rural, automaticamente se está classificando-o como não urbano, e vice-versa. E a mesma relação de pares de materialidades excludentes entre si é verificada entre o ITBI e o ITCMD: se uma transmissão ostentar *causa mortis,* logicamente não pode se dar *inter vivos.* Não é diferente no ISS e ICMS, pois um mesmo negócio não pode ser, na sua inteireza, prestação de serviço e circulação de mercadoria.

Tratando-se da competência para instituir um mesmo imposto por parte dos Estados e Municípios, podemos identificar os chamados conflitos horizontais, situações em que existem divergências quanto ao local da ocorrência do fato

---

285. E quanto ao ISS em relação ao IPI e IOF? É possível afirmar que um negócio jurídico percebido como prestação de serviço, logicamente, não poderá sê-lo também como operação de industrialização – para provocar a sobreposição de incidências legítimas entre o ISS e IPI – ou como operação de crédito, câmbio ou seguro – para provocar a sobreposição de incidências legitimas do ISS com IOF? A resposta a essa questão será dada mais adiante, no item 3.3.2.

tributável. Realmente, diversos conflitos surgem no Brasil quanto à definição do Município competente para tributar o ISS, ou o Estado que pode exigir o IPVA ou ICMS. E nesses conflitos horizontais, temos o mesmo cenário. A tributação de um mesmo fato por entes políticos que detêm competência para afetar a mesma materialidade é impossível em função de uma impropriedade lógico-semântica, e não em razão de uma regra que proíbe a bitributação. Os casos de conflitos territoriais do ISS, IPVA, IPTU e ICMS são problemas de qualificação do fato, que, por ser só um, é logicamente impossível que tenha ocorrido integralmente em dois locais distintos.

Em todas essas situações acima, cotidianas na prática jurídica, não está presente uma regra expressa de proibição de bitributação, até porque seria totalmente despicienda, mas sim um problema semântico que está a ferir princípio básico da lógica: o da identidade.[286]

Diante do exposto, percebe-se a enorme dificuldade de estabelecer, em termos mais precisos, os casos de conflitos de competência tributários no ordenamento jurídico brasileiro.[287] Além da vagueza e da ambiguidade do texto constitucio-

---

286. Na lógica, toda proposição é equivalente a si mesma. O princípio da identidade não é outro que o que implicitamente enunciamos quando afirmamos que "uma coisa é um coisa, e outra coisa é outra coisa. Com efeito, a identidade pode formular-se assim: toda proposição se implica a si mesma. ECHAVE, Delia Teresa; URQUIJO, María Eugenia; GUIBOURG, Ricardo A. *Lógica, proposición y norma*. Buenos Aires: Astrea. 6 ed., 2002, p. 83. Tradução livre do autor.
Vale lembrar trecho da obra de Carrazza sobre conflitos de competência: "De mais a mais, num esquema, como o nosso, de rígida repartição de competências tributárias entre as pessoas políticas, é inconcebível aceitarmos que uma dada realidade jurídica seja, pelo Direito, concomitantemente havida como sendo operação mercantil e serviço de qualquer natureza. (...) Lembramos que, em Direito, um objeto não pode ser e não ser, ao mesmo tempo: ou é ou não é. Inexistem – como saborosamente assegurava Santi Romano – os 'minotauros jurídicos', que tanto pavor têm infundido nos leguleios". CARRAZZA, Roque Antonio. *Conflitos de Competência* – Um caso concreto. São Paulo: RT, 1983, p. 74 e 78.

287. Tácio Lacerda Gama reconhece a complexidade do sistema de repartição de competências e sua incapacidade de evitar os conflitos entre as pessoas políticas. Para o autor, a instauração de conflito de incidência na competência privativa decorre da forma como se interpretam os critérios material e espacial das normas tributárias: "*i*. quando o conflito é de natureza material, surgem dúvidas sobre o tipo

nal atributivo de competência, sabemos que existem diversas situações de sobreposições tributárias que não configuram invasão de competência, exigindo que o intérprete reconstrua todo o processo de positivação do direito tributário para apartar as bitributações lícitas das ilícitas. Como reconhecemos a presença de bitributações no Brasil, o esforço está em saber em que situações um fato passível de tributação por uma pessoa política pode, concomitantemente, ser *licitamente* afetado por outra.

É oportuno reafirmar: sempre que um mesmo fato corresponder, parcial ou integralmente, a duas materialidades tributárias distintas, está, a princípio, autorizada a múltipla incidência tributária, com fundamento constitucional em cada dispositivo concessivo da competência, considerando-se, de acordo com as conclusões consignadas no subitem 1.3.3, inexistente *regra geral* que vede a bitributação.

Em outras palavras, atualmente no Brasil temos bitributações lícitas e bitributações ilícitas; e para saber se há ou não invasão de competência, é necessário verificar: (i) a presença de norma constitucional *específica* que veda a bitributação ou, ante a ausência dessa norma, (ii) se as competências dos entes políticos podem alcançar conjuntamente o mesmo fato, sem malferir o princípio lógico da identidade, em relação ao conteúdo semântico do fato tributado, situação que exige a *construção das normas de competência que suportam a cobrança realizada pelos entes em disputa.* Se ambas as exigências fiscais guardam fundamento de validade no texto constitucional, não haverá conflito de competência, ainda que haja superposições tributárias.

Em resumo, a *coincidência* tributária entre impostos, por não ser vedada, é em regra permitida. Só é vedada ante

---

de comportamento que desencadeia a incidência do tributo; e *ii.* quando o conflito é sobre o critério espacial, não se sabe ao certo onde se reputa ocorrido o fato tributário". GAMA, Tácio Lacerda. *Competência Tributária:* Fundamentos para uma teoria da nulidade. São Paulo: Noeses, 2009, p. 237.

a presença de norma específica que proíbe a bitributação ou quando a amplitude semântica das normas de competência não podem alcançar o mesmo fato, ou seja, o fato tributado não permite a *coexistência dessas normas semanticamente inconciliáveis*. Invasão de competência é, assim, ultrapassar os limites de significação das normas de competência tributária construídas com base no texto constitucional. Assim, para examinar a ocorrência de conflito entre o ISS e o ICMS, e ISS e o IPI, tema de nosso livro, é imprescindível uma análise específica para cada uma dessas situações. É o que faremos nos itens a seguir.

3.2 Conflitos de competência entre o ISS e ICMS

3.2.1 Da bitributação à lista de serviços

O imposto sobre serviços – ISS e o imposto sobre circulação de mercadorias – ICM foram introduzidos, com essas denominações, pela Emenda Constitucional n. 18, de 1º de dezembro de 1965,[288] fruto de um longo trabalho realizado pela Comissão da Reforma Tributária Nacional, iniciado em outubro de 1963.

Apesar de ter como premissa[289] a concepção de um sis-

288. A compreensão dos conflitos tributários poderia exigir, em uma perspectiva histórica, uma análise que remontasse aos primórdios da tributação no Brasil. Todavia, como nossa preocupação é relativa apenas aos impostos, e em particular o ISS, o ICMS e o IPI, entendemos por bem realizar um corte no objeto de estudo a partir da chamada Reforma da Discriminação de Rendas, implantada pela EC n. 18/85. Algumas razões sucedem para fixarmos na Reforma de 1965 nosso marco temporal: (i) foi, segundo Antonio Roberto Sampaio Doria, a mais "eficaz e fecunda" das reformas do federalismo fiscal brasileiro; (ii) o IPI, o ISS e o ICM, ainda que decorrentes direta ou indiretamente dos impostos sobre consumo, vendas a varejo, indústrias e profissões e de licenças, já previstos na Carta de 1946, nasceram, com essas designações, na referida Emenda; (iii) as mudanças que ocorreram com as CFs de 1967, 1969 e 1988 não afetaram, significativamente, a forma de solução de conflitos de competência quanto aos impostos em comento.

289. *Vide* "Premissas da Reforma", FUNDAÇÃO GETÚLIO VARGAS. *Comissão de*

tema tributário integrado no plano econômico e jurídico nacional, por meio da criação de normas que reduzissem a tributação discriminatória e impedissem a formação de pontos de atrito entres os entes políticos, a Comissão manteve efetivamente as interpenetrações no campo tributário, tanto no plano constitucional[290] – cobrança do IPI, pela União, e ICM, pelos Estados e Municípios, quanto, na sequência, no plano da lei complementar – cobrança do ISS e ICM nas chamadas *operações mistas*.

De fato, no ano seguinte à promulgação da Emenda n. 18/1965, foi publicado o Código Tributário Nacional (Lei n. 5.172/1966), em cuja versão original previa a possibilidade de determinadas operações ter natureza de *circulação de mercadorias* e de *prestação de serviços*, de modo a conferir-lhes o *caráter misto*, admitindo, por conseguinte, dupla incidência tributária sobre um mesmo fato.

Todavia, a bitributação nessas operações (prestação de serviços acompanhada do fornecimento de mercadorias) continha uma exceção: não ocorreria se a receita média mensal do contribuinte proveniente de prestação de serviço representasse mais de 75% (setenta e cinco por cento) de sua receita total.

Pode-se imaginar a gravidade do problema para caracterizar a bitributação nesses casos, devido, especialmente, à vagueza no conceito de serviço, que, naquela época, abrangia: I – o fornecimento de trabalho, com ou sem utilização de máquinas, ferramentas ou veículos, a usuários ou consumidores finais; II – a locação de bens móveis; III – locação de espaço em bens imóveis, a título de hospedagem ou para guardar bens de qualquer natureza e IV – jogos e diversões públicas.[291]

Reforma do Ministério da Fazenda. Reforma da Discriminação Constitucional de Rendas (anteprojeto). vol.6. Rio de Janeiro. 1965, p. 30.

290. Arts. 11, 12 e 13 da EC n. 18/65.

291. Art. 71, § 1º do CTN, em sua redação original.

Para os contribuintes, cumprir a legislação tributária, com a identificação da preponderância de receita mensal de serviço, parecia tarefa árdua, pois a apuração do ICM ocorria a cada 10 (dez) dias, e a do ISS em períodos diversos (quinzenais, mensais ou semestrais), ficando o contribuinte, ainda, sujeito à fiscalização de diferentes entes.[292]

No ano seguinte à publicação do Código, por meio do Ato Complementar n. 34, de 30 de janeiro de 1967, foi *alterado* o conceito de serviço, incluindo novas atividades; as *operações mistas* passaram a ter uma configuração bem mais restrita, aplicando-se exclusivamente aos serviços de "beneficiamento, confecção, lavagem, tingimento, galvanoplastia, reparo, conserto, restauração, acondicionamento, recondicionamento e operações similares, quando relacionadas com mercadorias não destinadas à produção industrial ou à comercialização".[293]

---

292. RODRIGUES, Juan José Carro. *Fatos Geradores confrontantes* – Colisões entre IPI-ISS-ICMS e outros impostos, 1988. Dissertação (Mestrado em Direito). Universidade de São Paulo, São Paulo, 1988, p. 194.
Ruy Barbosa Nogueira também alertava sobre as dificuldades enfrentadas com essa regra: "primeiro a sua aplicação prática seria quase impossível, tantos os conflitos que iriam surgir nas relações entre Fisco e Contribuintes e também entre os fiscos estaduais e municipais; segundo e talvez mais grave, fraudaria uma das premissas da Reforma Constitucional permitindo, de modo generalizado, a interpenetração de incidências sobre uma *mesma base econômica* e ainda enfraqueceria, neste setor, a rigidez constitucional de atribuições privativas de competência, por meio de fatos geradores bem definidos, possibilitando invasões destas competências". NOGUEIRA, Ruy Barbosa. *Imposto Municipal* Sobre serviços – Hospitais – Imposto sobre circulação de mercadorias – Operação mista. *Revista de Direito Administrativo.* Rio de Janeiro, n. 95, jan.-mar 1969, p. 292.

293. Art. 53. [...]
§ 3º Na saída decorrente do fornecimento de mercadorias, nas operações mistas de que trata o § 2º do artigo 71, a base de cálculo será 50% (cinquenta por cento) do valor total da operação. (Redação original).
§ 3º Na saída decorrente de fornecimento de mercadorias nas operações mistas de que trata o § 2º do artigo 71, a base de cálculo é o preço de aquisição das mercadorias, acrescido da percentagem de 30% (trinta por cento) e, incluído, no preço, se incidente na operação, o imposto sobre produtos industrializados. (Redação dada pelo Ato Complementar n. 34, de 1967) (Revogado pelo Decreto-lei n. 406, de 1968)."
Art. 71. O impôsto, de competência dos Municípios, sôbre serviços de qualquer natureza [...] (Revogado pelo Decreto-lei n. 406, de 1968).
§ 1º Para os efeitos dêste artigo considera-se serviço: (Redação dada pelo Ato

Apesar de Rubens Gomes de Sousa, relator da Reforma de 1965, ser contra a bitributação nas *operações mistas*,[294] o fato é que ela foi introduzida em nosso ordenamento e perdurou, nesses termos (ICM e ISS sobre um mesmo fato), até a edição do Decreto-lei n. 406, de 31 de dezembro de 1968, que adotou a chamada *lista de serviços*.[295]

A partir de então, a sistemática da tributação e dos conflitos de competência entre o ISS e o ICM ganhou contornos totalmente distintos. O art. 8º do referido Decreto-lei n. 406/68, com a redação dada pelo Decreto-lei n. 834/69,[296] estabelecia

Complementar n. 34, de 1967) (Revogado pelo Decreto-lei n. 406, de 1968).
[...]
§ 2º As atividades a que se refere o parágrafo anterior, quando acompanhadas do fornecimento de mercadorias, serão consideradas de caráter misto para efeito de aplicação do disposto no § 3º do artigo 53, salvo se a prestação do serviço constituir o seu objeto essencial e contribuir com mais de 75% (setenta e cinco por cento) da receita média mensal da atividade. (Redação dada pelo Decreto Lei n. 28, de 1966)
§ 2º Os serviços a que se refere o inciso IV do parágrafo anterior, quando acompanhados do fornecimento de mercadorias, serão considerados de caráter misto, para efeito de aplicação do disposto no § 3º do art. 53, salvo se a prestação de serviço constituir seu objeto essencial e contribuir com mais de 75 % (setenta e cinco por cento) da receita média mensal da atividade. (Redação dada pelo Ato Complementar n. 34, de 1967) (Revogado pelo Decreto-lei n. 406, de 1968)."

294. Rubens Gomes de Souza relata que, durante a elaboração da Reforma Tributária Nacional realizada pela EC n. 18/65, discutiu-se o conceito de operação mista: "Em uma dessas reuniões, realizadas na Federação e no Centro do Comércio do Estado de São Paulo, sob a forma de mesa-redonda de debates, a que compareceu o presente autor, surgiu pela primeira vez a ideia que depois levaria à adoção, pelo CTN, do conceito de 'operação mista'".
O autor era a contra a incidência simultânea do ISS e do ICM nas operações mistas, mas reconhece que suas ponderações "não vingaram e, em consequência, o CTN, em sua redação original, consagrou o conceito de 'operação mista'". SOUSA, Rubens Gomes de. O ICM, o IMS, o IPI e a construção cvil. *Revista de Direito Público*. São Paulo, v. 22, ano V, out.-dez, 1972, p. 303-304.

295. Na sua redação original, a lista contemplava um rol de 29 atividades, que no ano seguinte foi ampliado para 66 serviços (Decreto-lei n. 834/69) e, alguns anos depois, para 101, conforme redação dada pela Lei Complementar n. 56/1987.

296. Art. 8º O impôsto, de competência dos Municípios, sôbre serviços de qualquer natureza, tem como fato gerador a prestação, por emprêsa ou profissional autônomo, com ou sem estabelecimento fixo, de serviço constante da lista anexa:
§ 1º Os serviços incluídos na lista ficam sujeitos apenas ao impôsto previsto neste artigo, ainda que sua prestação envolva fornecimento de mercadoria. (Revogado pela Lei Complementar n. 116, de 2003)

regras que pareciam resolver, em boa parte, o problema da tributação nas *operações mistas*, expressão essa suprimida pela legislação. As regras podem ser assim resumidas: (i) incide apenas o ISS nas prestações de serviços previstas na lista, ainda que envolvam também o fornecimento de mercadoria; (ii) o fornecimento de mercadorias com a prestação de serviços não incluídos na lista fica sujeito ao ICM; (iii) nos serviços previstos na lista em que for ressalvada a incidência do ICM, incidem os dois tributos, cada qual sobre sua parcela do preço.

Com esse novo conjunto de regras, reduziram-se consideravelmente as dúvidas sobre a bitributação nas operações mistas, situação esta que, a partir de então, sucederia nas ressalvas expressas da lista,[297] mas sempre com distintas bases de cálculo (serviços e mercadorias).

---

§ 2º Os serviços não especificados na lista e cuja prestação envolva o fornecimento de mercadorias ficam sujeitos ao impôsto de circulação de mercadorias. (Revogado pela Lei Complementar n. 116, de 2003)

§ 2º O fornecimento de mercadoria com prestação de serviços não especificados na lista fica sujeito ao impôsto sôbre circulação de mercadorias. (Redação dada pelo Decreto-Lei n. 834, de 1969) (Revogado pela Lei Complementar n. 116, de 2003)

297. Itens 32, 34, 38, 42, 68, 69 e 70 da lista do Decreto-lei n. 406/69, com a redação da Lei Complementar n. 56/87:

32. Execução por administração, empreitada ou subempreitada, de construção civil, de obras hidráulicas e outras obras semelhantes e respectiva engenharia consultiva, inclusive serviços auxiliares ou complementares (exceto o fornecimento de mercadorias produzidas pelo prestador de serviços, fora do local da prestação dos serviços, que fica sujeito ao ICM);

34. Reparação, conservação e reforma de edifícios, estradas, pontes, portos e congêneres (exceto o fornecimento de mercadorias produzidas pelo prestador dos serviços fora do local da prestação dos serviços, que fica sujeito ao ICM);

38. Paisagismo, jardinagem e decoração (exceto o fornecimento de mercadorias, que fica sujeito ao ICM);

42. Organização de festas e recepções: "buffet" (exceto o fornecimento de alimentação e bebidas, que fica sujeito ao ICM);

68. Lubrificação, limpeza e revisão de máquinas, veículos, aparelhos e equipamentos (exceto o fornecimento de peças e partes, que fica sujeito ao ICM);

69. Conserto, restauração, manutenção e conservação de máquinas, veículos, motores, elevadores ou de quaisquer objetos (exceto fornecimento de peças e partes, que fica sujeito ao ICM);

70. Recondicionamento de motores (o valor das peças fornecidas pelo prestador do serviço fica sujeito ao ICM).

Dúvidas surgiram acerca das bases de cálculo nas operações mistas em que, mesmo conjugando características de prestação de serviço e fornecimento de mercadoria, não era ressalvada na lista: seria a base o valor total da operação ou apenas o preço do serviço – para fins de ISS – e o preço da mercadoria, no caso do ICM. Analisando o caso de fornecimento de alimentação e bebidas (atividade fora da lista), o Supremo Tribunal Federal, ainda com base na Constituição anterior, firmou entendimento de que o ICM poderia incidir sobre o valor total cobrado do cliente, ocasião em que o Ministro Relator Marco Aurélio de Melo afirma: "O equilibro é perfeito e, na verdade, possui contornos práticos. Somente à mercê de inúmeras inconveniências poder-se-ia implementar a separação do que pago a ambos os títulos – serviços e fornecimento (de mercadorias)".[298]

3.2.2 Constituição de 1988 e as operações mistas

A polêmica envolvendo os conflitos de competência entre ISS e ICMS parecia finalmente chegar ao fim com o legislador Constituinte de 1988. A proposta de redação do novo Sistema Tributário Nacional apresentada pela Subcomissão de Tributos e mantida tanto pela Comissão do Sistema Tributário como pelo relator da Comissão de Sistematização, em seu 1º substitutivo, concedia ao Estado a competência para instituir impostos sobre "operações relativas à circulação de mercadorias, ainda que iniciadas no exterior e sobre prestação de serviços".[299] A unificação do ICM com o ISS, porém, não perdurou na própria Comissão de Sistematização que, após receber diversas emendas ao projeto, *devolveu* o imposto sobre serviços aos Municípios.[300]

---

298. *Vide* RE n. 129.877-4 no STF.

299. Art. 209 do Projeto de Constituição – Primeiro Substitutivo do Relator. Senado Federal. Disponível em: http://www2.camara.leg.br/atividade-legislativa/legislacao/Constituicoes_Brasileiras/constituicao-cidada/publicacoes/anais-da-assembleia-nacional-constituinte

300. Art. 178 do Projeto de Constituição – Segundo Substitutivo do Relator. Vale

Com a manutenção do ISS e do ICMS para entes distintos, o novo texto introduziu dispositivo bastante polêmico e que se relaciona diretamente com o tema em questão. Trata-se da alínea *b* do inciso IX do § 2º do art. 155[301] da Constituição Federal, que prevê a incidência do ICMS sobre "o valor total da operação quando mercadorias forem fornecidas com serviços não compreendidos na competência tributária dos Municípios". O texto, que para alguns procurou *constitucionalizar* o debate acerca da base de cálculo nas operações mistas – como o fornecimento de alimentação e bebidas – foi duramente criticado no âmbito da ciência do direito tributário,[302] que logo

transcrever o parecer do relator acerca da Emenda ES27358-2: "A emenda sob exame quer preservar na competência dos Municípios o imposto sobre serviços, suprindo a incidência correspondente no imposto sobre circulação de mercadorias, mantido para os Estados. Certamente numerosos Municípios serão muito prejudicados com a perda do ISS. Procede também a afirmação de que a prestação de serviços constitui em inúmeros casos segmentos totalmente diferente na circulação de mercadorias. De resto, a absorção do ISS pelo ICM alterará sistema já implantado que se tem algumas espécies de operações nebulosas, poderia ser aperfeiçoado. Pode ser temerário mudar isso. A decisão é essencialmente política, na qual poderiam ser ouvidos os Municípios, que são os entes mais afetados. A Comissão de Sistematização está deixando com os Municípios a tributação dos serviços em geral e com os Estados a tributação dos serviços de transporte extramunicipais e de comunicação".
Entendemos ser relevante a menção ao parecer pois não deixa de indicar as razões em que levou o Congresso à aprovação do referido dispositivo.
Nesse sentido, Paulo de Barros Carvalho enfatiza que "a exposição de motivos costuma dar ênfase ao clima histórico-institucional em que o diploma foi produzido, discutindo, muitas vezes, as teses em confronto na circunstância da elaboração, para justificar (dar os motivos) a eleição de determinada tendência dogmática. CARVALHO, Paulo de Barros, *Derivação e positivação*. v. II. São Paulo: Noeses, 2013, p. 20-21.

301. Art. 155. Compete aos Estados e ao Distrito Federal instituir impostos sobre:
[...]
§ 2º O imposto previsto no inciso II atenderá ao seguinte:
[...]
IX – incidirá também:
[...]
b) sobre o valor total da operação, quando mercadorias forem fornecidas com serviços não compreendidos na competência tributária dos Municípios.

302. Segundo Aires Barreto, o dispositivo limita-se a admitir que, no caso de serviços de competência dos Estados (transporte e comunicação), a base de cálculo seja o valor total da operação. Entende o autor que "se aos Municípios compete a tributação dos serviços de qualquer natureza, é forçoso concluir que têm competência para exigir imposto sobre fornecimento de alimentação em bares e restaurantes. Não se pode, sem ofensa à Constituição, subsumir tais serviços ao impostos

tratou de estabelecer contornos distintos para a expressão.

Na sequência, o Convênio ICM 66/88, a Lei Complementar n. 87/96 e a Lei Complementar n. 116/2003 foram editados e mantiveram a mesma linha do Decreto-lei n. 406/68. As regras atuais estão assim literalmente expressas no texto constitucional:

i. Compete aos Estados instituir impostos sobre operações relativas à circulação de mercadorias e sobre prestações de serviços de transporte interestadual e intermunicipal e de comunicação – ICMS (art. 155, II, da CF).

ii. Compete aos Municípios instituir impostos sobre serviços de qualquer natureza – ISS, não compreendidos na competência dos Estados, definidos em lei complementar (art. 155, III, da CF).

iii. O ICMS incide sobre o valor total da operação, quando mercadorias forem fornecidas com serviços não compreendidos na competência tributária dos Municípios (art. 155, § 2º, IX, *b*).

E no âmbito das leis complementares:

i. O ICMS incide sobre o fornecimento de alimentação e bebidas em bares, restaurantes e estabelecimentos similares (art. 2, I, da LC n. 87/96). A base de cálculo, nesse caso, é o valor da operação, compreendendo mercadoria e serviço (art. 13, II, da LC n. 87/96).

ii. O ICMS incide sobre o fornecimento de mercadorias com prestação de serviços não compreendidos

estadual. A letra *b* do inciso IX, do § 2º do art. 155, da Constituição Federal não ampara a pretensão estadual. Exigir ICMS, nesses casos, implica inconstitucionalidade, por invasão de competência tributária reservada aos Municípios". BARRETO, Aires. *ISS na Constituição e na Lei*. 3 ed. São Paulo: Dialética, 2009, p. 50.

na competência tributária dos Municípios (art. 2º, IV, da LC n. 87/96). A base de cálculo é o valor total da operação (art. 13, IV, a, da LC 87/96).

iii. O ICMS incide sobre o fornecimento de mercadorias com prestação de serviços sujeitos ao ISS, quando a lei complementar aplicável expressamente o sujeitar à incidência do imposto estadual (art. 2º, V, da LC n. 87/96). A base de cálculo do ICMS é o preço corrente da mercadoria fornecida ou empregada (art. 13, IV, *b*, da n. LC 87/96).

iv. O ISS tem como fato gerador a prestação de serviços constantes da lista anexa à Lei Complementar n. 116 (art. 1º da LC n. 116/03).

v. Ressalvadas as exceções expressas na lista, os serviços nela mencionados não ficam sujeitos ao ICMS, ainda que sua prestação envolva fornecimento de mercadorias.

Embora nosso ordenamento contemple algumas regras para solucionar conflitos de competência entre o ISS e o ICMS, concordamos com Eurico Marcos Diniz de Santi, para quem o problema carreia uma imensidão de dúvidas e incertezas.[303]

---

303. Segundo Eurico de Santi, "o ISS, justamente por conter inúmeros fatos geradores, espraiados na lista anexa à LC n. 116/03, enseja uma série de problemas que estão longe de obter consenso nos contenciosos administrativos, na jurisprudência e na prática fiscal. Discute-se: (i) a natureza jurídica da lista, se é exemplificativa ou exaustiva; (ii) há grandes dúvidas sobre a presença de atividades na lista que não são serviços, como o item 15.03 que se refere à locação de bens; (iii) há sólida divergência na doutrina sobre a validade dos itens que não se prestam a resolver conflitos de competência *ex vi* do art. 146 da CF; (iv) inesgotáveis dúvidas, ainda não superadas, sobre os conflitos entre o ICMS e o ISS no caso de prestação de serviços com utilização e aplicação de bens. Neste sentido, é forte a posição da doutrina abalizada que afirma que o fato gerador do ICMS 'não é simples saída da mercadoria', mas as operações jurídicas, os negócios jurídicos, tratando-se, portanto, ICMS e ISS de fatos geradores distintos, ainda que presentes no mesmo negócio comercial. Longe de alcançar consenso também é (v) a interpretação do art. 155, parágrafo 2º,

Não é demais enfatizar que, desde o final dos anos 1960, principalmente após a publicação do artigo de Geraldo Ataliba em dezembro de 1969, na Revista de Direito Público n. 10, surgiu no Brasil uma escola de pensamento doutrinário de que a lei complementar não poderia impor qualquer óbice à competência tributária dos Estados e Municípios, ainda que sob a função de regular conflitos de competência. Nasceu, a partir de então, a conhecida disputa doutrinária acerca da abrangência do âmbito material da lei complementar: correntes dicotômica (ou monotômica) e tricotômica.[304]

A corrente dicotômica representa os autores que entendem que muito pouco sobrava para a lei complementar, a qual poderia apenas dispor sobre conflitos de competência e limitações constitucionais ao poder de tributar. Em contraponto, os defensores da corrente tricotômica objetavam que "todo o sistema constitucional tributário foi organizado em função da lei complementar"[305], admitindo uma terceira função genérica, a de estabelecer normas gerais de direito tributário.

Não se pretende atribuir aos adeptos da corrente dicotômica qualquer responsabilidade pela eternização dos embates científicos acerca dos conflitos entre o ISS e o ICMS; porém, reconhecemos que, ao não aceitarem, de um lado, as regras indicadas pelas leis complementares e, ao não indicarem, por outro, critérios mais precisos para a delimitação da

---

inciso IX, alínea *b*, da CF (...) Enfim, -26 falta no ISS e, especialmente, na sua relação com o ICMS, são dúvidas e incertezas." SANTI, Eurico Marcos Diniz. ISS versus ICMS na prestação de serviços. *Revista Dialética de Direito Tributário.* São Paulo, n. 186, 2011, p. 25.

304. Sobre o assunto, ver ATALIBA, Geraldo. *Lei Complementar na Constituição.* São Paulo: RT, 1971, p. 27 e ss; ATALIBA, Geraldo. Lei Complementar em Matéria Tributária. *Revista de Direito Tributário.* São Paulo. v.13, n. 48, abr.-jun. 1989, p. 84 e ss; BORGES, José Souto Maior. *Lei Complementar Tributária.* São Paulo: RT, 1975, p. 51 e ss; CARVALHO, Paulo de Barros. *Direito Tributário, linguagem e método.* 2. ed. São Paulo: Noeses, 2009, p. 357 e ss; e CARRAZZA, Roque Antônio. *Curso de Direito Constitucional Tributário.* São Paulo: Malheiros, 2011, p. 994 e ss.

305. MARTINS, Ives Gandra da Silva; BASTOS, Celso Ribeiro. *Comentários à Constituição do Brasil (Promulgada em 5 de Outubro de 1988).* São Paulo: Saraiva, 1990, p. 73.

competência – como veremos adiante – em nada contribuem para a solução do problema.

Realmente, é comum a situação em que os negócios jurídicos contratados pelos particulares implicam, de maneira indissociável ou quase indissociável, a transferência de mercadorias e a realização de um esforço humano em favor de terceiro, como pares de prestações associadas. Podemos citar, como exemplo, o caso do fornecimento de alimentação em bares e restaurantes ou da atividade praticada pelas farmácias de manipulação. Se bem observados, poucos negócios jurídicos caracterizam-se como *serviços puros*, pois na realidade a maioria dos serviços "só se concretizam com o uso de equipamentos, máquinas, ferramentas etc. e/ou com a aplicação de materiais",[306] os quais "agregam-se de tal forma aos serviços que, dissociá-los, implica fazer desaparecer estes últimos".[307]

---

306. CARRAZZA, Roque Antônio. *Reflexões sobre a obrigação tributária*. São Paulo: Noeses, 2010, p. 112.

307. Ibidem, p. 112.
Merece registro, a classificação desenvolvida por Geraldo Ataliba e Aires Barreto, que agrupa os serviços da seguinte maneira, em termos de relação com materiais: (i) prescindem do emprego de qualquer instrumental; (ii) requerem o emprego ou utilização de aparelhos, máquinas, equipamentos, instrumentos ou veículos; (iii) envolvem a aplicação de materiais, conjugadamente ou não com a utilização de instrumental; (iv) podem associar-se a fornecimento de materiais. Serviços puros são com emprego exclusivo de esforço – físico ou intelectual – humano, de tal modo que se dispensa o emprego de quaisquer materiais ou equipamentos. Os mencionados autores ilustram essa situação com o exemplo da consulta médica, "*que dispensa o manuseio de qualquer aparelho, esgotando-se na mera observação das condições físicas ou psicológicas do cliente*", e com o exemplo do advogado que responde às consultas verbalmente, sem materializá-las em escrito. Os serviços referidos no segundo grupo, também designados nessa classificação como "*serviços menos puros*", pressupõem, obrigatoriamente, a utilização de fatores físicos de produção, como veículos, equipamentos e instrumentos, porém, de maneira tal que não tangenciam as operações relativas à circulação de mercadoria, não ensejando conflitos, razão pela qual Ataliba e Barreto definiram este segundo grupo como subespécie do primeiro. No terceiro grupo, classificaram os serviços que exigem a aplicação de materiais, "*como condição ou requisito da* produção *do serviço*", de forma que "*sua presença integra essencialmente o próprio serviço*", e "*dele é indissociável*". Percebemos, nesta assertiva, que este grupo não foi talhado com critérios bem distintos em relação ao segundo grupo. Ilustram-no com o exemplo do médico que se utiliza de seus equipamentos para examinar seus pacientes, ou do advogado que presta serviço de consultoria mediante o fornecimento de parecer em papel impresso, formando o

Em tais casos, há profundas divergências quanto aos critérios de demarcação da competência impositiva.

A dificuldade de estabilizar os conceitos de *serviço* e *mercadoria*, inclusive no âmbito do direito privado, agravada pelas inúmeras situações em que se identifica a presença de um esforço humano prévio à entrega de um bem ou até mesmo a concomitância de obrigações de fazer e dar num mesmo negócio jurídico, faz com que os "*fatos geradores*" do ICMS e do ISS sejam, em muitos casos, "confrontantes".[308] O bem entregue é mercadoria ou é insumo? O esforço empreendido é serviço ou mera atividade-meio?

Nessas situações é que, no presente capítulo, vamos identificar e sistematizar os critérios sugeridos pela ciência do direito tributário para solucionar conflitos de competência. Não ignoramos, por fim, que, no campo das comunicações, há uma gama de serviços que são alvos de conflito entre os Estados e

---

elemento material e humano "uma unidade incindível, que não pode se decompor. O quarto grupo, por fim, é referido como aquele que se refere aos serviços associados a fornecimento de materiais. Tais serviços, embora formem uma unidade, não podem ter seus diferentes elementos cindidos, "*dado que se pode discernir uma e outra coisa, no plano dos fatos, com relevantes consequências no plano jurídico*", reconhecendo os autores que muitas vezes tais situações impõem dificuldade para se distinguir o elemento material do humano. ATALIBA, Geraldo; BARRETO, Aires Fernandino. ISS – Conflitos de Competência e Tributação de Serviços. *Revista de Direito Tributário*. São Paulo, n. 6, ano II, out/dez 1978, p. 57-58.
Heleno Tôrres adota classificação distinta: "quanto ao emprego de materiais e fornecimento de mercadorias, os serviços são por nós classificados em *exclusivos*, quando desprovidos do emprego de qualquer material na sua realização (i), *adicionados*, quando aqueles envolvam o emprego de materiais, a utilização de máquinas ou equipamentos (ii), ou *combinados*, quando são prestados concomitantemente com o fornecimento de 'mercadorias'. TÔRRES, Heleno Taveira. A hipótese do ICMS sobre operações mercantis na constituição e a solução de conflitos normativos. In: SCHOUERI, Luis Eduardo (coord.). *Direito Tributário*. Homenagem a Paulo de Barros Carvalho. São Paulo: Quartier Latin, 2008, p. 342.

308. A expressão "fatos geradores confrontantes" é de José Nabantino Ramos: "Os fatos econômicos que o Estado erige como fatos geradores de tributos, ora estão distantes e inconfundíveis, ora são contíguos uns dos outros, guardando relação espacial ou temporal, de sucessão, paralelismo ou simultaneidade. São, enfim, confrontantes, na acepção do Direito de Vizinhança, de onde tiro o título deste trabalho". RAMOS, José Nabantino. Fatos geradores confrontantes. *Doutrinas essenciais de Direito Tributário*. São Paulo, v. 1, fev. 2011, p. 265-266.

Municípios, sobre os quais discutem se determinado serviço configura ou não efetiva comunicação, de modo a caracterizar a materialidade do ICMS, no caso positivo, ou do ISS, no caso negativo. Todavia, nesse caso a solução do conflito exige a definição do conceito legal de comunicação: se o serviço corresponder à comunicação em seu sentido técnico-jurídico, aí se tem a incidência do ICM-comunicação; caso contrário, está autorizada constitucionalmente a aptidão do município para onerá-lo, desde que esteja previsto na lista de serviços. E como o que se discute aí é essencialmente o conceito de comunicação, optamos por não abordar essa espécie de conflito de competência.

3.3 Conflitos de competência entre o ISS e IPI

3.3.1 A LC n. 116/03 e a industrialização sob encomenda

O imposto sobre produtos industrializados – IPI surge no Brasil com a Reforma de 1965 e, para a Comissão da Reforma, consistia no mesmo "imposto sobre consumo", que era de competência da União, agora com nova denominação "mais consentânea com a natureza que já lhe empresta a lei ordinária".[309]

Trata-se, a nosso ver, de um imposto cujos contornos de materialidade assumem uma vagueza ímpar, já que o texto constitucional, desde a Emenda Constitucional n. 18, pouco normatiza a seu respeito.

Interessante notar que a citada Emenda n. 18, que o introduziu em nosso ordenamento, não tratou diretamente de um possível conflito de competência com o ISS. Ao contrário, parecia sugerir que o conflito do ISS só se dava com o ICM,

---

309. FUNDAÇÃO GETÚLIO VARGAS. *Comissão de Reforma do Ministério da Fazenda*. Reforma da Discriminação Constitucional de Rendas (anteprojeto). vol.6. Rio de Janeiro. 1965, p. 47.

porquanto o parágrafo único do art. 15 da Emenda dizia "lei complementar estabelecerá critérios para distinguir as atividades a que se refere este artigo (ISS) das previstas no art. 12 (ICMS)".[310] No entanto, para Rubens Gomes de Sousa, o IPI tem a mesma identidade do ICM, só que este último, "além de abranger a fase de produção, prossegue na fase posterior de circulação mercantil".[311]

Com a edição do Decreto-lei n. 406/68, a dúvida, num primeiro momento, não se encerrou facilmente, porque o preâmbulo do decreto apresentava a seguinte redação: "estabelece normas gerais de direito financeiro, aplicáveis aos impostos sobre operações relativas à circulação de mercadorias (ICM) e sobre serviços de qualquer natureza (ISS), e dá outras providências". Com base nesse texto, a Receita Federal logo se adiantou e editou o Parecer Normativo n. 253/70,[312] em que fixou o entendimento de que o decreto-lei não tratava de IPI e, portanto, a incidência do ISS não excluiria a cobrança daquele tributo.

---

310. Art. 11. Compete à União o impôsto sôbre produtos industrializados.
Art. 12. Compete aos Estados o impôsto sôbre operações relativas à circulação de mercadorias, realizadas por comerciantes, industriais e produtores.
Art. 15. Compete aos Municípios o impôsto sôbre serviços de qualquer natureza, não compreendidos na competência tributária da União e dos Estados.
Parágrafo único. Lei complementar estabelecerá critérios para distinguir as atividades a que se refere êste artigo das previstas no art. 12.

311. SOUSA, Rubens Gomes de. O ICM, o IMS, o IPI e a construção civil. *Revista de Direito Público*. São Paulo, v. 22, ano V, out.-dez. 1972, p. 298.

312. Parecer Normativo CST n. 253/70: "improcedente, ainda, a alegação de que se estaria invadindo a área do "Imposto sobre serviços de qualquer natureza", de competência dos Municípios, cuja incidência excluiria a de qualquer outro tributo, inclusive a do IPI, por força do DL n. 406, de 31.12.68. Primeiramente, esse diploma legal, conforme sua ementa, 'estabelece normas gerais de direito financeiro aplicáveis aos impostos sobre operações relativas à circulação de mercadorias e sobre serviços de qualquer natureza'. Restrito, pois ao ICMS.
De acordo com o disposto no art. 8º desse decreto-lei o ISS tem como fato gerador a prestação de serviço constante de uma lista que anexa, declarando o § 1º do citado artigo: 'os serviços incluídos na lista ficam sujeitos apenas ao imposto previsto neste artigo' (omissis), evidentemente no sentido de excluir o ICM, que é outro imposto regulado no referido decreto-lei. Não assim o IPI ou outros tributos federais".
Anos mais tarde, a Receita Federal manteve esse entendimento por meio do Parecer Normativo n. 83/1977 e, atualmente, pelo Parecer Normativo n. 18/2013.

Naquela época, alguns autores[313] defendiam a possibilidade de bitributação do ISS e do IPI, mas no âmbito da ciência do direito tributário prevaleceu o entendimento proclamado por Geraldo Ataliba, sintetizado na célebre frase: "Onde cabe ISS, não cabe ICM; onde cabe ICM não cabe ISS, onde cabe ISS não cabe IPI, onde cabe IPI, não cabe ISS. Isto é radical na Constituição".[314]

A rigor, não havia muitos pontos de conflito entre o ISS e o IPI, já que a lista do Decreto-lei n. 406/68 estabelecia importante ressalva em diversos itens: não incidia o ISS sobre objetos destinados à comercialização ou industrialização (itens, 71, 72, 73 e 74). Quanto aos itens em que não havia ressalvas, a repercussão no judiciário foi grande, como nos casos de serviços relacionados à atividade gráfica.

Conforme veremos no próximo capítulo, a jurisprudência resolveu, em princípio, os conflitos com base no próprio decreto-lei, cujo art. 8º[315] estabelecia que os serviços incluídos na lista ficavam sujeitos *apenas* ao ISS. Ou seja, em face do enunciado do art. 8º, não se discutiu efetivamente se havia bitributação constitucionalmente vedada entre o ISS e o IPI.

---

313. Aurélio Pitanga Seixas Filhos dizia que "toda vez que é criada uma espécie nova – por transformação, beneficiamento, acondicionamento etc. – ocorre o fato gerador do IPI que é cobrado juntamente, cumulativamente, quer com o ICM quer com o ISS. Há cumulatividade entre IPI e o ICM ou ISS". *In* Cruz, Antonio Mauricio da. Conflitos de Competência ISS – IPI e ICM. *Revista de Direito Tributário*. São Paulo, n. 19-20, ano VI, 1982, p. 83.
No mesmo sentido, Maria Helena J. de Moraes: "Entendo, também, que a incidência do imposto sobre serviços não afasta a incidência do IPI". In: Ibidem, p. 86.

314. ATALIBA, Geraldo; CARRAZZA, Roque; BARRETO, Aires Fernandino; GIARDINO, Cléber. Conflitos entre ICM, ISS e IPI. *Revista de Direito Tributário*. São Paulo, v. 7-8, ano III, 1979, p. 119.

315. Art. 8º O impôsto, de competência dos Municípios, sôbre serviços de qualquer natureza, tem como fato gerador a prestação, por emprêsa ou profissional autônomo, com ou sem estabelecimento fixo, de serviço constante da lista anexa
§ 1º Os serviços incluídos na lista ficam sujeitos apenas ao impôsto previsto neste artigo, ainda que sua prestação envolva fornecimento de mercadoria.
§ 2º O fornecimento de mercadoria com prestação de serviços não especificados na lista fica sujeito ao impôsto sôbre circulação de mercadorias.

No texto constitucional de 1988 não houve, a nosso ver, nenhuma mudança significativa a fim de esclarecer os pontos de conflitos entre os impostos em comento. E como a Constituição também é bastante vaga quanto à delimitação da norma de competência legislativa do IPI, as dúvidas persistem.

No âmbito da lei complementar, é curioso notar que a Lei Complementar n. 116/03, que revogou o Decreto-lei n. 406/68, culminou no acirramento da disputa sobre as materialidades entre os entes competentes para tributar o ISS e o IPI, devido à ampliação do campo de incidência do primeiro sobre o segundo, tal como era definido pelo DL n. 406/68. Isso porque os itens 71, 72, 73 e 74 da lista anterior classificavam como serviço apenas as atividades realizadas sobre objetos "não destinados à industrialização ou comercialização". Já a nova lei suprimiu esse critério nos itens 14.01, 14.04 e 14.05,[316] e indicou que o ISS incide sobre serviços realizados em "objetos quaisquer".

Realmente, se analisarmos as atividades prestadas por empresas industriais sobre bens de terceiros, encontraremos um negócio jurídico que pode ser qualificado como serviço, ou como produto, dado a presença de um fazer (esforço humano) e, na sequência, de um dar (produto industrializado).

Nesse contexto, são comuns as chamadas operações de "industrialização sob encomenda",[317] em que uma empre-

---

316. 14.01 – Lubrificação, limpeza, lustração, revisão, carga e recarga, conserto, restauração, blindagem, manutenção e conservação de máquinas, veículos, aparelhos, equipamentos, motores, elevadores ou de qualquer objeto (exceto peças e partes empregadas, que ficam sujeitas ao ICMS).
14.04 – Recauchutagem ou regeneração de pneus.
14.05 – Restauração, recondicionamento, acondicionamento, pintura, beneficiamento, lavagem, secagem, tingimento, galvanoplastia, anodização, corte, recorte, polimento, plastificação e congêneres, de objetos quaisquer.

317. Segundo Clélio Chiesa, "a expressão industrialização sob encomenda' pode ser utilizada em pelo menos três sentidos diferentes: a) primeiro, alguém, precisando de um bem que atenda a determinadas especificações, como é o caso dos elevadores, contrata uma empresa para confeccioná-lo; b) segundo, um fabricante contrata outro para que lhe forneça produtos que utiliza na produção de seus bens, entregando-lhe o material necessário para a confecção do produto; c) terceiro, compreende a mesma situação anterior, porém, sem o fornecimento do material".

sa solicita a outra processo de industrialização, mediante a remessa de matéria-prima, produtos intermediários ou materiais de embalagem, podendo o estabelecimento industrializador realizar a operação somente aplicando mão de obra ou aplicando materiais do contratante. Quando o estabelecimento industrializador usar apenas mão de obra, há grandes chances de estarmos diante de uma zona nebulosa entre a incidência do ISS e a incidência do IPI.[318]

A doutrina[319] reconhece que nem sempre é possível ter certeza de que determinada atividade caracteriza industrialização ou prestação de serviço. As atividades de beneficiamento, montagem, recondicionamento e acondicionamento, por exemplo, encontram-se previstas na legislação do IPI e do ISS.[320] Nesse caso, qual imposto seria devido?

CHIESA, Clélio. Industrialização sob Encomenda - Incidência de ISS, IPI, ICMS ou nenhum desses impostos? In: ROCHA, Valdir Oliveira (coord.). *Grandes questões atuais do Direito Tributário*. São Paulo: Dialética, 2005, p. 68.

318. TOLEDO, José Eduardo Tellini. O IPI – *A incidência tributária e princípios pertinentes ao artigo 153 da Constituição Federal, 2003*. Dissertação (Mestrado em Direito). Pontifícia Universidade Católica de São Paulo, São Paulo, 2003, p. 74.

319. Segundo Clélio Chiesa, distinguir as situações passíveis de serem tributadas por meio do ISS das que autorizam a tributação por meio do IPI muitas vezes não é uma tarefa simples, porquanto na industrialização também há, numa certa medida, um serviço. Isso acaba muitas vezes dificultando o trabalho dos operadores do Direito. Ibidem, p. 61.
José Roberto Vieira afirma que nos chamados serviços complexos é de onde emanam as potencialidades de atrito/conflito entre o ISS e o IPI. Isso porque, para o autor a hipótese de incidência do IPI consubstancia-se numa obrigação de dar, enquanto no antecedente normativo da regra-modelo do ISS resulta em condição jurídica de um fazer e, nessa linha, nos serviços complexos, ao fazer que lhe é típico vem juntar-se a um dar de materiais. O autor afirma ainda que, pelo ângulo do IPI, em cuja materialidade do suposto normativo tem-se um dar, o industrial poderá obrigar-se a uma futura industrialização, seguida de transferência de propriedade ou posse do produto resultante, como nas hipóteses de industrialização por encomenda, que, ao inverso dos serviços complexos, além do dar, comparece um fazer anterior, instituindo área de contenda entre o IPI e o ISS. VIEIRA, José Roberto, IPI x ICMS e ISS: Conflitos de Competência ou Sedução das Aparências, In: SANTI, Eurico Marcos Diniz de; CANADO, Vanessa Rahal (orgs.). *Tributação do setor industrial*. São Paulo: Saraiva, 2013, p. 73-75.

320. MELO, José Eduardo Soares de. *IPI* – Teoria e prática. São Paulo: Malheiros, 2009, p. 83.

3.3.2 Bitributação do ISS e IPI: possibilidade?

Parece ser unânime na doutrina o entendimento de que é ilegal a bitributação do IPI com o ISS. Em resumo, os autores afirmam que: (i) o IPI e o ISS são excludentes, porque aquele representa uma *obrigação de dar*, ao contrário do ISS, que representa *obrigação de fazer*;[321] (ii) as bitributações só podem ocorrer quando houver expressa autorização constitucional e, nesse caso, não haveria essa permissão;[322] (iii) as competências são privativas e inconfundíveis;[323] e (iv) a bitributação do ISS e IPI sobre um mesmo fato ofenderia o princípio federativo e, potencialmente, o princípio da capacidade contributiva e o da proibição de confisco.[324]

---

321. Carrazza aponta a distinção nos seguintes termos: "importa ressaltar que o IPI distingue-se do ISS, não pelo tipo de esforço humano ou pela dificuldade em realizá-lo, mas pela prática de operações jurídicas que implicam num *dar* algo corpóreo, que não decorra de encomenda específica do adquirente. Se o esforço humano, ainda que se traduza num bem material, leva a um *fazer*, em favor do tomador, o tributo devido jamais será o *IPI*, mas, eventualmente, o *ISS*". CARRAZZA, Roque Antônio. *Reflexões sobre a obrigação tributária*. São Paulo: Noeses, 2010, p. 147. Grifos no original.

322. Vale lembrar o entendimento de José Roberto Vieira: "é tão excêntrica e extravagante uma hipótese de bitributação que não seja constitucionalmente permitida de forma expressa, que bastaria, a uma, recordar a sentença definitiva de Geraldo Ataliba: '*onde cabe ISS, não cabe IPI; onde cabe IPI, não cabe ISS. Isto é radical na Constituição*'; e, a duas, lembrar que tais casos de bitributação, por violarem a inflexível repartição de competências tributárias, e por transgredirem o Princípio da Federação, do qual decorre aquela repartição, cláusula intangível do nosso Estatuto Maior (artigo 60, § 4º, I), raiam tão flagrantemente pelo recinto das mais patentes inconstitucionalidades que não demandam nem merecem mais atenção nesse espaço". VIEIRA, José Roberto, O Papel da Lei Complementar no Estabelecimento das Fronteiras IPI x ISS: Óculos para Macacos. In: MOREIRA, André Mendes et al. (orgs.). *Sistema Tributário Brasileiro e as Relações Internacionais*. São Paulo: Noeses, 2013, p. 567.

323. Para Humberto Ávila: "os Municípios não podem tributar alguns fatos, mesmo que o seu conceito corresponda ao conceito de serviço e sua instituição não esteja afastada por regra de imunidade, se sua tributação estiver reservada a outro ente federado". ÁVILA, Humberto. *O* Imposto Sobre Serviços e a Lei Complementar 116/03. In: ROCHA, Valdir de Oliveira (coord.). *O ISS e a LC n. 116*. São Paulo: Dialética, 2003, p. 176.

324. Conforme Raquel Cavalcanti Ramos Machado: "o estabelecimento de competências privativas (e não comuns), que não se sobrepõem, a Constituição brasileira

Defender essa bitributação é considerada uma "atitude excêntrica",[325] perpetrada "apenas pelo leitor menos avisado", que estaria cometendo um "*absurditas juris*".[326] Ciente desses alertas, pretendemos verificar, com base nos conceitos de bitributação e privatividade de competência já tratados aqui, se é possível, licitamente, uma interpenetração de incidência do IPI e do ISS sobre um mesmo fato.

O primeiro ponto que precisamos enfrentar é saber se o IPI alcança apenas as operações mercantis, ou se também pode atingir outros negócios jurídicos não decorrentes de venda de mercadorias. A nosso ver, trata-se de ponto fundamental. Se admitirmos que o IPI alcança apenas os bens objeto de mercancia, a bitributação só ocorreria com o ICMS, caso contrário, poderia atingir o ISS.

Relembramos que a materialidade do ICMS-mercadorias, tratada no item 2.3.2, consiste na realização de *operações* (negócios jurídicos) que permitam a *circulação* (patrimonial e jurídica) de *mercadorias* (bens destinados ao comércio). Já a materialidade do IPI-industrial,[327] que abordamos no item 2.4.2, consiste na realização de *duas operações*. A primeira,

---

previne o surgimento de duas ordens de problemas. Como os fatos tributáveis são fatos que revelam capacidade contributiva, permitir que mais de um ente onere o mesmo fato poderia levar, alternativamente, a dois resultados indesejáveis: *(i)* um ente impediria o outro de tributar toda a capacidade contributiva revelada na prática do fato imponível, ou *(ii)* os dois entes, na tentativa de tributar toda a capacidade contributiva manifestada na prática do fato imponível, a esgotariam e a extrapolariam, criando, no conjunto, uma tributação confiscatória". MACHADO, Raquel Cavalcanti – *Competência Tributária: Entre a Rigidez do Sistema e a Atualização Interpretativa*, 2013. Tese (Doutorado em Direito). Pontifícia Universidade Católica de São Paulo, São Paulo, 2013, p. 53-54.

325. VIEIRA, José Roberto, O Papel da Lei Complementar no Estabelecimento das Fronteiras IPI x ISS: Óculos para Macacos. In: MOREIRA, André Mendes et al. (orgs.). *Sistema Tributário Brasileiro e as Relações Internacionais*. São Paulo: Noeses, 2013, p. 567.

326. MARTINS, Ives Gandra da Silva. O Seguro-saúde não é fato imponível do ISS - inconstitucionalidade da Lei Complementar n. 56/87. Revista trimestral de jurisprudências dos Estado. São Paulo: Jurid Vellench. V. 14, n. 83, 1977, p. 15.

327. Já vimos que são vários os tributos sob a sigla do IPI, mas o que nos interessa é o relativo à saída de produtos de estabelecimentos industriais.

uma *operação de industrialização* (ato ou processo industrial). A segunda, uma operação que promova a saída do produto industrializado do estabelecimento (negócio jurídico). É irrelevante a disputa por saber se a materialidade do tributo é *industrializar produtos* ou realizar *operações com produtos industrializados*. Os dois verbos (industrializar e realizar) estão sempre presentes, cada qual com seu respectivo complemento (produto e operações) e relativo a uma específica operação ("operação de industrialização" e operação, enquanto negócio jurídico).

A legislação de regência do IPI, que vigora desde 1964 e não foi declarada inconstitucional, está em harmonia com a norma de competência tributária legislativa, ao permitir sua incidência em quaisquer "finalidades a que se destine o produto ou o título jurídico (...) que decorra a saída do estabelecimento produtor".[328] É devido, inclusive, pelo industrial que promova uma locação ou comodato do bem produzido,[329] e sua base de cálculo é o "valor total da operação de que decorrer a saída do estabelecimento industrial."[330]

Do que foi acima exposto, concluímos que, diferentemente do ICMS, o IPI não pressupõe a *circulação* de bens, ou seja, não se faz necessária a mudança patrimonial e jurídica do produto industrializado; nem se refere à *mercadoria*, o que afasta sua incidência exclusiva aos contratos mercantis.

---

328. Art. 2º do § 2º da Lei n. 4.502/64.

329. Art. 16 da Lei n. 4.502/64.

330. Art. 14, II. Interessante notar que o Código Tributário Nacional quando trata do IPI-industrial, em seu art. 47, II, diz que a base de cálculo é o valor da mercadoria. No entanto, após a promulgação da Constituição Federal de 1988, foi editada a Lei n. 7.798/89 que alterou a redação do art. 14, II da Lei n. 4.502/64 e fixou como base o "valor total da operação". Embora o CTN esteja em desacordo com a Lei Ordinária, não vislumbramos inconstitucionalidade em nenhuma das leis. Com base no art. 34 da ADCT, § 3 , 4º e 5º, a União exerceu sua competência legislativa plena ao editar a Lei Ordinária, e a omissão do CTN da expressão "valor total da operação" não poderia impedir a União de tributar operações que não dizem respeito a mercadorias, porquanto a Constituição Federal de 1988 não estabeleceu tal restrição.

O IPI-industrial é devido, portanto, na saída, a qualquer título, de um bem do estabelecimento produtor, precedido de um processo industrial, e que ocasione a transmissão da posse ou propriedade do produto. O contribuinte não é necessariamente um comerciante, mas essencialmente um industrial.

Dessas considerações infere-se que, por suas diferentes materialidades, pode incidir o ICMS sem o IPI, o IPI sem o ICMS e também incidirem conjuntamente, casos em que se caracterizará uma bitributação lícita. Ora, nem todo industrial é comerciante (p. ex., a locação de um bem produzido), nem todo comerciante é industrial (p. ex., venda no varejo de um bem industrializado), mas o industrial pode ser um comerciante (p. ex. produzir e vender um automóvel).

Vencido esse primeiro ponto, no qual verificamos que a materialidade do IPI não é limitada à venda de mercadorias, resta-nos analisar se a incidência do IPI, juntamente com o ISS, não configura: (i) uma bitributação vedada constitucionalmente; (ii) violação à privatividade da competência nos impostos e (iii) a princípios constitucionais, como o federativo, capacidade contributiva e não confisco.

Já afirmamos nesta obra (item 1.3.3) que em nosso ordenamento não existe uma norma geral que vede a bitributação, pois proibida é a invasão de competência (bitributação ilícita). Reconhecemos também que a privatividade da competência nos impostos (item 2.1.2) não significa uma impossibilidade absoluta de duas normas tributárias incidirem sobre um mesmo fato, desde que ambas as normas estejam em consonância com o texto constitucional.

Temos, assim, bitributações lícitas e ilícitas em nosso ordenamento. Para saber se é possível a sobreposição de impostos sobre um mesmo fato, devemos fazer a construção das normas de competência de cada tributo envolvido e, na sequência, avaliarmos se existe algum conflito ou contradição lógico-semântica nas normas participantes. Com razão, hipóteses de incidência distintas podem recortar o mesmo fato sem que disso decorra uma bitributação vedada, como já decidiu o STF no RE n. 429.306[331] ao julgar a incidência do IPI, II e do ISS na importação de bem mediante contrato de arrendamento mercantil.

Ao contrário do que diz a doutrina[332] que não admite a bitributação lícita do ISS com o IPI e opta, ora por um, ora por

---

331. CONSTITUCIONAL. TRIBUTÁRIO. IMPOSTO DE IMPORTAÇÃO. IMPOSTO SOBRE PRODUTOS INDUSTRIALIZADOS. IMPORTAÇÃO. ARRENDAMENTO MERCANTIL (LEASING). INCIDÊNCIA. 1. Recurso extraordinário em que se argumenta a não incidência do II e do IPI sobre operação de importação de sistema de tomografia computadorizada, amparada por contrato de arrendamento mercantil. 2. Alegada insubmissão do arrendamento mercantil, que seria um serviço, ao fato gerador do imposto de importação (art. 153, I da Constituição). Inconsistência. Por se tratar de tributos diferentes, com hipóteses de incidência específicas (prestação de serviços e importação, entendida como a entrada de bem em território nacional - art. 19 do CTN), a incidência concomitante do II e do ISS não implica bitributação ou de violação de pretensa exclusividade e preferência de cobrança do ISS. 3. Violação do princípio da isonomia (art. 150, II da Constituição), na medida em que o art. 17 da Lei 6.099/1974 proíbe a adoção do regime de admissão temporária para as operações amparadas por arrendamento mercantil. Improcedência. A exclusão do arrendamento mercantil do campo de aplicação do regime de admissão temporária atende aos valores e objetivos já antevistos no projeto de lei do arrendamento mercantil, para evitar que o *leasing* se torne opção por excelência devido às virtudes tributárias e não em razão da função social e do escopo empresarial que a avença tem. 4. Contrariedade à regra da legalidade (art. 150, I da Constituição), porque a alíquota do imposto de importação foi definida por decreto, e não por lei em sentido estrito. O art. 153, § 1º da Constituição estabelece expressamente que o Poder Executivo pode definir as alíquotas do II e do IPI, observados os limites estabelecidos em lei. 5. Vilipêndio do dever fundamental de prestação de serviços de saúde (art. 196 da Constituição), pois o bem tributado é equipamento médico (sistema de tomografia computadorizada). Impossibilidade. Não há imunidade à tributação de operações ou bens relacionados à saúde. Leitura do princípio da seletividade. Recurso extraordinário conhecido, mas ao qual se nega provimento. (STF, RE n. 429306, Relator(a): Min. JOAQUIM BARBOSA, Segunda Turma, julgado em 01/02/2011, DJe-049 DIVULG 15-03-2011 PUBLIC 16-03-2011 EMENT VOL-02482-01 PP-00099)

332. Edvaldo Brito: "Primeira condição, a da autoridade competente, o caput do art. 153 da CF/1988 (LGL\1988\3) estabelece que é a União. Então, há de evitar-se situação que gere conflito entre ela o Estado e o Município em relação a situações de ICMS e ISS, respectivamente. Logo, não se deve adotar a palavra operação, escrita nos dispositivos já citados, de modo a que se confunda com operação mercantil ou com prestação de serviços. O exercício que evita essa confusão será demonstrado infra, com a análise do elemento material da hipótese do fato gerador do IPI". BRITO, Edvaldo. IPI: Gerador na Importação. *Revista Tributária de Finanças Públicas*. São Paulo, n. 45, jul-ago. 2002, p. 233.

outro tributo,[333] não acreditamos que os conceitos jurídicos de industrialização e de prestação de serviços sejam lógica ou semanticamente excludentes entre si,[334] conforme as considerações a seguir ordenadas.

3.3.3 IPI e ISS sobre um mesmo fato (ou parcela do fato)

Como vimos no item 3.3.1, existem diversas atividades previstas na lista de serviços da LC 116/03 que podem corresponder também a uma operação sujeita ao IPI, destacando-se os itens 14.01, 14.04, 14.05 e 14.06.[335] As atividades de beneficiamento, montagem, recondicionamento e acondicionamento, por exemplo, estão igualmente caracterizadas como industrialização pela legislação do IPI.[336]

---

333. Humberto Ávila: "os Municípios não podem tributar alguns fatos, mesmo que o seu conceito corresponda ao conceito de serviço e sua instituição não esteja afastada por regra de imunidade, se sua tributação estiver reservada a outro ente federado". ÁVILA, Humberto. O Imposto Sobre Serviços e a Lei Complementar 116/03. In: ROCHA, Valdir de Oliveira (coord.). *O ISS e a LC n. 116.* São Paulo: Dialética, 2003, p. 176.

334. Em sentido oposto: "Os conceitos de industrialização (campo material de tributação pela União) e o de prestação de serviço (sob tributação municipal) são, pois, mutuamente exclusivos". CRUZ, Antonio Mauricio da. *O Regime Constitucional do Imposto sobre Produtos Industrializados,* 1981. Dissertação (Mestrado em Direito). Pontifícia Universidade Católica de São Paulo, São Paulo, 1981, p. 47.

335. 14.01 – Lubrificação, limpeza, lustração, revisão, carga e recarga, conserto, restauração, blindagem, manutenção e conservação de máquinas, veículos, aparelhos, equipamentos, motores, elevadores ou de qualquer objeto (exceto peças e partes empregadas, que ficam sujeitas ao ICMS).
14.04 – Recauchutagem ou regeneração de pneus.
14.05 – Restauração, recondicionamento, acondicionamento, pintura, beneficiamento, lavagem, secagem, tingimento, galvanoplastia, anodização, corte, recorte, polimento, plastificação e congêneres, de objetos quaisquer.
14.06 – Instalação e montagem de aparelhos, máquinas e equipamentos, inclusive montagem industrial, prestados ao usuário final, exclusivamente com material por ele fornecido.

336. Decreto 7.212/00:
Art. 4º Caracteriza industrialização qualquer operação que modifique a natureza, o funcionamento, o acabamento, a apresentação ou a finalidade do produto, ou o aperfeiçoe para consumo, tal como :

Em tal cenário legal, os entes políticos, União e Municípios, indiferentes ao embate doutrinário e jurisprudencial,[337] exigem seus respectivos impostos. Aliás, desde 1970 a União já havia editado o Parecer Normativo n. 253, atualizado pelo Parecer Normativo n. 18/13, em que reconhece essa bitributação, pois "o fato de serviços constarem da lista (...) é irrelevante para determinar a não incidência do IPI, caso tais serviços se caracterizem como operações de industrialização".[338]

Fato interessante e digno de nota: a lei complementar, em cujas funções está dispor sobre conflitos de competência (e não de obviar bitributações), nunca tratou de um possível conflito entre o IPI e ISS. Ao contrário, a Lei Complementar n. 123/06, que rege o Simples Nacional, expressamente admite a incidência simultânea do IPI e o ISS.[339] Lembre-se que

---

I – a que, exercida sobre matérias-primas ou produtos intermediários, importe na obtenção de espécie nova (transformação);
II – a que importe em modificar, aperfeiçoar ou, de qualquer forma, alterar o funcionamento, a utilização, o acabamento ou a aparência do produto (beneficiamento);
III – a que consista na reunião de produtos, peças ou partes e de que resulte um novo produto ou unidade autônoma, ainda que sob a mesma classificação fiscal (montagem);
IV – a que importe em alterar a apresentação do produto, pela colocação da embalagem, ainda que em substituição da original, salvo quando a embalagem colocada se destine apenas ao transporte da mercadoria (acondicionamento ou reacondicionamento); ou
V – a que, exercida sobre produto usado ou parte remanescente de produto deteriorado ou inutilizado, renove ou restaure o produto para utilização (renovação ou recondicionamento).

337. AgRg no REsp n. 1308633, REsp n. 1231669, AgRg no AREsp n. 213594, dentre inúmeros outros acórdãos que não admitem a incidência conjunta do IPI e do ISS.

338. Parecer Normativo n. 18/13. Diversas soluções de consulta editadas pela Receita Federal também seguem o mesmo sentido, como a Solução de Divergência n. 27/13.

339. Art. 18. O valor devido mensalmente pela microempresa ou empresa de pequeno porte optante pelo Simples Nacional será determinado mediante aplicação das alíquotas efetivas, calculadas a partir das alíquotas nominais constantes das tabelas dos Anexos I a V desta Lei Complementar, sobre a base de cálculo de que trata o § 3º deste artigo, observado o disposto no § 15 do art. 3º.
§ 4º O contribuinte deverá considerar, destacadamente, para fim de pagamento, as receitas decorrentes da:
VI – atividade com incidência simultânea de IPI e de ISS, que serão tributadas na forma

essa lei não cria qualquer imposto, mas unifica a arrecadação de diversos tributos.

Entendemos que o enfrentamento do tema da bitributação do ISS e IPI perpassa pelas seguintes questões, em que podemos: (i) restringir, *a priori*, o campo de incidência do IPI, de forma que ele se assemelhe ao ICMS, tributando-se apenas as operações mercantis. Nesse caso, não haverá bitributação com o ISS, por serem ambas as materialidades mutuamente excludentes; ou (ii) reconhecer que o IPI pode incidir sobre quaisquer operações que promovam a saída de um produto do estabelecimento industrial, ocasião em que pode ocorrer a bitributação.

Para nós, a materialidade do IPI-industrial, construída com base na Constituição Federal e na legislação complementar e ordinária, é a realização de duas operações: uma primeira, de industrializar produto (processo industrial), e posteriormente, de promover sua saída mediante uma operação (negócio jurídico) que transfira a posse ou a propriedade do bem industrializado. A operação que consubstancia esse negócio jurídico não é necessariamente mercantil, já que o IPI não pressupõe, como acontece no ICMS, a circulação de mercadorias. Incide o IPI sobre qualquer título jurídico capaz de mudar a titularidade da *posse ou da propriedade* do produto, como a locação, a consignação, o comodato ou até a prestação de serviço.[340]

O requisito para ser industrial não é realizar operações com produtos industrializados, mas promover operações de

---

do Anexo II desta Lei Complementar, deduzida a parcela correspondente ao ICMS e acrescida a parcela correspondente ao ISS prevista no Anexo III desta Lei Complementar; (grifo acrescido).

340. A indústria como uma prestadora de serviço é fenômeno mais recente e surge com as mudanças nos processos industriais, em especial na desverticalização, customização em massa e da terceirização das atividades produtivas. No Brasil, esse fenômeno surgiu, ainda que de maneira tímida, a partir da década de 90, como aponta Fernando Salgueiro Perobelli. PEROBELLI, F. S.; CARDOSO, V. L. A intensidade de serviços na economia brasileira: uma abordagem de insumo-produto. In: Anais do 41 Encontro Nacional de Economia – ANPEC. Foz do Iguaçu, 2013, *passim*.

industrialização. O industrial, quando produz para a venda, torna-se também comerciante, mas quando produz sob encomenda de terceiro, torna-se um prestador de serviços. O contribuinte do IPI, portanto, é o industrial, que pode assumir, dependendo do negócio jurídico que celebra a condição de comerciante, locatário, comodatário, arrendatário ou prestador de serviço.

Admitida essa zona de bitributação com o ISS, no caso uma industrialização sob encomenda, restam duas alternativas: (i) reconhecer, de plano, sua ilegalidade em face de um conflito de competência, optando-se por um dos tributos, conforme critério adotado pelo intérprete; ou (ii) verificar se as duas normas podem coexistir, sem caracterizar ofensa ao sistema tributário.

A doutrina já referida, que trilha o primeiro caminho, geralmente o faz com base na existência de regra geral de proibição de bitributação em face da competência privativa e inconfundível dos impostos. Nós, ao contrário, entendemos que a privatividade não é capaz de impedir a bitributação, desde que as normas incidentes estejam de acordo com a norma de competência tributária legislativa construída com base na Constituição.

Vale retomar, nesse instante, o conceito de bitributação que tratamos no item 1.3.2. Para nós, o termo designa: (i) o concurso de normas jurídicas; (ii) fundadas em normas de competência distintas; (iii) recortando propriedades de um mesmo fato social; e (iv) gravando, parcial ou totalmente, a mesma riqueza econômica. Diferenciamos, também, a bitributação em sentido estrito[341] e em sentido amplo.[342] Na bitri-

341. Na bitributação em sentido estrito, temos a possibilidade de duas normas, com fundamento em normas de competência distintas, elegerem a mesma hipótese de incidência e base de cálculo. É uma *dupla tributação perfeita*, pois sempre quando um tributo incidir o outro necessariamente também incide, com a base de cálculo identificando a mesma unidade de medida.

342. A bitributação *em sentido amplo* decorre da existência de duas normas tributárias que gravam um único fato, porém, com hipóteses de incidência e/ou bases de

butação do ISS e do IPI, estamos diante de uma bitributação em sentido amplo, ou seja, situações em que duas normas tributárias, com materialidades ou bases de cálculo que não são idênticas e que são capazes de onerar, parcial ou totalmente, as mesmas proporções econômicas do fato social.

Do que foi dito, repisamos a ideia de que nosso sistema não foi moldado de forma a evitar, a todo custo, sobreposições tributárias. Temos bitributações em impostos e contribuições permeando todo o ordenamento. No entanto, é imperativo evitar as invasões de competências, que só se configuram se um ente político ultrapassar os limites fixados na norma de competência tributária.

Todavia, não há invasão de competência quando duas normas tributárias, com conteúdos de significação distintos, recortam diferentes aspectos de um mesmo fato social que, por comportar significados mais ricos do que a linguagem do direito pode cunhar, serve como suporte para aquelas hipóteses normativas. Ou seja, na ausência de uma norma expressa que vede a bitributação, não cremos que ocorra invasão de competência quando duas normas incidem sobre o mesmo fato, desde que, claro, *não haja uma contradição lógico-semântica nessa coincidência tributária.*[343]

Se de um lado temos o ICMS e o ISS potencialmente gravando todas as atividades que envolvam o fornecimento de bens e serviços, como demonstramos no item 2.2.3, por outro lado, no IPI essa dualidade é irrelevante, podendo resultar em bitributação com ambos os impostos.

---

cálculo distintas.

343. Sempre haverá conflito de competência horizontal quando dois entes pretenderem tributar integralmente um mesmo fato por meio do ITBI, ITCMD, ISS, IPTU, IPVA e ICMS, pois não é logicamente possível que um único fato tenha ocorrido em duas localidades distintas. De outro lado, temos conflito de competência vertical na aplicação, sobre um mesmo fato, de normas semanticamente excludentes, como no IPTU e ITR, ICMS e ISS ou ITBI e ITCMD. Já com relação ao IR, II, IE, IOF, IPI, IPVA, não vislumbramos, a rigor, conflitos de competência com outros impostos.

Da mesma forma que ocorre na bitributação do IPI com o ICMS, no ISS também estamos diante de materialidades distintas: significações particulares (privativas) de cada um dos impostos (IPI e ISS), porém, capazes de recortar aspectos de um mesmo fato. Por exemplo: o fato de um industrial realizar uma industrialização sob encomenda serve de suporte aos dois tributos sem que a incidência do IPI decorra da menção à materialidade "prestar serviços previstos em lei complementar", significação própria do tributo Municipal, tampouco a incidência do ISS decorre de operações com produtos industrializados.[344] Com relação às sobreposições entre o ISS, ICMS e o IPI, entendemos que:

i. O ISS e o ICMS podem incidir sobre um mesmo fato social, mas nunca recortarem riquezas idênticas, já que as bases de cálculo são mutuamente excludentes (valor da mercadoria e valor do serviço). Por exemplo, no caso de operações mistas, os dois tributos podem (co)incidirem sobre uma mesma atividade econômica – como o conserto de veículos ou recondicionamento de motores, itens 14.01 e 14.03 da lista da Lei Complementar n. 116/03, respectivamente – mas o ICMS só pode absorver a parcela relativa às mercadorias. Assim, é proibida a bitributação do ISS e ICMS em nosso ordenamento.

ii. O ISS e o IPI podem incidir sobre um único fato social e gravarem a mesma parcela econômica. No caso da atividade, por exemplo, de industrialização sob encomenda, o fato pode ser qualificado como uma operação industrial (industrialização), seguido por uma operação de transmissão de posse de produto industrializado (situação que, conjugada

344. Interessante notar que na atividade industrialização sob encomenda pode incidir o ISS antes mesmo do IPI, pois basta que o serviço contratado, por exemplo, de tingimento, ocorra, para configurar a hipótese de incidência do ISS. já o IPI, porém, dependerá sempre da saída do produto do estabelecimento industrial.

> com a operação anterior faz nascer o IPI) e, concomitantemente, como uma prestação de serviços, atividade econômica prevista na lista da Lei Complementar n. 116/03 (por exemplo: o beneficiamento de objetos quaisquer, item 14.05).

Do exposto, entendemos que o sistema tributário brasileiro não foi estruturado de forma a evitar as bitributações que, reconhecidamente, além de agregarem maior complexidade ao sistema, potencialmente, podem afetar a autonomia financeira dos entes políticos e, consequentemente, o pacto federativo, a capacidade contributiva e o princípio do não confisco. Mas não a ponto de se afirmar, enquanto sentença geral, que a (co)incidência do ISS e do IPI não encontra amparo em nosso ordenamento. Há uma larga distância entre se reconhecer que tais princípios podem ser violados em determinados casos e se reconhecer que em todos os casos tais princípios são violados, de modo a justificar a concepção de uma norma geral que proscreva a bitributação ilícita em relação a esses impostos. Não é demais lembrar que os princípios federativo, capacidade contributiva e do não confisco podem ser feridos ainda que estejamos diante de um único tributo incidindo sobre um determinado fato.

Registramos que não desejamos a bitributação. De outro lado, dados os limites impostos pelo próprio sistema tributário, somos compelidos a reconhecer que essa disfunção em nosso sistema só pode ser ajustada por via legislativa, jamais mediante o processo hermenêutico, impondo-se limites que o legislador não fez. Estamos plenamente cientes, contudo, de que essa posição é isolada e, nesse sentido, avançaremos no tema dos conflitos de competência entre os impostos em estudo com a já feita ressalva de que não concordamos com a existência de conflitos entre ISS e IPI.

3.4 Critérios para a solução dos conflitos entre o ISS, ICMS e IPI

Neste item, buscamos sistematizar as principais correntes doutrinárias que se debruçam sobre os conflitos de competência havidos entre o ISS e o ICMS e o ISS e o IPI, a nosso ver os mais relevantes no momento, em termos de grau de embate acadêmico. Diante da ampla divergência encontrada, o tema se mostrou um campo fértil, senão inesgotável, para o debate científico.

Como pretendemos posteriormente oferecer o critério que consideramos mais adequado para resolver esses conflitos à luz da Constituição Federal, o rigor metodológico impõe a abordagem de outros critérios, de forma que este capítulo constitui premissa fundamental para que possamos justificar as razões de nossa escolha, no Capítulo 5, mediante um exame dialético.

Optamos por tratar conjuntamente os critérios para a solução de conflitos de competência entre o ISS, ICMS e IPI, já que, em quase todos os casos, o mesmo critério se presta para resolver um conflito entre o ISS e o ICMS e entre o ISS e o IPI. Quando determinada solução servir apenas para uma espécie de conflito ou quando houver significativa diferença para os casos analisados, faremos as devidas ressalvas.

Não temos a pretensão de haver esgotado com nossa pesquisa todos os critérios existentes, tamanha a dimensão da bibliografia no assunto; porém, acreditamos haver encontrado os principais. Alguns desses critérios são antagônicos entre si, outros semelhantes, e outros, ainda, totalmente desconexos. A seguir, um panorama do debate doutrinário.

3.4.1 Obrigação de fazer e dar

Foi a chamada Escola Científica de Direito Tributário (PUC-SP) que se utilizou da classificação das obrigações provenientes do Direito Privado, quanto ao objeto – de dar e de fazer (ou não fazer) – para discernir o ISS do ICMS.[345] E um dos autores que talvez mais tenham enfrentando o tema é Aires F. Barreto. Sua linha encampa enfaticamente o aclamado critério que prestigia o caráter de sobreposição do Direito Tributário (art. 110 do CTN), levando em consideração a distinção da natureza da obrigação entre as prestações de dar e fazer. Em suas palavras: "O caminho a ser trilhado – único conducente à separação consentânea com o sistema constitucional – pressupõe ligeira digressão em torno das obrigações de dar e de fazer".[346] Segundo o autor, é singela a distinção entre dar e fazer. A obrigação de dar consiste em vínculo jurídico que impõe ao devedor a entrega de alguma coisa já existente, enquanto a obrigação de fazer impõe a elaboração de algo até então inexistente.[347]

Roque Antonio Carrazza é também defensor desse critério que, segundo parece, surgiu no ano de 1979.[348] Entende que

---

345. ARZUA, Heron. Fabricação e instalação de elevadores – ICMS e ISS. *Revista Dialética de Direito Tributário*. São Paulo. n. 49, p.116-32, out. 1999, p. 123.

346. BARRETO, Aires Fernandino. ISS e ICM – Competência Municipal e Estadual – Limites. *Revista de Direito Tributário*. São Paulo, n. 15-16, ano V. Jan.-Jun. 1981, p. 203.

347. BARRETO, Aires Fernandino. ICMS e ISS: Estremação da incidência. *Revista Dialética de Direito Tributário*. São Paulo. n. 71, ago. 2001, p. 16.
Em outra obra: "a diferença entre 'dar' e 'fazer' é que a obrigação de dar consiste na entrega de algo preexistente, enquanto a obrigação de fazer resulta no fazimento, de um ato do devedor – de uma prestação de serviços. De toda sorte que esse é o único critério para estremar o ISS de ICM". BARRETO, Aires Fernandino. ISS e Lei Complementar 116/2003. Mesa de Debates "C". *Revista de Direito Tributário*. São Paulo, v. 92, p. 87-109, 2005, p. 104.

348. Em artigo publicado na Revista de Direito Tributário n. 6, out/dez de 1978 o critério ainda não havia sido mencionado por essa corrente doutrinária. *Vide* ATALIBA, Geraldo; BARRETO, Aires Fernandino. ISS – Conflitos de Competência e Tributação de Serviços. *Revista de Direito Tributário*. São Paulo, n. 6, ano II, out/dez 1978.
Na edição seguinte da Revista de Direito Tributário, lançada no segundo semestre de 1979 (jan/jun), indaga Aires Barreto: "Será que não deveríamos examinar essa matéria (conflitos de competência entre o ISS e o ICMS) em função da obrigação assumida pelas partes, ora materializada sob a modalidade de uma 'obrigação de fazer' (por exemplo, conserto de veículos, construção civil, etc.), ora materializada no corpo de uma 'obrigação de dar'? (...) Parece-nos que o cerne do problema está

o ISS é uma exação que grava fato jurídico da prestação de serviço de qualquer natureza (prestação de fazer), e o ICMS-mercadorias incide sobre o ato jurídico que envolve a prática da operação mercantil (prestação de dar). Para o autor, esse é o principal traço distintivo da hipótese de incidência do ISS e do ICMS-mercadorias: a tributação pelo primeiro se dá por meio de um fazer, a do segundo sempre por meio de um dar.[349]

A dificuldade de enfrentar os casos em que teríamos duas obrigações – uma de *dar* e outra de *fazer* – foi, conforme Geraldo Ataliba, respondida pelo direito civil "há muito tempo". Permanece sendo uma obrigação de *fazer* o dever de *dar* se o contribuinte se obrigou, no contexto contratual, a *fazer*. "Se aquele que se obriga a dar precisa fazer a coisa que vai dar, está obrigado a 'fazer'. A obrigação é 'de fazer', embora vá traduzir-se num 'dar'".[350]

Utilizando-se do mesmo critério, agora para diferençar o ISS do IPI, José Roberto Vieira afirma que as noções distintivas entre o IPI – obrigação de dar – e o ISS – obrigação de fazer – uma vez que extraídas diretamente da Lei Magna, irão iluminar toda e qualquer iniciativa de desenho dos seus

---

muito mais na análise das obrigações pactuadas: se 'obrigações de dar', ou se 'obrigações de fazer'. Não sei se existiria um outro critério que nos permitisse distinguir a hipótese de incidência do ICM, naqueles em que se manifesta a do imposto sobre serviços". ATALIBA, Geraldo; CARRAZZA, Roque; BARRETO, Aires Fernandino; GIARDINO, Cléber. Conflitos entre ICM, ISS e IPI. *Revista de Direito Tributário*. São Paulo, v. 7-8, ano III, 1979, p. 106.

349. CARRAZZA, Roque Antônio. *Reflexões sobre a obrigação tributária*. São Paulo: Noeses, 2010, p. 126.

350. Ibidem, p. 115-116. Segundo Washington de Barros Monteiro, para diferenciar o "dar" do fazer" é necessário identificar se o dar é consequência do fazer: se o devedor tem de dar alguma coisa, sem fazê-la previamente, a obrigação é de dar; se o devedor tem que confeccionar a coisa para depois entregá-la, tecnicamente a obrigação é de fazer. MONTEIRO, Washington de Barros. *Curso de Direito Civil – Direito das Obrigações*, V Parte. São Paulo: Saraiva, 2003, p. 91.
E, nas palavras de Orlando Gomes, "nas obrigações de dar, o que interessa ao credor é a coisa que lhe deve ser entregue, pouco lhe importando a atividade de que o devedor precisa exercer para realizar a entrega"; "nas obrigações de fazer, ao contrário, o fim que se tem em mira é aproveitar o serviço contratado". GOMES, Orlando. *Obrigações*. 17 ed. Rio de Janeiro: Forense, 2008, p. 67.

contornos de incidência e exercerão papel de destaque no esclarecimento daqueles pontos de conflito entre os dois impostos.[351] Apontando o caso dos serviços complexos (ISS) e as industrializações por encomenda (IPI) como as situações em que o conflito mais ocorre, o autor sugere o estudo da figura do contrato de empreitada de materiais; "entidade jurídica de direito privado que, à luz daqueles critérios distintivos constitucionais (obrigação de dar e de fazer) só se pode curvar à incidência do ISS, inadmitindo-se a tributação pelo IPI."[352]

351. VIEIRA, José Roberto, IPI x ICMS e ISS: Conflitos de Competência ou Sedução das Aparências, In: SANTI, Eurico Marcos Diniz de; CANADO, Vanessa Rahal (Org.). *Tributação do Setor Industrial.* São Paulo: Saraiva, 2013, p. 74.

352. VIEIRA, José Roberto, IPI x ICMS e ISS: Conflitos de Competência ou Sedução das Aparências, In: SANTI, Eurico Marcos Diniz de; CANADO, Vanessa Rahal (Org.). *Tributação do Setor Industrial.* São Paulo: Saraiva, 2013, p. 78.
José Roberto Vieira propõe, nos casos de conflitos entre IPI e ISS, estudar o contrato de empreitada: "Exatamente na confluência dessas duas zonas cinzentas – serviços complexos e industrialização por encomenda – é que deparamos um instituto de direito privado que não pode escapar de nosso crivo científico, se desejamos a profundidade na análise das relações IPI-ISS: o contrato de empreitada". Ibidem, p. 75.
Para o autor, mesmo na empreitada de materiais "entende-lhe essencial a atividade de realização da obra (obrigação de fazer), nela pondo ênfase, em detrimento do fornecer materiais (obrigação de dar). Estamos convictos da fidelidade deste ponto de vista científico para com os textos em vigor, e, portanto, do seu acerto. Se voltarmos nosso olhar científico para o direito posto, veremos que, quando ele cogita desse contrato, dispõe que o empreiteiro se pode limitar à utilização do seu próprio trabalho, ou, alternativamente, do seu esforço aliado aos materiais que venha a fornecer (Código Civil, artigo 610). Se não se questiona o fato de que, no pertinente ao trabalho, temos obrigação de fazer, e no relativo à entrega de materiais, de dar; é também inquestionável que o acento do legislador foi posto na atividade do empreiteiro, cuja presença é que identifica a relação contratual, fazendo-se irrelevante, no particular, o fornecimento ou não de materiais. De conseguinte, é irrecusável reconhecer – e ao cientista do Direito não é dado mais do que isso – a energia decidida com que o legislador vinculou a obrigação de fazer no seio do contrato de empreitada, quer de lavor quer mista". Ibidem, p. 77-78.
Sobre o uso do conceito de empreitada para distinguir o ISS e ICMS, Victor Nunes Leal já em 1979 a utilizava para fins tributários. Analisando o caso de produção de concreto fresco, propõe o conceito de empreitada para "concluir que os contratos de fornecimento de concreto fresco possuem tal natureza (enquadrando-se, por consequência, na letra do item 19 da lista de serviço) e que o concreto fresco, fornecido em tais circunstâncias, não integra o conceito de mercadoria, pressuposto inarredável para incidência de um imposto sobre circulação de mercadorias". LEAL, Victor Nunes. Incidência do ISS, com Exclusão do ICM nos Serviços de Concretagem por Empreitada. *Revista de Direito Tributário.* São Paulo, n. 7-8, ano III, 1979, p. 27-28.

O critério "obrigação de dar", para o IPI e para o ICMS, e "obrigação de fazer", para o ISS, foi acolhido por Paulo de Barros Carvalho,[353] Clélio Chiesa,[354] José Eduardo Sores de Melo,[355] Marçal Justen Filho,[356] Humberto Avila,[357] Estevão Horvath,[358]

---

353. Paulo de Barros: "é forçoso que a atividade realizada pelo prestador apresente-se sob a forma de 'obrigação de fazer'. (...) a incidência do ISS pressupõe atuação decorrente do dever de fazer algo *até então inexistente*, não sendo exigível quando se tratar de obrigação que imponha a mera entrega, permanente ou temporária, de algo que já existe". CARVALHO, Paulo de Barros. *Direito Tributário, linguagem e método*. 2. ed. São Paulo: Noeses, 2009, p. 686.

354. CHIESA, Clélio. Industrialização sob Encomenda - Incidência de ISS, IPI, ICMS ou nenhum desses impostos? In: ROCHA, Valdir Oliveira (coord.). *Grandes questões atuais do Direito Tributário*. São Paulo: Dialética, 2005, p. 62

355. Para José Eduardo Soares de Melo, "a distinção entre 'produto industrializado', 'mercadoria', e 'serviço' para o fim de serem estabelecidas as respectivas materialidades tributárias (IPI, ICMS e ISS), tem que decorrer da aplicação da secular categoria das obrigações (...)". MELO, José Eduardo Soares. *Aspectos Teóricos e Práticos do ISS*. São Paulo: Dialética, 2001, p. 37-38.

356. Marçal Justen Filho: "desdobrando mais detalhadamente esses pressupostos, impende reconhecer que a atuação da pessoa só corresponde a um 'fazer' (juridicamente) se é possível qualificá-la como adimplemento de uma prestação devida. A conduta humana orientada a produzir um bem até então inexistente ou a atuar sobre um bem já existente apenas admite, teoricamente, a caracterização como execução de obrigação de fazer na medida em que essa conduta esteja *in obligationem* - ou seja, se é conduta a que o agente estava obrigado perante o Direito e através da qual ele adimple uma obrigação contrária". JUSTEN FILHO. Marçal. O Imposto sobre Serviços na Constituição, 1985. Dissertação (Mestrado em Direito). Pontifícia Universidade Católica de São Paulo, São Paulo, 1985, p. 122-124.
Para o autor, o produtor de bem, por exemplo, de rosas, se o faz a pedido e no interesse de um colecionador, será serviço. Os bares e restaurantes também seriam prestadores de serviço. Nas situações mais difíceis, segundo o autor, aplica-se o critério da preponderância do dar e do fazer. "Se o dar é mero acessório do fazer, a obrigação é de fazer. Mas há obrigação de dar se o fazer é secundário juridicamente. (...) De regra, as situações onde dar e fazer se conjugam, retratam obrigação de fazer. Somente quando o fazer não importa produzir qualquer inovação no objeto entregue é que existe obrigação de dar. E existirá obrigação de fazer sempre que o cumprimento da obrigação depender da utilização de bens do domínio do obrigado ou quando, através do fazer, o obrigado constrói o bem objeto de dação". Ibidem, p. 124.

357. Humberto Ávila também adota o fazer como núcleo do conceito de serviço: "sem ato ou negócio jurídico que tenha por objeto o esforço humano empreendido em benefício de outrem, isto é, um fazer, não há competência municipal". ÁVILA, Humberto. *Parecer anexado aos autos da Adin no STF n. 4.413*, p. 10.

358. Para Estevão Horvath, "o que subjaz a esse entendimento é a circunstância de tratar-se ou não de uma obrigação de fazer, com o que se conclui que não há como

Cristiano Carvalho,[359] Yoshiaky Ichiara,[360] Edvaldo Brito,[361] dentre muitos outros. Mostrou-se, porém, insuficiente, por si só, para resolver boa parte dos casos em que as obrigações de dar e fazer se apresentam num mesmo negócio jurídico. Surgiu, então, a necessidade de aperfeiçoar a classificação, introduzindo-se a distinção das expressões "atividade-meio" e "atividade-fim", conforme se vê a seguir.

3.4.2 Atividade-meio e atividade-fim

Casos há em que a Lista de Serviços da LC n. 116/03 determina a incidência do imposto municipal sobre atividades que podem constituir a "atividade-meio" de negócios jurídicos que promovem a circulação de bens ou a saída de produtos industrializados, de forma que, não representando essa "atividade-meio" um negócio jurídico em si mesmo, mas apenas uma etapa para a realização de outro, a incidência de ISS deve ser afastada.

---

afastar-se do exame do conceito de serviço tributável pelo ISS a constatação de que a situação apresentada constitua-se num fazer". HORVATH, Estevão. Conflitos de Competência (IPI, ICMS, ISS ETC.). In: DERZI, Misabel Abreu Machado (coord.). *Competência Tributária*. Belo Horizonte: Del Rey, 2011, p. 241.

359. Cristiano Carvalho: "sempre que a obrigação for de fazer, mesmo que isso envolva a entrega de um bem ou produto ao tomador, a incidência é de ISS. Quando a obrigação for de dar, ex venda de uma mercadoria, a incidência será de ICMS ou de IPI". CARVALHO, Cristiano Rosa de. Seção VI – Imposto Sobre Serviço de Qualquer Natureza (artigos 71 ao 73). In: PEIXOTO, Marcelo Magalhães; LACOMBE, Rodrigo Santos Masset (Coord.). Comentários ao Código Tributário Nacional. São Paulo: MP Editores, 2005, p. 623.

360. No mesmo sentido Yoshiaky Ichihara: "o único critério seguro e juridicamente sustentável é, se a obrigação de fazer = ISS e se a obrigação for de dar = ICMS e IPI, ou apenas ICM se a operação não incluir industrialização". ICHIHARA, Yoshiaky. Conflitos de Competência ICM e ISS – PIS e Funrural. *Revista de Direito Tributário*. São Paulo, n. 19-20, ano VI, 1982, p. 107.

361. Na mesma linha, Edvaldo Brito: "serviço é prestação de fazer algo para outrem, ainda que o resultado desse operar seja um objeto do mundo físico, porque, nessa situação, o que conta é o interesse do credor na atividade pessoal do devedor". Em outro trecho: "toda essa temática é obrigacional, porque todo o Direito Tributário é obrigacional". BRITO, Edvaldo. ISS e a Lei Complementar n. 116 – Conflito de Competência. In: ROCHA, Valdir Oliveira. *Grandes questões atuais do Direito Tributário*. São Paulo: Dialética, 2004, p. 105-108.

Nessa linha, o ISS só pode incidir sobre a "atividade-fim", e os Municípios que elegem a atividade-meio como serviço tributável pelo ISS invadem flagrantemente o campo de incidência dos Estados.[362]

A distinção da atividade-meio e atividade-fim, segundo Geraldo Ataliba e Aires Barreto é fundamental para afastar a exigência do ISS sobre pseudosserviço: "As atividades desenvolvidas em benefício próprio, como requisito, condição (até requinte) para a produção de outra utilidade qualquer para terceiros são sempre ações-meio (...)."[363] A tributação pelo ISS alcança somente o esforço humano prestado a terceiros como fim, nunca as etapas, passos ou tarefas intermediárias, necessárias à obtenção do fim.[364]

No mesmo sentido, Heleno Taveira Tôrres afirma que as atividades-meio são atos necessários à consecução da atividade-fim, logo, não podem ser consideradas isoladamente como prestação de serviços para fins de incidência do ISS. E exemplifica as prestações que não podem sofrer a incidência do ISS por si sós: para dar o diagnóstico correto do paciente, o médico deve analisar os exames; para prestar serviços de

362. BARRETO, Aires Fernandino. *ISS e Lei Complementar 116/2003*. Mesa de Debates "C". Revista de Direito Tributário. São Paulo, v. 92, 2005, p. 107
Em outra obra: "Alvo da tributação é o esforço humano prestado a terceiros com fim ou objeto. Não as duas etapas, passos ou tarefas intermediárias, necessárias à obtenção do fim. Não a ação desenvolvida como requisito ou condição do *facere* (fato jurídico posto no núcleo da hipótese de incidência do tributo). As etapas, processos, tarefas, são feitas, promovidas realizadas 'para' o próprio prestador e não 'para terceiros', ainda que estes os aproveitem (já que, aproveitando-se do resultado final, beneficiam-se das condições que o tornaram possível". "[...] É imperativo distinguir dentre as atividades (...), qual a que se qualifica como serviço e qual a que configura simples atividade-meio, ou condição para a prestação do serviço." "[...] para essas atividades-meio não há cobrança de preço; mas, nem mesmo quando, em certos casos, para elas é destacado o preço, essas 'ações-meio' se transformam em 'ações-fim'". BARRETO, Aires Fernandino. ISS – Atividade-Meio e Serviço-fim. *Revista Dialética de Direito Tributário*. São Paulo. n.5., 1996, p. 72-97.

363. ATALIBA, Geraldo; BARRETO, Aires Fernandino. ISS – Construção Civil – Pseudo-Serviço e Prestação de Serviço – Estabelecimento Prestador – Local da Prestação. *Revista de Direito Tributário*. São Paulo, n. 40, ano II, abr.-jun. 1987, p. 90.

364. Ibidem, p. 90.

engenharia civil, o profissional precisa coletar dados e medir áreas; advogados devem manter o cadastro de seus clientes atualizado.[365] Todas essas atividades não são tributáveis pelo ISS.

Traçando uma distinção entre materiais e mercadorias, Roque Carrazza assevera que "se a aplicação de materiais é requisito inafastável à implantação dos serviços, aqueles (os materiais) assumem o papel de meros *suportes físicos*, que não desvirtuam, mas, pelo contrário, possibilitam a execução de obrigações de *fazer*".[366]

Humberto Ávila, que comunga da mesma distinção, esclarece que "a obrigação de fazer precisa ser o *fim* da relação e não apenas um meio para a realização de uma obrigação de dar, por exemplo". Quando existirem as duas obrigações juntas, será necessário analisar o que é *instrumental* e o que é *principal* nessa relação jurídica entre as partes.[367]

Marcelo Baptista também entende que a prestação de serviço tributável pelo ISS é o esforço do prestador para realizar a prestação-fim, que está no centro da relação contratual, desde que não sirva apenas para dar nascimento a uma relação jurídica diversa entre as partes e não caracterize serviço tributável pelo Estado.[368] Segundo o autor: "O caminho imposto pelo sistema para a solução perseguida, o único que se apresenta, diga-se, é aquele que induz o intérprete a verificar a natureza jurídica da prestação-fim do contrato".[369]

---

365. TORRES, Heleno Taveira. ISSQN e Serviços de Impressão Gráfica por Encomenda. In: PINTO, Sergio Luiz de Moraes; MACEDO, Alberto; ARAÚJO, Wilson José (org). *Gestão Tributária Municipal e Tributos Municipais*, v. 2. São Paulo: Quartier Latin, 2011, p. 180.

366. CARRAZZA, Roque Antônio. *Reflexões sobre a obrigação tributária*. São Paulo: Noeses, 2010, p. 123.

367. ÁVILA, Humberto. *Parecer anexado aos autos da Adin no STF n. 4.413*, p. 10.

368. BAPTISTA, Marcelo Caron. *ISS: Do texto à norma*. São Paulo: Quartier Latin, 2005, p. 286.

369. Ibidem, p. 299.

Nessa linha, é frequente o uso de expressões como "núcleo do negócio jurídico",[370] "essência da atividade",[371] "intimidade do ato jurídico",[372] como elementos que identificam a finalidade do negócio jurídico e a natureza da obrigação, separando-se, portanto, a atividade-meio da atividade-fim.

Um exemplo pode ilustrar o critério. Em relação à hipótese do serviço gráfico previsto no subitem 13.05 da lista de serviços da LC n. 116/2003[373], sabe-se que a atividade pode ser contratada de maneira autônoma, de modo que o prestador apenas se obriga a confeccionar impressões gráficas em embalagens pré-fabricadas; mas pode também ser contratada como um elemento do negócio de fabricação de embalagens. No primeiro caso, a hipótese de incidência corresponde à atividade-fim; no segundo, pode ser caracterizada como uma atividade-meio.

Para Betina Grupenmacher, a atividade gráfica prevista no item 13.05 da LC n. 116/2003 não autoriza a incidência do ISS em todos os casos: "Para que se opere a incidência e seja devido o tributo, o serviço gráfico deve ser o objeto da

---

370. GRECO, Marco Aurélio. ICMS x ISS: Fabricação de embalagens sob encomenda; incidência do ICMS. *Revista Fórum de Direito Tributário*. Belo Horizonte. v. 8. n. 47, set.-out., 2010, p. 37.

371. Simone Barreto: "há que se identificar qual a essência da atividade, é dizer, qual a atividade para a qual o agente foi contratado e que espera o contratante seja realizada. Esse é o critério jurídico a ser levado em consideração pelo intérprete na identificação do ente tributante competente. Sendo o fim contratado o fazer, estar-se-á diante de uma prestação de serviço. Diversamente, sendo contratada a entrega de algo, no exercício da mercancia, ter-se-á uma operação de circulação de mercadoria". BARRETO, Simone Rodrigues Costa. *Mutação do Conceito Constitucional de Mercadoria,* 2014. Tese (Doutorado em Direito) – Pontifícia Universidade Católica, São Paulo, 2014, p. 172.

372. Marcelo Batista: "Ingressando-se na intimidade do ato jurídico é que será possível identificar o seu objeto como prestação de dar ou de fazer. Em outras palavras, o ato jurídico revela a natureza da prestação-fim." BAPTISTA, Marcelo Caron. *ISS: Do texto à norma*. São Paulo: Quartier Latin, 2005, p. 299-300.

373. 13.05 – Composição gráfica, fotocomposição, clicheria, zincografia, litografia, fotolitografia.

relação negocial, deve ser, portanto, atividade-fim".[374] O que ocorre neste caso é mera "aparência de subsunção do fato, 'personalização de embalagens', à regra-matriz de incidência do ISS",[375] e entende a autora que a competência dos municípios para gravarem serviços tributáveis limita-se às atividades econômicas que se constituem, apenas, como o fim do negócio.

No mesmo sentido, é oportuno mencionar o parecer de Marco Aurélio Greco decorrente da consulta da Associação Brasileira de Embalagem. Ao tratar da mesma atividade (item 13.05 da lista), observa que o serviço apenas pode constituir hipótese de incidência de ISS quando for contratado como objeto autônomo, pois caso constitua atividade-meio para a produção de certa mercadoria, não incide o imposto municipal, porquanto "[...] as atividades-meio não configuram objetos autônomos (posto que são partes de um conjunto qualificado pela atividade-fim ou pelo objeto final adquirido) e não têm causa jurídica autônoma, pois não são contratadas isoladamente enquanto tal". Para concluir que a atividade-meio "foi autonomizada (e, portanto, seja tributável *per se*), é necessário que isto resulte claramente da atividade material realizada e do pacto celebrado e não de presunções ou intuições do Fisco".[376]

As consequências levadas a efeito pela possibilidade de serem tributadas atividades-meio realmente chamam a atenção quando deparamos com a advertência do precitado autor ao observar que praticamente todos os objetos do mundo físico possuem alguma impressão (teclado de computador,

374. GRUPENMACHER, Betina Treiger. Tributação na Atividade-meio no Processo Industrial. In: CARVALHO, Ana Carolina Papacosta Conte et al. *Congresso Nacional de Estudos Tributários*. Derivação e Positivação no Direito Tributário. São Paulo: Noeses, 2011, p. 199

375. Ibidem, p. 198.

376. GRECO, Marco Aurélio. ICMS x ISS: Fabricação de embalagens sob encomenda; incidência do ICMS. *Revista Fórum de Direito Tributário*. Belo Horizonte. v.8. n.47, set./out., 2010, p. 199.

aparelho telefônico, impressora etc.), de tal modo que não se poderia conceber que a produção de todos esses bens fosse gravada com ISS.[377]

Enfim, com este critério proposto busca-se verificar se o objeto da obrigação é o produto final, ocasião em que as atividades-meio não assumirão a condição de objeto autônomo que leve a uma tributação autônoma. Para Marco Aurélio Greco, a autonomização da atividade-meio pressupõe a reunião de alguns requisitos, dentre os quais enumera dois: a) objeto autônomo; e b) causa jurídica autônoma.[378] E, ainda sobre o problema da atividade gráfica, conclui que tais atividades só podem ser tributadas pelo ISS quando "tenham sido autonomamente contratadas em função de uma causa jurídica distinta da causa jurídica da compra ou fornecimento dos objetos físicos aos quais a impressão gráfica se agregue".[379]

O critério "atividade-meio" e "atividade-fim", em rigor, que mais se revela como um subcritério da distinção entre obrigação de fazer e obrigação de dar do que um novo critério, foi acatado também por Misabel Derzi,[380] José Roberto Vieira,[381] José Eduardo Soares de Melo[382] e outros.

---

377. Ibidem, p. 199-200.

378. Ibidem, p. 198-199.

379. GRECO, Marco Aurélio. ICMS x ISS: Fabricação de embalagens sob encomenda; incidência do ICMS. *Revista Fórum de Direito Tributário*. Belo Horizonte. v.8. n.47, .179-208, set./out., 2010, p. 198-199.

380. Misabel Derzi: "se a atividade-fim está sujeita ao ISS, tributa-se, também a acessória, mas se, ao contrário, a atividade acessória ou instrumental integra a atividade-fim isenta ou sujeita a tributo de alheia competência, é intributável pelo Município". DERZI, Misabel apud BALEEIRO, Aliomar. *Direito Tributário Brasileiro*. 12 ed. Rio de Janeiro, Forense, 2013, p. 511.

381. VIEIRA, José Roberto, O Papel da Lei Complementar no Estabelecimento das Fronteiras IPI x ISS: Óculos para Macacos. In: MOREIRA, André Mendes et al. (orgs.). *Sistema Tributário Brasileiro e as Relações Internacionais*. São Paulo: Noeses, 2013, p. 573.

382. MELO, José Eduardo Soares de. *Aspectos Teóricos e Práticos do ISS*. São Paulo: Dialética, 2001, p. 39.

3.4.3 Encomenda e personalização

Apresentando-se também como um subcritério da distinção entre obrigação de fazer e de dar, temos o critério da encomenda e personalização, muito usado para distinguir as atividades relativas à industrialização sob encomenda.

Roque Antônio Carrazza defende que, nessas situações, deveria prevalecer a "confecção sob encomenda" realizada de acordo com as características atribuídas pelo tomador. Para o autor, se o bem material foi elaborado sob encomenda e de acordo com especificações e necessidades do tomador, torna-se um produto único e com características próprias, tributável exclusivamente pelo ISS. "A obrigação em tela é de fazer algo, isto é, de prestar um serviço, que se consubstancia na entrega, a um tomador certo e perfeitamente identificado, de um produto único, feito sob encomenda".[383]

O citado autor defende que o IPI se diferencia do ISS não pelo tipo de esforço humano ou pela dificuldade em realizá-lo, mas pela prática de operações jurídicas que implicam um dar algo corpóreo, que não decorra de encomenda específica do adquirente e que resulte na transferência da titularidade de um produto industrializado.[384]

Embora não se confundam, o autor reconhece que os fenômenos da industrialização e da prestação de serviços apresentam pontos de tangência, ainda mais quando ocorre a chamada *industrialização por encomenda*, conforme as necessidades específicas de quem o contratou. E, nesse campo, defende que quando a produção é personalizada (e não comercializada), o único tributo devido é o ISS.[385]

---

383. CARRAZZA, Roque Antônio. *Reflexões sobre a obrigação tributária*. São Paulo: Noeses, 2010, p. 128.

384. CARRAZZA, Roque Antônio. *Reflexões Sobre a Obrigação Tributária*. São Paulo: Noeses, 2010, p. 147-148.

385. Ibidem, p. 147.

Sob a mesma ótica, Marçal Justen Filho vincula ao conceito de industrialização a padronização e massificação, confrontando-o com a prestação de serviços que se vincula à notação de atuação personificada e individualizada, não massificada.[386] Para o autor, industrializar é o conceito que reúne a alteração da configuração de um bem material e a padronização e massificação; prestação de serviços é a produção de utilidades específicas e peculiares. O ponto principal da distinção reside não na forma de estruturar a atividade, senão na natureza de cada atuação, considerada isoladamente.[387]

Misabel Derzi trilha a mesma vereda, utilizando-se do comentado critério ao afirmar que os serviços de encomenda, embora com transformação do produto, assim como a empreitada industrial, configuram típicas execuções de obrigações de fazer, personificadas, somente tributáveis pelo ISS. No mais, afirma que a obrigação de dar se sobrepõe quando o fazer industrial implicar a criação de um produto-tipo, representativo de uma série e que atenda às necessidades de massa, não às específicas e individuais. No ISS o fazer é central e o serviço, mesmo corporificado em materiais, ajusta-se às necessidades peculiares do usuário, sendo, assim, personalizados.[388]

Cristiano Carvalho manifesta-se no mesmo sentido e aduz que qualquer produto feito sob encomenda, ainda que industrializado, consubstancia-se numa obrigação de fazer, estando sujeito ao ISS. Para o autor, existem basicamente duas modalidades de prestação de serviço: a mera atividade do prestador, descomprometida com algum resultado final; e o contrato de serviço por empreitada, em que a entrega do bem é requisito para concluir a prestação. A encomenda de bens específicos, ainda que produzidos por uma indústria, é tributável pelo ISS,

---

386. JUSTEN FILHO. Marçal. *O Imposto sobre Serviços na Constituição*. 1985. Dissertação (Mestrado em Direito). Pontifícia Universidade Católica de São Paulo, São Paulo, 1985, p. 133.

387. Ibidem, p. 134.

388. DERZI, Misabel apud BALEEIRO, Aliomar. *Direito Tributário Brasileiro*. 12 ed. Rio de Janeiro, Forense, 2013, p. 496.

pois a obrigação em tela é de fazer algo.[389]

No mesmo sentido, Clélio Chiesa defende que a hipótese de incidência do IPI não pode abranger a atividade de transformação desenvolvida de modo personalizado visando a atender as necessidades de determinado adquirente.[390] Para o autor, o IPI pressupõe uma atividade humana com o objetivo de produzir um bem a ser colocado indistintamente no comércio, enquanto o ISS se caracteriza "essencialmente pela especificidade, ou seja, a prestação de serviço demanda um 'esforço humano personalizado', que pode ou não culminar com a entrega de um bem corpóreo ou mesmo na aplicação de materiais".[391] E arremata: nas industrializações sob encomenda, "entendido este como sendo aquele em que alguém assume o compromisso, com ou sem o fornecimento do material, de confeccionar certo produto consoante às especificações exigidas pelo contratante, somente pode ser submetido à tributação por meio do ISS".[392]

No mesmo sentido: Fabiana Del Padre Tomé,[393] Marcelo Caron Baptista,[394] Ana Azevedo,[395] Luiza Nagib,[396] Gustavo Ma-

---

389. CARVALHO, Cristiano. O IPI e a Industrialização por encomenda. In: PEIXOTO, Marcelo Magalhães (coord.). *IPI – Aspectos jurídicos relevantes*. São Paulo: Quartier Latin, 2003, p. 54-55.

390. CHIESA, Clélio. Industrialização sob Encomenda – Incidência de ISS, IPI, ICMS ou nenhum desses impostos? In: ROCHA, Valdir Oliveira (coord.). *Grandes questões atuais do Direito Tributário*. São Paulo: Dialética, 2005, p. 63

391. Ibidem, p. 66

392. Ibidem, p. 73.

393. Segundo Fabiana Del Padre Tomé: "Esse é um critério para ser aplicado a cada situação – se se está diante de algo efetivamente personalizado e, portanto sujeito ao ISS, ou algo massificado e, portanto industrializado, sujeito ao IPI e ao ICMS". TOMÉ, Fabiana Del Padre. *Revista de Direito Tributário*. São Paulo, n. 119, 2013, p. 82.

394. BAPTISTA, Marcelo Caron. *ISS: Do texto à norma*. São Paulo: Quartier Latin, 2005, p. 318-319.

395. AZEVEDO, Ana Jenn Mei Shu; RENZETTI, Maria Eugênia Rey Rocha Pinto. Conflito de Competência entre Estados e Municípios. In: DACOMO, Natalia de Nardi; MACEDO, Alberto (coords.). *ISS pelos conselheiros julgadores*. São Paulo: Quartier Latin do Brasil, 2012, p. 59.

396. Luiza Nagib também se filia à corrente na qual a industrialização sob

sina,[397] Kioshi Harada,[398] André Malta Martins,[399] Rodrigo Mineiro Fernandes,[400] Silvia Saroa[401] e outros.

---

encomenda está sujeita à incidência do ISS, "pois não se trata de uma mera compra e venda, mas sim uma encomenda específica, personalizada, é uma prestação de serviços (obrigação de fazer) em sua essência. Portanto, incide ISS". NAGIB, Luiza. *IPI - Critério Material,* 2010. Tese (Doutorado em Direito). Pontifícia Universidade Católica de São Paulo, São Paulo, 2010, p. 103.

397. Gustavo Masina: "Mesmo aqueles serviços que obrigatoriamente exijam um *corpus mechanicum* somente se prestam à incidência do ISSQN se forem encomendados especificamente por determinado cliente, de acordo com suas particulares exigências e/ou necessidades: o foco está no fazer, não no dar. A especificidade da encomenda do serviço, que deve ser adequado às necessidades e particularidades de cada cliente, permite a incidência do ISSQN e afasta a do IPI". MASINA, Gustavo. *ISSQN: Regra de competência e Conflitos Tributários,* 2008. Dissertação (Mestrado) - Universidade Federal do Rio Grande do Sul, Porto Alegre, 2008, p. 81-82.

398. Kioshi Harada: "Na chamada produção por encomenda, feita a partir das especificações ditadas por determinado cliente, sobressai-se a característica de ser o produto encomendado o único do mesmo gênero, ou seja, a produção encomendada é personalizada. (...) Nesses casos, há incidência do ISS, pouco importando quem tenha fornecido a matéria prima (...)".HARADA, Kiyoshi. Industrialização por Encomenda. Enfoque Prático para Distinguir IPI-ICMS do ISS. In: SARAIVA FILHO, Oswaldo Othon de Pontes; VALADÃO, Marcos Aurélio Pereira. IPI - Temas Constitucionais Polêmicos. Belo Horizonte: Fórum, 2009, p. 388.

399.MARTINS, André Malta. Não incidência do ICMS sobre as vendas de produtos manipulados em farmácias magistrais. *Revista Tributária e de Finanças Públicas.* São Paulo, v. 42, p. 52 e ss.
MARTINS, Ives Gandra da Silva; BASTOS, Celso Ribeiro. *Comentários à Constituição do Brasil (Promulgada em 5 de Outubro de 1988).* São Paulo: Saraiva, 1990, p. 52 e ss.

400. Rodrigo Mineiro Fernandes: "As atividades de manipulação quando realizadas em caráter pessoal, personalizada e individualizada, decorrentes de encomenda, confeccionadas nos termos da prescrição, observando as necessidades de cada paciente, na quantidade prevista para a duração do tratamento e nas dosagens de melhor resultado terapêutico e de dispensação, definidas como "o ato do farmacêutico de orientação e fornecimento ao usuário de medicamentos, insumos farmacêuticos e correlatos, a título remunerado ou não", encontram-se dentro do campo de incidência do Imposto sobre Serviços de Qualquer Natureza, visto que se enquadram no conceito de Serviços Farmacêuticos constante da lista anexa à LC n. 116/2003". FERNANDES, Rodrigo Mineiro. A tributação dos serviços farmacêuticos na farmácia de manipulação. *Revista Tributária e de Finanças Públicas.* São Paulo, v. 57, jul. 2014, p. 121.

401. SAROA, Silvia Vieira. As distinções entre a Materialidade do IPI, ICMS, ISSQN e a Solução de Conflitos de Competência. In: SILVA, Paulo Roberto Coimbra; BERNARDES, Flávio Couto; FONSECA, Maria Júlia (Coord.). *Tributação sobre o consumo.* São Paulo: Quartier Latin, 2008, p. 413.

3.4.4 Destinação do produto

Além dos autores que comungam da validade do critério das obrigações de dar e fazer e dos seus "subcritérios" (atividade-meio e atividade-fim; encomenda e personalização), para descortinar a materialidade dos fatos jurídicos tributários relativos ao ISS, ICMS e IPI, há aqueles que focam a análise na questão da destinação do bem produzido – se para o comércio, industrialização ou se para o usuário final – estabelecendo um novo instrumental técnico para resolver conflitos de competência.[402]

Aqui é o destino do bem produzido que determinará se é caso de IPI e ICMS, de um lado, ou ISS, de outro. Se o bem é destinado à mercancia ou à industrialização, será objeto de ICMS e IPI, haja vista a condição de mercadoria que será consumida; se o bem adquirido visa facilitar ou permitir a prestação de serviço, trata-se de simples material, que poderá ser objeto apenas de ISS. Nessa linha, a "destinação do material que se recebe para executar o serviço é essencial para a incidência do imposto pertinente."[403]

---

402. Percebe-se que os autores que adotam o critério de "encomenda e personalização", em sua maioria, entendem que a destinação é absolutamente irrelevante para apartar as incidências do IPI e ISS.
Clélio Chiesa: "Infere-se, portanto, que o elemento destinação não é aspecto determinante da materialidade do IPI, ICMS e ISS, pois é irrelevante a destinação do bem produzido sob encomenda para efeito de definir a competência impositiva; interessa saber se houve uma operação de circulação de mercadoria, venda de produto industrializado ou uma prestação de serviço". CHIESA, Clélio. Industrialização sob Encomenda – Incidência de ISS, IPI, ICMS ou nenhum desses impostos? In: ROCHA, Valdir Oliveira (coord.). *Grandes questões atuais do Direito Tributário*. São Paulo: Dialética, 2005, p. 73.
Idêntica conclusão pode-se notar na obra de Ana Azevedo, para quem, sendo relevante apenas a questão de serem ou não serviços gráficos personalizados e sob encomenda, pois "o destino posterior dado à embalagem ou rótulo pronto é irrelevante, face à anterior ocorrência do fato gerador do ISS". AZEVEDO, Ana Jenn Mei Shu; RENZETTI, Maria Eugênia Rey Rocha Pinto. Conflito de Competência entre Estados e Municípios. In: DACOMO, Natalia de Nardi; MACEDO, Alberto (coords.). *ISS pelos conselheiros julgadores*. São Paulo: Quartier Latin do Brasil, 2012, p. 59.

403. RODRIGUES. Juan José Carro. *Fatos Geradores confrontantes* – Colisões entre IPI-ISS-ICMS e outros impostos, 1988. Dissertação (Mestrado em Direito). Universidade de São Paulo, São Paulo, 1988, p. 250.

É justamente o mesmo critério que era estabelecido pelo DL n. 406/68, nos itens 43[404] e 47[405] (redação original), e no item 72[406] (com a redação instituída pela LC n. 57/86), mas que foi suprimido pela LC n. 116/2003 (itens 14.01, 14.04 e 14.05).

Para Humberto Ávila, que se vale do mesmo critério, é essencial para caracterizar um serviço alvo do ISS haver um usuário final como destinatário. O encomendante do serviço precisa, no caso, ser seu consumidor final, aquele que irá usufruir diretamente do bem contratado. Se assim não for, estar-se-á diante de um produto ou mercadoria (alvo de IPI ou ICMS) e não de um serviço, alvo de ISS.[407]

José Eduardo Soares de Mello aduz que a tributação pelo ISS somente pode ocorrer após o término do ciclo de produção, comercialização ou quando a prestação do serviço for realizada por encomenda definitiva do usuário final.[408] Segundo o autor, nosso ordenamento concebe um modelo tributário que se alinha ao ciclo operacional de bens: produção (IPI), circulação (ICMS) e consumo (ISS). O legislador municipal só poderia tributar etapa posterior à industrialização, comercialização e transporte.[409] Em outra obra: "Diversas atividades (itens 14.06 e 14.09 da LC n. 116/2003) só são consideradas serviços se forem prestadas a 'usuário final', numa evidência de

---

404. 43. Pintura (exceto os serviços relacionados com imóveis) de objetos não destinados a comercialização ou industrialização.

405. 47. Beneficiamento, lavagem, secagem, tingimento, galvanoplastia, acondicionamento e operações similares, de objetos não destinados à comercialização ou industrialização.

406. 72. Recondicionamento, acondicionamento, pintura, beneficiamento, lavagem, secagem, tingimento, galvanoplastia, anodização, corte, recorte, polimento, plastificação e congêneres, de objetos não destinados à industrialização ou comercialização;

407. ÁVILA, Humberto. *Parecer anexado aos autos da Adin no STF n. 4.413*, p. 15.

408. MELO, José Eduardo Soares de. IPI e ISS – Conflito de Competência. In: PEIXOTO, Marcelo Magalhães; MELO, Fábio Soares de (coords.). *IPI* – Questões fundamentais. São Paulo: MP, 2008, p. 57.

409. Ibidem, p. 57.

que, constituindo meras etapas intermediárias da produção ao consumo, não poderá incidir o ISS".[410]

No mesmo caminho dos autores citados, Heleno Torres afirma que é o "destino (o fim) conferido ao bem pode determinar se se trata de 'serviço tributável' ou serviço que se integra à mercadoria em circulação, como corresponde ao caso de 'industrialização por encomenda'".[411] Se destinado à circulação e mercancia, será objeto da tributação por meio do ICMS. Por outro lado, se o serviço tem como propósito permitir a composição da mercadoria, de serviço isolado já não se trata.[412] Para o autor, mesmo que a lei complementar não estabeleça essa distinção, "somente estão no campo de incidência tributária dos Municípios os serviços prestados de modo pessoal, *para o consumidor final*; nunca quando tais serviços correspondem a uma etapa na cadeia de industrialização".[413]

Analisando a polêmica questão da competência para tributar serviços de manipulação de medicamentos, Hugo de Brito Machado sugere que "consideremos a destinação dessa coisa móvel, desse produto".[414] Se o destinatário do bem for quem so-

---

410. MELO, José Eduardo Soares de. Regime Constitucional do ISS. In: TÔRRES, Heleno Taveira (coord.). Tratado de Direito Constitucional Tributário. *Estudos em homenagem a Paulo de Barros Carvalho*. São Paulo: Saraiva, 2005, p. 662.

411. TÔRRES, Heleno Taveira. ISSQN e Serviços de Impressão Gráfica por Encomenda. In: PINTO, Sergio Luiz de Moraes; MACEDO, Alberto; ARAÚJO, Wilson José (org). *Gestão Tributária Municipal e Tributos Municipais*, v. 2. São Paulo: Quartier Latin, 2011, p. 173.

412. Ibidem, p. 173.
No caso, Heleno Tôrres analisa a atividade de impressão de manuais e folhetos que acompanham produtos industrializados. Para o autor o "fim da 'industrialização por encomenda' é servir como etapa de elaboração de produto que se integra ao bem industrializado, na cadeia de não cumulatividade (IPI e ICMS), e não mero serviço gráfico isolado". Em outro trecho: "A impressão de manuais que integram o produto final configura-se verdadeira industrialização por encomenda". Ibidem, p. 176 e 191.

413. TÔRRES, Heleno Taveira. ISSQN e serviços de impressão gráfica por encomenda. In: PINTO, Sergio Luiz de Moraes; MACEDO, Alberto; ARAÚJO, Wilson José (org). *Gestão Tributária Municipal e Tributos Municipais*, v. 2. São Paulo: Quartier Latin, 2011, p. 176.

414. MACHADO, Hugo de Brito. ISSQN ou ICMS na manipulação de medicamen-

licitou a manipulação do medicamento, incide ISS; se for destinado ao comércio, o produto é mercadoria e o imposto incidente será o ICMS.[415]

Em outra obra, o referido autor aplica o mesmo raciocínio quando trata das operações de restauração, conserto e beneficiamento de produtos, realizadas mediante galvanoplastia (item 14.05 da lista anexa à LC n. 116/2003), asseverando que podem configurar *industrialização* quando o produto for destinado à comercialização ou *prestação de serviços* quando realizadas para o próprio usuário. É serviço o conserto de objeto de propriedade de um usuário, sem que tal objeto se destine ao comércio. É industrialização o mesmo conserto de um objeto idêntico que se destine ao comércio.[416]

Por vezes, os autores que adotam esse critério argumentam que a incidência do ISS, em detrimento do ICMS e do IPI, ocasiona distorções no sistema da não cumulatividade desses impostos. Assim, o prestador e o destinatário não teriam direito a crédito do imposto na aquisição de insumos, colidindo-se com o "princípio" da não cumulatividade, com a consequente oneração do preço dos bens a serem consumidos.

Inferimos existir, nessa corrente, uma abordagem principiológica que, querendo ou não, eleva o princípio constitucional da não cumulatividade ao plano de princípio geral do sistema tributário, de tal modo que não direcionaria e limitaria apenas as regras de nascimento e extinção do crédito tributário do ICMS e IPI, como também operaria no campo da incidência do ISS. Somente admitindo-se tal premissa é que o princípio da não cumulatividade do ICMS poderia ser aplicado a operações que se encontram em áreas limítrofes entre as fronteiras da competência tributária.

---

tos. *Revista Dialética de Direito Tributário*. São Paulo. n.178, jul. 2010, p. 98-99.

415. Ibidem, p. 98-99.

416. MACHADO, Hugo de Brito. Restaurações, conserto e beneficiamento de produtos: Impossibilidade de incidência do IPI e o ISS sobre o mesmo fato. *Revista Dialética de Direito Tributário*. São Paulo. n.128, maio, 2006, p. 37-38.

Vemos na análise de Marco Aurélio Greco, para quem esse critério não é primordial na solução do conflito, que a incidência do ISS, quando o produto será destinado à comercialização ou à industrialização, fere a neutralidade do ICMS no ciclo econômico.[417] Segundo o autor, a introdução de um imposto não cumulativo (ISS) no ciclo econômico de mercadorias "gera uma distorção na não cumulatividade do ICMS; a rigor, frustra o objetivo constitucional desse mecanismo (diluir a exigência do ICMS por todo o ciclo econômico de circulação de mercadorias)".[418]

Ao tratar dos serviços de composição gráfica, Alcides Jorge Costa argumenta no mesmo sentido: "submeter à incidência do ISS todos os impressos personalizados, até mesmo rótulos e etiquetas, leva a um efeito cumulativo que não se compadece com a estrutura do ICMS, nem com a do ISS".[419]

---

417. No mesmo sentido sobre a inviabilização do princípio da não cumulatividade na tributação do setor gráfico por meio do ISS: "Focando-se o tratamento tributário do ISS, dispensado pelo município de São Paulo ao setor gráfico, não resta dúvida de que por intermédio de instrumento infralegal, como simples portaria, no caso, a de n. 42/95, em vigor, foram invadidas as competências tributárias da União Federal e dos Estados, em outras palavras, a do IPI e ICMS, quebrando, senão inviabilizando, também, o princípio da não cumulatividade, ao longo de toda cadeia produtiva e comercial, atingindo não só a indústria gráfica como os demais setores industriais, clientes do referido setor". MORANDO, Thais Helena. Confecção de embalagens, rótulos, etiquetas e bulas – conflito de competências ISS x IPI e ICMS. In: CARRAZA, Elizabeth Nazar (coord.). *ICMS – Questões Atuais*. São Paulo: Quartier Latin, 2007, p. 218.

418. GRECO, Marco Aurélio. ICMS x ISS: Fabricação de embalagens sob encomenda; incidência do ICMS. *Revista Fórum de Direito Tributário*. Belo Horizonte. v.8. n.47, set.-out, 2010, p. 204.
O autor também menciona o princípio da solidariedade como fundamento para resolver o conflito de competência. Em suas palavras: "um dos elementos fundamentais do desenho constitucional é o caráter solidário de que se reveste a Federação (...). Na medida em que o valor da solidariedade corresponde a um dos pilares da Federação, então, diante de duas interpretações alvitradas em relação a determinado dispositivo constitucional ou conjunto normativo, a melhor interpretação será aquela que prestigiar esse valor e não a que o contrariar. Ora, na hipótese examinada, concluir tratar-se de situação sujeita ao ICMS melhor atende ao valor da solidariedade, posto que o ICMS é um imposto partilhado entre Estados e Municípios, cabendo a estes 25% do respectivo produto da arrecadação". Ibidem, p. 202.

419. COSTA, Alcides Jorge. *Estudos sobre IPI, ICMS e ISS*. São Paulo: Dialética, 2009, p. 100.
Segue o autor: "Se fica sujeito ao ISS, não tem crédito de ICMS nem o transfere a seus clientes. Estes terão suas operações de circulação de mercadorias sujeitas ao

Enfim, esse critério, adotado "provisoriamente" pelo STF ao julgar a Medida Cautelar na ADI n. 4.389[420], opta pelo ICMS e IPI quando o serviço estiver no meio do ciclo produtivo. Sem querer adiantar as críticas ao presente critério, entendemos que ele se choca com os critérios anteriores, já que duas atividades idênticas realizadas pelo prestador e que, no bojo do contrato, configuram uma típica obrigação de fazer, serão distinguidas de acordo com o destino do bem.

Assim, uma empresa que fabrica móveis e os destina a outra empresa atacadista ou varejista, para posterior revenda, deve sofrer a tributação do ICMS e do IPI. De outro lado, se o idêntico "esforço humano" for empreendido para fabricar um móvel que será vendido a um consumidor final, eventualmente até o mesmo atacadista ou varejista, incide o ISS. O exemplo já nos indica a dificuldade na sua aplicação e, especialmente, na fiscalização por parte dos entes políticos interessados.

O critério da destinação a cada dia ganha mais adeptos, como identificamos nas lições de Sergio Pinto Martins,[421] Heron Arzua,[422] Juan José Carro Rodríguez,[423] Natália de Nardi

---

ICMS que, sendo calculado sobre o preço, vai atingir também o custo dos rótulos. O preço destas terá, certamente, levado em conta o ICMS não transferido, de modo que sobre esta parcela do ICMS, integrada ao preço da mercadoria, vai também recair esse imposto e daí resultará cumulatividade". COSTA, Alcides Jorge. *Estudos sobre IPI, ICMS e ISS*. São Paulo: Dialética, 2009, p. 100.

420. ADI n. 4.389 do STF.

421. Sergio Pinto Martins: "se os objetos são destinados à industrialização ou comercialização, não há incidência do ISS, mas sim de IPI ou ICMS. O beneficiamento, pintura, anodização etc., devem ser feitos ao usuário final do serviço, que o encomenda. Se o serviço é prestado pelo comerciante ou industrial que vende ou explora o objeto beneficiado, pintado, anodizado etc., haverá incidência do IPI ou do ICMS". MARTINS, Sérgio Pinto. *Manual do Imposto sobre Serviços*. São Paulo: Malheiros, 1998, p. 250.

422. Heron Arzua: "o ISS aparece na hipótese de realizado para utentes e não no ciclo da produção ou comercialização, quando o imposto cabível é o federado." ARZUA, Heron. Fabricação e instalação de elevadores – ICMS e ISS. *Revista Dialética de Direito Tributário*. São Paulo. n.49, out, 1999, p. 124.

423. Juan José Carro Rodríguez assevera que quando há incidência do IPI e ICMS

Dácomo,[424] Júlio Maria de Oliveira e Juliana Mari Tanaka,[425] Ricardo Ribeiro,[426] Gustavo Brigadão,[427] Walmir Becker,[428]

---

há exclusão do ISS, de modo que para sanar eventuais conflitos de competência há que se considerar como traço distintivo entre a industrialização e a prestação de serviços a destinação ou utilização dada ao produto pelo encomendante. E acrescenta: "*a expressão a usuários ou a consumidores finais está ligada ao ISS desde o seu surgimento*". RODRIGUES. Juan José Carro. *Fatos Geradores confrontantes - Colisões entre IPI-ISS-ICMS e outros impostos*, 1988. Dissertação (Mestrado em Direito). Universidade de São Paulo - USP, 1988, p. 232.

424. Para Natália de Nardi Dácomo o fator que diferencia o ISS do IPI é a destinação do produto: "o que caracteriza a operação como industrial e, consequentemente, como fato jurídico tributário do IPI é a destinação do produto. [...] Entretanto, se tais atividades forem realizadas sem destinação comercial, mas produzidas diretamente para o consumidor final, trata-se de uma prestação de serviços. Tal critério surge da necessidade de se garantir o princípio constitucional da não cumulatividade. O fato que vai diferenciar será a industrialização do serviço, portanto, a quem é o destinatário do produto. Produto destinado ao consumo final: ISS. Produto destinado ao comércio: IPI". DÁCOMO, Natália de Nardi. IPI e ISS: Conflitos de Competência. In: PEIXOTO, Marcelo Magalhães; MELO, Fábio Soares de (coords.). *IPI - Questões fundamentais*. São Paulo: MP, 2008, p. 295.

425. OLIVEIRA, Julio Maria de; TANAKA, Juliana Mari. IPI e ISS - Conflito de competência. In: PEIXOTO, Marcelo Magalhães; MELO, Fábio Soares de (coords.). *IPI - Questões Fundamentais*. São Paulo: MP, 2008, p. 100-104.

426. RIBEIRO, Ricardo Lodi; LOPES, Lívia Pinheiro. A industrialização por encomenda e os conflitos de competência entre o IPI e o ISS. *Revista Fórum de Direito Tributário*. Belo Horizonte. v. 9. n. 54, nov.-dez, 2011, p. 125.

427. Gustavo Brigagão entende que a competência dos Municípios, desde a CF/67, sempre foi residual no que implica reconhecer que é vedada a tributação de atividades que sejam realizadas nas etapas que integram o ciclo industrial, ou seja, que destinem produtos para novas fases de comercialização ou industrialização. BRIGAGÃO, Gustavo. Municípios tentam tributar industrialização por encomenda. *Revista Consultor Jurídico*, 21 mar 2012, p. 3. Em outra obra mantém a mesma posição: BRIGAGÃO, Gustavo; REZENDE, Condorcet. Definição dos limites de competência tributária em matéria de industrialização por encomenda, à luz da LC n. 116/03. In: MARTINS, Ives Gandra da Silva. PEIXOTO, Marcelo Magalhães. ISS - LC n. 116/2003. Curitiba: Juruá, 2004, p. 122.

428. Entende Walmir Becker que há "invasão de competência dos Municípios na tributação de operações de industrialização por encomenda quando os objetos ou bens a ela submetidos venham a passar por nova etapa de industrialização, ou, ainda, quando sejam desde logo comercializados". Adotando-se essa linha, portanto, admite que os serviços de industrialização descritos no subitem 14.05 da Lista de Serviços da LC n. 116/2003, quando forem produzidos para se destinarem à nova etapa de industrialização ou ao comércio, sujeitam-se ao IPI, em detrimento do ISS. BECKER, Walmir Luiz. A industrialização sob encomenda e as orientações da Receita Federal do Brasil sobre o cabimento de incidências simultâneas do ISS e do

Graciela Beatriz Carpio,[429] Pedro Fensterseifer e Vicente Brasil Jr.,[430] Hélio Barthem Neto,[431] Rafael Nichele,[432] Thales Michel Stucky,[433] Ian de Porto Alegre Muniz,[434] Hugo Barroso

---

IPI sobre essa operação. *Revista Dialética de Direito Tributário*. São Paulo. n. 215, ago, 2013, p. 167 e 179.

429. Graciela Beatriz Carpio: "Conclui-se que o exame da incidência do ISS ou do IPI e do ICMS, na atividade de beneficiamento feita por encomenda, depende do efetivo destino do produto beneficiado que será dado pelo encomendante". CARPIO, Graciela Beatriz. Atividade de Beneficiamento - Conflito de Competências - ISSQN x IPI e ICMS. In: BRASIL JR., Vicente (coord.). *Questões Práticas do ISS*, 2011, p. 220.

430. FENSTERSEIFER, Pedro; BRASIL JR., Vicente. Fronteiras entre o IPI e o ISS - Proposta de estudo de um caso concreto. In: BRASIL JR., Vicente (Coord.). *IPI - Questões Atuais*. Curitiba: Juruá, 2006, p. 24.

431. Hélio Barthem Neto: "Estando inserida no ciclo de produção de um bem, a atividade será considerada industrialização, cujo resultado é um produto industrializado tributável pelo IPI, objeto de um negócio jurídico; nas hipóteses em que tais atividades forem exercidas de forma personalizada, sob encomenda ou para atender às necessidades de usuário final, tratar-se-á de prestação de serviço, tributável apenas pelo ISS". BARTHEM NETO, Hélio. LC n. 116/03 - Conflitos de incidência entre o ISS e o IPI. *Revista Dialética de Direito Tributário*. São Paulo. n.123, dez. 2005, p. 46.

432. Rafael Nichele: "É essencial à incidência do ISS que o tomador do serviço seja o usuário final. Com efeito, aquele que encomenda um serviço é exatamente quem usufrui dele. O critério do destinatário final é extraído da legislação infraconstitucional sobre a matéria, existente quando promulgada a Constituição de 1988 e que, por isso, serviu de critério para os sentidos que foram constitucionalmente incorporados." NICHELE, Rafael. A transformação como modalidade da industrialização por encomenda - A não incidência do ISSQN após a Lei Complementar 116/2003. In: BRASIL JR., Vicente (coord.). *Questões Práticas do ISS*. São Paulo: Ônixjur Publicações Jurídicas, 2011, p. 434-435.

433. Thales Michel Stucky entende que "se o autor da encomenda utilize o bem produzido sob encomenda para consumo próprio, se configura a ocorrência de uma prestação de serviço (...); caso o autor da encomenda utilize os bens produzidos sob encomenda para uma futura venda ou a envie para outra unidade industrial, se verifica a ocorrência de uma relação impessoal (...) ensejando a incidência do IPI". STUCKY, Thales Michel. O IPI e o ISS nos Contratos de Industrialização Sob Encomenda. In: BRASIL JR., Vicente (Coord.). *IPI - Questões Atuais*. Curitiba: Juruá, 2006, p. 85.

434. Para Ian de Porto Alegre Muniz, "o que diferencia uma prestação de serviços de uma industrialização por encomenda está em que na prestação de serviços haverá uma relação pessoal, customizada, individualizada, tendo por objeto bens que não integram o ciclo de circulação econômica, enquanto que na industrialização existe um processo massificado, repetitivo, homogêneo e não personificado, tendo por objeto bens que possuem a natureza de mercadoria". MUNIZ, Ian de Porto Alegre. Industrialização por encomenda e a Lei Complementar 116/2003. *Revista Tri-*

Uelze,[435] Alexandre Tavares,[436] Fernando Bonfá de Jesus,[437] Mara Eugênia Buonanno Caramico,[438] Cláudio Augusto Gonçalves Pereira[439] e Eduardo Gomes Plastina.[440]

---

butária e de Finanças Públicas. São Paulo, v. 63, p. 21. jul. 2005, p. 15.

435. UELZE, Hugo Barroso. O conflito IPI-ICMS-ISSQN e a industrialização por encomenda. *Revista de Estudos Tributários*. São Paulo, ano XVIII, n. 103, maio-jun. 2015, p. 220.

436. Alexandre Tavares, analisando o caso de beneficiamento têxtil (tinturaria), conclui que "o ISS não incide sobre serviços que constituem etapa do ciclo de industrialização ou comercialização (...). O ISS abrangerá os serviços executados em objetos destinados a uso e consumo do próprio encomendante, isto é, desde que não destinados à industrialização ou comercialização na etapa subsequente". TAVARES, Alexandre Macedo; DELGADO, José Augusto. Não incidência do ISS sobre a atividade de beneficiamento de produtos têxteis destinados a posterior comercialização ou industrialização pelos encomendantes. *Revista Dialética de Direito Tributário*. São Paulo, n. 204, set, 2012, p. 114.

437. JESUS, Fernando Bonfá de. *ICMS* – Aspectos pontuais. São Paulo: Quartier Latin, 2007, p. 128.

438. Mara Eugênia Buonanno Caramico, analisando os casos de atividades gráficas, entende que: "em todos os casos em que os impressos (embalagens, rótulos, bulas e etiquetas) servem e se destinam a acondicionar, identificar, atender a exigências legais e serão introduzidos como insumos ou materiais intermediários em um processo produtivo ou de comercialização, mesmo sendo produzidos por encomenda, e serem destinados apenas ao uso dos produtos de um determinado encomendante, não podem ser tributados pelo ISS, mas devem ser tributados pelo ICMS e pelo IPI, quando cabível, já que claramente provêm de uma atividade industrial". CARAMICO, Maria Eugênia Buonanno. Do conflito existente na tributação das embalagens, rótulos e bulas produzidas sob encomenda pelas industrias gráficas. *Revista de Direito Tributário Atual*. São Paulo, n. 27, 2012, p. 504.

439. Cláudio Augusto Gonçalves Pereira, quando trata do conflito de normas entre o ISS e o ICMS na indústria gráfica, apresenta o seguinte raciocínio: "Nesse sentido, a destinação dada ao bem ganha importância. De sorte que configura-se a prestação de serviço quando o núcleo do negócio jurídico é a própria obrigação de fazer e quando o bem não se destina à produção industrial ou à comercialização, assim, quando o próprio tomador é o usuário final. (...) O ICMS é imposto cujo pressuposto de fato corresponde ao ciclo econômico relativo à circulação de mercadorias ou à prestação de determinados serviços. [...] A existência de um ciclo econômico, estabelecido como pressuposto constitucional do tributo, atrai a competência estadual para a tributação da venda de mercadorias." PEREIRA, Cláudio Augusto Gonçalves. Conflito de normas entre o ISS e ICMS na indústria gráfica. In: PINTO, Sergio Luiz de Moraes; MACEDO, Alberto; ARAÚJO, Wilson José (org). *Gestão Tributária Municipal e Tributos Municipais*, v. 1. São Paulo: Quartier Latin, 2011, p. 122-123.

440. Eduardo Gomes Plastina, ao tratar do tema de conflito de competência entre o ICMS e o ISS também nas atividades gráficas: "Dentro da sistemática do direito

3.4.5 Lei complementar

O presente critério é certamente aquele que mais prestigia a função da lei complementar, colocando-a como instrumento primeiro, principal, e em certos aspectos, definitivo, para resolver os conflitos de competência entre os impostos em análise. Diz-se "primeiro", porque alguns autores[441] admitem recorrer à lei complementar, mas apenas naquelas situações em que os demais critérios não se mostrem capazes de clarear o problema. Outros sugerem sua atual irrelevância[442]

---

constitucional brasileiro, a melhor forma de justificação da preponderância entre a obrigação de fazer e de dar, sob o ponto de vista semântico e pragmático, é aquela que adota a destinação jurídico-econômica do bem: se este que for integrado no processo produtivo de caráter industrial terá sido objeto de industrialização e comercialização; e se for consumido pelo próprio encomendante terá sido objeto de prestação de serviço. No primeiro caso, o bem participa do ciclo econômico, na condição de insumo, produto intermediário ou material de embalagem de processo produtivo particular, integrando o produto fabricado, fazendo com que o núcleo do negócio jurídico entre o fornecedor e adquirente não seja eventual obrigação de fazer, mas, sim, obrigação de dar [...] Na segunda hipótese, o bem não participa do ciclo econômico, não se destina `integração em processo produtivo, tomando o núcleo do negócio jurídico entre fornecedor e adquirente não a obrigação de dar, mas, sim, a de fazer [...]." PLASTINA, Eduardo Gomes. Conflito de Competência entre o ICMS e o ISS e o Caso do Tratamento Tributário das Atividades Gráficas. In: BRASIL JR., Vicente (coord.). *Questões práticas do ISS*. São Paulo: Onixjur Publicações Jurídicas, 2011, p. 181-182.

441. Para Aires Barreto, ainda que o critério distintivo das obrigações de dar e fazer não possa ser descartado, nos casos excepcionais, *"nos quais, em tese, a unidade ontológica do fato seja insuperavelmente composta"*, estaria o legislador complementar autorizado a afastar o conflito mediante a adoção de critérios legais, os quais deverão se mostrar aqueles mais aptos a realizar os vetores constitucionais. BARRETO, Aires. *ISS na Constituição e na Lei*. 3 ed. São Paulo: Dialética, 2009, p. 238. José Roberto Vieira, na mesma linha, entende que "desde que evidentes as regiões enevoadas de atrito entre IPI e ISS, e desde que o legislador da Constituição destinou lei complementar específica para o tema, é óbvio que tal diploma, ao contemplar aquelas áreas fronteiriças, fatalmente atingirá o IPI, diga-o expressamente ou não, deseje-o ou não; e mesmo que, com todas as letras, manifeste intenção diversa, porque ao cientista nada importa a vontade do legislador, senão a da lei posta, objeto exclusivo do seu meditar". VIEIRA, José Roberto, O Papel da Lei Complementar no Estabelecimento das Fronteiras IPI x ISS: Óculos para Macacos. In: MOREIRA, André Mendes et al. (orgs.). *Sistema Tributário Brasileiro e as relações internacionais*. São Paulo: Noeses, 2013, p. 567.

442. Sacha Calmon entende que "até o presente momento, o Congresso Nacional não ativou a competência que lhe foi outorgada para traçar o perfil do ISS e

e inclusive que essa lei poderia ser eliminada.[443]

Percebemos que o prestigio da lei complementar para solucionar conflitos de competência passou por dois períodos distintos. Primeiramente, até os idos da década de 1980, por autores não diretamente influenciados pela chamada "Escola Científica da PUC/SP", então capitaneada por Geraldo Ataliba. Identificamos o recurso à lei complementar como critério decisivo nas lições de Aliomar Baleeiro,[444] Rubens Gomes de Sousa,[445] Ruy Barbosa Nogueira,[446] Ives Gandra da Silva Martins[447] e, de certa forma, José Souto Maior Borges.[448] Já

---

prevenir os conflitos de competência que poderiam ser engendrados pela sua proximidade com os fatos jurídicos do ICMS e do IPI". COELHO, Sacha Calmon Navarro. *Comentários à Constituição de 1988* – Sistema Tributário. 7 ed. Rio de Janeiro: Forense, 1998, p. 628.

443. Clélio Chiesa, em entendimento oposto, sugere, inclusive, eliminar a lei complementar do ISS: "Aliás, seria melhor eliminar a parte final do inc. III do art. 156 da CF/1988 (LGL\1988\3). Isso acabaria com uma série de discussões em torno dessa questão e nada prejudicaria a funcionalidade do sistema. É certo que alguns argumentam que isso causaria uma insegurança muito grande quanto às prestações de serviços que poderiam ser submetidas à tributação, na medida em que existem atualmente mais de 5.600 municípios na Federação. Ousamos discordar dos que pensam desse modo, pois a regra constitucional já determina claramente que os municípios podem onerar, com o ISSQN, todos os serviços, com exceção dos de transporte e comunicação transmunicipais. Assim, dúvida não pode subsistir quanto à competência dos municípios para instituir o ISSQN". CHIESA, Clélio - ICMS vs. ISS: Demarcação da Competência Impositiva. *Revista Tributária das Américas*. São Paulo, v. 3, jan. 2011, p. 90-91.

444. BALEEIRO, Aliomar. *Limitações constitucionais ao poder de tributar*. 8 ed. Rio de Janeiro: Forense, 1997, p. 153.

445. SOUSA, Rubens Gomes de. O ICM, o IMS, o IPI e a construção civil. *Revista de Direito Público*. São Paulo, v. 22, ano V, out.-dez, 1972, p. 304.

446. NOGUEIRA, Ruy Barbosa. Gomes IPI, ICMS E ISS: Fatos geradores afins ou confrontantes. *Revista direito tributário atual*. v. 11/12. 1992, p. 3117-3262. NOGUEIRA, Ruy Barbosa. A base de cálculo – Fornecimento de alimentação em restaurantes: vendas de mercadoria "versus" prestação de serviço. *Doutrinas Essenciais de Direito Tributário*. São Paulo, v. 2, p. 211. Fev. 2011, p. 217.

447. MARTINS, Ives Gandra da Silva; BASTOS, Celso Ribeiro. *Comentários à Constituição do Brasil (Promulgada em 5 de Outubro de 1988)*. São Paulo: Saraiva, 1990, v. 6, t. 1, p. 73.

448. BORGES, José Souto Maior. Normas Gerais de Direito Tributário: Velho tema sob perspectiva nova. Revista Dialética de Direito Tributário. São Paulo. n. 213. jun.

mais recentemente, em obras de outros autores, como Luís Eduardo Shoueri,[449] Ricardo Lobo Torres,[450] José Alberto Oliveira Macedo,[451] Raquel Machado,[452] Gustavo Gama Vital Oliveira[453] e outros.[454]

Realmente, cremos que as lições de Geraldo Ataliba nas obras "Lei complementar em matéria tributária", de 1969, e "Lei Complementar na Constituição", de 1971, entre outras de similar abordagem, influenciaram significativamente a ciência do direito tributário. Criticado por ter sugerido "uma interpretação reducionista radical"[455] e "sem atribuir grande

---

2013, p. 54

449. SCHOUERI, Luis Eduardo. A Lei Complementar e a repartição de competências tributárias. In: COSTA, Alcides Jorge et al. *Congresso Nacional de Estudos Tributários:* Sistema Tributário e a Estabilidade da Federação Brasileira. São Paulo: Noeses, 2012, p. 681.

450. TORRES, Ricardo Lobo. *Tratado de direito constitucional.* Tratado de Direito Constitucional Financeiro e Tributário – Valores e Princípios Constitucionais Tributários. v.4. Rio de Janeiro: Renovar, 2005, p. 368.

451. MACEDO, Alberto. ISS e IPI – A Lei Complementar e o Redesenho das Fronteiras Competenciais. In: MACEDO, Alberto et al. Congresso Nacional de Estudos Tributários. *Sistema Tributário Brasileiro e a Crise Atual.* São Paulo: Noeses, 2009, p. 10-11.

452. MACHADO, Raquel Cavalcanti. *Competência Tributária:* Entre a rigidez do sistema e a atualização interpretativa, 2013. Tese (Doutorado em Direito). Pontifícia Universidade Católica de São Paulo, São Paulo, 2013, p. 100.

453. OLIVEIRA, Gustavo Gama Vital. Federalismo fiscal, jurisdição constitucional e conflitos de competência em matéria tributária: O papel da lei complementar. In: GOMES, Marcus Lívio; VELLOSO, Andrei Pitten. *Sistema constitucional tributário – Dos fundamentos teóricos aos hard cases tributários.* Estudos em Homenagem ao Ministro Luiz Fux. Porto Alegre: Livraria do Advogado, 2014, p. 206.

454. SARAIVA FILHO, Oswaldo Othon de Pontes. ISS x ICMS: Serviços Gráficos Prestados Juntamente com o Fornecimento de Bens. *Revista Fórum de Direito Tributário.* Belo Horizonte. v.8. n. 46, jul-ago. 2010, p. 25. ARRUDA, Geraldo. O ICM e as Gráficas. *Doutrinas essenciais de direito tributário.* São Paulo, v. 4, fev. 2011, p. 512. REIS, Elcio Fonseca. Os serviços de industrialização por encomenda e a repartição de competência tributária. In: PEIXOTO, Marcelo Magalhães; MELO, Fábio Soares de (coords.). *IPI* – Questões fundamentais. São Paulo: MP, 2008, p. 238.

455. BORGES, José Souto Maior. Normas gerais de Direito Tributário: Velho tema sob perspectiva nova. *Revista Dialética de Direito Tributário.* São Paulo. n. 213. jun. 2013, p. 57.

peso à jurisprudência e, até mesmo, ao texto constitucional,"[456] entendia que muito pouco sobrava para a lei complementar, e, em matéria de conflito de competência, "não precisa de norma alguma",[457] pois a própria Constituição eliminou os conflitos.

Por ser o critério que entendemos mais adequado para resolver os conflitos de competência entre ISS, IPI e ICMS, pretendemos deixar sua análise para o capítulo final, no qual também faremos a crítica aos critérios apresentados.

3.4.6 Preponderância qualitativa e quantitativa

O critério da preponderância qualitativa e quantitativa, apresentado por Ives Gandra da Silva Martins no parecer intitulado "IPI, ICM e ISS nas operações de recondicionamento e renovação", diz respeito à quantidade valorativa do serviço e à quantidade material alocadas na atividade a ser analisada.[458]

Logo, de acordo com tal critério, a preponderância qualitativa e quantitativa do serviço ou da mercadoria motiva a incidência tributária, de modo que, mesmo a atividade praticada estando presente na lista, se o valor das mercadorias

---

456. ÁVILA, Humberto. *Sistema Constitucional Tributário*. 5 ed. São Paulo: Saraiva, 2012, p. 134.

457. ATALIBA, Geraldo. Lei complementar em matéria tributária. *Revista de Direito Tributário*. São Paulo. v. 13, n. 48, p.84-106, abr/jun. 1989, p. 90.
Em uma conferência sobre o tema e em posse do CTN, o autor chegou a afirmar: "Estou aqui com o texto do Código Tributário Nacional, que não é meu porque não ando com isto (...)" e "vejam que os dois homens de respeito e competência que inventaram o Código Tributário Nacional (referia-se a Rubens Gomes de Sousa e Gilberto Ulhôa Canto) não souberam colocar nada dentro dele". Ibidem, p. 90-97.

458. MARTINS, Ives Gandra da Silva. IPI, ICM e ISS nas operações de recondicionamento e renovação. *Revista de Direito Tributário*. São Paulo. v.10. n.36. abr.-jun, 1986, p. 167.
Para nós, não ficou claro a distinção entre o aspecto quantitativo e qualitativo da preponderância. E, ao que parece, o autor não mais adota o critério da preponderância, conforme se depreende do Parecer intitulado "Hipótese de imposição do ISS e do ICMS - serviços hospitalares e medicamentos, refeições e honorários médicos", *Revista Dialética de Direito Tributário*, p. 96 e ss, mas mantivemos o critério já que é ainda usado por decisões judiciais, conforme se verifica no próximo capítulo.

exceder o custo da prestação de serviços, não se trata mais de serviços, mas de operações de circulação de mercadorias. Isso porque a lista não poderia prevalecer sobre a materialidade do fato gerador, em atenção, inclusive, ao que dispõe o art. 4º do Código Tributário Nacional. [459]

Em outro parecer, em que enfrenta a questão dos conflitos entre o ISS e o ICMS nos casos de licenciamento de softwares, entendeu o autor que, pela teoria da preponderância, nos casos de conflito entre os tributos, aquele que tiver maior densidade econômica (a mercadoria ou o serviço) determina o regime jurídico da incidência.[460]

---

459. MARTINS, Ives Gandra da Silva. IPI, ICM e ISS nas operações de recondicionamento e renovação. Revista de Direito Tributário. São Paulo. v.10. n.36, abr.-jun, 1986, p. 167-168.

460. MARTINS, Ives Gandra da Silva. O Licenciamento e Sub-licenciamento de Programas de Software Não se Confundem com Circulação de Mercadorias – Impossibilidade de Incidirem Sobre as Respectivas Operações ICMS, IPI e II – Parecer, 1989, p. 23. Segundo o autor: "sempre que: a) a lista de serviços taxativa não ofertar tipo impositivo claro e b) houver dúvida se haverá fornecimento de mercadoria ou prestação de serviços, a 'teoria da preponderância' da densidade econômica, para aquela operação de circulação, é que determinará se a) a incidência será estadual – e, por decorrência, federal (IPI, II e IE) – ; b) a incidência será exclusivamente municipal; c) não haverá incidência nenhuma, por falta de enquadramento na lista específica". Ibidem, p. 23-25.
Em outra obra: "Não houve por bem o constituinte de 1965 criar categoria de prestação de serviços distinta de produção de bens pelo simples fato de que não há produção de bens que não esteja suportada em prestação de serviços, nem há prestação de serviços que não implique produção de bem. Qualquer produto industrial, por mais sofisticado, necessariamente se alicerça em prestação de serviços. A indústria automobilística, por exemplo, é simples montadora de bens produzidos por centenas de outras indústrias, sendo as grandes fábricas denominadas de 'montadoras de veículos'. Nelas prevalece muito mais a prestação de serviços de montagem que a produção de bens, quase todos adquiridos de variadas empresas fabricantes de autopeças. Nem por isto os serviços que prestam à sociedade são considerados serviços, pois a referida montagem representa verdadeira produção industrial". MARTINS, Ives Gandra da Silva. *Direito Tributário interpretado*. São Paulo: Cejup, 1985, p. 134.
Em comentário sobre o critério da preponderância econômica, Aires Barreto é enfático: "no caso de fornecimento de refeições em um restaurante de luxo – no Mack-soud, no Massimo, no Fasano, em tantos outros – haveria de incidir ISS, porque ali o que predomina é o serviço, é o aparato, o talher de prata, a toalha de linho, o garçom servindo à francesa (diferentemente do servidor de mesa do botequim na esquina). Em contrapartida, no restaurante simples haveria de incidir ICM, sem o 'S', porque ali predomina o valor dos materiais, o valor dos ingredientes necessários ao

3.4.7 Preponderância funcional da utilidade fornecida

A tese da preponderância funcional da utilidade fornecida foi proposta por Antônio Roberto Dória[461] e encontrou outros adeptos na ciência do direito tributário.[462] Não que sua abordagem seja de todo inovadora; em grande parte não é, já que se utiliza dos conceitos de dar e fazer e do elemento preponderância. Alguns aspectos, porém, fizeram-na merecer uma discriminação distinta, no sistema de classificação por nós delineado neste capítulo.

Dória admite que nas situações em que a utilidade preponderantemente transferida pelo fornecedor for o material,

fazimento da refeição". Em tom de brincadeira, sugere que o critério pode chegar a situações caricatas, como a "buchada de bode ao ISS" ou "galinhada cuiabana ao ICM". BARRETO, Aires. ISS e Lei Complementar n. 116/2003. Mesa de Debates "C". *Revista de Direito Tributário.* São Paulo, v. 92, 2005, p. 104.
MARTINS, Ives Gandra da Silva. op. cit, 1985, p. 134.

461. DÓRIA, Antônio Roberto Sampaio. Execução de serviços para indústria gráfica. *Revista dos Tribunais.* São Paulo, v. 392, ano, 57, p. 47-55, jun. 1968, *passim.*
O autor, posteriormente, mudou de entendimento conforme aponta o artigo: DÓRIA, Antonio Roberto. Empreitadas industriais e regime de apuração de lucros. *Revista de direito público.* v. 5, n. 19. São Paulo: IDP, 1972, p. 336-355.

462. Em análise à jurisprudência do STF, Juan José Carro Rodriguez comenta o critério da preponderância funcional da utilidade fornecida: "*Conclui assim, que, implicitamente, foi adotado entre nós, o critério da preponderância funcional da utilidade fornecida.* Se num dado fornecimento, a utilidade preponderantemente transferida pelo fornecedor for material, cabível será a cobrança do ICMS. Se a utilidade preponderante for o serviço, competirá ao município exigir o imposto correspondente. Logo a atividade oferecida no caso, é, essencialmente de serviços e não do material que os integra; objetivamente, o serviço prepondera sobre o material, que é elemento acessório e secundário, simples suporte de integração dos serviços". RODRIGUES. Juan José Carro. *Fatos Geradores confrontantes* – Colisões entre IPI-ISS-ICMS e outros impostos, 1988. Dissertação (Mestrado em Direito). Universidade de São Paulo – USP, 1988, p. 206-207. Halley Henares Neto também se vale do critério ao afirmar que em se tratando de hipótese em que há a impossibilidade da dissociação entre os impostos, decorrente dos contornos da materialidade da hipótese de incidência, faz-se essencial, "para delineamento preciso do fato imponível e do respectivo imposto que irá incidir no caso, a observância de qual atividade prepondera, lançando-se mão, para tal fim, da preponderância funcional". HENARES NETO, Halley. O ICMS e o ISS – Critérios jurídicos diferenciadores e a respectiva incidência nas obras de construção civil e serviços complementares. In: ROCHA, Valdir de Oliveira. *O ICMS, a LC n. 87/96 e Questões jurídicas atuais.* São Paulo: Dialética, 1997, p. 137 e 138.

impõe-se a incidência do ICM; e, por outro lado, se a utilidade preponderante consistir em serviço, impõe-se a incidência do ISS.[463]

O autor chega a afirmar que, muito embora o ISS e o ICM não possam se sobrepor um ao outro, seria possível a repartição da base de cálculo desses impostos nas circunstâncias em que "haja equivalência funcional das utilidades transferidas e seja possível dissociar, sem desnaturar a integridade da operação, a parcela de materiais e serviços".[464] E exemplifica com a empreitada de construção civil, em que o empreiteiro fornece mão de obra e os materiais por ele mesmo produzidos, em relação ao que afirma a impossibilidade de se definir a preponderância das relativas utilidades materiais e imateriais envolvidas no negócio jurídico: "Ambas [utilidades] se fundem funcionalmente, visando ao objetivo comum que é a obra acabada, e o valor de cada qual se pode facilmente fracionar para fins de incidência correspondente do ICMS e ISS."[465]

Os contornos mais precisos do *standard* da preponderância funcional devem passar pela análise desses seguintes fatores:

> (a) o caráter preponderante da utilidade fornecida deve ser examinado sobretudo do ângulo de seu fornecedor e não de seu destinatário; exemplo: o artista, que vende sua tela, fornece preponderantemente serviço, sendo de insignificância econômica o material que o incorpora; já o comerciante de quadros fornece mercadorias, que este caráter passam a ter os quadros quando transacionados por seu intermédio; [...]
>
> (b) a preponderância se mede segundo valoração objetiva e não subjetiva; exemplo: uma jóia vale, em geral, mais pelo metal ou pedra preciosa que contenha, do que em razão do serviço de ourivesaria; podem, seu adquirente ou ourives, ter esta mais em

---

463. DÓRIA, op.cit., 1968, p. 53.

464. DÓRIA, Antônio Roberto Sampaio. Execução de Serviços para Industria Gráfica. *Revista dos Tribunais*. São Paulo, v. 392, ano, 57, p. 47-55, jun, 1968, p. 53.

465. Ibidem, p. 53.

> aprêço do que aquêles, sem que tal atitude pessoal interfira com as consequências fiscais da transação;
>
> (c) quando prepondera a utilidade de serviço, o material empregado é simples suporte, mero veículo que o corporifica; se o serviço desaparece, sem destruição da substância do material, êste não tem qualquer utilidade ou serventia econômica, de per si: exemplo: a tela e a moldura de um quadro cuja imagem se danificou;
>
> (d) o percentual do custo atribuível a cada parcela de materiais e serviços é, naturalmente, fator importantíssimo na determinação da preponderância da utilidade.[466]

Pelo que podemos concluir, trata-se de um critério singularmente complexo, pois exige, em cada negócio jurídico, mediante uma equação que não foi detalhadamente esclarecida pelo autor, conjugar os elementos da preponderância da utilidade do bem, sob a ótica do fornecedor, sem deixar de observar o valor econômico da utilidade (também para o fornecedor), além do custo de produção de cada parcela de materiais e serviços.

3.4.8 Classificação econômica de bem material e imaterial

A classificação econômica de bem material e imaterial revela que, para fins de ISS, *serviço* consiste em qualquer bem não material (imaterial), isto é, qualquer bem de consumo presente. Por outro lado, revela que *produção*, para fins de incidência do IPI ou ICMS, implica bens materiais, e não serviços, os quais não podem ser considerados *produto* nem *mercadoria* (bens sujeitos ao comércio).

Bernardo Ribeiro de Moraes,[467] que adota essa classificação, chega às seguintes conclusões: primeiramente, o

466. Ibidem, p. 54.

467. MORAES, Bernardo Ribeiro de. A Atividade de Indústria Gráfica Diante do Sistema Tributário Nacional. *Doutrinas Essenciais de Direito Tributário*. São Paulo, v. 5, fev, 2011, p. 238.

vendedor de serviços – bem imaterial – quando fornecer materiais, estará operando apenas com um bem material (bem fora do comércio), nunca com produto ou mercadoria; o ISS só pode incidir sobre a produção e a circulação de bens imateriais, jamais sobre produtos ou mercadorias, que não podem ser considerados serviços; para efeitos de incidência do ISS, o conceito de serviço, à semelhança dos conceitos de produto, para o IPI, e de mercadoria, para o ICM, é *econômico*, não jurídico. Serviço não é, para tal efeito, apenas o fornecimento de trabalho a terceiro, mediante remuneração (conceito do Direito Civil ou do Direito do Trabalho), mas sim sinônimo de bem imaterial, quando na etapa econômica da produção e circulação.

Na mesma perspectiva, Albert L. Meyers diz que serviço é qualquer bem não material, oferecendo, como exemplo, a atividade do barbeiro que nos corta o cabelo, do jardineiro que apara a grama de nosso jardim e da orquestra que toca para o nosso prazer. Trata-se de um bem que não se apresenta sob a forma material, que tenha extensão corpórea. Como o ISS é um imposto sobre a circulação de serviços, sua incidência se dá com a venda de um bem imaterial, de um bem de consumo presente.[468]

Nesse contexto, para a incidência do imposto, o que interessa é a atividade predominante. Afinal, quem vende serviço é vendedor de bem imaterial, podendo empregar, na sua atividade, bens materiais que não sejam produtos nem mercadorias. Por outro lado, quem vende mercadoria é vendedor de bens *materiais*, podendo, na sua atividade, empregar trabalho, não serviços. A venda (circulação), no caso, é de uma única coisa (ou venda de mercadorias ou de serviço), integrada num todo incindível. E a incidência tributária se dá para o todo: para saber qual a natureza da atividade realizada, o essencial é verificar, sob o ponto de vista do vendedor e não do comprador, o que se vende, se bem material ou bem imaterial,

468. Ibidem, p. 240.

e o que se cumpre, se uma obrigação de fazer ou uma obrigação de dar.[469]

3.4.9 Especificação do bem produzido

Merece nota o critério trazido por Pedro Guilherme Accorsi Lunardelli, o qual, em análise dos casos de industrialização por encomenda, parte do conceito civilista da atividade típica de "especificação de bens" (art. 1.269 do C.C) para concluir que: a) no caso de haver especificação (industrialização) de produto novo, será o especificador o proprietário do bem, e sua transferência se dará pela tradição, e assim haverá operação relativa à circulação de mercadoria sujeita a incidência do ICMS; b) ausentes os critérios da especificação, a atividade realizada será mero trabalho em bens de terceiros, o que caracteriza prestação de serviço sujeita a incidência do ISS.[470]

Para o autor, a especificação ocorrerá quando o sujeito executar um trabalho, mecanizado ou não, em bens de terceiros (encomendante), com ou sem agregação de bens próprios, e dele obtiver coisa nova, ocasião em que será proprietário do bem e sua saída ficará sujeita ao ICMS. O produto especificado deverá apresentar características definitórias distintas daquelas verificadas na matéria-prima. Sugere, ainda, o uso das regras de classificação de mercadorias do Sistema Harmonizado (NBM/SH) para verificar se o produto é novo.[471]

---

469. MORAES, Bernardo Ribeiro de. A atividade de indústria gráfica diante do Sistema Tributário Nacional. *Doutrinas Essenciais de Direito Tributário*. São Paulo, v. 5, fev, 2011, p. 243.

470. LUNARDELLI. Pedro Guilherme Accorsi. A industrialização por encomenda e seu enquadramento no Código Civil. Reflexões Sobre a Incidência do ICMS e do ISSQN In: PARISI, Fernanda Drummond. TÔRRES, Heleno Taveira; MELO, José Eduardo Soares de. *Estudos de Direito Tributário em homenagem ao professor Roque Antônio Carrazza*. São Paulo: Malheiros, 2014, p. 445-446. Em obra anterior, entendeu o autor que a destinação do produto a uma etapa posterior de comercialização ou industrialização demarca a competência do ISS e do ICMS. LUNARDELLI. Pedro Guilherme Accorsi. ICMS e ISS. Alterações e Pontos Controvertidos da Lei Complementar n. 116.2003. In: CAMPILONGO, Paulo Antônio Fernandes. *ICMS – Aspectos jurídicos relevantes*. São Paulo: Quartier Latin, 2008, p. 87.

471. LUNARDELLI. Pedro Guilherme Accorsi. A Industrialização por Encomenda

3.4.10 Pessoalidade

Humberto Ávila conjuga diversos critérios já mencionados, mas introduz o critério da pessoalidade. Segundo o autor, para identificar a presença de um serviço tributável pelo ISS é preciso observar: a) obrigação de fazer enquanto elemento nuclear (atividade-fim); b) pessoalidade do tomador e do prestador; c) serviço prestado sob encomenda; d) tomador enquanto usuário final.[472]

Para esse autor, a pessoalidade deve ser analisada sob dois ângulos: do tomador do serviço e do prestador. Sob o enfoque do tomador, pessoalidade significa que o serviço contratado tem como beneficiado o próprio tomador, e não um terceiro. Para caracterizar a pessoalidade quanto ao prestador, é necessário reconhecer que ele é contratado para realizar a atividade em função de suas características pessoais, ou seja, o determinante na escolha do prestador é a sua capacidade de cumprir a obrigação de fazer.[473] Já nos demais critérios (encomenda, destinação e atividade-fim), não encontramos diferenças relevantes daquilo que já foi anteriormente exposto.

3.4.11 Princípio da razoabilidade, finalidade e grau de particularização

Gustavo Masina contribui para o debate com sua dissertação de mestrado intitulada "ISS: Regra de Competência e Conflitos Tributários", que parte de uma visão singular, mas sem abandonar, como substrato lógico, a distinção entre obrigações de dar e fazer. Com abordagem principiológica dos conflitos de competência, baseado no primado da razoabilidade,

---

e seu Enquadramento no Código Civil. Reflexões Sobre a Incidência do ICMS e do ISSQN In: PARISI, Fernanda Drummond. TÔRRES, Heleno Taveira; MELO, José Eduardo Soares de. *Estudos de Direito Tributário em homenagem ao professor Roque Antônio Carrazza*. São Paulo: Malheiros, 2014, p. 445.

472. ÁVILA, Humberto. *Parecer anexado aos autos da Adin no STF n. 4.413*, p. 38.

473. Ibidem, p. 11-12.

estabelece que, nos casos em que o fato jurídico corresponder a mais de um campo de competência, em suas propriedades selecionadas pelo legislador constitucional como elementos da materialidade, aplica-se o referido princípio.[474]

Justifica o emprego dessa abordagem com a excepcionalidade de circunstâncias que se revelam como *hard cases*,[475] admitindo a impossibilidade de ser determinada a materialidade naturalmente correspondente ao fato. Trata-se de um exercício de escolha da regra aplicável por meio do emprego do princípio da razoabilidade, atuação eminentemente valorativa, e não da identificação precisa do imposto que deve incidir, já que não é possível diferenciar as atividades.[476]

Nessa corrente, porém, tal escolha não é livre, ao talante da noção de razoabilidade própria do aplicador. É limitada, afirma Gustavo Masina, pelo par de critérios "particularização da atividade" e a sua "finalidade", que, na verdade, não constituem nenhum elemento novo em si mesmo, visto que parcela expressiva da doutrina os utiliza, com outras fórmulas lógicas.

Na fórmula proposta pelo autor, em princípio, esses critérios assumem o mesmo grau de relevância, restando ao intérprete definir como se relacionam entre si. Para diferençar mercadorias de prestação de serviço com materiais, vale-se do exame da "finalidade". Quando presente a "particularização ou especificidade", caracteriza a atividade como serviço, afastando-se das atividades de comercialização de mercadorias ou de industrialização.[477]

---

474. MASINA, Gustavo. *ISSQN: Regra de competência e Conflitos Tributários*, 2008. Dissertação (Mestrado) – Universidade Federal do Rio Grande do Sul, Porto Alegre, 2008, p. 113.

475. Ibidem, p. 114.

476. Ibidem, p. 115.

477. Ibidem, p. 115.

Para o citado autor, quando aplicados sob o juízo da razoabilidade, esses critérios são suficientes para resolver o conflito, de forma que o enquadramento da atividade entre as materialidades existentes reclama apenas a intervenção do intérprete ou aplicador do direito, esvaziando-se a função da lei complementar de dirimir tais conflitos, porquanto defende que a particularidade de tais situações "necessita o exame casuístico, que não combina com a generalização típica da regra legal".[478]

3.4.12 Propriedade dos materiais inerentes à operação

Em seu estudo sobre conflitos de competência entre ISS e ICMS na industrialização sob encomenda, Ricardo Lodi Ribeiro propõe a aplicação cumulativa de diversos critérios já apresentados. Acrescenta, porém, um critério distinto: que os materiais inerentes à operação contratada sejam *fornecidos exclusivamente pelo tomador*.

Em síntese, para o autor, a solução dos conflitos de competência entre o ISS, ICMS e IPI cursa pela seguinte análise: a) a customização na produção do bem, a partir de encomenda do cliente ("sob encomenda individualizada que especifique minudentemente as suas características, que as distinguem de todos os outros produtos do mesmo gênero"); b) que os materiais empregados sejam meros elementos integrantes da prestação de serviço caracterizada como atividade-fim e não bens destinados à comercialização ou industrialização em relação ao objeto da prestação contratada ("a predominância de atividade laborativa como atividade-fim confrontada pelo usuário, em relação aos materiais, denota que se trata de operação apta a deflagrar o ISS"); c) que os materiais inerentes à operação, que serão transformados pelo esforço humano, sejam fornecidos exclusivamente pelo tomador ("a propriedade

---

478. MASINA, Gustavo. *ISSQN: Regra de competência e Conflitos Tributários*, 2008. Dissertação (Mestrado) – Universidade Federal do Rio Grande do Sul, Porto Alegre, 2008, p. 118-119.

do material a ser utilizado para realização da atividade é, portanto, divisor de águas nesta questão"); d) que a prestação seja destinada a usuário final ("se o bem é voltado à comercialização ou à nova industrialização, há hipótese de incidência do IPI").[479]

3.4.13 Industrialização do produto

O critério em análise foi desenvolvido por Antônio Maurício da Cruz em sua tese sobre conflitos de competência entre ISS, IPI e ICMS.[480] Em suma, seu estudo baseou-se na seguinte ideia: a) o IPI tributa o *resultado* (produto industrializado) e não o processo; b) o ISS tributa o *processo* e não o resultado. O autor elaborou um organograma para representar o campo material de tributação do ISS, IPI e ICM, que pode ser resumido da seguinte forma:

i. Esforço humano como objeto do negócio – Campo material de incidência exclusiva do ISS: a) serviços puros; b) serviços com emprego de equipamentos e/ou instalações; c) serviços com emprego de materiais diversos (insumos) que se consomem no processo, sem ser por ele corporificados; d) serviços sobre produtos, com ou sem emprego de insumos, equipamentos ou instalações, sem, contudo, alterar característica essencial dos produtos.

ii. Esforço humano com ou sem emprego de equipamentos e/ou instalações exercido sobre materiais e alterando característica essencial (industrialização – resulta em produto industrializado) – 2.1. Campo material de incidência exclusiva do IPI: a) sobre

479. RIBEIRO, Ricardo Lodi; LOPES, Lívia Pinheiro. A industrialização por encomenda e os conflitos de competência entre o IPI e o ISS. *Revista Fórum de Direito Tributário*. Belo Horizonte. v. 9. n.54. p.113-35, nov.-dez, 2011, passim.

480. CRUZ, Antonio Mauricio da. Conflitos de competência ISS – IPI e ICM. *Revista de Direito Tributário*. São Paulo, n. 19-20, ano VI, p. 63-89, 1982, p. 74 a 77.

materiais de terceiros: a.1. sem emprego de insumo próprio; a.2. com emprego de insumos próprios não incorporados ao material; a.3. com emprego de insumos incorporados ao material; 2.2. Campo material de incidência de IPI e ICM: sobre materiais próprios, sendo o produto assim obtido destinado à negociação.

iii. Revenda de mercadorias, sem alteração de qualquer de suas características essenciais e/ou acréscimo de utilidade – campo material de incidência exclusiva do ICM.

iv. Qualquer esforço humano – puro ou com emprego de equipamentos e/ou instalações, para si próprio ou exercido sobre materiais próprios – poderá, inclusive, resultar em produto industrializado, desde que não destinado à comercialização: campo material imune ao ISS, IPI e ICM.

Em suma, nas situações em que o esforço humano – com ou sem emprego de materiais ou com ou sem emprego de equipamentos e/ou instalações – causar a alteração de características essenciais ou acréscimo de utilidade de qualquer bem material, trata-se de um *produto industrializado*, e não de um *serviço*.[481]

3.4.14 Quantidade de bens produzidos

Na obra *Fatos geradores confrontantes*, José Nabantino Ramos propõe três critérios para diferençar o IPI do ISS: a) relação pessoal entre tomador e prestador (pessoalidade); b) produção feita especialmente para o consumidor final

---

481 CRUZ, Antonio Mauricio da. Conflitos de competência ISS – IPI e ICM. *Revista de Direito Tributário*. São Paulo, n. 19-20, ano VI, p. 63-89, 1982, p. 77.

(destinação); e c) a quantidade de produtos produzidos. Os dois primeiros já foram tratados anteriormente. O último, segundo o autor, pressupõe que a quantidade de bens produzidos deve ser compatível com o trabalho pessoal ou artesanal do prestador, o que reduz a máquina a sua mera auxiliar e exclui a produção numerosa ou em série, também característica da indústria.[482] Assim, se os bens forem produzidos em grandes quantidades e mediante o uso de equipamentos, trata-se de um produto industrializado, sujeito, portanto, ao IPI.

3.4.15 Esforço pessoal no processo produtivo

Por fim, trazemos o critério proposto por Celio de Freitas Batalha, que estabelece a distinção dando ênfase à pessoa que realiza o esforço: no IPI se tributa o resultado; no ISS, o processo.[483] Para caracterizar a atividade de prestação de serviço, devemos verificar a presença de um esforço realizado por uma pessoa para propiciar uma utilidade a alguém (serviço). No IPI se tributa o resultado – e não o processo – o que torna absolutamente irrelevante o esforço no processo.[484]

---

482. RAMOS, José Nabantino. Fatos geradores confrontantes. *Doutrinas Essenciais de Direito Tributário*. São Paulo, v. 1, p. 265. Fev. 2011, p. 10.

483. BATALHA, Célio de Freitas. Tese – Os chamados conflitos entre competências, diante do Sistema Constitucional Tributário Brasileiro, em relação ao ICMS e ao ISS. *Revista de Direito Tributário*. São Paulo, n. 19-20, p. 118, ano VI, p. 118, jan.-jun. 1982, p. 147.

484. BATALHA, Célio de Freitas. Conflitos de Competência (Imposto sobre Operações Relativas à Circulação de Mercadorias e Imposto sobre Serviços). In: DORIA, Antônio Roberto Sampaio; ATALIBA, Geraldo; CARVALHO, Paulo de Barros. *Textos Selecionados de Direito Tributário*. São Paulo: Resenha Tributária e Revista dos Tribunais, 1983, p. 213.
Em suas palavras: "Daí a importância do exame deste aspecto, posto que, por ele (ISS), tem-se demonstrado que a célula do tributo está no esforço pessoal que propicie uma utilidade que, assim, é oferecida como resultado daquele esforço. Assim, enquanto na industrialização o processo por meio do qual o resultado final é oferecido, é irrelevante - porque se colhe o produto no resultado final - no serviço ele constitui o seu núcleo - já que se trata serviço consistente naquele esforço pessoal de oferecer uma dada utilidade a terceiro". BATALHA, Célio de Freitas. Conflitos de Competência (Imposto sobre Operações Relativas à Circulação de Mercadorias e Imposto sobre Serviços). In: DORIA, Antônio Roberto Sampaio; ATALIBA, Geraldo; CARVALHO, Paulo de Barros. *Textos selecionados de Direito Tributário*. São Paulo: Resenha Tributária e Revista dos Tribunais, 1983, p. 214.

4

ÂNGULO PRAGMÁTICO: ANÁLISE DOS JULGADOS NO STJ E STF

Por mais que um referencial teórico concebido pelo cientista do direito possa mostrar-se logicamente consistente, hígido e coerente, a partir do momento em que é proposto como ferramenta útil à resolução de problemas jurídicos reais torna-se importante o exame da forma como se dá a sua aplicação prática, sobretudo pelo Poder Judiciário, o intérprete autêntico do ordenamento jurídico.

Observamos que as limitações do intelecto – sejam as naturais, de ordem cognitiva, sejam as circunstanciais, de ordem prática – impõem-se de tal modo, como elemento onipresente no constante processo de intercomunicação entre a teoria (doutrina) e a prática, que a postura de indiferença em face desse elemento em nada contribui para aprimorar a ciência do direito. Acerca do tema, Paulo de Barros Carvalho lembra as lições de Pontes de Miranda: "Não há diferença entre teoria e prática, mas aquilo que existe é o conhecimento do objeto: ou se conhece o objeto ou não se conhece o objeto".[485]

---

485. CARVALHO, Paulo de Barros. *Direito tributário:* Fundamentos jurídicos da incidência. 8. ed. São Paulo: Saraiva, 2010, p. 5.

Dado ser a norma jurídica produto de um esforço intelectual, e não produto direto da manifestação do legislador no ato de edição do suporte físico da norma, impõe-se observar que o conteúdo das normas jurídicas gerais e abstratas a ser delimitado pelo intérprete, dentro daquele espaço semântico consensualmente admitido pela linguagem, há de ostentar moldes replicáveis genericamente, de modo a serem aplicados sobre indistintas e inúmeras relações jurídicas, com algum teor satisfatório de precisão, por injunção da segurança jurídica.

Afinal, se o construtivismo lógico-semântico permite-nos assumir, por mais rigoroso que seja o esforço hermenêutico, a existência de significados diversos sobre um mesmo signo, e a existência de diversas proposições normativas sobre um mesmo enunciado prescritivo, cremos que o vetor da segurança jurídica, na sua feição de sobreprincípio da certeza do direito, deve nortear a atividade de interpretação dos textos normativos.

Com essa afirmação, estamos apenas admitindo as consequências da indiscutível relevância do princípio em questão: "A certeza do direito é algo que se situa na própria raiz do dever-ser, é ínsita ao deôntico, sendo incompatível imaginá-lo sem determinação específica".[486] É essencial, portanto, por força do sobreprincípio da segurança jurídica, que as proposições normativas delimitadas pelo intérprete contenham, sempre que possível, determinações específicas.

Em virtude disso, entendemos que não poderíamos ignorar nesta obra a análise do aspecto pragmático – ângulo que investiga a forma como intérpretes atribuem valores aos signos dispostos no ordenamento jurídico –, acerca dos conflitos de competência.

486. CARVALHO, Paulo de Barros. *Direito Tributário, linguagem e método*. 2. ed. São Paulo: Noeses, 2009, p. 276.

Observamos, desde logo, que, se a jurisprudência produzida pelos tribunais superiores não labora em prol da segurança jurídica nesse assunto, no sentido de pacificar a aplicação dos critérios de resolução dos conflitos de competência, há uma grande probabilidade de tal circunstância originar-se do problema da vagueza ou da ambiguidade que semanticamente recaem sobre os critérios elaborados, tanto pelos tribunais, como pela ciência do direito.

Daí a nossa preocupação em incorrer em uma investigação da jurisprudência produzida pelo STJ e STF em relação aos litígios deflagrados em torno dos conflitos de competência estabelecidos entre o ISS e o ICMS e entre o ISS e o IPI. O objetivo imediato da pesquisa é identificar os argumentos utilizados por esses tribunais e compará-los entre si e com os critérios doutrinários evidenciados no capítulo anterior.

Pretendemos avaliar o cenário jurisprudencial sob a ótica da segurança jurídica, procedendo à observação das atividades econômicas com maior índice de litigiosidade.[487] Nossa análise parte dos julgamentos desde os primeiros registros encontrados (ano de 1969 no STF e 1989 no STJ) até o mês de setembro de 2015, em um total de 781 decisões (vide Apêndice do livro).

4.1 Metodologia

O trabalho que se propõe a investigar, com foros de cientificidade, a jurisprudência dos tribunais, deve-se fundar em metodologia específica, razão pela qual apresentamos a seguir a sistemática empreendida para perseguir os objetivos propostos neste capítulo:

487. Fornecimento de alimentos e bebidas em bares e restaurantes, licença ou cessão de uso de sistemas e programas de computador, fornecimento de medicamentos manipulados, composição gráfica, gravação e distribuição de filmes e vídeos, beneficiamento e afins e construção civil.

i. Elegemos categorias de pesquisa[488] para compor o nosso banco de dados, preenchidos com base no exame do inteiro teor das decisões colegiadas proferidas pelo STJ e pelo STF.

ii. Definimos expressões e termos[489] a serem usados como parâmetros de pesquisa nas ferramentas de busca disponibilizadas nos *sites* do STJ e do STF.

iii. Por meio da categoria de pesquisa denominada *decisões que basearam o julgamento* (conforme tabela constante do Apêndice), observamos que a busca no formato especificado no item acima não encontrou diversos julgados sobre conflito de competência entre o ISS e o ICMS e o ISS e o IPI. Procuramos, então, avaliar boa parte desses *precedentes* citados em muitos dos acórdãos estudados.

iv. Encontramos seis súmulas no STJ e uma súmula vinculante no STF sobre o tema dos conflitos de competência, as quais também foram objeto de estudo. E ao pesquisar a jurisprudência a partir dessas súmulas, novamente identificamos decisões que não foram localizadas nas buscas mencionadas nos itens acima;

---

488. As categoriais eleitas foram: a.1) número do acórdão; a.2) data do julgamento; a.3) turma/seção; a.4) atividade econômica envolvida; a.5) item da lista de serviços sujeito ao ISS; a.6) tipo de conflito; a.7) resultado final do conflito (se pela incidência do ISS, do ICMS ou do IPI); a.8) critério decisório; a.9) decisões precedentes que basearam o julgamento; a.10) existência ou não de voto divergente; a.11) provimento/ conhecimento ou não do recurso; e a.12) outras informações gerais e importantes. A base de dados está apresentada de forma sintética no Apêndice de nosso trabalho.

489. Os termos de pesquisa são os seguintes: "IPI e ISS" (17 acórdãos encontrados no STJ e 05 no STF); "ISS e industrializado" (11 acórdãos encontrados no STJ e 02 no STF); "ISS e Industrialização" (33 acórdãos encontrados no STJ e 08 no STF); "tributário e serviço e industrializado" (56 acórdãos encontrados no STJ e 23 no STF); "tributário e serviço e industrialização" (76 acórdãos encontrados no STJ e 14 no STF); e "ICMS e ISS" (353 acórdãos encontrados no STJ e 55 no STF).

v. Na investigação dos critérios doutrinários que tratam de conflitos de competência, principalmente as obras referidas no capítulo anterior, igualmente encontramos decisões não manifestadas nas buscas mencionadas nos itens anteriores;[490] novamente procuramos avaliar boa parte delas.

vi. Os recursos que não foram conhecidos pelo STJ ou STF só foram considerados na análise quando a justificativa para o não conhecimento deu-se em razão da existência de reiterados precedentes sobre o tema ou quando, apesar de ausência de julgamento de mérito, mostravam-se emblemáticos.

vii. Muitos dos julgados que encontramos com os precitados parâmetros de pesquisa não tratavam de conflito de competência, de modo que foram excluídos da análise final.

viii. Identificamos os julgados que consideramos mais relevantes em relação a cada um dos principais critérios examinados, no sentido de se revelarem precedentes que orientaram a aplicação das regras de resolução dos conflitos de competência, e elaboramos um resumo das razões neles adotadas (item 4.2).

ix. Elaboramos uma linha do tempo, desde os primeiros registros de julgados até setembro de 2015, bem como diversos gráficos, a fim de demonstrar o cenário da jurisprudência.

x. Nos apêndices do livro foram registradas as informações básicas de todos os acórdãos encontrados nesta pesquisa, inclusive os que não tratam de conflitos de competência.

---

490. Contudo, não obtivemos cópia de todas as decisões desejadas, essencialmente em razão de serem bastante antigas.

A partir dos dados apresentados com a sistemática acima, formulamos constatações sobre os critérios mais adotados e o grau de oscilação da jurisprudência nesse ponto. No Capítulo 5, a seguir, faremos as críticas e justificaremos a nossa opção pelo critério que entendemos mais adequado.

4.2 Análise de decisões emblemáticas do STJ e do STF

No presente item, apresentaremos as decisões paradigmáticas que envolvem conflitos de competência entre o ISS e o ICMS e entre o ISS e o IPI, tanto no âmbito do STJ como do STF. Trata-se de julgados que aplicaram, de forma clara, diversos critérios científicos que sistematizamos no capítulo anterior.

4.2.1 Império da lei complementar

O RE n. 129.877 do STF, julgado pela Primeira Turma em 1992, pode ser considerado como uma das principais decisões que resolve conflito de competência mediante o uso do critério da lei complementar. O julgado, inclusive, é reiteradamente mencionado por diversas decisões do STF e do STJ nos casos em que primam pela lei complementar como o verdadeiro instrumento para solução de conflitos.[491]

Em que pese o recurso não ter sido conhecido,[492] o voto

---

491. A discussão central, provocada pela Sociedade de Comércio de Comidas e Bebidas Ltda. diante do Estado de São Paulo, gira em torno do argumento da não incidência do ICMS sobre o fornecimento de alimentação, bebidas e outras mercadorias, em razão da alegada impropriedade da base de cálculo do tributo prevista na Lei Estadual/SP n. 5.886/87, que contraria o art. 24 da Constituição Federal/69 ao compreender valores relativos ao ISS. É questão recursal ainda o fato de a definição da base de cálculo do ICMS sobre fornecimento de alimentos em restaurantes, bares e similares, somente poder se dar por lei complementar, diante do que dispõem o art. 19, I, e o 153, § 29, da Constituição Federal/69.

492. A decisão proferida pelo STF, realmente, não conheceu do recurso. Sobre as razões desse julgamento, temos que, segundo o voto do relator, o argumento sobre a base de cálculo do ICMS não ter sido definida por lei complementar foi dado como não prequestionado. Quanto à contrariedade ao artigo 24, da Constituição,

do relator considerou que o fato de uma atividade não estar contemplada na lista de serviços implicaria a tributação exclusiva pelo ICMS, mesmo que existam serviços sendo prestados no negócio jurídico envolvido. De outro lado, assinalou que, em relação aos serviços constantes da lista, ainda que envolvam o fornecimento de mercadorias, tem-se, tão só, a incidência do ISS. O relator afirma que o "equilíbrio é perfeito e, na verdade, possui contornos práticos. Somente à mercê de inúmeras inconveniências poder-se-ia implementar a separação do que pago a ambos os títulos – serviços e fornecimento (de refeições)".[493]

Outro julgado, igualmente mencionado, é o RE n. 144.795, de relatoria do Ministro Ilmar Galvão, também da Primeira Turma, julgado em 1993. O relator sustentou que a solução pela lei complementar foi implantada em razão da dificuldade, nas operações mistas, de se distinguir entre mercadoria e serviço. Adotou-se, então, a "unicidade, mediante critério de nítido caráter compensatório, pelo qual os serviços relacionados (na lista), ainda que acompanhados de fornecimento de mercadorias, são tributados pelo ISS, enquanto o fornecimento de mercadorias, com prestação de serviços não relacionados, fica sujeito ao ICMS, considerado, em ambos os casos, o valor total da operação". Conclui pela incidência do ICMS no fornecimento de alimentação e bebida, hipótese de mercadoria fornecida com serviços, "*pelo singelo motivo de que não se acha relacionado em lei complementar*".[494]

---

consignou-se que não houve desrespeito à delimitação da atividade legislativa, porque a Lei Estadual/SP 5.886/87 não dispõe sobre o ISS, mas sobre o ICMS. Por outro lado, afirmou-se que a matéria concernente à base de cálculo do ICMS (que engloba o valor total cobrado do cliente) não possui disciplina constitucional.

493. RE n. 129.877. Voto Ministro Relator Marco Aurélio, p. 7, fl. 271 dos autos.

494. RE n. 144.795. Voto Ministro Relator Ilmar Galvão, fl. 05, p. 104 dos autos. Os julgamentos posteriores que encontramos seguem todos a mesma linha. Há até uma súmula do STJ sobre o tema aprovada no ano de 1996: "O fornecimento de mercadorias com a simultânea prestação de serviços em bares, restaurantes e estabelecimentos similares constitui fato gerador do ICMS a incidir sobre o valor total da operação".

4.2.2 Encomenda e personalização

O critério da encomenda e personalização aparece no RE n. 176.626[495] do STF, julgado pela Primeira Turma, em 1998, por meio do qual a Corte solucionou o caso com a aplicação dos critérios da encomenda e personalização em detrimento do critério da lei complementar e, para tanto, conduziu argumentação peculiar, reproduzida em outros importantes julgamentos do STF e STJ.[496]

O recurso extraordinário fora interposto contra decisão do STJ segundo a qual a exploração econômica de programas de computador, representada por negócios que envolvam contratos de licença ou cessão de uso, está sujeita ao imposto municipal - ISS: "O programa de computador não se confunde com o seu suporte físico (disquete, fita cassete ou chip). Não é uma coisa material corpórea e não pode ser considerado mercadoria para fins de incidência do ICMS."[497]

O acórdão do STF baseou-se no critério da encomenda e personalização, adotando como premissa a classificação que distingue os programas de computador da seguinte forma: programas *standard*,[498] programas por encomenda[499] e programas

---

495. O resultado do julgamento realizado pelo STF, proferido no ano de 1998, desencadeou a forma como foram tratados pelo STF e pelo STJ as lides sobre o mesmo tema que lhe sobrevieram. O RE, apesar de não ter sido conhecido, resultou em decisões cujas razões em prol da incidência do ICMS merecem destaque. O recurso foi interposto pelo Estado de São Paulo para dirimir conflito de competência entre ISS e ICMS na atividade de licença ou cessão de uso de sistemas e programas de computador, prevista no item 24 do DL 406/68 e, atualmente, no item 1.05 da LC n. 116/03. Em suas razões, o recorrente alega que o fato de os programas de computador serem protegidos pela lei dos direitos autorais não os impede de ter natureza de mercadoria, de modo que, uma vez reproduzidos em escala industrial e colocados à venda em lojas, ficam sujeitos ao ICMS.

496. RE n. 199.464-9-SP, REsp n. n. 216.967 SP e REsp n. n. 1.070.404 SP.

497. RE n. 176.626. Voto Ministro Relator Sepúlveda Pertence, fl. 06 p. 312 dos autos.

498. Concebidos para uma pluralidade de utilizadores e não para um utilizador em particular, com vista a uma mesma função.

499. Desenvolvidos a partir do zero para atender às necessidades de determinado usuário.

adaptados ao cliente/*customized*.[500] Em suma, concluiu que o ICMS incide sobre a circulação de cópias ou exemplares dos programas de computador "produzidos em série e comercializados no varejo" – como o do "*software* de prateleira" – os quais, materializando o *corpus mechanicum* da criação intelectual do programa, constituem mercadorias postas no comércio. A decisão influenciou diretamente diversas decisões do STJ, como no REsp n. 216.967 SP de 2002,[501] REsp n. 633.405 RS de 2004[502] e REsp n. 1.070.404 SP de 2008.[503]

---

500. Constituem uma forma híbrida entre os programas anteriores; baseiam-se em programas *standard* que são modificados para se adequarem às necessidades de um cliente particular.

501. "TRIBUTÁRIO – PROGRAMAS DE COMPUTADOR – DL 406/68 – INCIDÊNCIA DO ISS OU DO ICMS.
1.Esta Corte e o STF posicionaram-se quanto às fitas de vídeo e aos programas de computadores, diante dos itens 22 e 24 da Lista de Serviços.
2. Os programas de computador desenvolvidos para clientes, de forma personalizada, geram incidência de tributo do ISS.
3.Diferentemente, se o programa é criado e vendido de forma impessoal para clientes que os compra como uma mercadoria qualquer, esta venda é gravada com o ICMS.
4.Hipótese em que a empresa fabrica programas específicos para clientes."

502. TRIBUTÁRIO. OPERAÇÕES DE VENDA DE PROGRAMAS DE COMPUTADOR (*SOFTWARES*). INCIDÊNCIA DO ICMS. 1. "*1. Esta Corte e o STF posicionaram-se quanto às fitas de vídeo e aos programas de computadores, diante dos itens 22 e 24 da Lista de Serviços.*
2. Os programas de computador desenvolvidos para clientes, de forma personalizada, geram incidência de tributo do ISS. 3. Diferentemente, se o programa é criado e vendido de forma impessoal para clientes que os compra como uma mercadoria qualquer, esta venda é gravada com o ICMS." Consectariamente, como no caso *sub examine*, as operações envolvendo a exploração econômica de programas de computador, quando feitos em larga escala e de modo uniforme, são consideradas operações de compra e venda, sujeitando-se, consectariamente, à tributação pelo ICMS (RESP 123.022-RS, DJ de 27.10.1997, Rel. Min. José Delgado; RESP 216.967-SP, DJ de 22.04.2002, Rel. Min. Eliana Calmon; ROMS 5.934-RJ, DJ de 01.04.1996, Rel. Min. Hélio Mosimann).
2. Deveras, raciocínio inverso negaria vigência ao CTN que determina a preservação, no direito tributário, da natureza jurídica dos institutos civis e comerciais, com sói ser a compra e venda, mercê de descaracterizar a interpretação econômica, de suma importância para a aferição das hipóteses de incidência tributárias.
3. É que "*A produção em massa de programas e a revenda de exemplares da obra intelectual por terceiros que não detêm os direitos autorais que neles se materializam não caracterizam licenciamento ou cessão de direitos de uso da obra, mas genuínas operações de circulação de mercadorias*".

503. "TRIBUTÁRIO – RECURSO ESPECIAL – PROGRAMAS DE COMPUTADOR

4.2.3 Conceito civilista de serviço

A discussão acerca da incidência do ISS na atividade de locação de bens móveis proporcionou um marco importante na jurisprudência brasileira. Muito embora o julgamento pelo Tribunal Pleno do STF do RE n. 116.121-SP,[504] no ano de 2000,

---

NÃO PERSONALIZADOS – DL 406/68 – NÃO-INCIDÊNCIA DO ISS.
1. Os programas de computador desenvolvidos para clientes, de forma personalizada, geram incidência de tributo do ISS.
2. Diferentemente, se o programa é criado e vendido de forma impessoal para clientes que o compram como uma mercadoria qualquer, esta venda é gravada com o ICMS.
3. Hipótese em que a empresa fabrica programas em larga escala para clientes."

504. Por meio da discussão acerca da constitucionalidade do item 79 da antiga lista de serviços anexa ao Decreto-lei n. 406/68 (locação de bens móveis, inclusive arrendamento mercantil), o STF conceituou serviço tributável com base no conceito civilista, traçando a conhecida distinção entre obrigação de fazer e da obrigação de dar. A controvérsia girava em torno da conceituação de serviços e a sua extensão. No voto vencedor do Ministro Marco Aurélio, proferido nos autos do RE n. 116.121-SP, firmou-se: a) que na atividade de locação de bens móveis, em face da Constituição e da legislação complementar, falta o núcleo da incidência do ISS – que são os serviços; b) que as definições de locação de serviços e locação de móveis advêm do Código Civil, sendo que o legislador complementar faz constatar no Código Tributário Nacional – CTN que: "Art. 110. A lei tributária não pode alterar a definição, o conteúdo e o alcance de institutos, conceitos e formas de direito privado, utilizados, expressa ou implicitamente, pela Constituição Federal, pelas Constituições dos Estados, ou pelas Leis Orgânicas do Distrito Federal ou dos Municípios, para definir ou limitar competências tributárias"; c) a irrelevância do aspecto econômico quando contrário ao modelo constitucional do tributo, secundado pela definição dos institutos envolvidos; e, d) que há de prevalecer a definição de cada instituto e, somente a prestação de serviços, envolvido na via direta o esforço humano, é fato gerador do ISS. Na mesma linha, seguiram os Ministros Moreira Alves, Sydney Sanches, Sepúlveda Pertence e Celso de Mello.
Por outro lado, foram vencidos os Senhores Ministros Octavio Gallotti (Relator), Carlos Velloso, Ilmar Galvão, Nelson Jobim e Maurício Corrêa. O voto do Relator Ministro Octavio Gallotti contraria o voto vencedor essencialmente no que diz respeito à conceituação de serviço. Em suma, no seu arrazoado, o relator primeiramente relembra os argumentos do Ministro Oscar Corrêa quando do julgamento do RE n. 115.103 no sentido de que na locação de bens móveis, o objeto do contrato é a coisa e não o fornecimento do trabalho. Após, faz alusão ao parecer do Subprocurador Geral Moacir Antônio Machado da Silva, segundo o qual o vocábulo *serviços* não corresponde à conceituação específica de direito privado. Dito parecer, valendo-se dos ensinamentos de Amilcar de Araújo Falcão, defende que na delimitação do campo de incidência do ISS, que é de ordem constitucional, o legislador pode utilizar conceitos econômicos para definir competências tributárias. No mais, dentre outras diversas razões paralelas, argumenta que a definição de serviços não deve fugir do que se possa ter conceitualmente como serviço, devendo ser interpretada livremente, dentro do espaço traçado pela Constituição e na abrangência dos serviços "de qualquer natureza".

não tenha tratado diretamente de um conflito de competência, o resultado repercutiu diretamente, como *leading case*, na solução dos conflitos entre o ISS e o ICMS e do ISS e IPI. Trata-se do critério da obrigação de fazer e obrigação de dar.

Em seu voto, o Ministro Celso Melo citou a doutrina de Aires Barreto e Cleber Giardino, precursores da utilidade da teoria civilista do conceito de serviço no direito tributário, para arrematar que a definição, por lei complementar, da locação de bens móveis como serviço sujeito ao ISS significa a inadmissível e arbitrária manipulação da repartição constitucional de competências impositivas, ao fundamento de que "o ISS somente pode incidir sobre obrigações de fazer, a cuja matriz conceitual não se ajusta a figura contratual da locação de bens móveis". Com referência ao art. 110 do CTN, conclui que o STF não pode recusar a definição de locação que lhe é dada pelo Código Civil, sob pena de prestigiar a interpretação econômica do direito tributário em detrimento do postulado da tipicidade.

Por essas razões, o STF concluiu pela inconstitucionalidade da expressão "locação de bens móveis", constante do item n. 79 da Lista de Serviços a que se refere o DL n. 406/68 – em entendimento sedimentado com *eficácia omnes*, por força da aprovação da Súmula Vinculante n. 31/STF.[505] A partir de então, o conceito civilista de serviço para fins de ISS, calcado na ideia da obrigação de fazer, ganhou sobrelevada força na jurisprudência, influenciando indelevelmente o panorama judicial.

4.2.4 Critério da encomenda

O julgamento do RE n. 182.781-5, da Primeira Turma, proferido em 1999, chama a atenção por se fundar no critério da encomenda para solucionar conflito de competência entre

505. "É inconstitucional a incidência do imposto sobre serviços de qualquer natureza – ISS sobre operações de locação de bens móveis".

o ISS e o ICMS na atividade de gravação e distribuição de fitas de vídeo (item 63 da lista do Decreto-lei n. 406/68).[506]

Comparando a atividade em questão com a de licenciamento de programas de computador, o Ministro relator firmou o entendimento de que a fita de vídeo pode ser, na qualidade de mercadoria (sujeita ao ICMS), o exemplar de uma obra oferecido ao público em geral ou, ainda, o produto final de um serviço realizado sob encomenda, especificamente para determinado consumidor (sujeito ao ISS).

A decisão levou em consideração precedentes de 1998 e 1999 como os RE ns. 176.626,[507] 179.560, 194.705 e 196.856, nos quais a Primeira Turma do STF apresentou orientação no mesmo sentido.

4.2.5 Critério da preponderância qualitativa

Pode-se citar como exemplo de aplicação do critério da preponderância qualitativa o REsp n. 139.921/PR,[508] de 2000, da Primeira do STJ, que gravita em torno de conflito de competência entre o ICMS e o ISS na atividade de venda e instalação de piso de madeira.

---

506. Na lista anexa à Lei Complementar n. 116/03 foi vetado o item 13.01: "Produção, gravação, edição, legendagem e distribuição de filmes, *videotapes*, discos, fitas cassete, *compact disc*, *digital video disc* e congêneres." O item que restou e gerou polêmica é o 13.03: "Fotografia e cinematografia, inclusive revelação, ampliação, cópia, reprodução, trucagem e congêneres".

507. Da mesma relatoria e referente à atividade de licenciamento de programas de computador.

508. Nas razões do recurso, o Estado do Paraná alega que o acórdão do Tribunal *a quo* violou o art. 8º, §§ 1º e 2º, do Decreto-lei n. 406/68 quando decidiu pela inexigência do ICMS sobre atividade que envolve o fornecimento de mercadorias e a prestação de serviços, apesar de o fornecimento de mercadorias ser preponderante sobre a prestação de serviços. A decisão foi por maioria. Enquanto o voto vencido (acompanhado por mais dois ministros) entendeu pela incidência do ISS com base no critério da lei complementar, o voto vencedor, com base no critério da preponderância qualitativa, entendeu pela incidência do ICMS.

De acordo com o voto vencedor, a incidência do ICMS justifica-se em função da preponderância da atividade comercial perpetrada pela empresa. Os argumentos veiculados no processo resumem-se da seguinte forma: (i) o contrato social da empresa explicita a sua atividade principal como sendo o exercício do comércio de material de construção civil e, por último, a de prestar serviços; (ii) prepondera, no caso, o fornecimento da mercadoria sobre a prestação do serviço; (iii) a previsão legal para a incidência do ISS se dirige à hipótese em que prepondera a prestação de serviço sobre eventual mercadoria; (iv) em uma atividade mista, em que ocorre tanto o fornecimento de mercadorias como a prestação de serviços, incidirá o ICMS ou o ISS conforme prepondere o fornecimento da mercadoria (ICMS) ou a prestação de serviço (ISS).[509]

4.2.6 Critério da industrialização do produto

O REsp n. 395.633-RS,[510] julgado pela Segunda Turma do STJ em 2002, trata de conflito de competência entre o ISS e o IPI na atividade de fabricação de móveis de madeira por encomenda (itens 30 e 74, da lista anexa ao DL n. 406/68), solucionado com base no critério da industrialização do produto.

De acordo com a atividade da empresa, o STJ decidiu que, por não ter *caráter pessoal* e sim de *transformação* de um

---

509. Parte desses embasamentos é do próprio Ministro que proferiu voto vencedor e parte são transcrições da peça recursal.

510. A recorrente pretendeu afastar a incidência do IPI, sob o argumento de que a decisão *a quo* infringiu o art. 46, parágrafo único, do CTN, eis que a sua atividade de produção de móveis por encomenda constitui exclusiva prestação de serviços personalizados, não se alinhando ao conceito de industrialização vinculado à incidência do tributo. Sustentou que: a) ao fabricar móveis sob encomenda não está fabricando nem vendendo mercadoria, mas prestando um serviço e b) os cálculos, projetos e desenhos técnicos que elabora é que diferenciam seu serviço de uma atividade de produção industrial em larga escala, enquadrando-se no item 30 da Lista de Serviços anexa ao DL n. 406/68, enquanto que os atos seguintes (instalação e montagem de aparelhos e equipamentos prestados ao usuário final dos serviços) estão previstos no item 74 da mesma lista.

produto – que modifica a natureza e a finalidade de um bem (industrialização) – deve incidir o IPI.

O julgamento partiu das seguintes premissas: a) só há incidência do ISS se não incidir o IPI; b) nos termos do princípio da estrita legalidade, o IPI recai sobre os produtos decorrentes da transformação da matéria-prima; e c) o simples atendimento a um modelo ou mesmo a uma técnica sugerida ou fornecida pelo destinatário do produto não pode descaracterizar a operação que sofre um bem, transformado num produto final com características inteiramente novas.

Nesses parâmetros, ficou demonstrado que o caminho para a solução do conflito estaria no critério da industrialização do produto, aquele previsto no art. 46 do CTN, e que se sobreporia, portanto, nesse aspecto, à Lei Complementar n. 116/2003.

4.2.7 Retomada do critério da lei complementar

Após um período com significativa oscilação quanto à aplicação de critérios de solução de conflitos de competência no âmbito do STJ, identificamos o retorno ao critério da lei complementar a partir do julgamento do REsp n. 975.105/RS,[511] julgado em 2009, pela Segunda Turma, o qual fora interposto diante de decisão que havia reconhecido a incidência do ICMS na hipótese de manipulação, aviamento e venda de medicamentos, pois haveria "prevalência da mercadoria sobre o serviço".

Interessante a observação do relator do julgado, Ministro Herman Benjamin, que, para justificar a necessidade de utilizar o critério da lei complementar, anotou que o critério da preponderância aplicado no exame da materialidade do tributo (se ISS ou ICMS) é absolutamente subjetivo e impreciso: "é impossível determinar objetivamente qual parcela do

511. Nesses autos foi interposto recurso extraordinário e reconhecida a repercussão geral pelo STF (RG no RE n. 605.552 RS). O processo aguarda julgamento.

preço corresponde aos insumos do remédio e qual se refere à atuação do profissional". [...] Por conta dessa impossibilidade e desse subjetivismo é que o critério da prevalência ou da preponderância foi abandonado pela legislação e pela doutrina na década de 1960. [...] O artigo 71 do CTN foi revogado (após apenas dois anos de vigência) e, em seu lugar, passou a valer o critério objetivo da listagem taxativa (art. 8º do DL n. 406/1968[512]). É essa a norma que vige até hoje, nos termos do art. 1º, § 2º, da LC n. 116/03.[513]

Nessa linha, o STJ baseou-se no critério da lei complementar, concluindo que os serviços prestados por farmácias de manipulação, que preparam e fornecem medicamentos sob encomenda, submetem-se à incidência do ISS e não do ICMS.[514]

Da mesma forma procedeu nos recursos especiais REsp n. 881.035-RS, AgRg em REsp n. 1.158.069-PE, AgRg no AI n. 1.212.016-PE, AgRg no AI n. 1.389.891-MG, AgRg no AREsp n. 445.591-MG, AgRg no REsp n. 1.447.225-GO.

---

512. Art. 8º O imposto, de competência dos Municípios, sobre serviços de qualquer natureza, tem como fato gerador a prestação, por empresa ou profissional autônomo, com ou sem estabelecimento fixo, de serviços constantes da lista anexa.
§ 1º Os serviços incluídos na lista ficam sujeitos apenas ao imposto previsto neste artigo, ainda que sua prestação envolva fornecimento de mercadorias.
§ 2º O fornecimento de mercadorias com prestação de serviços não especificados na lista fica sujeito ao Imposto sobre Circulação de Mercadoria.

513. Art. 1º O Imposto sobre serviços de qualquer natureza, de competência dos Municípios e do Distrito Federal, tem como fato gerador a prestação de serviços constantes da lista anexa, ainda que esses não se constituam como atividade preponderante do prestador.
(...)
§ 2º Ressalvadas as exceções expressas na lista anexa, os serviços nela mencionados não ficam sujeitos ao Imposto Sobre Operações
Relativas à Circulação de Mercadorias e Prestações de Serviços de Transporte Interestadual e Intermunicipal e de Comunicação – ICMS, ainda que sua prestação envolva fornecimento de mercadorias.

514. Extrai-se da ementa: O Superior Tribunal de Justiça prestigia esse entendimento em hipóteses análogas (serviços gráficos, de construção civil, hospitalares etc.), conforme as Súmulas ns. 156, 167 e 274/STJ.

4.2.8 Conjunção de critérios: obrigação de dar e fazer e industrialização

A decisão proferida no REsp n. 1.231.669[515], julgado pela Primeira Turma do STJ em 2014, reuniu dois critérios para a resolução de conflito de competência entre o ISS e o IPI, e definiu a incidência do ISS em função dos critérios da obrigação de fazer e dar e da industrialização do produto.

Extraímos do voto vencedor que, na atividade de fornecimento ou montagem de elevadores, muito embora sejam utilizados materiais, sobressai o cumprimento de uma obrigação de fazer, que consiste na prestação de um serviço técnico especializado de engenharia, realizado de forma individualizada e com o objetivo de viabilizar o transporte vertical nos parâmetros das necessidades e especificações de cada edificação (critério da obrigação de fazer e obrigação de dar).

Sob outro enfoque de análise, considerou-se que a instalação do elevador não faz surgir um "novo produto ou uma unidade autônoma" (art. 4º, III, do Decreto n. 4.544/02), mas uma funcionalidade intrínseca à própria construção do edifício, a ela agregando-se de maneira indissociável, uma vez que, fora do contexto daquela específica obra, o elevador, por si só, não guarda a sua utilidade (critério da industrialização do produto).

---

515. A recorrente alega que a atividade de fornecimento ou montagem de elevadores destinados a integrar obra de construção civil não atende ao conceito de industrialização para fins de incidência do IPI, uma vez que constitui prestação de serviços de natureza técnica, realizado de forma individualizada, uma vez que os elevadores são personalizados.
Aduz também que a sua relação com os construtores que a contratam tem natureza jurídica de um contrato de empreitada. E conclui afirmando que a sujeição da atividade ao ISS, porquanto prevista na Lista Anexa ao DL n. 406/68 e à LC n. 116/03, exclui a incidência do IPI sobre o mesmo fato jurídico.

4.2.9 Destinação do produto como critério para solução de conflitos

Chamamos atenção para duas Medidas Cautelares em Ação Direta de Inconstitucionalidade propostas no STF pela Associação Brasileira de Embalagem e pela Confederação Nacional da Indústria - CNI, respectivamente: 4.389-DF e 4.413-DF.

Ambas têm como objeto o art. 1°, *caput* e § 2°, da Lei Complementar n. 116/2003 e o subitem 13.05 da lista de serviços (composição gráfica), e pretendem que seja reconhecida a incidência do ICMS sobre a atividade econômica de fabricação e circulação de embalagens e outros produtos gráficos. Em ambas, a questão de fundo é o conflito de competência entre ISS e ICMS.

Na ADI n. 4.389-DF, foi deferida medida cautelar, sem redução de texto, para suspender a incidência do ISS na fabricação e fornecimento de embalagens destinadas à integração ou utilização direta em processo subsequente de industrialização ou de circulação de mercadoria. No início de seu voto, o relator, Ministro Joaquim Barbosa, consignou que os serviços gráficos feitos por encomenda e segundo especificações singulares submeter-se-iam ao ISS. Por outro lado, serviços gráficos dos quais resultassem produtos colocados indistintamente no comércio, dotados de características e qualidade quase uniformes, sofreriam a incidência do ICMS.[516] Ou seja, baseou-se nos mesmos fundamentos usados no julgamento acerca da atividade de licenciamento de programas de computador, divididos em logiciários de prateleira (*off the shelf software*) e logiciários personalizados (*customised software*)[517].

No entanto, esses fundamentos foram utilizados com

516. RE n. 94.939, rel. min. Clóvis Ramalhete, Primeira Turma, *DJ* de 02.04.1982; o RE n. 102.599, rel. min. Moreira Alves, Segunda Turma, *DJ* de 16.11.1984; e o RE n. 111.566, rel. min. Rafael Mayer, Primeira Turma, *DJ* de 12.12.1986.

517. RE n. 176.626, rel. min. Sepúlveda Pertence, Primeira Turma, *DJ* de 11.12.1998.

ponderação, justificando que, *nesta etapa histórica*, os conceitos civilistas de serviços e de mercadorias serviriam de ponto de partida, mas não seriam suficientes. O fato gerador, argumenta, deve ser interpretado de acordo com a expressão econômica da base de cálculo e com o contexto da cadeia produtiva. A relevância e atualidade dessa abordagem reclama a transcrição dos trechos conclusivos do voto:

> Para o aparente conflito entre o ISS e o ICMS nos serviços gráficos, nenhuma qualidade intrínseca da produção de embalagens resolverá o impasse. A solução está no papel que essa atividade tem no ciclo produtivo.
>
> Conforme se depreende dos autos, as embalagens têm função técnica na industrialização, ao permitirem a conservação das propriedades físico-químicas dos produtos, bem como o transporte, o manuseio e o armazenamento dos produtos. Por força da legislação, tais embalagens podem ainda exibir informações relevantes aos consumidores e a quaisquer pessoas que com ela terão contato. Trata-se de típico insumo.
>
> Neste momento de juízo inicial, tenho como densamente plausível a caracterização desse tipo de atividade como circulação de mercadorias ("venda"), ainda que fabricadas as embalagens de acordo com especificações do cliente, e não como a contratação de serviço. (...)
>
> Assim, não há como equiparar a produção gráfica personalizada e encomendada para uso pontual, pessoal ou empresarial, e a produção personalizada e encomendada para fazer parte de complexo processo produtivo destinado a pôr bens em comércio.
>
> Ante o exposto, concedo a medida liminar pleiteada, para dar interpretação conforme a Constituição ao art. 1º, caput e § 2º, da Lei Complementar n. 116/2003 e o subitem 13.05 da lista de serviços anexa, para reconhecer que o ISS não incide sobre operações de industrialização por encomenda de embalagens, destinadas à integração ou utilização direta em processo subsequente de industrialização ou de circulação de mercadoria. Presentes os requisitos constitucionais e legais, incidirá o ICMS (grifos acrescidos).

Por fim, o Ministro Relator corroborou seu entendimento, ainda que subsidiariamente, na carga tributária, no benefício econômico e no princípio da não cumulatividade do ICMS.[518]

Já na ADI n. 4.413-DF, inicialmente o Ministro Relator Joaquim Barbosa havia votado com a transcrição dos fundamentos do voto pronunciado na ADI n. 4.389, em prol do critério da destinação e da incidência do ICMS.[519] No entanto, a Ministra Ellen Gracie apresentou divergência observando que, em seu entendimento, o objeto da lide seria mais amplo, uma vez que se referia não só às embalagens, mas às atividades gráficas em geral – impressão de bulas, manuais de instrução, rótulos, adesivos e etiquetas. Nesse cenário, em face dos votos do Ministro Joaquim Barbosa e da Ministra Ellen Gracie, em 2015 a Corte decidiu, em questão de ordem, por não apreciar a liminar e julgar diretamente o mérito, em data ainda não definida.

---

518. A Ministra votante Ellen Gracie conclui também pela incidência do ICMS, apresentando, contudo, razões distintas, inclusive adotando critério diverso daquele adotado pelo relator, o da atividade-meio e atividade-fim: "A atividade de impressão de marca e informações na embalagem não constitui senão uma das etapas do processo produtivo e sequer pode ser considerada como das mais importantes. (...). Conclui-se, pois, que a compra de embalagens, ainda que mediante encomenda, não constitui sequer operação mista, não se sujeitando à incidência do ISS".
O voto da ministra, em prol da incidência do ICMS, faz menção ao mecanismo da não cumulatividade, argumentando que a incidência do tributo na venda de embalagens permite a prática do sistema de créditos e débitos. E ainda faz menção ao artigo 158, IV e parágrafo único, I, da Constituição, que reservam aos Municípios parte do produto da arrecadação do ICMS.
A Ministra Carmen Lúcia entendeu pela incidência do ICMS, com base no critério da destinação, não obstante desenvolver alguns argumentos pertinentes ao critério da atividade-meio e atividade-fim: "A Indústria contrata o serviço gráfico (ou realiza ela mesmo esse serviço) não como um fim em si mesmo, mas apenas como mais um elemento que integrará o seu produto final. (...) Na composição gráfica da arte feita de forma mecânica e industrializada na embalagem já não tem mais tanta relevância o serviço artístico, mas a adequação da embalagem ao produto que resultará da cadeia industrial, ou seja, mero insumo. Pelo exposto, acompanho o Ministro Relator para atribuir interpretação conforme ao art. 1o, caput e § 2º, da Lei Complementar n. 116/2003 e o subitem 13.05 da lista de serviços anexa à lei, de modo a afastar da incidência do Imposto sobre Serviços a composição gráfica feita em embalagens exclusivamente destinadas ao processo de industrialização de outra mercadoria".

519. O Ministro Joaquim Barbosa tratou as duas MC em ADI como se versassem sobre a mesma questão (tanto que votou conjuntamente nas duas ações).

4.2.10 Critérios diferentes no STJ e no STF na mesma lide

O RE n. 606960-ES, de 2014, e o REsp n. 959.259-ES de 2009 originaram-se de uma mesma lide. A questão levantada nesses recursos diz respeito ao conflito de incidência entre o ISS, o IPI e o ICMS na atividade de beneficiamento, corte, recorte e polimento, prevista no item 14.05, da lista anexa à Lei Complementar n. 116/03.

Ambos apresentaram como resultado a incidência do ISS. No entanto, o REsp baseia-se nos critérios da atividade-meio e atividade-fim e da obrigação de fazer e dar,[520] enquan-

---

520. Importante registrar que o REsp baseia-se na Súmula n. 156/STJ, além de mencionar precedente que, além de se basear no critério da atividade meio e atividade fim, baseia-se no critério da obrigação de fazer e obrigação de dar: REsp n. 888.852/ES, Rel. Ministro LUIZ FUX, PRIMEIRA TURMA, julgado em 04/11/2008, DJe 01/12/2008: TRIBUTÁRIO. ISSQN. "INDUSTRIALIZAÇÃO POR ENCOMENDA". LEI COMPLEMENTAR 116/2003. LISTA DE SERVIÇOS ANEXA. PRESTAÇÃO DE SERVIÇO (OBRIGAÇÃO DE FAZER). ATIVIDADE FIM DA EMPRESA PRESTADORA. INCIDÊNCIA.
1. O artigo 153, III, da Constituição Federal de 1988, dispõe que compete aos Municípios instituir impostos sobre prestação de serviços de qualquer natureza, não compreendidos no art. 155, II, definidos em lei complementar.
2. O aspecto material da hipótese de incidência do ISS não se confunde com a materialidade do IPI e do ICMS. Isto porque: (i) excetuando as prestações de serviços de comunicação e de transporte interestadual e intermunicipal, o ICMS incide sobre operação mercantil (circulação de mercadoria), que se traduz numa "obrigação de dar" (art. 155, II, da CF/88), na qual o interesse do credor encarta, preponderantemente, a entrega de um bem, pouco importando a atividade desenvolvida pelo devedor para proceder à tradição; e (ii) na tributação pelo IPI, a obrigação tributária consiste num "dar um produto industrializado" pelo próprio realizador da operação jurídica. "Embora este, anteriormente, tenha produzido um bem, consistente em seu esforço pessoal, sua obrigação consiste na entrega desse bem, no oferecimento de algo corpóreo, materializado, e que não decorra de encomenda específica do adquirente". MELO, José Eduardo Soares de. *ICMS* – Teoria e prática. São Paulo: Dialética, 2005, p. 65.
3. Deveras, o ISS, na sua configuração constitucional, incide sobre uma prestação de serviço, cujo conceito pressuposto pela Carta Magna *eclipsa ad substantia obligatio in faciendo*, inconfundível com a denominada obrigação de dar.
4. Desta sorte, o núcleo do critério material da regra matriz de incidência do ISS é a prestação de serviço, vale dizer: conduta humana consistente em desenvolver um esforço em favor de terceiro, visando a adimplir uma "obrigação de fazer" (o fim buscado pelo credor é o aproveitamento do serviço contratado).
5. É certo, portanto, que o alvo da tributação do ISS "é o esforço humano prestado a terceiros como fim ou objeto. Não as suas etapas, passos ou tarefas intermediárias, necessárias à obtenção do fim. (...) somente podem ser tomadas, para compreensão do ISS,

to o RE, considerando sua decisão final em sede de Agravo Regimental no Agravo Regimental no Recurso Extraordinário[521]

---

as atividades entendidas como fim, correspondentes à prestação de um serviço integralmente considerado em cada item. Não se pode decompor um serviço porque previsto, em sua integridade, no respectivo item específico da lista da lei municipal nas várias ações-meio que o integram, para pretender tributá-las separadamente, isoladamente, como se cada uma delas correspondesse a um serviço autônomo, independente. Isso seria uma aberração jurídica, além de construir-se em desconsideração à hipótese de incidência do ISS." BARRETO, Aires. ISS: Serviços de Despachos Aduaneiros/Momento de Ocorrência do Fato Imponível/Local de Prestação/Base de Cálculo/Arbitramento. *Revista de Direito Tributário*. n. 66, Malheiros, p. 114-115. Apud PAULSEN, Leandro. *Direito Tributário* - Constituição e Código Tributário à Luz da Doutrina e da Jurisprudência, 8 ed. Porto Alegre: Livraria do Advogado e Escola Superior da Magistratura Federal do Rio Grande do Sul - ESMAFE, p. 457.
6. Assim, "sempre que o intérprete conhecer o fim do contrato, ou seja, descobrir aquilo que denominamos de 'prestação-fim', saberá ele que todos os demais atos relacionados a tal comportamento são apenas 'prestações-meio' da sua realização". BAPTISTA, Marcelo Caron. *ISS: do texto à norma*, p. 284.
7. *In casu*, a empresa desenvolve atividades de desdobramento e beneficiamento (corte, recorte e/ou polimento), sob encomenda, de bloco e/ou chapa de granito e mármore (de propriedade de terceiro), sendo certo que, após o referido processo de industrialização, o produto retorna ao estabelecimento do proprietário (encomendante), que poderá exportá-lo, comercializá-lo no mercado interno ou submetê-lo à nova etapa de industrialização.
8. O Item 14, Subitem 14.05, da Lista de Serviços anexa à Lei Complementar n. 116/2003, ostenta o seguinte teor: "14 - Serviços relativos a bens de terceiros. (...) 14.05 - Restauração, recondicionamento, acondicionamento, pintura, beneficiamento, lavagem, secagem, tingimento, galvanoplastia, anodização, corte, recorte, polimento, plastificação e congêneres, de objetos quaisquer."
9. A "industrialização por encomenda" constitui atividade-fim do prestador do aludido serviço, tendo em vista que, uma vez concluída, extingue o dever jurídico obrigacional que integra a relação jurídica instaurada entre o "prestador" (responsável pelo serviço encomendado) e o "tomador" (encomendante): a empresa que procede ao corte, recorte e polimento de granito ou mármore, de propriedade de terceiro, encerra sua atividade com a devolução, ao encomendante, do produto beneficiado.
10. Ademais, nas operações de remessa de bens ou mercadorias para "industrialização por encomenda", a suspensão do recolhimento do ICMS, registrada nas notas fiscais das tomadoras do serviço, decorre do posterior retorno dos bens ou mercadorias ao estabelecimento das encomendantes, que procederão à exportação, à comercialização no mercado interno ou à nova etapa de industrialização.
11. Destarte, a "industrialização por encomenda", elencada na Lista de Serviços da Lei Complementar n. 116/2003, caracteriza prestação de serviço (obrigação de fazer), fato jurídico tributável pelo ISSQN, não se enquadrando, portanto, nas hipóteses de incidência do ICMS (circulação de mercadoria - obrigação de dar - e prestações de serviço de comunicação e de transporte transmunicipal).
14. Recurso especial provido."

521. "Agravo regimental no agravo regimental no recurso extraordinário.

funda-se no critério da destinação, baseado na Medida Cautelar em ADI n. 4.389.

4.3 Análise por atividade econômica

A análise da jurisprudência realizada de acordo com as atividades econômicas envolvidas nos conflitos de competência é importante para examinar o nível de oscilação dos tipos de critérios adotados, em casos semelhantes, pelos tribunais superiores.

4.3.1 Fornecimento de alimentos e bebidas em bares e restaurantes

Tanto o STF como o STJ sempre mantiveram entendimento pela prevalência do critério da lei complementar (inciso I do art. 2º da Lei Complementar n. 87/96) nos casos em que analisaram os conflitos de competência entre ISS e ICMS na atividade de fornecimento de alimentos e bebidas, em bares e restaurantes, concluindo reiteradamente pela incidência do ICMS. Os destaques são para o RE n. 146.359, RE n. 129.877 e a Súmula n. 163/STJ.[522]

Tributário. Conflito de incidência entre o ISSQN e o IPI e ICMS. Industrialização por encomenda. Prequestionamento. Existência. Efetivo debate dos temas constitucionais no acordão recorrido. Súmula no 279/STF. Não aplicação. [...] 3. Na industrialização por encomenda, se o bem retorna à circulação, tal processo industrial representa apenas uma fase do ciclo produtivo da encomendante, não estando essa atividade, portanto, sujeita ao ISSQN, como é o caso dos presentes autos. Nesse sentido: AI n. 803.296/SP-AgR, Primeira Turma, de minha relatoria, DJe de 7/6/13; ADI no 4.389/DF-MC, Relator o Ministro Joaquim Barbosa, DJe de 25/5/11."

522. O fornecimento de mercadorias com simultânea prestação de serviços em bares, restaurantes e estabelecimentos similares constitui fato gerador do ICMS a incidir sobre o valor total da operação.

4.3.2 Licença ou cessão de uso de sistemas e programas de computador

No caso da atividade de licença ou cessão de uso de sistemas e programas de computador, encontramos na jurisprudência do STF dois julgamentos – o RE n. 176.626, de 1998, e o RE n. 199.464-9, de 1999 – em que a Corte Suprema decidiu pela incidência do ICMS com base no critério da encomenda e personalização.

Tais decisões influenciaram na jurisprudência subsequente do STJ sobre o tema: após ter adotado o critério da classificação econômica de bem material (mercadoria – ICMS) e imaterial (resultado de atividade intelectual – ISS) para justificar a incidência do ISS na atividade,[523] de 1998 em diante passou a aplicar invariavelmente o critério da encomenda e personalização. A proporção de critérios nessa atividade considerando todos os julgamentos analisados (entre 1994 e 2008) é a seguinte:

STJ - Licença ou cessão de uso de sistemas e programas de computador

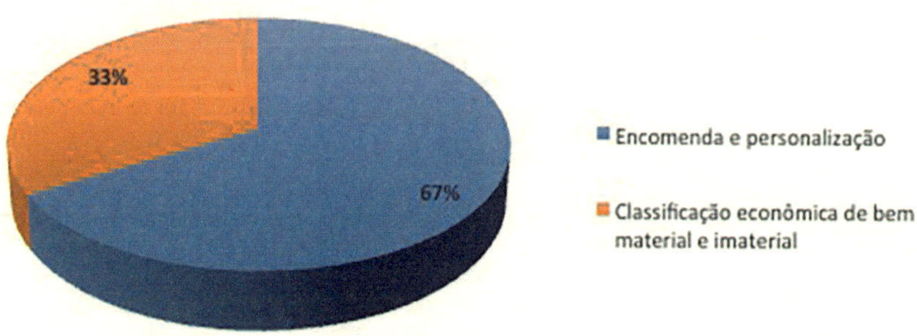

523. Resp n. 39.457 e Resp n. 39.797.

Assim, seguindo a linha do STF, a partir de 1998 o STJ passou a entender pela incidência do ICMS ou do ISS na medida em que identificava se o *software* era encomendado ou produzido em série.

4.3.3 Fornecimento de medicamentos manipulados

Quanto ao fornecimento de medicamentos manipulados, no STF encontramos o RE n. 605.552-RS, que teve repercussão geral reconhecida, mas ainda não foi julgado. No STJ, em todos os casos de conflito de competência entre o ISS e o ICMS que lá tramitaram, foi utilizado o critério da lei complementar.

4.3.4 Composição gráfica

Notamos que, no panorama jurisprudencial do STF, a atividade de composição gráfica é aquela que enfrenta a maior oscilação de critérios decisórios aplicados à solução de conflitos de competência, como ilustra o gráfico a seguir:

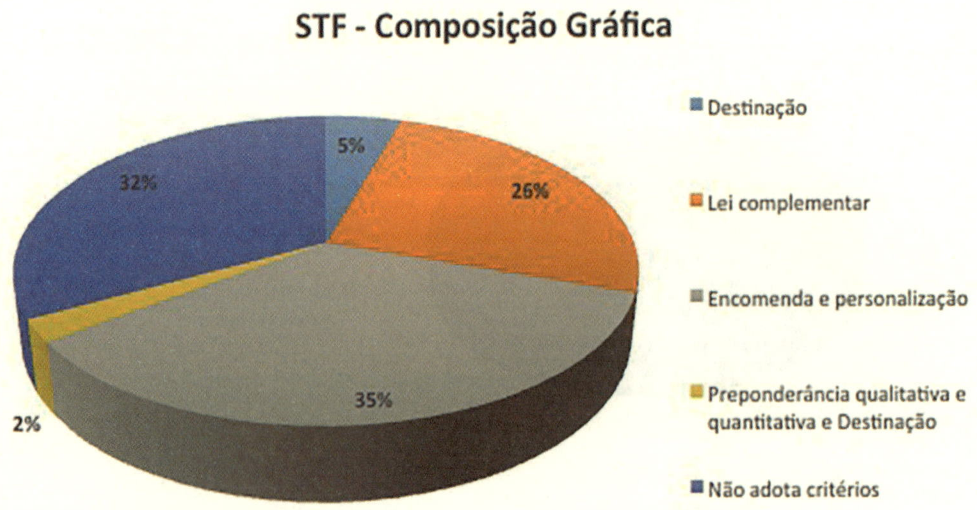

E, ainda, por uma linha do tempo:

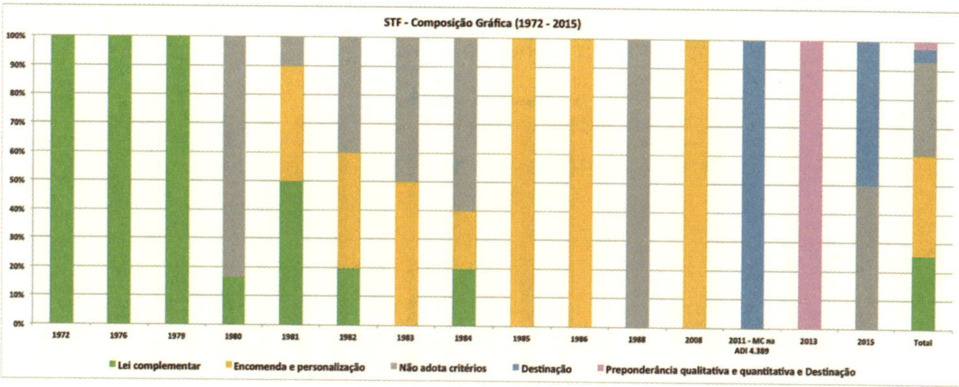

Os gráficos permitem constatar que os critérios adotados pelo STF sofreram notáveis oscilações no tempo: partiu de uma linha precisa e coerente fundada no critério da lei complementar, para um cenário onde basicamente só se aplicou o critério da encomenda e personalização; nos últimos três anos, verificou-se oscilação entre o critério da destinação e o critério da preponderância qualitativa e quantitativa.

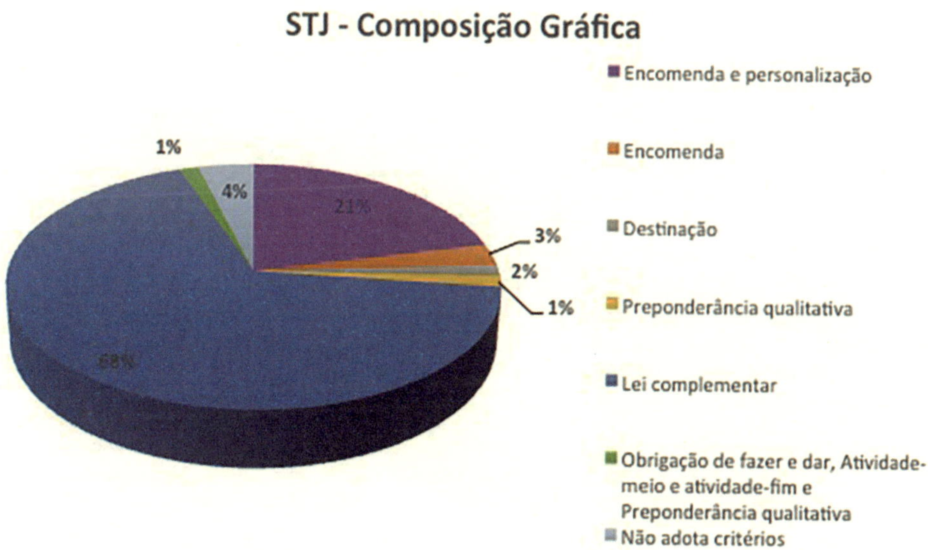

Por sua vez, o STJ ostenta um quadro mais sortido em termos de critérios, assim ilustrado graficamente:[524]

E também em uma linha do tempo:

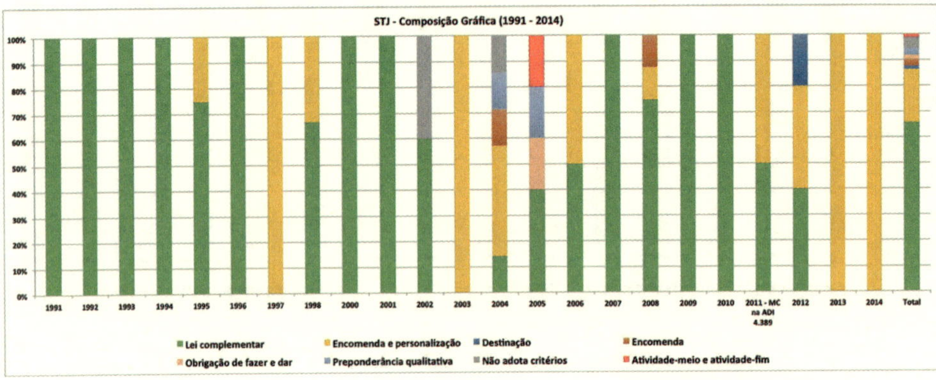

Observamos que o STJ oscila principalmente entre o critério da lei complementar e o critério de encomenda e personalização. Por um lado o critério da obrigação de fazer mostrou-se notoriamente predominante,[525] em relação ao total de decisões colegiadas proferidas desde 1991; por outro, nos anos de 2013 e 2014, o critério da encomenda e personalização obteve a hegemonia entre os julgados.[526]

---

524. Uma análise mais apurada mostra que: a) dos julgamentos da Primeira Turma, quase todos adotam o critério da lei complementar, mas a realidade não é a mesma na Segunda Turma, que basicamente oscila – quase igualmente – entre os critérios da lei complementar e da encomenda e personalização; b) chama atenção, no entanto, um único julgado, posterior à Medida Cautelar em ADI n. 4.389, que segue a linha do critério da destinação, nova tendência da jurisprudência no STF.

525. Muitos desses julgados foram influenciados pela Súmula n. 156/STJ (aprovada quando da vigência do Decreto-lei n. 406/68), que, com base no critério da lei complementar definiu que a prestação de serviço de composição gráfica, personalizada e sob encomenda, ainda que envolva fornecimento de mercadorias, está sujeita, apenas, ao ISS. No entanto, a própria súmula, ainda que elaborada com base no critério da lei complementar, gera polêmica entre os critérios adotados pelas decisões que a aplicam. Por exemplo: o STJ, no julgamento do AgRg no REsp n. 1.308.633 SP, entende pela incidência do ISS em nome da Súmula n. 156/STJ, mas sob fundamentos que se baseiam no critério de encomenda e personalização.

526. O STJ detém também julgados isolados que foram baseados nos critérios da atividade-meio e atividade-fim, da obrigação de fazer e dar, da preponderância

No mais, constatamos que na proporção de critérios do STJ e do STF, em conjunto, o critério da lei complementar prevalece:

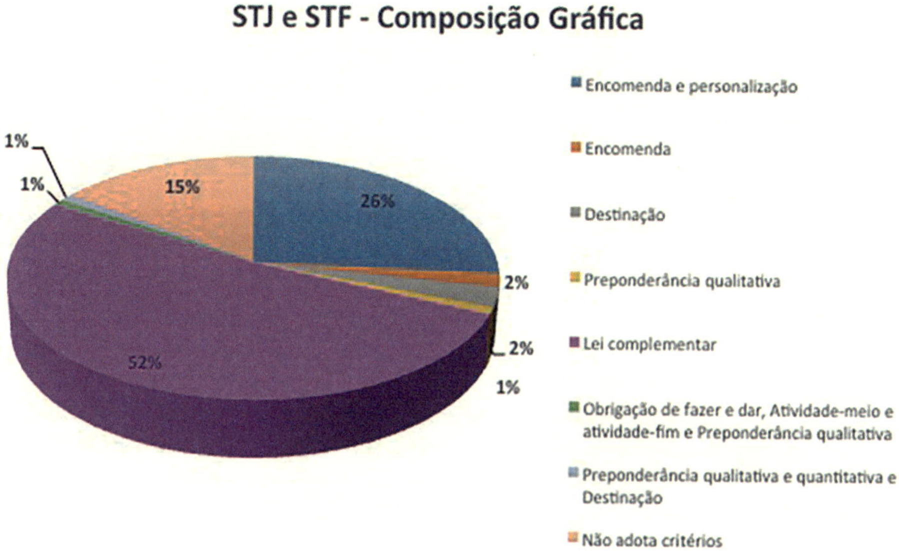

Tanto o STJ como o STF muitas vezes sequer enfrentam o critério a ser adotado na resolução do conflito, de modo que replicam continuamente decisões precedentes, manifestando-se apenas, em tom de conclusão, pela incidência do ISS sobre a atividade de composição gráfica. Essa constatação pode ser claramente observada em muitos julgados do STJ[527] e nos mais antigos do STF.[528]

---

qualitativa, da destinação e da encomenda por si só. Por outro lado, alguns julgamentos destacam a irrelevância do critério da destinação – REsp n. 1.235 –, e outros a irrelevância do critério da encomenda – REsp n. 15.154, por exemplo.

527. AgRg no REsp n. 966.184 RJ, REsp n. 102.131 MG, EDcl no REsp n. 120.571 SP, REsp n. 167.342 SP, AgRg no AI n. 454.156 SP, REsp n. 70.701 MG, e AI n. 997.948 SP. Em tal cenário, todos os julgamentos, exceto um de 1999 da Segunda Turma (critério da lei complementar), são da Primeira Turma.

528. RE n. 107.111 SP, RE n. 113.114 MG, RE n. 164.599 SP e RE n. 94.052

4.3.5 Gravação e distribuição de filmes e vídeos

Em relação à jurisprudência do STF referente aos conflitos instalados sobre atividade de gravação e distribuição de filmes e vídeos, notamos a preponderância do critério da encomenda para dirimir o conflito, resolvido mediante a distinção entre a "comercialização de fitas gravadas" e a "contratação da gravação de fitas".[529]

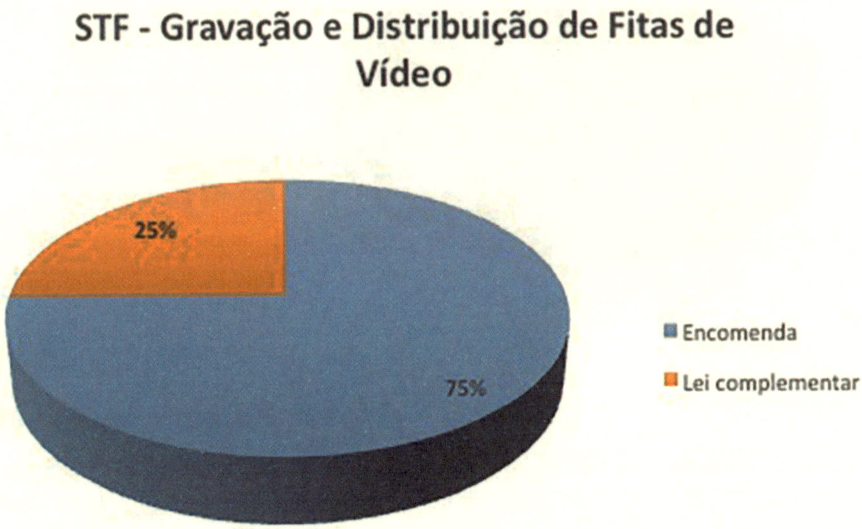

Já no STJ, o critério da lei complementar foi adotado desde 1993 até 2002, período em que vigorou o artigo 8º do Decreto-lei n. 406/68. Todos os julgamentos definiram a incidência do ISS na atividade.[530] Há que se frisar a edição da Súmula n. 135/STJ, de

529. Por exemplo: RE n. 194.705, RE n. 179.560 e RE n. 196.856.

530. É interessante destacar que nos julgamentos do STJ posteriores ao ano de 1994 ventilou-se uma tese que aos poucos foi se consolidando a qual diferenciava atividade mista de operação mista, bem como comercialização de distribuição de filmes e vídeos. A tese foi encampada pelo Ministro Cesar Asfor Rocha no julgamento do

1995, aprovada sob a vigência do Decreto-lei n. 406/68, embasado em precedentes que adotaram o critério da lei complementar: *O ICMS não incide na gravação e distribuição de filmes e videoteipes*. Eis o gráfico que ilustra essa situação:[531]

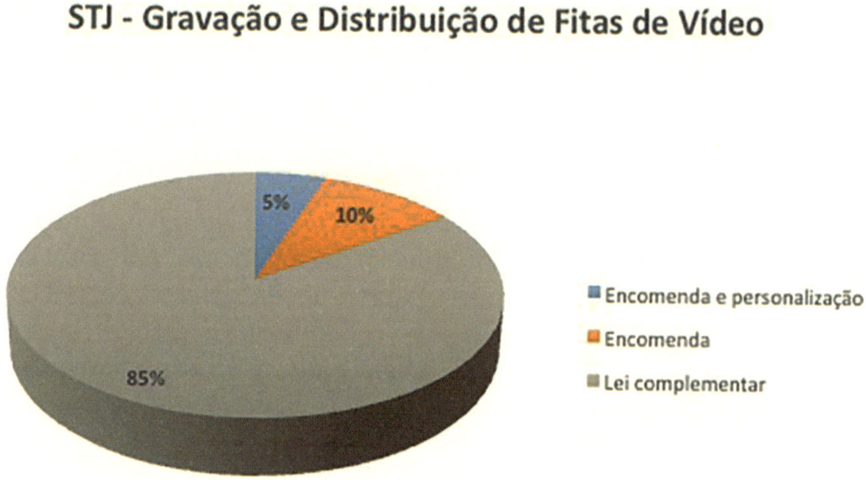

REsp n. 44.809, mas vencida. Em outros julgamentos, ganhou adeptos (como no REsp n. 33.860, o Ministro Milton Luiz Pereira) e com a súmula 135/STJ de 1995, foi vencedora no REsp n. 66.616.

Ocorre que, no ano de 2001, após o julgamento pelo STF do RE n. 191.732-6/SP, Relator Min. Sepúlveda Pertence, encontramos o primeiro julgamento do STJ da matéria que aplicou o critério da encomenda por si só (REsp n. 226.794, Segunda Turma, Ministra Relatora Eliana Calmon - pela incidência do ICMS na gravação e distribuição de filmes e vídeo para o público em geral).

Em 2002, novamente um julgamento baseado apenas no critério da lei complementar (ISS), só que da Primeira Turma do STJ (AgRg nos EDcl no REsp n. 406.805 RS). Aliás, o único julgamento da Primeira Turma nesse sentido. Em 2003 (ISS), 2004 (ICMS) e 2007 (ICMS), os julgamentos foram baseados apenas no critério da encomenda. E, em 2005 (ICMS) e 2008 (ICMS), os julgamentos são baseados no critério da encomenda e personalização.

531. Dos julgamentos que optam pelo critério da encomenda, apenas um deles, de 2003, advém da Primeira Turma, onde os todos os outros julgados sobre o tema em questão aplicam o critério da lei complementar. Na Segunda Turma, o índice de julgamentos com base no critério da encomenda ou da encomenda e personalização é mais assíduo e impera desde 2001, embora não seja maioria.

Considerando o resultado desta pesquisa, constatamos que cada tribunal usa um critério preponderante próprio em suas decisões (STF, a encomenda e STJ, a lei complementar).[532] Notamos, ainda, tendência no cenário mais recente que pode revelar que ambos os tribunais estão caminhando no mesmo sentido, visto estarem adotando critérios coincidentes, quais sejam, da encomenda, isoladamente, ou da encomenda em conjunto com o da personalização.

4.3.6 Beneficiamento e afins

Na atividade de beneficiamento de bens, encontramos julgamentos no STF que se baseiam ora no critério da lei complementar,[533] ora no critério da destinação.[534] Há ainda o RE n. 882.461, que teve reconhecida a existência de repercussão geral e aguarda julgamento. O pronunciamento de repercussão geral menciona o acórdão da Medida Cautelar na ADI n. 4.389-DF, fundado no critério da destinação.

Já a jurisprudência do STJ segue linha bem diversa, pois sequer adotou o critério da destinação até hoje – há até acórdãos que destacam a irrelevância da destinação.[535] Os seus julgamentos se dividem entre diversos critérios (isoladamente ou em conjunto):

532. Não obstante, se considerarmos os dois tribunais em conjunto, há grande predominância do critério da lei complementar, mas isso se deve ao fato de que as decisões do STJ são maioria na análise.

533. RE n. 98.923, de ISS X ICMS.

534. RE n. 606960 AgR-AgR / ES, de ISS X IPI X ICMS.

535. REsp n. 888.852 ES de 2008; EDcl nos EDcl no AgRg no AREsp n. 309854 e EDcl no AgRg no AREsp n. 328.624 ES de 2013; e, AgRg no AREsp n. 330.870 SC, de 2014.

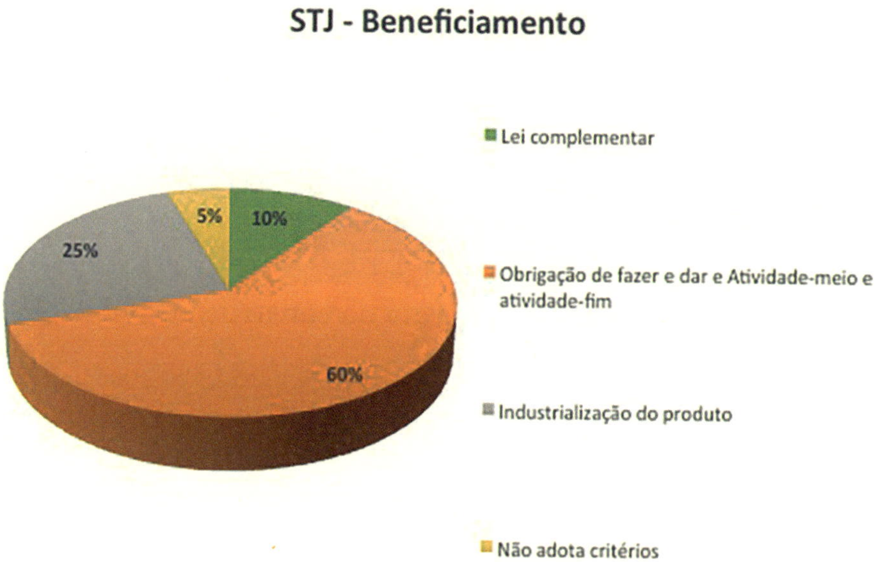

Por meio da linha do tempo abaixo reproduzida, notamos que mais recentemente (a partir de 2011), o STJ decidiu os conflitos de competência relativos à atividade de beneficiamento apenas com base nos critérios da obrigação de fazer e dar e da atividade-meio e atividade-fim:[536]

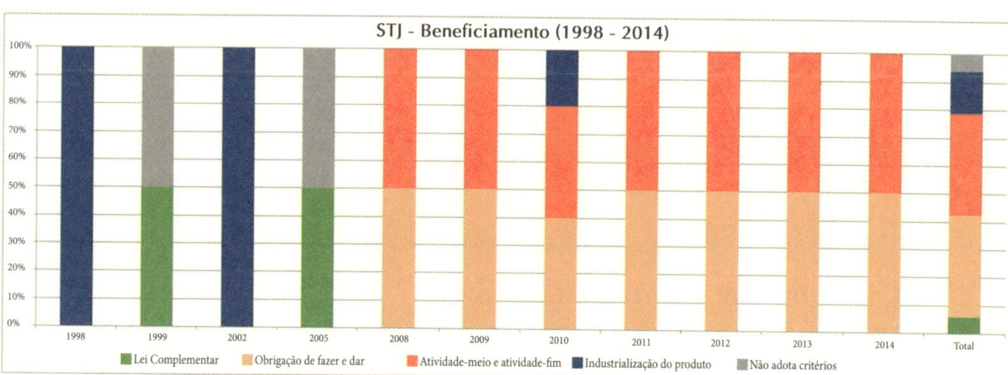

536. Desses acórdãos, identificamos um que foi proferido no AgRg nos EAg n. 1.360.188-RS em junho de 2014 pela Primeira Seção. A decisão se deu com base em precedentes que adotaram o critério da obrigação de fazer e dar e atividade meio e fim, contudo, o julgamento em si não se manifestou diretamente sobre critério nenhum.

Como se pode ver, ainda que tenhamos uma decisão recente da Primeira Seção do STJ sobre o tema, não há como dizer que a questão é pacífica. E mais: se consideramos os dois Tribunais em conjunto, o cenário é de desordem, uma vez que seguem sempre por caminhos diversos quando o assunto é critério para a solução de conflitos de competência entre o ISS e o ICMS e o ISS e o IPI nas atividades de beneficiamento e afins.

4.3.7 Fornecimento de concreto na construção civil

Os conflitos de competência entre ISS e ICMS relativos ao fornecimento de concreto, no âmbito da atividade de construção civil, foram majoritariamente solucionados por meio do critério da lei complementar pelo STJ. Tanto que a Primeira Seção, em 1996, aprovou a Súmula n. 167/STJ: O fornecimento de concreto, por empreitada, para construção civil, preparado no trajeto até a obra em betoneiras acopladas a caminhões, é prestação de serviço, sujeitando-se apenas a incidência do ISS.

Por outro lado, encontramos no STJ julgado que trata do conflito de competência entre ISS e IPI na atividade relativa ao fornecimento de elevadores que envolve a sua produção, sob encomenda, e instalação, destinados a integrar obra de construção civil. O caso foi julgado em 2014, já sob a égide da Lei Complementar n. 116/03, no sentido da incidência do ISS, à luz dos critérios da encomenda, personalização e industrialização do produto (REsp n. 1.231.669 – RS).

Cumpre registrar que o único julgamento encontrado em nossa busca no STF sobre a atividade de construção civil (conflitos de competência) foi o RE n. 93.753-6, o qual não foi conhecido com base na Súmula n. 282.[537]

4.4 Análise por critério decisório

A análise por critério decisório revela a proporção, em termos gerais, de aplicação dos tipos de critérios examinados em relação a todos os casos encontrados em que foram resolvidos os conflitos de competência.

537. É inadmissível o recurso extraordinário, quando não ventilada, na decisão recorrida, a questão federal suscitada.

No STF encontramos conflitos de competência tanto entre ISS e ICMS como entre ISS e IPI na seguinte proporção:[538]

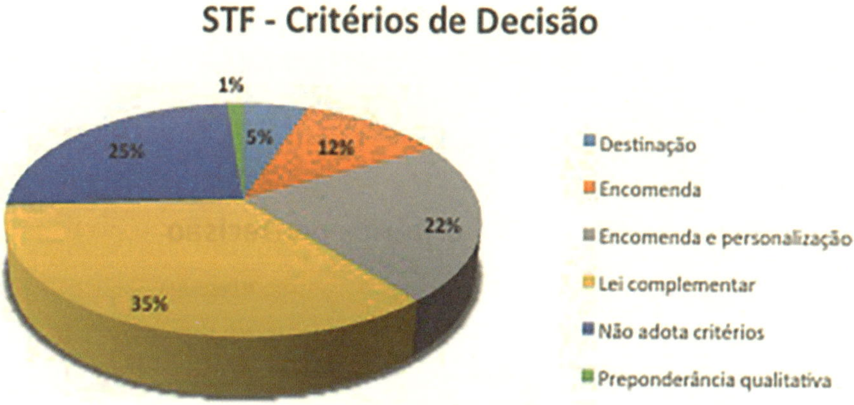

E no STJ a mesma relação assume os seguintes números:[539]

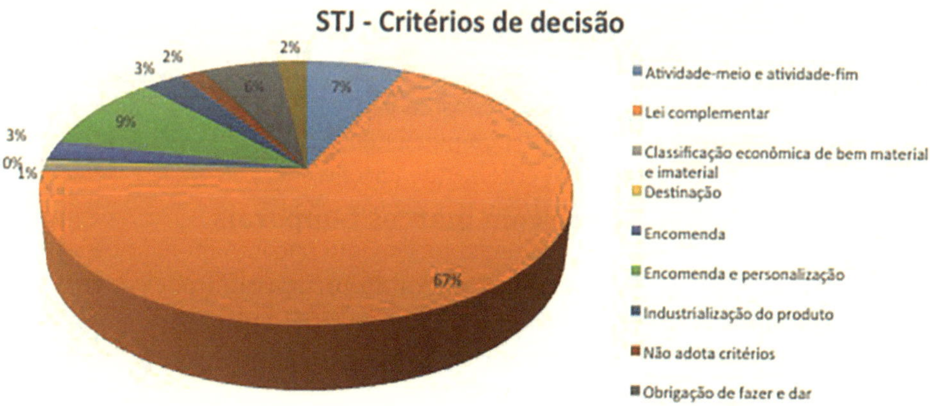

538. Obrigação de fazer e obrigação de dar, destinação, encomenda e personalização, lei complementar – que prevalece – e preponderância qualitativa.

539. Encomenda e personalização, destinação, obrigação de fazer e obrigação de dar, preponderância qualitativa, lei complementar, atividade meio e atividade fim, industrialização do produto, pessoalidade, classificação econômica de bem material e imaterial e esforço pessoal no processo produtivo.

Como se vê, o critério da lei complementar prevalece nos julgamentos proferidos tanto pelo STF como pelo STJ. Consoante os resultados da pesquisa, não foram encontrados casos em que o STF tenha adotado os critérios da atividade-meio e atividade-fim, da industrialização do produto, da pessoalidade, da classificação econômica de bem material e imaterial e do esforço pessoal no processo produtivo. A proporção de critérios do STJ e do STF, em conjunto, pode ser observada no gráfico a seguir:

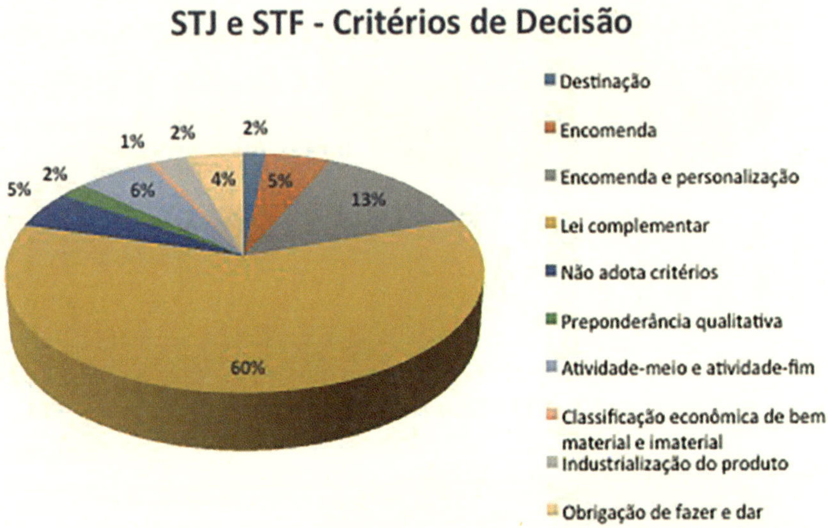

4.5 Análise de acordo com marcos temporais

Considerando a incongruência da jurisprudência em relação aos critérios de resolução de conflitos aplicados, como se demonstrou no item anterior, percebemos que, em termos de segurança jurídica, afigura-se mais grave que essa oscilação se estabeleça em curto espaço de tempo do que em período mais longo. Até mesmo porque é salutar que o direito se renove, e sendo assim, alguma oscilação em um período mais extenso deve ocorrer. Mudanças havidas em curto espaço de tempo, por outro lado, são gravíssimas, e representam graves ameaças a direitos fundamentais do contribuinte. Daí a nossa preocupação em relacionar o grau de variação dos aludidos critérios, nos conflitos entre ISS x ICMS e ISS x IPI, em função do tempo, desde 1992 até 2015.

4.5.1 Sobre os julgamentos do STF

Os critérios adotados pelo STF, ao longo do marco temporal definido (1982 a 2015), variaram de acordo com o gráfico a seguir:

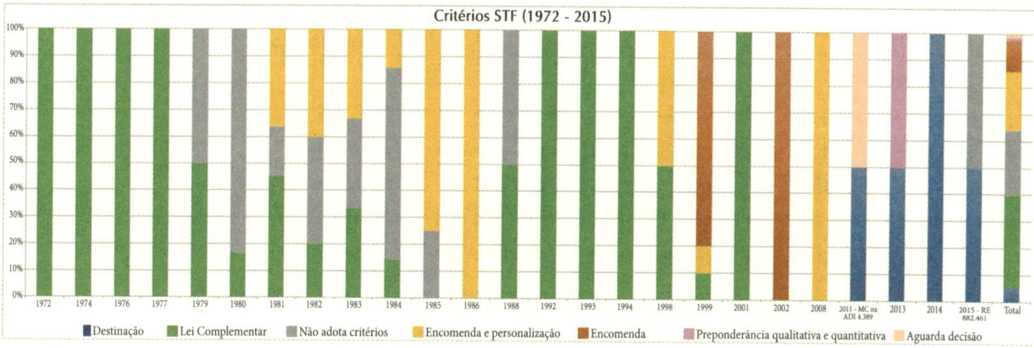

Constatamos que, do ano de 1976 até 2011, apenas três critérios foram aplicados nos conflitos de competência: o da lei complementar,[540] o da encomenda e personalização[541] e o da encomenda por si só.[542] O primeiro foi o mais utilizado no período, possivelmente em razão da vigência do artigo 8º, do Decreto-lei n. 406/68; o segundo e o terceiro eram empregados usualmente quando se discutia o conceito de serviço.

A partir de 2011, o critério da destinação passou a predominar na jurisprudência, dividindo pequeno espaço apenas com o critério da preponderância qualitativa e quantitativa.

540. 1972 a 1984 e 1988 a 2001.

541. 1981 a 1986, 1998 e 2008.

542. 1999, 2002 e 2003.

O uso do critério da destinação, inédito na jurisprudência até 2011, tem relação direta com o julgamento proferido na Medida Cautelar em ADI n. 4.389 DF. Por outro lado, diversos julgamentos foram baseados apenas na citação de precedentes, sem que os Ministros esclarecessem o critério decisório adotado na solução do conflito de competência.

4.5.2 Sobre os julgamentos do STJ

Quanto aos critérios para solução de conflitos de competência aplicados no âmbito do STJ, o cenário jurisprudencial assume, graficamente, as seguintes cores:

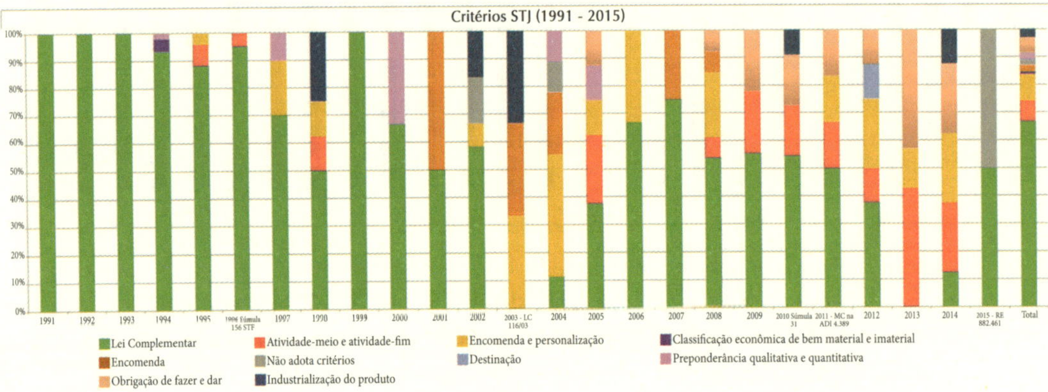

Desde os primeiros julgados encontrados (1991) até os julgados de 2002, o critério da lei complementar predominou. Aliás, o critério da lei complementar demonstra-se o mais utilizado nas decisões do STJ pesquisadas até o ano de 2015.[543]

543. Nos anos de 1997 e 1998 a jurisprudência é mais variada e o índice de aplicação do critério da lei complementar passou a cair consideravelmente (sem deixar de predominar), dividindo espaço com os critérios da encomenda e personalização, atividade-meio e atividade-fim, industrialização do produto e preponderância qualitativa. Esse cenário, no entanto, alterou o rumo novamente entre 1999 e 2002, quando a jurisprudência, ainda oscilante, retomou a aplicação do critério da lei complementar com mais força.
Entre os anos de 2005 e 2011, o critério da lei complementar é bastante aplicado na jurisprudência do STJ novamente. Até porque as atividades econômicas envolvidas nas lides são, em sua maioria, de composição gráfica. O critério da lei complementar é também bastante aplicado em razão das lides encontradas nesse mesmo período que envolveram

A aplicação do critério da encomenda e personalização decorre essencialmente dos julgamentos sobre a atividade de composição gráfica e de licença ou cessão de uso de sistemas e programas de computador. Já a aplicação do critério da atividade-meio e atividade-fim pode ser correlacionada com a atividade de acondicionamento de gases industriais; a aplicação do critério da industrialização do produto com a atividade de beneficiamento; e a aplicação do critério da preponderância qualitativa com a atividade de construção civil e instalação e montagem. Notamos, portanto, que a aplicação do critério na solução do conflito de competência guarda especial relação com a atividade econômica objeto da lide.

Não há dúvidas de que, diante da linha do tempo apresentada, o panorama jurisprudencial do STJ, de notável oscilação de critérios em um mesmo ano, é problemático em termos de segurança jurídica, ainda que o critério da lei complementar tenha prevalecido em todo o período, à exceção de 2003 a 2005.

4.6 Crítica e prognóstico da jurisprudência

Começamos o capítulo com a análise de decisões emblemáticas do STJ e do STF envolvendo critérios decisórios aplicados na solução de conflitos de competência entre o ISS, o ICMS e o IPI. Em seguida, verificamos o uso dos critérios

---

as atividades de manipulação de medicamentos e de conserto, manutenção e conservação.

Nos anos de 2011 e 2012 o critério da lei complementar cede ainda mais espaço para outros critérios (2011 registra o início do seu declínio). Um deles é o da destinação (aplicado em um dos julgados do STJ, em 2012 – AREsp n. 103.409 RS), o qual advém das decisões e manifestações dadas na MC em ADI 4.389 DF e na MC em ADI 4.413. Em 2013, os critérios da atividade-meio e atividade-fim e da obrigação de fazer e dar predominam em razão de recursos que envolveram a atividade de beneficiamento e não há nenhuma decisão encontrada que aplique o critério da lei complementar. Aliás, o único caso correspondente à atividade de composição gráfica opta pelo critério da encomenda e personalização.

O cenário de 2012 a 2014 mostra aumento, ainda maior, do número de critérios utilizados por parte da jurisprudência do STJ e, por conseguinte, a distribuição desses critérios proporcionalmente é maior em cada ano.

por atividade econômica envolvida na lide, elegendo as mais polêmicas. Identificamos ainda a proporção total de critérios decisórios em cada Tribunal e, na sequência, o confronto com marcos temporais.

À luz da pesquisa, importa-nos responder os seguintes questionamentos: a) como a jurisprudência enfrenta os conflitos de competência?; b) a jurisprudência utiliza critérios doutrinários para a solução dos conflitos?; c) existe na jurisprudência homogeneidade na adoção do critério decisório para a solução dos conflitos em geral ou a jurisprudência ainda pende quanto aos critérios?; e d) existe algum critério decisório que resolva todos os conflitos?

Primeiramente, a principal conclusão: estamos convictos de que não há na jurisprudência do STF e do STJ, essencialmente sob a ótica dos critérios decisórios pesquisados, soluções sistematizadas para os conflitos entre os impostos estudados. Como consequência direta, cremos que o contexto pragmático aponta para a insegurança jurídica e a potencialização de disputas judiciais.

Essa situação problemática atinge os conflitos de competência em geral, embora mais fortemente aqueles referentes a determinadas atividades econômicas como, por exemplo, a de composição gráfica.[544] Paralelamente, notamos que a variação

---

544. E na mesma linha seguem outras atividades econômicas. Para relembrar o cenário ruidoso, temos nos julgamentos relativos à atividade de:
a) fornecimento de alimentos e bebidas em bares e restaurantes: aplica-se o critério da lei complementar;
b) licença ou cessão de uso de sistemas e programas de computador restaurantes: aplica-se, em geral, o critério da encomenda e personalização;
c) fornecimento de medicamentos manipulados: o STJ aplica o critério da lei complementar e no STF não se tem notícia até que se julgue um RE com repercussão geral reconhecida;
d) composição gráfica: o STF partiu de uma linha fundada no critério da lei complementar para um cenário em que basicamente só se viu o critério da encomenda e personalização e ultimou em decisões que se basearam no critério da destinação e no critério da preponderância qualitativa e quantitativa; o STJ oscila mormente entre o critério da lei complementar e o critério de encomenda e personalização, sendo o primeiro bastante predominante; ainda assim, há uma variação de critérios, de modo que, pelo histórico de decisões constatadas na linha do tempo, não se pode constatar nenhum desfecho quanto

dos critérios é menor se considerada em relação ao grupo de julgados segregados sobre cada atividade econômica, o que minimiza o grau de incerteza.

Em nossa análise, a ausência de soluções sistematizadas é entendida como o uso de critérios decisórios diversos e de forma desordenada,[545] sem a eleição de uma linha diretiva para a resolução dos conflitos de competência em geral que, apesar da diversificação na natureza das atividades econômicas que envolvem as lides, acabam por se referir aos mesmos impostos. Aliás, a aplicação desses critérios varia até sobre a mesma atividade (principalmente na composição gráfica e beneficiamento e afins), no mesmo tribunal e na mesma turma do órgão julgador.

As consequências negativas são facilmente constatáveis, em termos jurídicos e econômicos, sobretudo: falta de segurança jurídica, prejuízos econômicos aos contribuintes em decorrência da tributação equivocada, perda de eficiência na arrecadação e aumento de custo do Estado em razão dos

---

ao critério oficial a ser adotado.
e) gravação e distribuição de filmes e vídeos: cada tribunal usa um critério preponderante próprio em suas decisões: STF – encomenda e STJ – lei complementar; há uma tendência no cenário mais recente que talvez revele que ambos os tribunais estão caminhando no mesmo sentido, uma vez que vêm adotando critérios coincidentes: da encomenda por si só ou da encomenda e personalização;
f) beneficiamento e afins: no STF encontramos julgamento que se baseia no critério da lei complementar e no critério da destinação, além de um RE pendente de julgamento e com repercussão geral reconhecida; no STJ os julgamentos se dividem entre diversos critérios (isoladamente ou em conjunto): obrigação de dar e obrigação de fazer, atividade-meio e atividade-fim, industrialização do produto e lei complementar; e, mais recentemente, o STJ decidiu os conflitos de competência apenas com base nos critérios da obrigação de fazer e dar e da atividade-meio e atividade-fim; e
g) fornecimento de concreto: no STJ foram, em sua maioria, solucionados por meio do critério da lei complementar.

545. Os critérios encontrados na jurisprudência ficam aquém do que a doutrina proporciona. No STF, como vimos, os critérios da lei complementar, destinação, encomenda e personalização, encomenda por si só e preponderância qualitativa e quantitativa. No STJ, vimos um maior número de critérios: o da lei complementar, atividade meio e fim, encomenda e personalização, encomenda por si só, obrigação de fazer e dar, destinação, classificação econômica de bem material e imaterial e preponderância qualitativa.

inúmeros processos judiciais, com a consequente diminuição de receita tributária.

Apesar da ausência de soluções sistematizadas, podemos cogitar a possibilidade de a jurisprudência do STF prosseguir nos parâmetros dos votos proferidos na Medida Cautelar na ADI n. 4.389, em que foi aplicado o critério da destinação. Já o STJ, diferentemente do STF, não nos permite conceber algum prognóstico que não seja o da incerteza quanto aos critérios decisórios a serem empregados nos conflitos de competência que serão levados a julgamento no futuro.

De fato, não existem maiores constatações a serem extraídas do histórico da jurisprudência, muito embora tenhamos uma perspectiva de que as decisões futuras mantenham a linha do critério da destinação, o que, para nós, todavia, não é garantia alguma de segurança jurídica, de acordo com a análise elaborada no próximo capítulo.

5
LEI COMPLEMENTAR E OS CONFLITOS DE COMPETÊNCIA ENTRE O ISS, ICMS E IPI

5.1 Crítica aos critérios para solução de conflitos de competência

5.1.1 Disfunção generalizada na aplicação dos critérios

A pesquisa empírica realizada no capítulo anterior resultou na análise de 781 (setecentos e oitenta e uma) decisões colegiadas prolatadas pelo Superior Tribunal de Justiça e pelo Supremo Tribunal Federal desde 1969. Boa parte dessas decisões envolve efetivos conflitos de competência entre a União, os Estados e os Municípios acerca da incidência do ISS, do ICMS e do IPI.

A investigação relevou a inexistência de guia diretiva na aplicação de critérios para a solução de conflitos de competência entres aqueles impostos, no que identificamos: (i) aumento, nos últimos anos, da diversidade de critérios aplicados; (ii) uso de variados critérios para a mesma atividade, com resultados contraditórios; (iii) impossibilidade de apontar um prognóstico na jurisprudência; (iv) critérios diferentes utilizados no STJ e no

STF e, ainda pior, na mesma turma do respectivo tribunal ou até na mesma lide.

A exploração da jurisprudência aponta, assim, para uma conjuntura de absoluta incerteza de qual tributo deve incidir nas inúmeras atividades econômicas sujeitas aos impostos sobre o consumo e a produção, afetando tanto o contribuinte como o fisco. Poderíamos, em tese, amenizar esse horizonte de insegurança se estivéssemos diante de novas atividades econômicas ou de um repositório legal mais recente, que certamente despertariam dúvidas na interpretação dos fatos e das normas aplicáveis. Mas, infelizmente, não é o que verificamos.

A atual discriminação das competências tributárias tem como base a Reforma Tributária de 1965, empreendida pela Emenda Constitucional n. 18, de 1º de dezembro de 1965. De lá para cá, não tivemos significativas mudanças legais aptas a melhor demarcar as materialidades do ISS, do ICMS e do IPI. O ISS permanece na competência dos Municípios e grava os "serviços de qualquer natureza definidos em lei complementar". O ICM é o tributo dos Estados que onera as "operações de circulação de mercadorias" e o IPI é o imposto federal "sobre produtos industrializados". A legislação do IPI, por exemplo, é praticamente a mesma desde 1964.

Já se passaram sessenta anos desde a Reforma do Sistema Tributário e permanece incerto qual tributo deve incidir nas atividades de beneficiamento de bens, de composição gráfica, de instalação e montagem de máquinas, de licenciamento de programas de computador, de manipulação de medicamentos e de móveis sob encomenda, isso para citar apenas algumas.

Pois bem. A análise do ângulo pragmático, pelo qual se manifesta o direito positivo, pode confirmar ou infirmar a harmonia esperada na interpretação das normas jurídicas. Dado ser o direito um sistema comunicacional que regula as condutas intersubjetivas, sua função não deixa de ser a de estabilizar a comunicação normativa, reduzindo-se ao máximo os conflitos que possam instaurar-se no seu interior.

Nesse sentido, se a presença de decisões recentes e conflitantes no STJ e no STF já representa em si uma disfunção – conclusão essa que uma breve pesquisa na jurisprudência apontaria de pronto – surpreenderam-nos os resultados encontrados na análise metodologicamente empreendida de centenas de julgados que tratam de conflitos de competência entre o ISS, o ICMS e o IPI no âmbito daqueles tribunais: o distúrbio comunicacional é endêmico.

Não nos olvidamos de que a jurisprudência pode e deve oscilar, pois as interpretações mudam e, assim, o direito jamais estará pronto e acabado. Porém, apesar de reconhecermos a dinâmica em que o direito opera, a solução para os conflitos normativos não pode seguir ao sabor dos ventos, mediante a aplicação, sem rumo, de critérios jurídicos díspares, evidenciando o descompromisso com a chegada a um porto seguro, em que as relações sociais se mostram mais pacificadas, tal qual bonança após a tempestade.

É nesse espírito a nossa crítica à ciência do direito tributário e à jurisprudência. Crítica que pode ser realizada de forma conjunta, visto que a inconsciência na aplicação dos critérios pela jurisprudência não difere da doutrina.

Não é necessária uma pesquisa empírica para comprovar a insegurança jurídica que o atual cenário fornece à sociedade, acarretando graves consequências econômicas e sociais. Pode-se especular sobre os prejuízos ao contribuinte ao ser notificado por tributo que não deveria pagar, na fiscalização indevida por diferentes entes políticos ou na exigência ilegal do cumprimento de obrigações acessórias. De outro lado, o Estado certamente sofre com a perda de receita decorrente da excessiva judicialização dos conflitos, como também dos custos advindos do trâmite de tantas ações judiciais.

E as incertezas aumentam a cada dia. O que dizer, por exemplo, ao contribuinte que pretende planejar sua atividade de licenciamento de *software* diante do recente Convênio

ICMS n. 181/2015 aprovado pelos Estados?[546] Sua atividade é sujeita ao ICMS, como quer crer o Convênio, ou ao ISS, tal como prevê a lista de serviços da Lei Complementar n. 116/03?[547] Como organizar economicamente a atividade gráfica após o julgamento, pelo STF, da Medida Cautelar na Adin n. 4.389, em que o relator entende que a "solução [ao conflito do ICMS com o ISS] está no papel que essa atividade tem no ciclo produtivo"? Deverá o contribuinte tributar como serviço apenas os negócios jurídicos realizados com o usuário final da cadeia de produção de bens? E a fiscalização pelos entes políticos, em especial nesse último caso, como realizá-la? Atentará a autoridade fiscal ao efetivo destino dado ao bem? E na hipótese de o destinatário do produto estiver em outro Município, como deve proceder a fiscalização? Essas e outras questões são problemas diários que parecem não encontrar eco na jurisprudência dos tribunais.

Aliás, se as decisões do STF e do STJ houvessem, nos casos indicados, simplesmente aplicado a lei complementar – tal como foi feito na atividade de fornecimento de alimentos e bebidas por bares e restaurantes – em vez de idealizarem o critério da encomenda e personalização, certamente o panorama seria outro e essas aventuras cometidas pelas autoridades fazendárias sequer poderiam existir. Ora, por que não mais encontramos discussão nos tribunais sobre conflitos de ICMS e ISS nesta última atividade, resolvida, de maneira uniforme, pelo critério da lei complementar?

Sabemos, todavia, que conflitos são inevitáveis em um estado federado em que as competências tributárias foram divididas de acordo com as atividades econômicas que muito se

546. O Convênio ICMS 181, de 28 de dezembro de 2015, ao autorizar as unidades federadas a conceder benefícios fiscais nas operações com software, chama a si a competência para se tributar tais operações, inclusive os programas que podem ser adaptados, ou seja, aqueles em que há "personalização".

547. Na lista de serviços anexa à Lei Complementar n. 116/03, temos:
(...)
1 – Serviços de informática e congêneres.
1.05 – Licenciamento ou cessão de direito de uso de programas de computação.

assemelham. Entendemos também que não existe uma discriminação perfeita das competências impositivas, salvo se optarmos por um tributo único, com a distribuição incondicional do produto arrecadado aos entes políticos.

Contudo, ainda que os conflitos existam em nosso ordenamento, em nada contribui dizer que o poder constituinte foi impecável na demarcação das competências e que toda matéria relativa ao tema se encontra exaustivamente fixada nos enunciados constitucionais. Prova disso são as interpretações contraditórias que se colhem do texto constitucional, realizadas tanto pela doutrina como pela jurisprudência, como já vimos nos Capítulos 3 e 4, respectivamente.

O princípio federativo e o da autonomia municipal, que se sobressaem como inflexíveis valores para aqueles que defendem essa suposta rigidez constitucional, conforme vimos no item 1.2.3 desta obra, é igualmente afetado pela permanente invasão, no plano pragmático, das competências dos entes políticos.

Temos, de um lado, o não reconhecimento da atuação do legislador complementar, em face de suposto perigo de esvaziamento da matéria constitucional, e, de outro, a ausência de critérios seguros para demarcar as competências tributárias. Nessa equação, sobressai o dilema: evitar, a todo custo, a hipótese da lei complementar afrontar à Constituição ou admitir a insegurança jurídica sobre praticamente todas as relações que se situarem nas zonas limítrofes entre as materialidades tributárias?

Outra ideia passível de crítica é aquela que admite recair sobre o intérprete o motivo pela sua incapacidade de interpretar a Constituição ou o fato social adjacente. Quem assim o faz, coloca-se em posição confortável, imune à realidade e desconectado com os conflitos que os contribuintes efetivamente enfrentam todos os dias. A dificuldade do intérprete autêntico consiste em um elemento inerente à realidade jurídica, devendo o cientista do direito tratá-la, portanto, como um problema real, e não circunstancial.

A metalinguagem do direito, propagada pela doutrina, deve, além de procurar antever as vicissitudes decorrentes de suas interpretações, revisitá-las sempre que a solução oferecida não servir à resolução dos conflitos normativos experimentados pela sociedade. Se no plano empírico a proposta não é apta a reduzir a insegurança jurídica, não há dúvidas de que a teoria precisa ser urgentemente repensada.

Ainda que a interpretação seja inesgotável, não se pode dizer qualquer coisa sobre qualquer coisa, pois a tarefa interpretativa tem limites, especialmente no próprio texto.[548] A falta de maiores reflexões nas propostas que se voltam a resolver, de forma sistêmica, os conflitos de competência entre o ISS, ICMS e IPI tem ocasionado uma onda de "decisionismo" e de ativismo judicial. Citamos, novamente, a aplicação do critério da destinação pelo Supremo Tribunal Federal, que, para nós, demonstra uma incapacidade da mais alta Corte do país em assegurar um mínimo de estabilidade ao tema.

Não é preciso reforçar nesta obra o papel do Judiciário em um Estado de Direito. Princípios jurídicos caros, como o da segurança jurídica e o da isonomia, estão sendo constantemente olvidados, gerando inexoravelmente descrédito ao Poder Judiciário. Paulo de Barros Carvalho lembra que os tribunais superiores põem em prática as funções de:

> (i)estabilizar o sistema, especificando o fato e a conduta regrados pela norma;
>
> (ii) realizar a segurança jurídica, instaurando como previsível o conteúdo da coatividade normativa;
>
> (iii) promover a orientação jurisprudencial, para indicar a referida compreensão aos tribunais judiciários de inferior hierarquia, bem como aos magistrados que venham a proferir decisões sobre a matéria, ou seja, estabilizando a jurisprudência segundo a diretriz que os tribunais superiores consolidaram;

548. *Vide* STRECK, Lenio Luiz. Os limites semânticos e sua importância na e para a democracia. *Revista da AJURIS*, v. 41, n. 135, set 2014, p. 175.

> (iv) operar no sentido da simplificação da atividade processual, pois, ao julgar de idêntica forma os casos semelhantes, acelera o processo decisório e garante a igualdade na prestação jurisdicional, além de reduzir, sensivelmente, o volume de processos existentes a respeito daquele objeto; e, por fim,
>
> (v) a previsibilidade decisória, porquanto em decorrência da uniformização dos julgados, alimenta-se a expectativa dos destinatários quanto ao desfecho das causas, tornando previsíveis os resultados.[549]

Estamos certos, contudo, de que todo esse *munus* não foi realmente assumido pelo STF e pelo STJ – ao menos não na sua devida dimensão. Repetimos: nossa pesquisa apontou uma disfunção sistêmica na aplicação de critérios para a solução de conflitos de competência tributária entre o ISS, ICMS e IPI. Essa desarmonia se relaciona com diversas atividades econômicas que, diga-se de passagem, não são novas. E nosso prognóstico é ainda mais nefasto, já que a diversidade de critérios aumentou nos últimos anos. Estamos, enfim, no ápice do problema.

No entanto, novos e melhores tempos nos esperam. É essa a expectativa que alimentamos sobre o novo Código de Processo Civil, aprovado pela Lei n. 13.105/15 e que entrou em vigor em 18 de março de 2016. Trataremos desse ponto no item a seguir.

5.1.2 Novo Código de Processo Civil e o fim da jurisprudência lotérica

A aplicação reiterada, em casos de conflitos de competência, de critérios decisórios distintos para situações idênticas, demonstra a falta de coerência nas decisões proferidas pelos tribunais, gera perplexidade aos jurisdicionados e desestabiliza o sistema jurídico.

549. CARVALHO, Paulo de Barros. Legislador como poeta. In: BERNARDO, Gustavo (org.). *A filosofia da ficção de Vilém Flusser*. São Paulo: Annablume, p. 9

Como vimos, as decisões do STJ e do STF não oferecem a prudência que se espera no enfrentamento dos conflitos de competência tributária entre o ISS, ICMS e IPI e, consequentemente, não garantem segurança jurídica aos contribuintes e ao Estado. Solução casuística é a expressão chave quando analisamos a questão.

Entretanto, essa realidade, com o novo Código de Processo Civil, Lei n. 13.105/15, pode sofrer uma profunda alteração, em função da edição de alguns dispositivos que introduzem novo paradigma para a aplicação das regras pelos tribunais. Trata-se da expressa exigência de estabilidade, integridade e coerência na jurisprudência brasileira. Registra-se que, já na Exposição de Motivos do Anteprojeto do Código, restou consignado que:

> posicionamentos diferentes e incompatíveis, nos Tribunais, a respeito da mesma norma jurídica, leva a que jurisdicionados que estejam em situações idênticas, tenham de submeter-se a regras de conduta diferentes, ditadas por decisões judiciais emanadas de tribunais diversos.
>
> Esse fenômeno fragmenta o sistema, gera intranquilidade e, por vezes, verdadeira perplexidade na sociedade.

E, para firmar o compromisso do novo código processual em assegurar maior segurança jurídica à sociedade, o art. 926, de roupagem principiológica, estabelece que "os tribunais devem uniformizar sua jurisprudência e mantê-la estável, íntegra e coerente". A estabilidade evita mudanças bruscas nas orientações dos tribunais; a integridade garante menor discricionariedade das decisões, pois é preciso olhar o sistema como um todo, e a coerência visa respeitar a igualdade, evitando-se decisões diferentes para casos semelhantes.[550]

---

550. É nesse sentido o que Lenio Streck entende: "Haverá coerência se os mesmos princípios que foram aplicados nas decisões o forem para os casos idênticos; mas, mais do que isto, estará assegurada a integridade do direito a partir da força normativa da Constituição. A coerência assegura a igualdade, isto é, que os diversos casos terão igual consideração por parte dos juízes. (...) A integridade exige que os juízes construam seus argumentos de forma integrada ao conjunto do direito.

É o início do fim da "jurisprudência lotérica".[551]

Além da exigência de uma jurisprudência íntegra, estável e coerente, o novo Código de Processo Civil fixa diversas outras regras que fortalecem a aplicação da jurisprudência e dos precedentes judiciais, como o "incidente de demandas repetitivas"[552] e do "incidente de assunção de competência".[553]

Poderíamos seguir enaltecendo o legislador da Lei n. 13.105/05, que em nada menos do que 7 (sete) vezes, emprega a expressão "segurança jurídica", a qual sequer é mencionada no Código Processual Civil de 1973. Citamos, por exemplo, a necessidade do magistrado de expressamente demonstrar a distinção da jurisprudência invocada pela parte, quando deixar de segui-la[554] ou a necessidade dos juízes e tribunais

---

Trata-se de uma garantia contra arbitrariedades interpretativas. A integridade limita a ação dos juízes; mais do que isso, coloca efetivos freios, através dessas comunidades de princípios, às atitudes solipsistas-voluntaristas. A integridade é uma forma de virtude política. A integridade significa rechaçar a tentação da discricionariedade". STRECK, Lenio Luiz. O novo Código de Processo Civil (CPC) e as inovações hermenêuticas – O fim do livre convencimento e a adoção do integracionismo dworkiniano. *Revista de Informação Legislativa*, v. 1, 2015, p. 38.

551. Segundo Cambi, "a ideia da *jurisprudência lotérica* se insere justamente nesse contexto; isto é, quando a mesma questão jurídica é julgada por duas ou mais maneiras diferentes. Assim, se a parte tiver a sorte de a causa ser distribuída a determinado Juiz, que tenha entendimento favorável da matéria jurídica envolvida, obtém a tutela jurisdicional; caso contrário, a decisão não lhe reconhece o direito pleiteado". CAMBI, Eduardo. Jurisprudência Lotérica. *Revista dos Tribunais*. São Paulo, v. 786, 2001, p. 111.

552. Art. 976. É cabível a instauração do incidente de resolução de demandas repetitivas quando houver, simultaneamente:
I – efetiva repetição de processos que contenham controvérsia sobre a mesma questão unicamente de direito;
II – risco de ofensa à isonomia e à segurança jurídica.

553. Art. 947. É admissível a assunção de competência quando o julgamento de recurso, de remessa necessária ou de processo de competência originária envolver relevante questão de direito, com grande repercussão social, sem repetição em múltiplos processos.

554. Art. 489. São elementos essenciais da sentença:
§ 1º Não se considera fundamentada qualquer decisão judicial, seja ela interlocutória, sentença ou acórdão, que:
(...)
VI – deixar de seguir enunciado de súmula, jurisprudência ou precedente invocado

observarem as orientações do plenário ou do órgão especial aos quais estão vinculados.[555] Tudo com o objetivo de romper com nosso atual sistema e permitir o avanço do direito positivo brasileiro na busca por maior segurança na aplicação das normas jurídicas.

Nesse novo horizonte, critérios doutrinários que não se prestam a assegurar uniformidade na solução dos conflitos de competência certamente devem ser repensados, pois não é possível que a ciência do direito tributário permaneça inerte diante de tantas decisões conflitantes. Quanto ao plano pragmático, entendemos necessário abandonar boa parte da jurisprudência que se construiu até aqui, sem olvidar, claro, importantes precedentes judiciais que aplicaram adequadamente o critério da lei complementar que, como se verá adiante, é o melhor critério para atender a aclamada *coerência* e *integridade* previstas no novo sistema processual brasileiro.

5.1.3 Crítica aos critérios

Os critérios identificados na jurisprudência do STF e do STJ não destoam daqueles tratados pela ciência do direito tributário e que abordamos no Capítulo 3, item 3.4.[556] São eles: (i) obrigação de fazer e dar; (ii) atividade-meio e atividade-fim; (iii) encomenda e personalização; (iv) destinação do produto;

---

pela parte, sem demonstrar a existência de distinção no caso em julgamento ou a superação do entendimento.

555. Art. 927. Os juízes e os tribunais observarão:
I – as decisões do Supremo Tribunal Federal em controle concentrado de constitucionalidade;
II – os enunciados de súmula vinculante;
III – os acórdãos em incidente de assunção de competência ou de resolução de demandas repetitivas e em julgamento de recursos extraordinário e especial repetitivos;
IV – os enunciados das súmulas do Supremo Tribunal Federal em matéria constitucional e do Superior Tribunal de Justiça em matéria infraconstitucional;
V – a orientação do plenário ou do órgão especial aos quais estiverem vinculados.

556. Porém nem todos foram encontrados na jurisprudência, conforme vimos no capítulo anterior.

(v) lei complementar; (vi) preponderância qualitativa e quantitativa; (vii) preponderância funcional da utilidade fornecida; (viii) classificação econômica de bem material e imaterial; (ix) especificação do bem produzido; (x) pessoalidade; (xi) finalidade e grau de particularização; (xii) propriedade dos materiais inerentes à operação; (xiii) industrialização do produto; (xiv) quantidade de bens produzidos; (xv) esforço pessoal no processo produtivo.

Antes de adentrarmos as críticas, dois pontos precisam ser mencionados. Primeiro, não temos a ilusão de que o critério da lei complementar, adiante defendido, é o fundamento perfeito para resolver todos os problemas decorrentes de conflitos de competência. Todos os critérios científicos são válidos, e uns mais outros menos, prestam-se para melhor demarcar as fronteiras do ISS, do ICMS e do IPI. Segundo, grande parte das soluções encontradas na doutrina foram propostas décadas atrás, em outro momento histórico e político, e muitos desses autores já não se encontram mais entre nós.

(i) Obrigação de fazer e dar

O critério baseia-se na classificação das obrigações provenientes da doutrina do Direito Privado, quanto ao objeto – de dar e de fazer (ou não fazer) – para discernir o ISS do ICMS. A distinção, para quem se vale do critério, é havida como singela: a obrigação de dar consiste em vínculo jurídico que impõe ao devedor a entrega de alguma coisa já existente, enquanto a obrigação de fazer impõe a elaboração de algo até então inexistente.[557]

De acordo com esse critério, que concebe um conceito civilista de serviço, a Constituição Federal discriminou de forma exaustiva, minudente e rígida a competência tributária, atribuindo a cada uma das pessoas políticas faixas privativas de competência e que não podem ser alteradas pelo legislador

557. BARRETO, Aires Fernandino. ICMS e ISS: Estremação da incidência. *Revista Dialética de Direito Tributário*. São Paulo, n. 71, ago, 2001, p. 16.

infraconstitucional. E, nesse sentido, os autores[558] afirmam ter o constituinte se baseado nos conceitos de direito privado para outorgar a competência para tributar serviço; logo, serviço tributável pelo ISS é a obrigação de fazer, enquanto a obrigação de dar pertence ao ICMS.[559]

As ressalvas a esse critério são várias e já foram tecidas ao longo do texto. Primeiro: não acreditamos que a Constituição tenha demarcado de maneira precisa e exaustiva a competência tributária dos entes políticos, pois (i) o texto constitucional não traz em si conceitos, mas apenas signos. O sentido atribuído ao signo é obra do intérprete que constrói o conteúdo de significação conforme o contexto interpretativo que varia no tempo e no espaço. Não há, assim, qualquer precisão no texto; (ii) a Constituição não dispensou muitas palavras no desenho das materialidades dos tributos. Acreditamos que a outorga de competência ocorreu, em verdade, mediante a discreta referência a bens, negócios, atividades, finalidades ou eventos cujos conceitos são fluidos e vagos, demandando maior elucidação por parte do legislador complementar.

Segundo: não são poucos os civilistas que, atualmente, entendem ser imprecisa a distinção entre a obrigação de fazer e dar, de forma que a classificação vem sofrendo restrições na doutrina contemporânea, porquanto a obrigação de dar não deixa de ser "fazer alguma coisa" e a diferença só adquire importância na fase processual de execução.[560] Devido a tais inconvenientes, os Códigos mais modernos puseram de lado a classificação a que recusam, sistematicamente, qualquer relevância jurídica. Dentre eles, só o Polonês se mantém

---

558. Sobre os critérios doutrinários e respectivos autores, vide Capítulo 3, item 3.4.

559. ATALIBA, Geraldo; BARRETO, Aires Fernandino. ISS e Locação – Conceito Constitucional de Serviço – Locação não é serviço: Não pode a lei assim considerá-la para efeitos tributários. *Revista dos Tribunais*. São Paulo, v. 619, maio, 1987, *passim*.

560. WALD, Arnold. *Direito Civil:* Direito das obrigações e teoria geral dos contratos. 20 ed. São Paulo: Saraiva, 2011, p. 50-51.

fiel à velha e tradicional divisão — dar, fazer e não fazer.[561] De fato, os autores que defendem serviço como obrigação de fazer baseiam-se nos conceitos construídos no direito romano e de autores civilistas do início do século passado. Parece-nos que aquela importante advertência feita por Cléber Giardino no ano de 1979[562] – de que seria prudente aprofundar a questão, já que a distinção entre obrigação de fazer e dar, no direito civil, não tem a importância que tem no direito tributário – nunca foi considerada.

Terceiro: o equívoco não se restringe a fundar o conceito de serviço na ultrapassada classificação das obrigações propagada pelo direito romano, mas também em defender que esse conceito é unívoco no direito civil. Não é difícil perceber que o termo serviço é empregado em diferentes sentidos por diversos diplomas legais, como no Código de Defesa do Consumidor (Lei n. 8.078/90), na Lei de Franquias (Lei n. 8.955/94) , no Código Civil de 2002 (Lei n. 10.406/02), na Lei de Licitações (Lei n. 8.666/93) e em diversas outras leis. Fica aí a questão: como saber a que direito estamos nos referindo? Ademais, o código civil em momento algum relaciona a prestação de serviço com obrigação de fazer, razão pela qual entendemos que se trata de um conceito construído exclusivamente no âmbito da doutrina (civilista romana).

Na classificação proposta, ainda que tentássemos verificar o "núcleo" do negócio jurídico para encontrar o fazer ou o dar, vamos, invariavelmente, nos defrontar com diversas situações em que a diferenciação é inadequada, e qualquer tentativa de prosseguir aumenta a subjetividade. Nos negócios jurídicos em que há a presença de um "fazer para dar", como na recauchutagem de pneus, medicamentos manipulados, prótese ou obra de arte sob encomenda, composição gráfica,

561. MONTEIRO, Washington de Barros. *Curso de Direito Civil* – Direito das obrigações. V Parte. São Paulo: Saraiva, 2003, p. 92.

562. ATALIBA, Geraldo; CARRAZZA, Roque; BARRETO, Aires Fernandino; GIARDINO, Cléber. Conflitos entre ICM, ISS e IPI. *Revista de Direito Tributário*. São Paulo, v. 7-8, ano III, 1979, p. 117-118.

máquina ou veículo customizado, o que deve prevalecer? E nos casos em que o "fazer e dar" estão lado a lado na atividade, como no conserto de um equipamento com o emprego de peças, fornecimento de alimentos por bares e restaurantes, blindagem e recondicionamento de motores? Qual obrigação se destaca? Em que sentido deve se dar a prevalência? Econômico? Interesse do tomador? Interesse do prestador? Esforço empreendido?

O critério é demasiadamente falho, e os autores que ainda o adotam geralmente o conjugam com outras distinções, como o da atividade-meio e atividade-fim e encomenda e personalização, que serão vistos a seguir.

(ii) Atividade-meio e atividade-fim

O critério da atividade-meio e atividade-fim foi concebido para evitar a incidência do ISS sobre meras atividades que representam etapas ou tarefas dentro de um negócio jurídico único e autônomo. Nesse sentido, o ISS só pode incidir sobre a atividade-fim, e os Municípios que elegem a atividade-meio como serviço tributável invadem, flagrantemente, o campo de incidência dos Estados.[563] É frequente o uso de expressões como "núcleo do negócio jurídico"[564], "essência da atividade",[565] "intimidade do ato jurídico",[566] para identificar a finalidade do negócio jurídico e a natureza da obrigação, separando-se, portanto, a atividade-meio da atividade-fim.

563. BARRETO, Aires Fernandino. ISS – Atividade-meio e serviço-fim. *Revista Dialética de Direito Tributário*. São Paulo, n.5, 1996, passim.

564. GRECO, Marco Aurélio. ICMS x ISS: Fabricação de embalagens sob encomenda; incidência do ICMS. *Revista Fórum de Direito Tributário*. Belo Horizonte. v.8. n.47, set.-out., 2010, p. 37.

565. BARRETO, Simone Rodrigues Costa. *Mutação do conceito constitucional de mercadoria*, 2014. Tese (Doutorado em Direito) – Pontifícia Universidade Católica, São Paulo, 2014, p. 190.

566. BAPTISTA, Marcelo Caron. *ISS: Do Texto à Norma*. São Paulo: Quartier Latin, 2005, p. 299-300.

Estamos de acordo com a ideia de que a lista de serviços só tributa as atividades objeto da relação negocial, nunca os passos percorridos pelo prestador. É perfeito para ilustrar o problema o amplamente mencionado exemplo do advogado que é contratado para elaborar um parecer e que, portanto, não realiza serviço de digitação.

Todavia, novamente, não se presta para diferenciar as atividades sujeitas ao ISS ou ao ICMS. A busca pela identificação do que é instrumental ou principal na relação jurídica entre as partes é relativa. Vejamos o exemplo da atividade de composição gráfica, contratada juntamente com a elaboração de uma embalagem. Qual a atividade meio ou fim? Fazer ou dar? Ainda que represente um aprimoramento do critério anterior, o entendimento padece dos mesmos vícios ao procurar distinguir as competências tributárias com base na ultrapassada classificação de obrigação de fazer e dar.

(iii) Encomenda e personalização

Caminhando ainda mais para o exacerbado subjetivismo, encontramos o critério da encomenda e personalização. Os autores que se valem do critério – muito usado para as atividades de industrialização sob encomenda, mas não se reduzindo a elas – entendem que, nessas situações, deveria prevalecer a "confecção sob encomenda" realizada de acordo com as características atribuídas pelo tomador. Se o bem material foi elaborado sob encomenda e de acordo com especificações e necessidades do tomador, torna-se um produto único e com características próprias, tributável exclusivamente pelo ISS. "A obrigação em tela é de fazer algo, isto é, de prestar um serviço, que se consubstancia na entrega, a um tomador certo e perfeitamente identificado, de um produto único, feito sob encomenda".[567]

567. CARRAZZA, Roque Antônio. *Reflexões sobre a obrigação tributária*. São Paulo: Noeses, 2010, p. 128.

Mantemos a crítica já antes referida quanto à classificação das obrigações de fazer e dar, a qual se vale também esse critério. Acrescenta-se, porém, outras impropriedades na distinção.

O termo *encomenda*, em si, nada auxilia. Operações verdadeiramente mercantis podem decorrer de uma encomenda, cuja significação pode ser: "mandar fazer", "pedir" ou "encarregar alguém de alguma coisa".[568] O que dizer de uma empresa que só vende mercadorias mediante encomenda, ou seja, não mantém estoque físico? Seria ela uma prestadora de serviços quando é contratada a entregar produtos ainda não adquiridos ou fabricados? Claro que não. Aliás, todas as atividades da lista de serviços são realizadas mediante encomenda, já que pressupõem um acordo de vontades entre as partes envolvidas. Nenhum prestador comete a insensatez de prestar e cobrar por um serviço que não foi, expressa ou tacitamente, contratado, é dizer, encomendado.

A conjugação com a palavra *personalização* também não resolve o problema. Defender que o ISS exige um "esforço humano personalizado" visando atender as necessidades de determinado adquirente[569] é cair, novamente, na vala das incertezas insuperáveis. Imaginamos uma empresa que fabrica e comercializa móveis padronizados. Será que se transformaria em prestadora de serviço caso o contratante solicite uma cor especial ou um acabamento não previsto? Qual o grau de customização necessário para tornar um produto personalizado? Aquele que só aproveita o tomador? Como saber isso em um planeta de bilhões de pessoas?

568. MICHAELLIS: *Dicionário Prático* – Língua Portuguesa. São Paulo: Melhoramentos, 2011, p. 432.

569. CHIESA, Clélio. Industrialização sob encomenda – Incidência de ISS, IPI, ICMS ou nenhum desses impostos? In: ROCHA, Valdir Oliveira (coord.). *Grandes questões atuais do Direito Tributário*. São Paulo: Dialética, 2005, p. 63.

Pior. Em um mundo em que já é possível um processo produtivo de "customização em massa",[570] os contornos da personalização assumem proporções inimagináveis. Vemos carros, medicamentos, artigos esportivos, eletrônicos e de vestuário sendo produzidos para "atender as necessidades de determinado cliente". Passariam a ser essas empresas prestadoras de serviço? Atualmente, é possível, por exemplo, adquirir via internet um tênis da marca Nike com palmilha e design gráfico personalizados. É permitido, inclusive, nele inserir até o próprio nome ou uma mensagem inspiradora. Como resolver esses questionamentos com base no critério da encomenda e personalização? Estamos, seguramente, diante de situações de elevada subjetividade, no que dificultam ainda mais a solução do intricado problema.

(iv) Destinação do produto

O presente critério é proposto com foco na destinação do bem produzido – se para o comércio, industrialização ou se para o usuário final – estabelecendo um novo instrumental técnico para resolver conflitos de competência. Se o bem é destinado à mercancia ou à industrialização, será objeto de ICMS e IPI, haja vista a condição de mercadoria que será consumida; se o bem adquirido visa a facilitar ou permitir a prestação de serviço, trata-se de simples material, que poderá ser objeto apenas de ISS.

A tributação pelo ISS somente poderia ocorrer após o término do ciclo de produção, comercialização ou quando a prestação do serviço for realizada por encomenda definitiva do usuário final.[571] Se assim não for, estar-se-á diante de um

570. A expressão "customização em massa" surgiu na década de 1990 e representa a ideia de desenvolver e produzir em grande escala bens e serviços que atendam os interesses individuais de cada cliente. Segundo Roy Westbrook, foi cunhada por J Pine em 1993. WESTBROOK, Roy. Implications of mass customization for operations management. *International Journal of Operations & Production Management*. v. 19, n. 3, 1999, p. 262-275.

571. MELO, José Eduardo Soares de. IPI e ISS – Conflito de competência. In: PEIXOTO, Marcelo Magalhães; MELO, Fábio Soares de (coords.). *IPI – Questões Fun-*

produto ou mercadoria (alvo de IPI ou ICMS) e não de um serviço (alvo de ISS).[572] E mesmo que a lei complementar não estabeleça essa distinção, "somente estão no campo de incidência tributária dos Municípios os serviços prestados de modo pessoal, para o consumidor final; nunca quando tais serviços correspondem a uma etapa na cadeia de industrialização".[573]

Na ordem atual das coisas, ao julgar a Medida Cautelar na ADI n. 4.389, o Supremo Tribunal Federal reconheceu sua importância no sistema tributário brasileiro, conforme demonstramos no capítulo anterior. Para o relator da ação, o fato gerador deve ser interpretado de acordo com a expressão econômica da base de cálculo e com o contexto da cadeia produtiva. No caso julgado, que envolvia a confecção de embalagens, o STF entendeu que é devido o ICMS, pois as embalagens são insumos que "têm função técnica na industrialização, ao permitirem a conservação das propriedades físico-químicas dos produtos, bem como o transporte, o manuseio e o armazenamento dos produtos". Não há "como equiparar a produção gráfica personalizada e encomendada para uso pontual, pessoal ou empresarial, e a produção personalizada e encomendada para fazer parte de complexo processo produtivo destinado a pôr bens em comércio".[574]

Por vezes, os autores que adotam esse critério argumentam que a incidência do ISS, em detrimento do ICMS e do IPI, ocasiona distorções no sistema da não cumulatividade desses impostos. Assim, o prestador e o destinatário não teriam direito a crédito do imposto na aquisição de insumos, colidindo-se com o princípio da não cumulatividade, com a

---

damentais. São Paulo: MP, 2008, p. 57.

572. ÁVILA, Humberto. *Parecer anexado aos autos da Adin no STF n. 4.413*, p. 15.

573. TÔRRES, Heleno Taveira. ISSQN e Serviços de Impressão Gráfica por Encomenda. In: PINTO, Sergio Luiz de Moraes; MACEDO, Alberto; ARAÚJO, Wilson José (org). *Gestão tributária municipal e tributos municipais*, v. 2. São Paulo: Quartier Latin, 2011, p. 191.

574. ADI n. 4.389

consequente oneração do preço dos bens a serem consumidos. Vemos na análise de Marco Aurélio Greco que a incidência do ISS, quando o produto será destinado à comercialização ou à industrialização, fere a neutralidade do ICMS no ciclo econômico. Segundo o autor, a introdução de um imposto não cumulativo (ISS) no ciclo econômico de mercadorias "gera uma distorção na não cumulatividade do ICMS; a rigor, frustra o objetivo constitucional desse mecanismo (diluir a exigência do ICMS por todo o ciclo econômico de circulação de mercadorias)".[575]

Marco Aurélio Greco também menciona o princípio da solidariedade como fundamento para resolver o conflito de competência. Para o autor, diante de duas interpretações possíveis em relação a um dispositivo constitucional, temos que optar por aquela que prestigiar o valor da solidariedade entre os entes e, na hipótese examinada, conclui pelo ICMS, porquanto é um tributo partilhado entre Estados e Municípios.[576]

Ao que parece, no conflito de competência entre o ISS, ICMS e IPI, além de proceder à análise acerca do destino a ser dado ao bem (comercialização ou industrialização), tangenciando o problema, aplica-se o princípio da não cumulatividade e da solidariedade. Esses elementos, defendidos em Pareceres Jurídicos elaborados por Humberto Ávila e Marco Aurélio Greco,[577] constam dos autos da ADI n. 4.389 e ganharam voz no Supremo.

575. GRECO, Marco Aurélio. ICMS x ISS: Fabricação de embalagens sob encomenda; incidência do ICMS. *Revista Fórum de Direito Tributário*. Belo Horizonte. v.8. n.47, set./out., 2010, p. 37.

576. Ibidem, p. 34.

577. Não é demais lembrar, com Rubens Gomes de Souza, no Prefácio da obra Temas de Direito Tributário de Gilberto Ulhôa Canto, que o parecer "é um híbrido canhestro de estudo doutrinário e de arrazoado forense. Não tem a independência da obra de pura especulação, e falta-lhe a coragem de se afirmar como trabalho profissional". Conclui o autor, afirmando que o direito está sempre em crise, "seja de crescimento, seja de adaptação, seja de senilidade, a crise é a sua condição vital: a estagnação é que seria a sua morte". CANTO, Gilberto Ulhôa. *Temas de Direito Tributário*. v. 1. Rio de Janeiro: Alba, s/d.

Ao abordar o princípio da não cumulatividade, o voto do Ministro Joaquim Barbosa frisa que a alíquota média do ICMS é de 18%, muito superior à alíquota máxima do ISS, de 5%. Assim sendo, com a incidência do ICMS, o valor pago pode ser compensado na operação subsequente, nos termos da regra constitucional da não cumulatividade. Caso o imposto devido seja o ISS, ainda que nominalmente inferior, não há a possibilidade de compensação. Para o relator, "a pretensão dos contribuintes tem amparo econômico e se alinha com a harmonia entre carga e benefício econômico que deve orientar a tributação".[578] No que se refere ao princípio da solidariedade, a Ministra Ellen Gracie, na trilha do que acima mencionamos, ressalta em seu voto que os Municípios participam do produto da arrecadação do ICMS por determinação constitucional.

Para nós, o critério representa o verdadeiro ativismo judicial e a rebelião doutrinária contra a lei, fruto de uma ideologia infundada de que o nosso modelo tributário se alinha ao ciclo operacional de bens: produção (IPI), circulação (ICMS) e consumo (ISS). Nada mais equivocado, pois serviços podem ser executados em qualquer etapa da cadeia produtiva. Quem defende o critério da destinação, não deve ser capaz de imaginar a impossibilidade, no plano pragmático, de aplicá-lo nas diversas atividades econômicas ao introduzir, como elemento de distinção, o destino a ser dado ao bem pelo tomador dentro do contexto da cadeia produtiva. Tomamos como exemplo uma empresa que faz o tingimento de tecidos. Deverá esse contribuinte, ao ser contratado para tingir tecido pertencente a terceiro, questionar o fim que será dado ao bem? Ficará a autoridade fiscal encarregada de verificar, *in locu*, se o produto entregue foi efetivamente comercializado ou foi objeto de industrialização? E se o tomador tem domicílio tributário em outro Estado, como proceder? Imaginamos outro caso, de uma empresa que realiza a recauchutagem de pneus para

578. ADI n. 4.389

uma transportadora de bens que, a princípio, não pretende vendê-los. Mas, se por qualquer razão, os pneus são colocados no estoque da transportadora, que resolve vendê-los ao mercado, deverá o contribuinte solicitar a restituição do ISS e recolher o ICMS? Como proceder nos casos em que o tomador pode ser, ao mesmo tempo, usuário final e comerciante? Emitem-se duas notas, sendo ISS para o bem que permanecerá na empresa tomadora e ICMS para as mercadorias que serão comercializadas?

Já a menção ao princípio da não cumulatividade e da solidariedade não nos parece adequado. Reconhecer que a regra de creditamento, específica para o ICMS e IPI, sirva, sem qualquer previsão constitucional acerca do tema, como elemento diferenciador entre outros impostos, é algo que não podemos aceitar. Gostaríamos de saber como proceder nos casos em que o crédito do imposto não é admitido, como na aquisição de bens de uso e consumo. Estaríamos então diante de um serviço? E a agraciada solidariedade tem relevância quando o Estado concede algum benefício fiscal, inclusive isenção tributária? Perderia então sua competência por não mais partilhar o tributo com o Município? Ou, por que não transferir para os Estados, por via interpretativa, a competência para tributar todos os casos de conflitos entre ISS e ICMS, já que a partilha de receitas é regra constitucional?

Para nós, a destinação do bem produzido é elemento de que deve valer-se o legislador, na fase pré-jurídica, para conformar a política fiscal brasileira. Não é possível considerá-la como critério interpretativo para demarcar a competência tributária dos entes políticos. Por fim, nossa esperança reside no julgamento de mérito das ADI ns. 4.389 e 4.413-DF, esta última com objeto mais amplo, já que até o momento houve apenas a apreciação da medida cautelar (na ADI n. 4.389).

(v) Lei Complementar

O critério da lei complementar é o que reconhece a lei infraconstitucional como instrumento primeiro, principal, e em certos aspectos, definitivo, para resolver os conflitos de competência entre os impostos. Por ser o critério que entendemos mais adequado, será analisado em item próprio a seguir.

(vi) Preponderância qualitativa e quantitativa e (vii) funcional da utilidade fornecida

O critério da preponderância qualitativa e quantitativa, proposto por Ives Gandra da Silva Martins, diz respeito à quantidade valorativa do serviço e à quantidade de material alocadas na atividade. De acordo com tal critério, se o valor das mercadorias exceder o custo da prestação de serviços, não se trata mais de serviços, mas de operações de circulação de mercadorias.[579] Nesse sentido, a densidade econômica (a mercadoria ou o serviço) determina o regime jurídico da incidência.[580]

E quanto ao critério da preponderância funcional da utilidade fornecida, defendido por Antônio Sampaio Roberto Dória, implica analisar a utilidade que predomina, sobretudo do ângulo do fornecedor, medido com valoração objetiva. Assim, o percentual do custo atribuível a cada parcela de materiais e serviços é o fator importante na determinação da preponderância da utilidade.[581]

Apesar de os autores citados, posteriormente, não mais adotarem a classificação proposta, ainda se encontra, como visto no capítulo anterior, seu emprego no âmbito da jurisprudência. Nossa crítica não é à margem de subjetividade, menor

579. MARTINS, Ives Gandra da Silva. IPI, ICM e ISS nas operações de recondicionamento e renovação. *Revista de Direito Tributário*. São Paulo. v.10. n.36. p.159-71, abr.-jun, 1986, p. 167-168.

580. MARTINS, Ives Gandra da Silva. O licenciamento e sub-licenciamento de programas de software não se confundem com circulação de mercadorias – Impossibilidade de incidirem sobre as respectivas operações ICMS, IPI e II – Parecer, 1989, p. 23.
MARTINS, Ives Gandra da Silva. *Direito Tributário interpretado*. São Paulo: Ed. Cejup, 1985, p. 134.

581. DÓRIA, Antônio Roberto Sampaio. Execução de serviços para indústria gráfica. *Revista dos Tribunais*. São Paulo, v. 392, ano, 57, jun. 1968, p. 54.

aqui, já que a preponderância do custo do material ou do serviço até pode ser demonstrada em números, mas à complexidade de sua aplicação. A mera alteração inflacionária no valor dos insumos, por exemplo, afetaria diretamente os limites entre os impostos. A dificuldade aumenta ao se questionar quais componentes integram o custo do bem produzido. Somente os que compõem fisicamente o bem? Outros que são consumidos na sua produção? Custos indiretos também entram no cálculo? Analisando a aplicação do critério na atividade de fornecimento de alimentos em bares e restaurante, Aires Barreto, em tom de brincadeira, insinua que a classificação poderia chegar a situações caricatas, como a "buchada de bode ao ISS" ou "galinhada cuiabana ao ICM".[582]

Em verdade, o critério da preponderância vigorou por brevíssimo tempo no direito brasileiro (entre a vigência do Código Tributário Nacional e o Decreto-lei n. 406/68) e até pode ser considerado pelo legislador na elaboração da lista de serviços, mas entendemos ser absolutamente inviável a sua aplicação pelo intérprete ao identificar as materialidades das atividades fronteiriças entre os impostos em estudo.

(viii) Classificação econômica de bem material e imaterial

A classificação econômica de bem material e imaterial revela que, para fins de ISS, serviço consiste no fornecimento de qualquer bem imaterial e, por outro lado, no que dizem respeito ao IPI e ICMS, produto ou mercadoria consistem no objeto de fornecimento de bens materiais. Serviço não é, para tal efeito, apenas o fornecimento de trabalho a terceiro, mediante remuneração, mas sim sinônimo de bem imaterial, quando empregado na etapa econômica da produção e circulação. Nesse contexto, para a incidência do imposto, o que interessa é a atividade predominante verificada sob o ponto de vista do vendedor.[583]

---

582. BARRETO, Aires Fernandino. O ISS e a Lei Complementar n. 116. *Revista de Direito Tributário*. São Paulo, n. 92, 2005, p. 104.

583. MORAES, Bernardo Ribeiro de. A atividade de indústria gráfica diante do

O critério é bastante impreciso, especialmente nos dia de hoje em que as mercadorias assumem a qualidade de bens incorpóreos, e serviços são prestados sobre bens corpóreos como na industrialização sob encomenda. Ademais, a exigência de observar o que predomina sob o ponto de vista do prestador torna esse critério ainda mais confuso. Quais aspectos do vendedor devem ser considerados? A intensidade do esforço empreendido? A relevância dos insumos na atividade? São questões que não podem ser respondidas por meio desse critério.

(ix) Especificação do bem produzido

O critério da especificação do bem produzido parte do conceito civilista da atividade típica de "especificação de bens" (art. 1.269 do Código Civil), que ocorre quando o sujeito executa um trabalho, mecanizado ou não, em bens de terceiros (encomendante), com ou sem agregação de bens próprios, e dele obtém coisa nova. No caso de haver especificação (industrialização) de produto novo, será o especificador o proprietário do bem e, assim, haverá operação relativa à circulação de mercadoria sujeita a incidência do ICMS. Ausentes os critérios da especificação, a atividade realizada será mero trabalho em bens de terceiros, o que caracteriza prestação de serviço sujeita à incidência do ISS.[584]

Entendemos que o critério em nada se coaduna com as situações em que a transformação da matéria-prima ocorre por força de um contrato. Ao contrário, a especificação de bens, tal como prevista no art. 1.269 do Código Civil, é forma de aquisição de propriedade móvel e não uma atividade decorrente de um negócio jurídico entabulado entre as partes.

Sistema Tributário Nacional. *Doutrinas essenciais de Direito Tributário*. São Paulo, v. 5, fev, 2011, p. 243.

584. LUNARDELLI. Pedro Guilherme Accorsi. A Industrialização por Encomenda e seu Enquadramento no Código Civil. Reflexões Sobre a Incidência do ICMS e do ISSQN In: PARISI, Fernanda Drummond. TÔRRES, Heleno Taveira; MELO, José Eduardo Soares de. Estudos de Direito Tributário em Homenagem ao Professor Roque Antônio CARRAZZA. São Paulo: Malheiros, 2014, p. 445-446.

A distinção proposta agrega ainda maior complexidade ao se considerar, como prevê o § 2º do art. 1.270 do Código Civil, que o valor da matéria-prima é elemento relevante para determinar se a espécie é ou não nova.

(x) Pessoalidade

O critério da pessoalidade é conjugado por Humberto Ávila com os critérios da encomenda, da destinação e da classificação de obrigação de fazer e dar.[585] Para esse autor, a pessoalidade deve ser analisada sob dois ângulos: do tomador do serviço e do prestador. Sob o enfoque do tomador, pessoalidade significa que o serviço contratado tem como beneficiado o próprio tomador, e não terceiro. Para caracterizar a pessoalidade quanto ao prestador, é necessário reconhecer que ele é contratado para realizar a atividade em função de suas características pessoais, ou seja, o determinante na escolha do prestador é a sua capacidade de cumprir a obrigação de fazer.[586]

Não se trata de um critério para a demarcação dos conflitos de competência entre o ISS, ICMS e IPI, mas de uma particularidade dentro de uma abordagem mais ampla. A relevância do ponto de vista do tomador se equipara ao critério da personalização, já objeto de crítica. No que se refere à pessoalidade do prestador, que representa sua habilidade e capacidade de prestar o serviço, cremos que ela é inerente à atividade por ele desenvolvida e objeto de negociação entre as partes. Pretender adentrar os aspectos que influenciam a escolha do tomador ou a fixação do preço, como parece sugerir o autor, agrava a subjetividade do critério, tornando-o ainda mais complexo.

(xi) Princípio da razoabilidade, finalidade e grau de particularização

A proposta em questão parte de uma abordagem baseada no princípio da razoabilidade, a ser aplicado aos casos difíceis

585. ÁVILA, Humberto. *Parecer anexado aos autos da Adin no STF n. 4.413*, p. 38.

586. ÁVILA, Humberto. *Parecer anexado aos autos da Adin no STF n. 4.413*, p. 11-12.

(*hard cases*) de conflitos de competência.[587] A escolha pelo tributo devido é limitada pelo par de critérios "finalidade e grau de particularização". Para Gustavo Masina, defensor do argumento, quando aplicados sob o juízo da razoabilidade, esses critérios são suficientes para resolver o conflito, de forma que o enquadramento da atividade entre as materialidades existentes reclama apenas a intervenção do intérprete ou aplicador do direito, esvaziando-se a função da lei complementar de dirimir tais conflitos, porquanto defende que a particularidade de tais situações "necessita o exame casuístico, que não combina com a generalização típica da regra legal".[588]

A finalidade e o grau de particularização não se diferenciam substancialmente dos critérios de obrigação de fazer e dar, encomenda e personalização e pessoalidade (que se verifica pelo interesse do contratante). A sugestão do emprego da razoabilidade para conjugação desses critérios, afastando-se o comando da lei complementar, confirma as críticas tecidas anteriormente, no sentido da complexidade prática que implica a sua consideração ou no sentido da elevada subjetividade dos seus termos.

(xii) Propriedade dos materiais inerentes à operação

O aspecto da propriedade dos materiais inerentes à operação surge como mais um elemento dentro de uma proposta mais ampla, em que se conjugam os critérios da encomenda e personalização, da destinação e da atividade-meio e atividade-fim. Esse critério só pode ser considerado sob o ponto de vista pré-jurídico, como na eleição das atividades previstas no item 14 da lista de serviços (serviços relativos a bens de terceiros). Para as situações em que a lista não identifica esse elemento como relevante, entendemos que o critério restringe indevidamente a incidência do ISS, nos termos expostos no item 2.2.3.

---

587. MASINA, Gustavo. *ISSQN: Regra de competência e Conflitos Tributários*, 2008. Dissertação (Mestrado) - Universidade Federal do Rio Grande do Sul, Porto Alegre, 2008, p. 113.

588. Ibidem, p. 118-119.

(xiii) Industrialização do produto

O critério da industrialização do produto privilegia o IPI quando a atividade realizada pelo prestador se enquadra no conceito de operação industrial, prevista no parágrafo único do art. 46 do Código Tributário Nacional. A nosso ver, afronta a regra de solução de antinomia que estabelece a revogação da lei anterior por lei posterior quando conflitantes (critério cronológico) prevista no art. 2º do Decreto-lei 4.657/42 (Lei de introdução às normas do Direito Brasileiro).

Por ser veículo normativo de igual hierarquia e posterior, a Lei Complementar n. 116/03, ao eleger como sujeitas ao ISS as atividades com produtos industrializados, prevalece sobre o Código Tributário Nacional, e não o contrário. Ademais, já discorremos sobre a inexistência de ilicitude na incidência de IPI e ISS sobre o mesmo fato, conforme se verificou no item 3.3.2.

(xiv) Quantidade de bens produzidos

O critério da quantidade de bens produzidos é tratado como elemento a ser conjugado com o critério da pessoalidade e da destinação, pressupondo que a quantidade de bens deve ser compatível com o trabalho pessoal ou artesanal do prestador, o que reduz a máquina a sua mera auxiliar e exclui a produção numerosa ou em série, também característica da indústria.[589] Assim, se os bens forem produzidos em grandes quantidades e mediante o uso de equipamentos, trata-se de um produto industrializado, sujeito, portanto, ao IPI, e não ao ISS.

O critério afasta a ideia de serviço na atividade industrial, assunto de que já tratamos (item 2.2.3). Ademais, fica a dúvida em saber qual a quantidade que passaria a caracterizar a operação como industrial, configurando o critério como excessivamente impreciso para se propiciar a certeza necessária à segurança jurídica.

---

589. RAMOS, José Nabantino. Fatos geradores confrontantes. *Doutrinas essenciais de Direito Tributário*. São Paulo, v. 1, fev. 2011, p. 275.

(xv) Esforço pessoal no processo produtivo

Por fim, o critério do esforço pessoal estabelece a distinção entre o IPI e ISS dando ênfase à pessoa que realiza o esforço: no IPI tributa-se o resultado; no ISS, o processo.[590] Para caracterizar a atividade de prestação de serviço, devemos verificar a presença de um esforço realizado por uma pessoa para propiciar uma utilidade a alguém (serviço). No IPI tributa-se o resultado – e não o processo – o que torna absolutamente irrelevante o esforço no processo.[591] As dificuldades decorrentes da adoção do critério são várias, especialmente em saber qual o grau de esforço necessário para caracterizar serviço e como discernir o processo do produto, já que são conceitos que se implicam mutuamente.

Finalizadas as críticas aos critérios identificados na doutrina e na jurisprudência, cabe-nos tratar daquele que entendemos mais adequado para a solução dos conflitos de competência entre o ISS, ICMS e IPI. Assunto para o item a seguir.

5.2 Lei complementar e os conflitos de competência tributária

5.2.1 Normas gerais em direito tributário

As normas gerais em direito tributário atravessaram diferentes momentos na história do direito brasileiro, seja com relação a seu conceito doutrinário, seja no âmbito do direito positivo brasileiro. Muitos trabalhos acadêmicos já cuidaram do tema,

---

590. BATALHA, Célio de Freitas. Tese – Os chamados conflitos entre competências, diante do Sistema Constitucional Tributário Brasileiro, em relação ao ICMS e ao ISS. *Revista de Direito Tributário*. São Paulo, n. 19-20, p. 118, ano VI, p. 118, jan.-jun. 1982, p. 147.

591. BATALHA, Célio de Freitas. Conflitos de competência (Imposto sobre Operações Relativas à Circulação de Mercadorias e Imposto sobre Serviços). In: DORIA, Antônio Roberto Sampaio; ATALIBA, Geraldo; CARVALHO, Paulo de Barros. *Textos Selecionados de Direito Tributário*. São Paulo: Resenha Tributária e Revista dos Tribunais, 1983, p. 213.

com largos debates sendo travados e com bons argumentos para todos os lados. Sem pretender esgotar todas as posições defendidas, podemos resumir a história das normas gerais no direito tributário em quatro momentos distintos.

Na sua primeira fase, a norma geral surge como instrumento importante na demarcação da competência tributária dos entes políticos e não há maiores críticas quanto ao seu âmbito de validade. Os autores que cuidaram do tema, como Rubens Gomes de Souza[592] e Aliomar Baleeiro,[593] viam na lei complementar um verdadeiro veículo normativo intercalar entre a parcela de competência constitucional e a regra matriz de incidência tributária. A crítica, que veio na sequência, imputou a essa corrente doutrinária uma doença chamada "síndrome da lei complementar".[594]

Em dezembro de 1969, com a publicação do artigo de Geraldo Ataliba na *Revista de Direito Público* n. 10, surgiu no Brasil uma escola de pensamento doutrinário[595] de que a lei complementar não poderia impor qualquer óbice à competência tributária dos Estados e Municípios, ainda que na função de regular conflitos de competência. Parte-se da noção de que a Constituição discriminou a competência de maneira rígida, perfeita e exaustiva, dispensando-se a atuação do legislador complementar. É a fase da *suficiência do texto constitucional.*

O embate que surgiu a seguir dividiu a discussão em dois

---

592. SOUSA, Rubens Gomes de. *Normas gerais do direito financeira. Revista de Direito Administrativo.* Rio de Janeiro, v. 37, 1954, p. 21.

593. BALEEIRO, Aliomar. *Limitações constitucionais ao poder de tributar.* 8 ed. Rio de Janeiro: Forense, 1997, p. 153.

594. A expressão é de Souto Maior Borges. BORGES. José Souto Maior. Aspectos fundamentais da competência municipal para instituir o ISS. In: TÔRRES, Heleno Taveira (coord.). *ISS na Lei Complementar n. 116/2003 e na Constituição.* São Paulo: Manole, 2004, p. 8.

595. Sobre o assunto, ver ATALIBA, Geraldo. *Lei Complementar na Constituição.* São Paulo: RT, 1971, p. 27 e ss; ATALIBA, Geraldo. Lei Complementar em matéria tributária. *Revista de Direito Tributário.* São Paulo. v.13, n. 48, abr.-jun. 1989, p. 84 e ss; BORGES, José Souto Maior. *Lei Complementar Tributária.* São Paulo: RT, 1975, p. 51 e ss; CARVALHO, Paulo de Barros. *Direito Tributário, linguagem e método.* 2. ed. São Paulo: Noeses, 2009, p. 357 e ss; e CARRAZZA, Roque Antônio. *Curso de Direito Constitucional Tributário.* São Paulo: Malheiros, 2011, p. 994 e ss.

grandes grupos: (i) os que defendiam que a norma geral tem duas funções, quais sejam, de dispor sobre conflitos de competência e regular as limitações constitucionais ao poder de tributar, corrente que recebeu o designativo de dicotômica ou monotômica;[596] (ii) os que, além das funções anteriores, concebiam uma terceira atribuição na lei complementar, a de estabelecer normas gerais em matéria tributária.[597] No direito positivo, a discussão pairava sobre a redação relativamente truncada do art. 18, § 1º, da Constituição de 1969.[598]

Criticada por ter sugerido "uma interpretação reducionista radical"[599] e "sem atribuir grande peso à jurisprudência e, até

596. Vale transcrever o comentário de Paulo de Barros Carvalho sobre a questão da denominação das correntes doutrinárias: "Vejam como nós, juristas, somos, às vezes, apressados. Alguns dizem: "Eu sou favorável à corrente dicotômica"; e outros dizem: "Não, eu fico com a corrente tricotômica". Só que essa dicotomia e essa tricotomia não se estabelecem, apenas aparentemente se pode sugerir alguma coisa parecida. Mas, vejam, o Prof. Geraldo Ataliba dizia que a lei complementar tem uma função só: estabelecer normas gerais de direito tributário. Agora, que as normas gerais de direito tributário tinham duas funções: dispor sobre conflitos e regular limitações constitucionais.
Então, há uma corrente "monotômica" – chamemos assim, já que a doutrina gosta de certos nomes exóticos – e outra tricotômica, nunca uma dicotômica e uma tricotômica. Quando isso se estabelecia? O Prof. Geraldo Ataliba, que tinha uma intuição lógica muito forte, dizia: "Isso é um absurdo; corrente dicotômica, tricotômica, isso é um absurdo!". Ele chefiou um grupo de juristas que o seguiram nessa linha, e eu posso dizer que fui um dos primeiros seguidores; ao lado do Prof. Roque Carrazza, do Prof.; Aires Barreto etc. Fomos seguidores da linha do Prof. Geraldo Ataliba nesse ponto, também. CARVALHO, Paulo de Barros. O princípio da segurança jurídica no campo tributário. *Revista de Direito Tributário*. São Paulo, n. 94, 2007. p. 14-16.

597. Hamílton Dias de Souza escreveu: "As normas gerais têm campo próprio de atuação que não se confunde com a regulação de conflitos e limitações ao poder de tributar, o que significa ser tríplice a função da lei complementar prevista no art. 18, § 1º, da EC n. 1/69". SOUZA, Hamilton Dias de. Lei Complementar em Matéria Tributária. In: MARTINS, Ives Gandra da Silva (Coord.). *Curso de direito tributário*. São Paulo: Saraiva, CEU, 1982. p. 31

598. Além dos impostos previstos nesta Constituição, compete à União, aos Estados, ao Distrito Federal e aos Municípios instituir:
§ 1º Lei complementar estabelecerá normas gerais de direito tributário, disporá sôbre os conflitos de competência nesta matéria entre a União, os Estados, o Distrito Federal e os Municípios, e regulará as limitações constitucionais do poder de tributar.

599. BORGES, José Souto Maior. Normas gerais de Direito Tributário: Velho tema sob perspectiva nova. *Revista Dialética de Direito Tributário*. São Paulo. n. 213. jun.

mesmo, ao texto constitucional",[600] a corrente dicotômica representa os autores que entendem que muito pouco sobrava para a lei complementar, e, em matéria de conflito de competência, "não precisa de norma alguma",[601] pois a própria Constituição haveria eliminado os conflitos. Em contraponto, os defensores da corrente tricotômica objetavam que "todo o sistema constitucional tributário foi organizado em função da lei complementar".[602]

A terceira fase das normas gerais no direito brasileiro inaugura-se com a redação do art. 146 da Constituição de 1988 que, com o objetivo de pôr uma pá de cal no debate anterior, dedica um inciso específico às funções das normas gerais de direito tributário (inciso III). A inserção desse inciso decorreu, conforme menciona Paulo de Barros Carvalho, do "trabalho político bem urgido, para a obtenção de finalidade específica: impor a prevalência, agora com foros normativos, daquela corrente que prosperava, a velas pandas, entre os mais tradicionais tributaristas brasileiros".[603]

2013, p. 57.

600. ÁVILA, Humberto. *Sistema Constitucional Tributário*. 5 ed. São Paulo: Saraiva, 2012, p. 134.

601. ATALIBA, Geraldo. Lei Complementar em matéria tributária. *Revista de Direito Tributário*. São Paulo. v.13. n. 48, abr.-jun. 1989. p. 90.
Em uma conferência sobre o tema e em posse do CTN o autor chegou a afirmar: "Estou aqui com o texto do Código Tributário Nacional, que não é meu porque não ando com isto (...)" e "vejam que os dois homens de respeito e competência que inventaram o Código Tributário Nacional (referia-se a Rubens Gomes de Sousa e Gilberto Ulhôa Canto) não souberam colocar nada dentro dele". Ibidem, p. 95 e 97.

602. MARTINS, Ives Gandra da Silva; BASTOS, Celso Ribeiro. *Comentários à Constituição do Brasil (Promulgada em 5 de Outubro de 1988)*. São Paulo: Saraiva, 1990, p. 73.

603. CARVALHO, Paulo de Barros. *Direito Tributário, linguagem e método*. 2. ed. São Paulo: Noeses, 2009, p. 372.
A seguinte passagem de Ives Gandra da Silva Martins, defensor da corrente tricotômica, confirma a suspeita de Paulo de Barros Carvalho: "Preferiu, o constituinte, o discurso explicativo, enumerando hipóteses de normas gerais. Esta enumeração seria taxativa, nos termos do primeiro texto da Subcomissão, se, em longa conversa com o deputado Dome lies e com se assessor, Dr. Accioly Patury, não tivéssemos chegado ao consenso de que o mais adequado ao espírito da norma seria a inclusão do advérbio especialmente na redação do dispositivo, para tomar a lista exemplificativa. O argumento de que me utilizei, para sensibilizá-los, foi o de que as normas gerais que têm estrutural mente essa natureza poderiam restar afastadas de veiculação por lei complementar, se a doutrina e a jurisprudência viessem a entender

De fato, com o advento do aludido dispositivo, não cremos ser possível limitar a atuação da lei complementar aos casos de conflitos de competência e limitações constitucionais ao poder de tributar. Ainda assim, mesmo após o novo texto constitucional, alguns autores[604] permaneceram fiéis à corrente liderada por Geraldo Ataliba que, conforme crítica de Alcides Jorge Costa, "não alcançou grande repercussão na doutrina e nenhuma na jurisprudência. Na verdade, ela está encastelada na Faculdade de Direito da PUC/SP".[605] A nosso ver, a fase quanto à *disputa entre as correntes dicotômica e tricotômica* se encerrou com a Constituição de 1988.[606]

---

que o elenco constante do artigo 146, na redação proposta, representaria *numerus clausus* (...). Desta forma, hoje se pode dizer que tal elenco é exemplificativo, não excluindo outras normas gerais, cuja estruturalidade tenha esse perfil, embora não elencadas expressamente no inciso III." MARTINS, Ives Gandra da Silva. *Uma teoria do tributo*. São Paulo: Quartier Latin. 2005. p. 344-345.

604. Para Heleno Tôrres: "Poderá a União instituir normas gerais para evitar eventuais conflitos de competência entre as pessoas tributantes. Mas nesse caso, jamais poderá agredir a repartição constitucional de competências, pertinente ao federalismo e à autonomia dos Municípios. Por isso mesmo, o art. 146, III, "a", ao prever a criação de normas gerais para dispor sobre fatos geradores, bases de cálculo e contribuintes dos impostos já identificados na Constituição, estas somente serão constitucionais se comparecerem no sistema para especificar os limites do inciso I, isto é, para prevenir conflitos de competência entre as pessoas políticas. TÔRRES, Heleno Taveira. Funções das Leis Complementares no Sistema Tributário Nacional Hierarquia de Normas Papel do CTN no Ordenamento. *Revista de Direito Tributário*. São Paulo, n. 84, 2003, p. 54.
No mesmo sentido, Clarice Araújo: "A concepção da corrente tricotômica traz consigo implicações embaraçosas, como, ao arrepio da rigidez que caracteriza a Constituição Federal, admitir-se que o sistema foi minuciosamente traçado em seus dispositivos, possa ser alterado mediante outro processo legislativo que não as Emendas Constitucionais. Ou seja, dizendo de outro modo, implica não só no desrespeito ao regime federativo que rege o Estado brasileiro, como confere flexibilidade a Constituição." ARAUJO, Clarice. *Normas gerais de Direito Tributário:* Uma abordagem pragmática, 1997. Dissertação (Mestrado em Direito Tributário) - Pontifícia Universidade Católica de São Paulo, São Paulo, 1997, p. 110.

605. COSTA, Alcides Jorge. Normas gerais como instrumentos de uniformização do direito tributário. *Sistema tributário nacional e a estabilidade da Federação Brasileira*. São Paulo: Noeses, 2012, p. 22.

606. Concordamos com Ives Gandra da Silva Martins para quem o "problema fica, definitivamente, afastado com a nova Constituição. As três funções são apresentadas em três incisos distintos, de tal forma que a redação atual espanca as dúvidas colocadas no direito anterior". MARTINS, Ives Gandra da Silva. *Curso de Direito Tributá-*

A fase atual do debate sobre as normas gerais em direito tributário é a da *superação da rigidez do texto constitucional*, em que a discussão não mais diz respeito a quantas funções cabem à lei complementar, mas até que ponto esse veículo normativo pode atuar sem comprometer o princípio federativo e a autonomia municipal. *É a cura da síndrome da lei complementar*.

Para nós, é Souto Maior Borges quem melhor encerra o embate anterior. Revisitando o problema das normas gerais, defende que não é possível mensurar as funções integrativas das normas gerais, pois são potencialmente indetermináveis. Para o autor, os conflitos de competência, as limitações constitucionais do poder de tributar (dicotomia) e as normas gerais de direito tributário (tricotomia) correspondem a instituições normativas genéricas.[607] "O paradoxo do pensamento doutrinário é pretender pensar o impensável: quantificar o inquantificável, *i.e,* normas gerais".[608] Assim, os "métodos quantitativos de caracterização das funções de normas gerais de direito tributário devem ser descartados. Nem dicotomia, nem tricotomia de funções do art. 146, III, da CF".[609]

A lei complementar tributária é o instrumento que introduz as normas gerais no "sistema do direito tributário". Nesse sentido, a função de dispor sobre conflitos de competência

---

rio. 13 ed. São Paulo: Saraiva, 2011, p. 33
Em outra obra: "Por entender que tal definição é estruturalmente uma norma geral, considero que também a definição dos respectivos fatos geradores, bases de cálculo e contribuintes das demais espécies tributárias deve ser veiculada por lei complementar". MARTINS, Ives Gandra da Silva. *Sistema tributário na Constituição de 1988*. São Paulo: Saraiva, 1989, p. 91.
No mesmo sentido Celso Bastos: "Com a promulgação da Constituição de 1988 a discussão em torno desse tema cessou, uma vez que a Carta Maior fixou em seu art. 146, incisos I, II e III a tríplice função da lei complementar". BASTOS, Celso Ribeiro. *Lei Complementar* – Teoria e comentários. 2 ed. São Paulo: Dialética, 1999, p. 149.

607. BORGES, José Souto Maior. Sobre o Todo e Suas Partes no Sistema Tributário Nacional. *Revista Dialética de Direito Tributário*. São Paulo. n.218, p. 33-48, nov 2013, p. 113

608. Ibidem, p. 113.

609. Ibidem, p. 114.

(art. 146, I) e de regular as limitações constitucionais ao poder de tributar (art. 146, II) são também exercidas mediante normas gerais de direito tributário (art. 146, III), já que, por tudo, é atribuição do Congresso Nacional, conforme prevê o art. 48, I, a de dispor sobre o "sistema tributário".[610]

Estamos com Souto Maior Borges, para quem, no "sistema do direito positivo brasileiro, normas gerais do direito tributário são o que a CF diz que elas são".[611] É conceito jurídico-positivo. Atribuir à lei complementar a competência para tratar de "normas gerais" relacionadas ao "sistema tributário" é reconhecer nesse veículo normativo uma atribuição de "harmonizar, evitando desordem e caos"[612] no sistema tributário brasileiro.

Diversos debates ainda rodeiam o tema, como a identidade da lei complementar (formal e material)[613] e de sua hierarquia no sistema.[614] Interessa-nos avançar diretamente, agora

---

610. Art. 48. Cabe ao Congresso Nacional, com a sanção do Presidente da República, não exigida esta para o especificado nos arts. 49, 51 e 52, dispor sobre todas as matérias de competência da União, especialmente sobre:
I - sistema tributário, arrecadação e distribuição de rendas;

611. BORGES, José Souto Maior. Normas Gerais de Direito Tributário: Velho Tema Sob Perspectiva Nova. Revista Dialética de Direito Tributário. São Paulo. n. 213. jun. 2013, p. 49.

612. MOURA, Frederico Araújo Seabra de. *Lei complementar e Normas Gerais em Matéria Tributária, 2007*. Dissertação (Mestrado em Direito). Pontifícia Universidade Católica de São Paulo, São Paulo, 2007, p. 153.

613. Para Souto Maior, "a lei complementar disciplinada pela Constituição é a lei complementar no sentido formal e material". BORGES, José Souto Maior. *Lei Complementar Tributária*. São Paulo: RT, 1975, p. 72.
Para Hugo de Brito, a identidade da lei complementar é somente formal, ante a dificuldade "de se definir os limites das matérias das quais só a lei complementar se pode ocupar conduz, automaticamente, à dificuldade na definição da identidade especifica dessa espécie normativa". MACHADO, Hugo de Brito. A identidade Específica da Lei Complementar. *Revista Dialética de Direito Tributário*. São Paulo. n. 117, jun. 2005, p. 63.

614. Para Celso Melo, não existe hierarquia entre as leis complementares e leis ordinárias. Para o autor: "As leis complementares são justamente as leis que dão aplicação e desenvolvem determinados dispositivos constitucionais. Todavia, isso não implica em nenhuma hierarquia em relação às demais leis não complementares. Vale dizer mais uma vez que na hierarquia o ente hierarquizado extrai a sua existência

com mais profundidade, na lei complementar que dispõe sobre conflitos de competência, assunto nuclear para esta obra.

5.2.2 Lei complementar e os conflitos de competência tributária

De início, reconhecemos que seria ilusório de nossa parte conceber a lei complementar como o instrumento de solução, perfeito e acabado, para todos os problemas de conflitos de competência. Não somos tão inocentes. O fim dos conflitos interpretativos entre as normas que atribuem competência a diferentes entes políticos somente seria possível com a adoção de um tributo único no Brasil.[615]

A propósito, convém lembrar a autocrítica de Rubens Gomes de Souza ao reconhecer a falha da discriminação proclamada pela Emenda Constitucional n. 18/65, base do nosso atual sistema tributário. Diz o autor que o propósito da discriminação de rendas é assegurar fontes de receita a cada um dos entes políticos para dar-lhes autonomia financeira e de evitar que essas fontes de receita se sobreponham. Em ambos

---

do ser hierarquizante, pelo que, não há que se falar, propriamente, em compatibilização, visto que a espécie inferior só encontra validade nos limites traçados pela superior. Na hipótese de normas do mesmo nível, mas com matérias próprias, pode dar-se este vínculo de não contradição que, insistamos, independe de pressupor-se uma necessária inferioridade. Pelo contrário, exatamente por serem do mesmo nível é que têm de se coordenar". MELO, Celso. *A inexistência de hierarquia entre a lei complementar e as leis ordinárias.* Revista Tributária e de Finanças Públicas, v. 26, Jan, 1999, p. 16.
Já para Ives Gandra da Silva Martins, a lei complementar é "norma de integração entre os princípios gerais da Constituição e os comandos da aplicação da legislação ordinária, razão pela qual, na hierarquia das leis, posta-se acima destes e abaixo daqueles". MARTINS, Ives Gandra da Silva; BASTOS, Celso Ribeiro. *Comentários à Constituição do Brasil (Promulgada em 5 de Outubro de 1988).* São Paulo: Saraiva, 1990, p. 74.

615. Nesse sentido é preciso o alerta de Paulo Ayres Barreto: "Não há dúvida de que a principal dificuldade no Brasil decorre do fato de que temos vários tributos, pertencentes a diferentes esferas de governo, alcançando essas relações de consumo" (Tributação sobre o consumo: simplicidade e justiça tributária. BARRETO, Paulo Ayres. In: SANTI, Eurico Marcos Diniz de (coord.). *Tributação e desenvolvimento.* Homenagem ao professor Aires Barreto. São Paulo: Quartier Latin, 2011, p. 544

os aspectos, segundo o principal responsável pela Reforma de 1965, a Emenda fracassou. Propõe o jurista substituir a discriminação rígida de fonte de receita por uma repartição de resultados, pois o fator mais importante na discriminação de rendas é que o dinheiro vem sempre do mesmo lugar: o bolso do contribuinte. E "aos que (mais uma vez!) me atirarem em rosto 'a morte da federação', responderei que o governo pode ser federado, mas o contribuinte é unitário".[616]

Enquanto não ocorre uma mudança legislativa em nosso sistema, somos obrigados a reconhecer que o embate científico acerca do critério adequado para a solução de conflito de competência foi sempre pensado a partir do interesse das pessoas políticas envolvidas, objetivando-se evitar, sobremaneira, uma possível invasão de competência. Nesse sentido, o alerta de Rubens Gomes de Souza precisa ser repetido: mesmo em um estado federal, o contribuinte é sempre unitário.

Apesar de não dispormos de qualquer pesquisa empírica, cremos que, para o contribuinte, é totalmente irrelevante o tributo que deva pagar, pois o que importa efetivamente é a carga tributária que suporta. Já para as pessoas políticas, o exercício da competência tributária também se mostra, em certo aspecto, irrelevante, pois, como asseverou Antônio Roberto Sampaio Dória, o dado importante é a adequação e suficiência das receitas, produzidas segundo a atuação de mecanismos objetivos. Assim, se for "assegurada tal premissa, é irrelevante que a fonte seja originária e privativa ou derivada e alheia". (...) "O que ocasiona a dependência é a insuficiência de rendas (se privativas) ou distorções políticas em seu processo distributivo (...)".[617]

---

616. SOUSA, Rubens Gomes de. Os impostos sobre o valor acrescido no sistema tributário. *Revista de Direito Administrativo*. Rio de Janeiro, n. 110, out.-dez 1972, p. 24-25.

617. DÓRIA, Antônio Roberto Sampaio. *Discriminação de competência impositiva (sua evolução na Federação Brasileira)*. Tese (Concurso à cadeira de Direito Financeiro da Faculdade de Direito da Universidade de São Paulo) – Universidade de São Paulo, São Paulo 1972, p. 204.

Mencionamos anteriormente que todos os critérios estudados são válidos enquanto proposta científica capaz de auxiliar a demarcação das fronteiras entre o ISS, ICMS e IPI. Nossa análise, porém, passa por saber qual o critério mais adequado e, sob esse aspecto, para nós, não pairam mais dúvidas de que o critério a ser seguido é o da lei complementar.

A pesquisa metodologicamente empreendida de toda a jurisprudência do STJ e do STF acerca dos conflitos de competência serve como valioso material a ser interpretado, no caminho da intertextualidade. Retomando as lições de Paulo de Barros Carvalho, lembramos que o ingresso no plano do conteúdo dos textos jurídicos leva em conta os jogos de linguagem utilizados pela comunidade jurídica e as próprias diretrizes do sistema. Numa perspectiva em que se privilegia o ângulo sintático ou lógico, forma-se uma moldura, como mencionou Kelsen. No entanto, o próprio material semântico colhido no curso do processo de positivação do direito constitui um novo contexto interpretativo, fixando-se novos limites hermenêuticos, agora sob o ângulo pragmático. Nesse ponto, as possibilidades interpretativas sofrem considerável limitação por decisões dos órgãos competentes, estabelecendo direção axiológica e certeza para a região dos comportamentos interpessoais.[618]

Disso resulta que o cientista deve estar a todo instante conectado com as decisões dos tribunais, para aferir a compatibilidade da teoria com os problemas pragmáticos enfrentados pelos usuários da linguagem jurídica. Contudo, isso não significa que as concepções doutrinárias precisam ser imediatamente descartadas por não atenderem os anseios dos órgãos julgadores.

Todavia, se no plano pragmático, as soluções científicas não são aptas a contribuir com a diminuição dos conflitos normativos, que foi o que verificamos, a exigência de rever

618. CARVALHO, Paulo de Barros. Legislador como poeta. In: BERNARDO, Gustavo (org.). *A filosofia da ficção de Vilém Flusser*. São Paulo: Annablume, p. 9

a teoria é imperativa. No caso de conflitos entre os impostos, temos que prestigiar a função da lei complementar, colocando-a como instrumento primeiro para resolver os conflitos de competência. Diz-se "primeiro", porque alguns autores[619] admitem recorrer à lei complementar, mas apenas naquelas situações em que os demais critérios não se mostrem capazes de clarear o problema. Outros sugerem sua atual irrelevância[620] e inclusive que essa lei poderia ser eliminada.[621]

O critério da lei complementar não é infalível, mas é o mais adequado a assegurar a preservação do sobreprincípio da segurança jurídica, reduzindo-se sensivelmente a margem de subjetividade que é dada pela aplicação dos demais critérios estudados. A regra precisa ser invertida. Somente nos casos em que a lei complementar não for suficiente ou que se mostrar, flagrantemente, inconstitucional, é que podemos perseguir outros critérios.

A lei complementar prevista nos incisos do art. 146 da Constituição Federal tem como objetivo estabelecer normas gerais de direito tributário e estão intimamente coligados os três incisos desse artigo, todos cumprindo o papel de dispor sobre "sistema tributário", função prevista no art. 48, I. Se de um lado não é possível legislar sobre conflitos de competência tributária (art. 146, I), sem regular, *ipso facto*, as limitações constitucionais materiais do poder de tributar (art. 146, II);[622]

---

619. BARRETO, Aires. *ISS na Constituição e na Lei*. 3 ed. São Paulo: Dialética, 2009, p. 238. VIEIRA, José Roberto, O Papel da Lei Complementar no Estabelecimento das Fronteiras IPI x ISS: Óculos para Macacos. In: MOREIRA, André Mendes et al. (orgs.). *Sistema Tributário Brasileiro e as relações internacionais*. São Paulo: Noeses, 2013, p. 567.

620. COELHO, Sacha Calmon Navarro. *Comentários à Constituição de 1988* – Sistema Tributário. 7 ed. Rio de Janeiro: Forense, 1998, p. 628.

621. CHIESA, Clélio – ICMS vs. ISS: Demarcação da competência impositiva. *Revista Tributária das Américas*. São Paulo, v. 3, Jan. 2011, p. 91.

622. BORGES, José Souto Maior. Sobre o todo e suas partes no Sistema Tributário Nacional. *Revista Dialética de Direito Tributário*. São Paulo. n.218, nov 2013, p. 116.

de outro, as matérias fixadas do art. 146, III, tratam também de conflitos e limitações da competência tributária.

Conforme enuncia Souto Maior Borges, "os conflitos e limitações, acolhidos implicitamente no item III, podem ser considerados objeto de normas gerais de direito tributário, embora a CF assim não os caracterize nos itens I e II".[623] Realmente, os conflitos de competência são resolvidos por lei complementar instituidora de norma geral, pois tem como destinatário todos os entes federados (lei nacional) e, para dispor sobre conflitos entre impostos (art. 146, I), a lei precisaria cuidar de pelo menos um dos critérios da regra-matriz de incidência tributária, o que nos remete ao artigo 146, III, "a" da Constituição Federal (fatos geradores, contribuintes, base de cálculo).[624]

Veremos a seguir, os principais fundamentos que favorecem a aplicação da lei complementar nos casos de conflitos de competência tributária. Boa parte dos argumentos foram tratados com maior profundidade ao longo do livro, mas convém repeti-los, ainda que de forma sintetizada.

(i) Ambiguidade e vagueza do texto constitucional

Ao contrário dos autores que defendem que a Constituição Federal demarcou, de maneira rígida – no sentido de

623. Conforme enuncia Souto Maior Borges, "os conflitos e limitações, acolhidos implicitamente no item III, podem ser considerados objeto de normas gerais de direito tributário, embora a CF assim não os caracterize nos itens I e II". BORGES, José Souto Maior. Normas Gerais de Direito Tributário: Velho Tema Sob Perspectiva Nova. Revista Dialética de Direito Tributário. São Paulo. n. 213. jun. 2013, p. 51. Realmente, é clara a mudança de posição do autor. Anteriormente, entendia que "as matérias dos itens I e II do art. 146 são inconfundíveis com as que constituem objeto das normas gerais de direito tributário". BORGES, José Souto Maior. Hierarquia e sintaxe constitucional da lei complementar tributária. *Revista Dialética de Direito Tributário*. São Paulo. n. 150, mar. 2008, p. 77.

624. MOURA, Frederico Araujo Seabra de. *Lei complementar e Normas Gerais em Matéria Tributária, 2007*. Dissertação (Mestrado em Direito). Pontifícia Universidade Católica de São Paulo, São Paulo, 2007, p. 260-297.

exaustividade e suficiência – as competências tributárias, entendemos que há excessiva e insuperável ambiguidade e vagueza no texto constitucional.

Para tanto, retomamos que o direito, como *texto*, é representado pelo conjunto de palavras (signos) identificadas no plano da literalidade textual. Não contém em si significações, mas meros estímulos que despertam em nós a construção – e não a extração – do conteúdo de significações. Mas, como texto, sua interpretação está invariavelmente condicionada ao *contexto* em que essa camada de linguagem é analisada. E não há texto sem contexto, pois a compreensão dos enunciados prescritivos pressupõe associações linguísticas e extralinguísticas que determinam a compreensão da matéria legislada.[625]

A compreensão dos termos *texto* e *contexto*, na forma acima citada, nos leva aos axiomas da *inesgotabilidade* e da *intertextualidade*, como tratado por Paulo de Barros Carvalho. De um lado, a *inesgotabilidade* reconhece que o processo de compreensão da realidade e, portanto, do direito, é infindável, modificando-se conforme o contexto, como o tempo e o espaço, e em especial com os valores, as experiências e as ideologias do ser cognoscente, formando-se o que se denominou "espiral hermenêutica". De outro, a *intertextualidade* é a constatação de que o percurso gerador de sentido é pautado pelo permanente diálogo que os textos mantêm entre si, independentemente das proximidades de matéria e das relações de hierarquia que os escritos apresentem.[626]

No mesmo sentido, Souto Maior Borges lembra que os conceitos jurídicos incidem sobre o plano normativo, "porém, não coincide com ela. Sob esse aspecto, reveste um sentido

---

625. CARVALHO, Paulo de Barros. *Direito Tributário, linguagem e método*. 2. ed. São Paulo: Noeses, 2009, p. 186-188.

626. CARVALHO, Paulo de Barros. Legislador como poeta. In: BERNARDO, Gustavo (org.). *A filosofia da ficção de Vilém Flusser*. São Paulo: Annablume, p. 63.

metafórico. Não será por outro motivo que é impossível esgotar o significado de qualquer norma de conduta".[627]

Assim, se a Constituição não traz em si conceitos, mas apenas signos, de que *precisão* estamos falando? Como então defender um conceito exato e imutável para expressões como *produtos industrializados*, *serviços de qualquer natureza* ou *circulação de mercadorias*? Como tratamos anteriormente (item 1.2.3), a outorga de competência se deu mediante a referência, *bastante discreta*, a bens, negócios, atividades, finalidades ou eventos cujos conceitos são fluidos e vagos, demandando maior elucidação por parte do legislador complementar. Onde, portanto, identificar essa *exaustividade*?

Conforme mencionados, a linguagem constitucional é deveras vaga, ambígua, e, portanto, potencialmente conflituosa. Antevendo os problemas que poderiam surgir com a interpretação dos dispositivos que outorgam competência tributária, a Constituição adequadamente elegeu um instrumento legal, de âmbito nacional, para solucionar os conflitos e fixar barreiras legais ao exercício da faculdade de criar tributos. Realmente, se as competências fossem fixadas de maneira rígida, não haveria qualquer sentido o legislador Constituinte inserir, na Seção I, "Princípios Gerais do Sistema Tributário Nacional", extenso artigo em que incumbe relevantes matérias à lei complementar.

A redução da incerteza só é possível no curso do processo de positivação do direito tributário, partindo de normas em grau máximo de vagueza, para normas que apresentam maior conotação das materialidades de impostos, leis complementares, para, enfim, estabelecer os elementos que compõem a regra-matriz de incidência.

627. BORGES, José Souto Maior. Normas gerais de Direito Tributário: Velho tema sob perspectiva nova. *Revista Dialética de Direito Tributário*. São Paulo. n. 213, jun. 2013, p. 61.

A vagueza do texto constitucional é, aliás, inerente à própria hierarquia do sistema. Normas constitucionais tendem a ser vagas, pois assim garantem maior perenidade ao texto. Disso resulta que pretender tratar de problemas concretos, como os conflitos de competência entre o ISS, ICMS e IPI, com base em termos vagos colhidos exclusivamente no altiplano constitucional, só pode resultar em maior possibilidade interpretativa, gerando mais incerteza, imprecisão, insegurança e eventuais desvios.

Somente com a introdução de um veículo normativo de âmbito nacional, no caso, a lei complementar, é que será possível reduzir a imprecisão terminológica, imprimir maior previsibilidade e, assim, aprimorar a comunicação normativa. Não reconhecer que a demarcação das competências tributárias foi realizada de forma discreta é sair da *síndrome da lei complementar* para a *síndrome da suficiência do texto constitucional*, como se na Constituição tudo estivesse resolvido.

A Constituição não esgotou a definição da competência tributária outorgada aos entes políticos. É pura retórica defender que os conceitos de *serviço*, de *mercadoria* e de *produto industrializado* estão no texto constitucional, pois, no plano da literalidade, temos apenas signos, jamais conceitos. E por serem signos demasiadamente vagos, está na lei complementar parcela significativa da competência tributária atribuída aos entes políticos.[628]

---

628. No mesmo sentido, Luís Eduardo Schoueri: "O constituinte de 1988 não tinha a ilusão de que aquele elenco apresentasse limites rígidos. Ao contrário, *sabia que se tratava de expressões fluidas, que por vezes implicariam uma interpenetração, possibilitando, até mesmo, o nascimento de conflitos de competência* (...) Em conclusão, temos que para a solução dos conflitos de competência e do campo de competência residual, encontramos na lei complementar – e não na Constituição – os conceitos de cada imposto". SCHOUERI, Luís Eduardo. *Discriminação de competências e competência residual.* In: SCHOUERI, Luís Eduardo. e ZILVETI, Fernando Aurélio (Orgs.). *Direito Tributário – Estudos em Homenagem a Brandão Machado.* São Paulo: Dialética, 1998, p. 112-113.
Danilo Castro trata a questão sob o ponto de vista da teoria comunicacional: "E isso porque assim estipula o próprio sistema jurídico pátrio (conforme enunciado explícito nesse sentido existente no texto constitucional – artigo 146, inciso I), ou seja, o legislador constituinte anteviu essa situação e, ciente de que quanto maior a vagueza maior a amplitude interpretativa cabível (a ser exercida tão somente pelo Poder Judiciário), determinou a

Para nós, o problema da rigidez da demarcação das competências não pode ser estabelecido de maneira uniforme e imutável. Os núcleos *rígidos* das competências constitucionais para instituir o ISS, o IPI e o ICMS, por exemplo, são completamente diferentes. Cada um desses tributos encerra determinada parcela de conteúdo construído constitucionalmente e, nesse aspecto, o legislador infraconstitucional deve respeitá-lo. Porém, não é possível, a *priori*, definir maior ou menor atuação do legislador infraconstitucional sem analisar cada um dos tributos, de acordo com cada contexto histórico. Foi o que fizemos no Capítulo 2.

(ii) Existência de conflitos de competência: a imperfeição do legislador constituinte

Alguns autores[629] refutam o uso da expressão *conflito de*

---

inserção, nesses casos, de outra norma no sistema (via lei complementar), redutora de tal imprecisão para, com isso, ainda que perdure o conflito fruto de ruídos nesse processo comunicacional do direito, dar ao julgador condições para que sua decisão (norma individual e concreta) tenha poucas chances de destoar das demais proferidas em outras esferas judicantes com situação similar para apreciar, trazendo harmonia ao sistema e, principalmente, segurança jurídica.
Logo, não há dúvida que a pretensão do legislador constituinte foi delimitar de forma precisa e inconteste os campos de competência para instituição de tributos de cada um dos entes autorizados para isso. Mas ele próprio (legislador constituinte) tinha consciência de tratar-se de atividade impossível (utópica) e, por essa razão, outorgou ao legislador infraconstitucional (via lei complementar) esse ônus quando a praxe jurídica demonstrar a necessidade de sua regulamentação (precisão – via conotação ou denotação – do campo, material, espacial ou temporal, a ser atingido por determinada exação, e não por outra; ou a ser exigido por determinado ente tributante, e não por outro)". CASTRO, Danilo Monteiro de. *Conflito de competência em matéria tributária* – A questão posta como um ruído comunicacional, 2013. Dissertação (Mestrado em Direito). Pontifícia Universidade Católica de São Paulo, São Paulo, 2013, p. 167.

629. CARRAZZA, Roque Antônio. *Curso de Direito Constitucional Tributário*. São Paulo: Malheiros, 2011, p. 1036. ATALIBA, Geraldo; CARRAZZA, Roque; BARRETO, Aires Fernandino; GIARDINO, Cléber. Conflitos entre ICM, ISS e IPI. *Revista de Direito Tributário*. São Paulo, v. 7-8, ano III, 1979, *passim*. José Roberto Vieira. *IPI x ICMS e ISS: Conflitos de competência ou sedução das aparências*, p. 55. COELHO, Sacha Calmon Navarro, *Comentários à Constituição de 1988*, p. 86. Geraldo Ataliba é enfático: "não é possível conflitos de competência! É lógico que é possível a violação da Constituição; isso existe todos os dias". ATALIBA, Geraldo. Lei Complementar em Matéria Tributária. *Revista de Direito Tributário*. São Paulo. v.13. n.48, abr.-jun, 1989, p. 90.
Em outras obras, admitia a atuação da lei complementar, "desde que haja possibilidade de conflito entre a discrição de diversas pessoas tributantes". ATALIBA, Geraldo.

competência, sob o argumento de que a Constituição delineou *perfeitamente* a parcela de poder atribuída a cada ente político para criar tributos. Segundo essa inteligência, se a Constituição Federal repartiu com perfeição as competências tributárias, não haveria possibilidade, no plano lógico-jurídico, de ocorrer conflitos de competência, pois o que se tem é a dificuldade de interpretar a Constituição.

De fato, não há de se falar em conflito de competência se a análise do problema estiver circunscrita ao texto constitucional. O conjunto de normas constitucionais que atribuem competência aos entes políticos, em si, não guarda antinomias, não sendo conflitantes. O conflito de competência procede, naturalmente, de um problema hermenêutico, e surge no curso do processo de positivação do direito tributário.

Contudo, apesar de inexistirem conflitos no plano constitucional, não reconhecemos a aclamada *perfeição* empreendida pelo constituinte. De um lado, temos dezenas de conflitos de competência ainda não resolvidos e, do outro, cientistas do direito atribuindo a culpa exclusivamente aos intérpretes, meros mortais, incapazes de compreender a vontade suprema do *Deus Constitucional*, que, pelo visto, só poderia ser compreendido pelo cientista onisciente e que tudo resolve.

Defender que o legislador constituinte é perfeito e que os conflitos surgem por deficiência do intérprete é colocar-se em posição etérea, metafísica, despreocupada com a experiência e em desacordo com a riqueza pragmática da aplicação das normas jurídicas. Ademais, trilhar esse caminho conduz o intérprete a permanecer desconectado do legislador constituinte derivado e do legislador infraconstitucional, pois insiste na

---

Normas Gerais de Direito Financeiro e Tributário e a Autonomia dos Estados e Municípios. *Revista de Direito Público*. São Paulo, , ano 2, n. 10, out.-dez. 1969, p. 74.

No mesmo sentido: "Nos casos em que a materialidade da hipótese de incidência puder confundir-se parcialmente com a de imposto federal ou estadual, então obedecerá a lei complementar, desde que esta seja constitucional. Tal confusão, porém, só pode existir nas áreas de atrito, de superposição de competências: na zona cinzenta". ATALIBA, Geraldo. *Estudos e pareceres de Direito Tributário*. São Paulo: RT, 1977-1980, p. 199.

crença de que o constituinte originário foi perfeito e que o sistema não precisa ser aperfeiçoado. Permanece a doutrina, assim, alheia a mudanças legislativas e fazendo vista grossa aos problemas enfrentados pelos intérpretes não autênticos e pelo judiciário.

Outro ponto interessante é que não encontramos em nossa pesquisa aquele – muitas vezes aplaudido – estudo sistematizado e primoroso empreendido pelo legislador constituinte para a demarcação da competência. A nosso ver, o melhor trabalho relativo à discriminação de rendas foi o concebido pela Comissão da Reforma de 1965, cujos juristas que a elaboraram reconhecem a lei complementar como necessária para evitar conflitos de competência.[630]

Em nossa análise das atas das reuniões da Assembleia Constituinte de 1988, especialmente da Subcomissão de Tributos e da Comissão de Orçamento, Sistema Financeiro e Tributos, não encontramos nenhuma referência a qualquer estudo científico de maior envergadura com vistas a evitar conflitos tributários.

Ao contrário. Conforme verificamos nos comentários de Ives Gandra da Silva Martins, apesar de o legislador constituinte ter ouvido o depoimento de diversos especialistas,[631] os dois projetos relativos ao sistema tributário, apresentados pelo IPEA e pelo IASP e ABDF, foram desvirtuados pelas Comissões de Tributos, Orçamento e Finanças, de Sistematização e pelo Plenário. Os constituintes estavam mais preocupados em aumentar receitas do que em proteger o direito dos contribuintes, fazer justiça fiscal e promover o desenvolvimento nacional.[632]

---

630. FUNDAÇÃO GETÚLIO VARGAS. *Comissão de Reforma do Ministério da Fazenda*. Reforma da Discriminação Constitucional de Rendas (anteprojeto). vol.6. Rio de Janeiro. 1965.

631. Fernando Rezende, Alcides Jorge Costa, Geraldo Ataliba, Carlos Alberto Longo, Pedro Jorge Viana, Hugo Machado, Orlando Caliman, Edvaldo Brito, Souto Maior Borges, Romero Patury Accioly, Nelson Madalena, Luís Alberto Brasil de Souza, Osiris de Azevedo Lopes Filho e Guilherme Quintanilha.

632. MARTINS, Ives Gandra da Silva. A evolução do Sistema Tributário no Brasil.

A polêmica, por exemplo, envolvendo os conflitos de competência entre ISS e ICMS, parecia finalmente chegar ao fim com o legislador Constituinte de 1988. A proposta de redação do novo Sistema Tributário Nacional, apresentada pela Subcomissão de Tributos e mantida tanto pela Comissão do Sistema Tributário como pelo relator da Comissão de Sistematização, em seu 1º substitutivo, concedia ao Estado a competência para instituir impostos sobre "operações relativas à circulação de mercadorias, ainda que iniciadas no exterior e sobre prestação de serviços".[633] A unificação do ICM com o ISS, porém, não perdurou na própria Comissão de Sistematização que, após receber diversas emendas ao projeto, *devolveu* o imposto sobre serviços aos Municípios.

Interessante notar que o relator da Emenda ES27358-2, que propôs o retorno do ISS para os Municípios, reconhece a existência de operações nebulosas que envolvem o ISS e ICMS, motivo pelo qual sugere o aperfeiçoamento de sua proposta, o que, como se sabe, nunca foi realizado.[634]

Revista Tributária e de Finanças Públicas. São Paulo, v. 8, jul. 1994, p. 14.

633. Art. 209 do Projeto de Constituição – Primeiro Substitutivo do Relator. Senado Federal Disponível em: http://www2.camara.leg.br/atividade-legislativa/legislacao/Constituicoes_Brasileiras/constituicao-cidada/publicacoes/anais-da-assembleia-nacional-constituinte

634. Art. 178 do Projeto de Constituição – Segundo Substitutivo do Relator. Vale transcrever o parecer do relator acerca da Emenda ES27358-2: "A emenda sob exame quer preservar na competência dos Municípios o imposto sobre serviços, suprindo a incidência correspondente no imposto sobre circulação de mercadorias, mantido para os Estados. Certamente numerosos Municípios serão muito prejudicados com a perda do ISS. Procede também a afirmação de que a prestação de serviços constitui em inúmeros casos segmentos totalmente diferente na circulação de mercadorias. De resto, a absorção do ISS pelo ICM alterará sistema já implantado que se tem algumas espécies de operações nebulosas, poderia ser aperfeiçoado. Pode ser temerário mudar isso. A decisão é essencialmente política, na qual poderiam ser ouvidos os Municípios, que são os entes mais afetados. A Comissão de Sistematização está deixando com os Municípios a tributação dos serviços em geral e com os Estados a tributação dos serviços de transporte extramunicipais e de comunicação". BRASIL, Senado Federal (Atas da Comissão). Disponível em: http://www2.camara.leg.br/atividade-legislativa/legislacao/Constituicoes_Brasileiras/constituicao-cidada/publicacoes/anais-da-assembleia-nacional-constituinte.
Entendemos ser relevante a menção ao parecer pois não deixa de indicar as razões

Não é difícil perceber que, ao longo do processo da elaboração da Constituição de 1988, o projeto original, elaborado por juristas e economistas respeitados, "gradativamente foi sendo deformado até ser plasmado, de forma definitiva, nos termos que hoje se encontra na nova Constituição. (...) O sistema é caótico, com superposições de incidências e elevado nível de complexidade".[635] Assim, essa perfeição do constituinte só pode representar mais uma aspiração do cientista do direito tributário do que a realidade.

(iii) Estado Democrático de Direito e a delegação expressa à lei complementar

A hierarquia e o âmbito de validade das leis complementares decorrem de conceito jurídico-positivo e não da teoria geral do direito. No caso brasileiro, é à Constituição Federal que compete estabelecer suas funções e o fez mediante expressa menção nos incisos do art. 146, que corresponde, curiosamente, ao segundo artigo da Seção I – "Dos Princípios Gerais".

Porém, mesmo vivendo em um Estado Democrático de Direito (art. 1º da CF), fundado no princípio da legalidade (art. 5º, II), parte da ciência do direito tributário insiste em desconsiderar a atuação da lei complementar. O alerta de Carlos Maximilano, em 1929, no sentido de que a Constituição não é repositório de doutrinas, ainda parece atual:

> A prática constitucional longa e uniformemente aceita pelo Poder Legislativo, ou pelo Executivo, tem mais valor para o intérprete do que as especulações engenhosas dos espíritos concentrados.

---

em que levou o Congresso à aprovação do referido dispositivo. Nesse sentido, Paulo de Barros Carvalho enfatiza que "[...] a exposição de motivos costuma dar ênfase ao clima histórico-institucional em que o diploma foi produzido, discutindo, muitas vezes, as teses em confronto na circunstância da elaboração, para justificar (dar os motivos) a eleição de determinada tendência dogmática. CARVALHO, Paulo de Barros. *Derivação e positivação*. v. II. São Paulo: Noeses, 2013, p. 20-21.

635. MARTINS, Ives Gandra da Silva. A evolução do Sistema Tributário no Brasil. *Revista Tributária e de Finanças Públicas*. São Paulo, v. 8, jul. 1994, p. 17.

> (...) Presumem-se constitucionais todos os atos do Congresso e do Executivo. Só se proclama, em sentença, a inconstitucionalidade, quando esta é evidente, fora de toda dúvida razoável.[636]

Afastar, *a priori*, a atuação da lei complementar no sistema tributário brasileiro por meio de engenhosa ideologia representa postura que ofende a própria Constituição. Se o próprio texto constitucional elegeu a lei complementar como instrumento intercalar entre a norma de competência legislativa e a regra-matriz de incidência, por que devemos relegá-la a segundo plano?[637] E quanto ao Poder Judiciário, entendemos que falece competência a desqualificação, *a priori*, da lei complementar, salvo quando a lei, "fora de toda dúvida razoável", como transcrito na citação acima de Carlos Maximilano, padecer de vício de inconstitucionalidade.

Podemos até compreender que no passado havia um receio exacerbado no poder central que, em época de ditadura, e mediante Decreto, podia quase qualquer coisa. A necessidade de estabelecer limites mais rígidos ao texto da Constituição era a ideologia que guiava alguns autores, o que levou, a nosso ver, a uma excessiva constitucionalização da matéria tributária.

Na Constituição Federal de 1988, como alerta José Souto Maior Borges, a "*mens legis*, antecipando objeções e para contornar interdições doutrinárias ao art. 146, III, que vieram a consumar-se, tem, entretanto, o sentido de advertência: em 1988 tudo mudou e, portanto, nada deve permanecer como

---

636. MAXIMILIANO, Carlos. *Hermenêutica e aplicação do direito*. 9. ed. Rio de Janeiro, Forense, 1981, p. 307.

637. A propósito, José Roberto Vieira: "Uma vez esgotada a perspectiva de solução dos conflitos pelo critério estritamente constitucional das obrigações de dar (IPI, e também ICMS) e de fazer (ISS), só então é que se abrem ensanchas ao critério da lei complementar, que, conquanto referido no plano do Estatuto Máximo, tem seu domicílio no escalão infraconstitucional". VIEIRA, José Roberto. O papel da lei complementar no estabelecimento das fronteiras IPI x ISS: Óculos para Macacos. In: MOREIRA, André Mendes et al. (orgs.). *Sistema Tributário Brasileiro e as relações internacionais*. São Paulo: Noeses, 2013, p. 376.

antes".[638] Não temos dúvida, assim como Rubens Gomes de Souza, que é espinhoso o tema das normas gerais quando procura definir os elementos da regra-matriz de incidência, mormente a hipótese de incidência, sujeito passivo e base de cálculo. A dificuldade, entretanto, é de ordem política e pré-jurídica, pois, sob o ponto de vista do direito positivo, admitindo-se que a definição da hipótese de incidência "é uma regulamentação do dispositivo constitucional que atribui privativamente o imposto, não se poderá negar o enquadramento dessa regulamentação na competência federal sobre normas gerais".[639]

Com a delegação às normas gerais o poder de dispor sobre conflitos de competência, entendemos que as leis complementares brasileiras gozam de *dupla presunção de legalidade*. Primeiro porque são veículos normativos aprovados mediante processo regular legislativo. Segundo, porque receberam essa específica função de forma expressa pela Constituição. Afastar a lei complementar de seu papel no sistema tributário exige um esforço extra do intérprete e só pode ocorrer quando ofender, de maneira indubitável, norma constitucional.

Entendemos, enfim, que o atual sistema constitucional tributário foi organizado em função da lei complementar, e somente com a revogação, por via interpretativa, é que se desconsidera sua importância. Tal conduta aumenta a disfunção no sistema, pois arruína a norma que foi concebida funcionalmente para neutralizar os conflitos. Ou seja, a norma que deveria dispor sobre conflitos é justamente aquela que nada pode fazer; o seu propósito acaba por ser esvaziado, potencializando-se ainda mais os conflitos.

(iv) Princípio federativo e autonomia dos Municípios

638. BORGES, José Souto Maior. Normas Gerais de Direito Tributário: Velho Tema Sob Perspectiva Nova. Revista Dialética de Direito Tributário. São Paulo. n. 213. jun. 2013, p. 52.

639. SOUSA, Rubens Gomes de. Normas gerais do direito financeiro. *Revista de Direito Administrativo*. Rio de Janeiro, v. 37, 1954, p. 21.

É recorrente a menção, pela doutrina, ao princípio federativo e à autonomia municipal quando se discute a possibilidade da lei complementar de restringir a competência tributária dos entes políticos e, consequente, afrontar aqueles predicados constitucionais.

De fato, a forma federativa de um Estado e a autonomia concedida a entes locais está intimamente ligada à noção de distribuição de fontes de recursos financeiros que satisfaçam as necessidades de cada unidade, tema relacionado à discriminação de rendas. Porém, a autonomia financeira não pressupõe a outorga de competência tributária, tampouco esta última assegura aquela soberania. O que importa, em verdade, é o saldo positivo entre os gastos necessários para o cumprimento integral das funções administrativas e os recursos efetivamente auferidos. Assim, defender a bandeira da competência tributária, por si só, é inócuo.

Por outro lado, não faria sentido um sistema de discriminação de rendas como o nosso (discriminação pela fonte e derivada, na classificação de Antônio Roberto Sampaio Dória) se os entes políticos pudessem, a todo instante, invadir ou reduzir a competência de outro, ou até mesmo condicionar, sob qualquer fundamento, o repasse na partilha de receitas.

O problema, porém, sob o ponto de vista teórico é circular. Como resolver o impasse entre a possibilidade da União reduzir a competência de outros entes por meio da lei complementar e o fato de que, sem esse instrumento legal, os demais entes podem invadir a competência da União (ou a dos demais entes políticos)? Sob um aspecto, teríamos "(a) o princípio federal exacerbado (CF, art. 1º) e, sob outro, (b) a previsão de lei complementar no art. 146, III. Qual a preferência de aplicabilidade? Antecipadamente, nada é possível esclarecer".[640] Porém é muito mais grave, para a nação, desfigurar o

640. BORGES, José Souto Maior. Normas Gerais de Direito Tributário: Velho Tema Sob Perspectiva Nova. Revista Dialética de Direito Tributário. São Paulo. n. 213. jun. 2013, p. 57-58 e 65.

princípio federal, subtrair, a priori, a eficácia de normas complementares editadas pelo Congresso Nacional, tornando-as inúteis, "do que a eventualidade não consumada e algo lúdica (aposta-se na inconstitucionalidade) da ingerência da União no campo da competência tributária alheia".[641]

Realmente, a garantia da preservação do pacto federativo não resta afrontada com a autorização da União de editar leis complementares – que assumem caráter de leis nacionais – mas, ao contrário, essas leis são antes instrumentos que asseguram aquele princípio. A norma geral deve ser editada no interesse da nação, e não em prol de um ente político.

(v) Segurança jurídica e isonomia

Foi Tercio Sampaio Ferraz quem dividiu as atribuições da lei complementar em função-certeza e função-igualdade. Na primeira função, a norma geral asseguraria a unidade de certos conteúdos genéricos, reduzindo-se as incertezas; na função-igualdade, a discriminação rígida das competências é privilegiada, com a consequência de favorecer uma perda de

---

641. Ibidem, p. 57-58 e 65.
No mesmo sentido Ernani Contipelli: Portanto, a Constituição Federal (LGL\1988\3), ao reservar a regulamentação de determinadas matérias à edição de lei complementar, estabeleceu certas diretrizes a serem seguidas pelos legisladores das entidades políticas, para o fim de preservar a compatibilidade e ordem legislativa do sistema normativo, como ocorre com o art. 146 da CF/1988 (LGL\1988\3), que remete à competência exclusiva da lei complementar a função de editar norma gerais sobre direito tributário, não agride em algum momento o postulado da *federação* e *autonomia política*, mas, ao contrário, reforça e trabalha em consonância com estas pedras angulares do Direito positivo vigente, imprimindo a estas categorias jurídicas os ideais de integração e solidariedade constitucionalmente consagrados.
Conclui-se que a lei complementar, ao exercer sua função de norma geral de direito tributário, adentrando na seara da definição de tributos, não invade a esfera de autonomia política e, consequentemente, de competências fiscais, rompendo com o pacto federativo, ao invés disso, robustece a ideia de aliança que se pretende consagrar na Federação, proporcionando a harmonização da legislação no plano normativo de interesses nacionais, aproximando as pessoas políticas em um ambiente de integração e, por fim, buscando a concreção dos objetivos solidários contidos no art. 3º da CF/1988 (LGL\1988\3). CONTIPELLI, Ernani. Normas Gerais de Direito Tributário Solidariedade e Federalismo. *Revista Tributária e de Finanças Públicas*, p. 6.

controle da unidade material do sistema.[642] Diante dos diferentes pontos de apoio, questiona o autor que saída pode ser proposta.

Optar pela função-certeza é olhar para a *estrutura administrativa* da Constituição, que exige o Código Tributário Nacional - CTN como conjunto de normas gerais capazes de dar unidade de conteúdo ao sistema tributário. Escolher a função-igualdade é olhar para a *estrutura política* da Constituição, que vê no CTN um conjunto de normas secundárias que instauram uma unidade de competência para o sistema tributário.[643]

Sem aprofundar mais o debate, o autor sublinha a importância das normas gerais tributárias para a segurança jurídica. Sugere que a eliminação das normas gerais é um risco muito grande, ante a impossibilidade de uma ordem espontânea ser capaz de, por si só, responder às exigências da justiça. Por sua vez, manter a crença de que a norma geral seja a garantia de segurança é também uma ingenuidade que se deve evitar.[644]

As funções da norma geral, expostas por Tercio Sampaio, embora focadas muito mais no ponto de vista do ente político e no embate ideológico entre uma concepção mais liberal clássica e outra mais liberal centralizadora, ainda assim guardam utilidade. Cremos que, no estágio em que nos encontramos, devemos privilegiar a função-certeza da norma geral de direito tributário, pois, do contrário, não seria possível assegurar o princípio da segurança jurídica e da isonomia.

Como já mencionamos, a opção dos tribunais brasileiros por outros critérios - que não a lei complementar - para resolver conflitos de competência instalou no país um estado

---

642. FERRAZ JR., Tercio Sampaio. Segurança jurídica e normas gerais tributárias. *Revista de Direito* Tributário, São Paulo, ano V, n. 17-18, jul-dez, 1981, p. 55.

643. Ibidem, p. 56

644. FERRAZ JR., Tercio Sampaio. Segurança jurídica e normas gerais tributárias. *Revista de Direito* Tributário, São Paulo, ano V, n. 17-18, jul-dez, 1981, p. 57.

de incerteza absoluta e de desigualdade nas soluções aplicadas. Referindo-se aos pontos de contato e fricções do ISS e ICMS, Aliomar Baleeiro diz que a existência do legislador nacional, "podendo firmar a norma suprema, que caracterize o fato gerador do imposto, atenta à capacidade econômica do contribuinte, de certo restringirá ao mínimo inevitável a probabilidade de dúvidas sobre a constitucionalidade dos tributos".[645] Assim, melhor se atinge a segurança jurídica, no sentido de previsibilidade, quando temos critérios mais claros e mais precisos, o que só pode ser alcançado pela redução da vagueza do texto constitucional; no caso, pela edição da lei complementar.

(vi) Limites ao legislador complementar

A competência tributária, no direito positivo, corresponde a uma parcela de poder atribuída ao ente político para instituir tributos. Essa fração de poder é, como se sabe, limitada por diversas normas constitucionais e infraconstitucionais. Assim, não é possível predeterminar o alcance da aptidão de um ente político para criar certo tributo sem analisarmos todo o conjunto de normas que se relacionam com esse poder.

A intertextualidade, especialmente a jurídica, é axioma imprescindível para a compreensão do tema. O intérprete inicia o percurso pelo texto da Constituição, desce aos enunciados intercalares dispostos na lei complementar, retorna ao texto constitucional, agora focado na confirmação da compatibilidade da norma geral com os conteúdos mínimos construídos a partir dos signos que atribuem competência, oferecidos, como se viu, de maneira discreta, e, posteriormente, segue em direção às normas individuais e concretas, sem se olvidar, naturalmente, da norma tributária em sentido estrito, a regra-matriz de incidência.

645. BALEEIRO, Aliomar. *Limitações Constitucionais ao poder de tributar*. 8 ed. Rio de Janeiro: Forense, 1997, p. 154.

Perceba que a possibilidade da lei complementar de fixar, no caso dos impostos, as materialidades, a sujeição passiva e a base de cálculo (art. 146, III) não pode ser interpretada isoladamente, mas em conjunto com os signos presuntivos de riqueza indicados na Constituição (arts. 153 a 156). Os limites da lei complementar são, assim, construídos a partir de conceitos constitucionais.

A expressão *conceito constitucional* indica a ideia de definições construídas com base na lei máxima e que estariam a demarcar o processo de positivação do direito. Em que pese não existirem propriamente conceitos na Constituição, apenas signos, é um imperativo do sistema jurídico construir conteúdos normativos organizados em graus hierárquicos.[646]

Portanto, em cada signo presuntivo de riqueza (renda, serviço, propriedade, etc.), teremos um *quantum* de competência na Constituição e, a partir de então, um limite de atuação do legislador complementar. Nada pode ser respondido a priori. É necessário, primeiro, definir os conceitos constitucionais relativos a cada tributo objeto de estudo, como fizemos no Capítulo 2 e, posteriormente, aprofundar as possibilidades de intervenção do legislador infraconstitucional, como faremos a seguir.

A doutrina que criticamos, em vez de evoluir na demarcação da competência, valendo-se desse importante instrumento intercalar, simplesmente esvaziou a sua influência no sistema tributário brasileiro. Com isso, deixou um buraco científico no estabelecimento de limites ao legislador complementar, que, desde o princípio, nada poderia prescrever.

(vii) Lei complementar e a importância de uma jurisprudência íntegra e coerente

646. Como lembra Paulo Ayres Barreto, "sem a definição de uma hierarquia entre os enunciados prescritivos não há caminhos para decidir sobre a solução de conflitos ou antinomias entre os distintos conteúdos normativos. Consequentemente, a própria noção de sistema, neste cenário, desaparece. BARRETO, Paulo Ayres. Ordenamento e sistema jurídicos". In: CARVALHO, Paulo de Barros. *Constructivismo lógico-semântico*. São Paulo: Noeses, 2014, p. 256.

Como mencionamos no item 5.1.2, o novo Código de Processo Civil (Lei n. 13.105/15) firma um paradigma até então inexistente no sistema jurídico brasileiro, ao exigir, como primado da segurança jurídica, a manutenção, pelos tribunais, de uma jurisprudência estável, íntegra e coerente. No caso de conflitos de competência tributária, devemos abandonar todos os critérios que não se prestam a contribuir para a construção desses valores.[647]

Nesse sentido, reconhecemos dois precedentes importantes do STF no que se refere à aplicação do critério da lei complementar. No RE n. 129.877, julgado em 1992, o relator, Ministro Marco Aurélio, considerou que o fato de a atividade não estar contemplada na lista de serviços permite a tributação exclusiva pelo ICMS, ainda que existam serviços sendo prestados no negócio jurídico envolvido. De outro lado, em relação aos serviços constantes da lista, ainda que envolvam o fornecimento de mercadorias, tem-se, tão só, a incidência do ISS.[648]

Outra decisão do Supremo paradigmática em relação a esse assunto é o RE n. 144.795, julgado no ano seguinte. O relator sustenta que a solução pela lei complementar foi implantada em razão da dificuldade, nas operações mistas, de se distinguir entre mercadoria e serviço. Os serviços relacionados na lista, ainda que acompanhados de fornecimento de mercadorias, são tributados pelo ISS, enquanto o fornecimento de mercadorias, com prestação de serviços não previstos na

---

647. Vale lembrar o alerta feito em 1947 por Vitor Nunes Leal: "Embora não possa o poder legislativo resolver definitivamente uma controvérsia constitucional, não resta dúvida que em muitos casos de interpretação duvidosa a ação legislativa é útil e as vezes imprescindível. A razão disso é que os princípios que orientam a aplicação do *judicial control* assentam na presunção de legitimidade da interpretação preferida pelo legislador. Somente nos casos em que a inconstitucionalidade seja ostensiva ou evidente, é que o judiciário a deve declarar. Daí a grande autoridade de que se reveste um pronunciamento legislativo nos pontos em que a inteligência do texto constitucional seja passível de dúvidas". LEAL, Vitor Nunes. Leis complementares da Constituição. *Revista de Direito Administrativo*. Rio de Janeiro, n. 7, 1947, p. 383.

648. RE n. 129.877

lista, fica sujeito ao ICMS. Conclui que incide o ICMS no fornecimento de alimentação e bebida, hipótese de mercadoria fornecida com serviços, "pelo singelo motivo de que não se acha relacionado em lei complementar".[649]

No âmbito do STJ, cumpre-nos destacar o REsp n. 881.035, julgado em 2008, que retoma o critério da lei complementar nessa Corte, e o REsp n. 1.092.206, apreciado em 2009, na sistemática de recursos repetitivos. Ambos os acórdãos transcrevem as razões de decidir exaradas nos precedentes do STF acima citados, e concluem que: (a) sobre operações "puras" de circulação de mercadoria e sobre os serviços previstos no inciso II, do art. 155 da CF (transporte interestadual e internacional e de comunicações) incide ICMS; (b) sobre as operações "puras" de prestação de serviços previstos na lista de que trata a LC n. 116/03 incide ISSQN; (c) e sobre operações mistas, incidirá o ISSQN sempre que o serviço agregado estiver compreendido na lista de que trata a LC n. 116/03 e incidirá ICMS sempre que o serviço agregado não estiver previsto na referida lista.

Estamos completamente de acordo com os fundamentos acima que, por privilegiarem o critério da lei complementar, devem servir como precedentes aptos a orientar a jurisprudência brasileira ao redor do tema, tudo com vistas a alcançar a almejada estabilidade, integridade e coerência exigidas pelo novo Código de Processo Civil. Passamos, agora, a enfrentar as críticas ao critério eleito.

5.2.3 Críticas à lei complementar tributária

No item anterior, defendemos o uso da lei complementar como o instrumento capaz de melhor resolver os conflitos de competência entre o ISS, ICMS e IPI. Afastamos, ainda que indiretamente, algumas críticas ao critério. Todavia, cremos que a dialética exige o enfrentamento de alguns argumentos

649. RE n. 144.795

dirigidos diretamente contra o seu emprego no ordenamento jurídico. É o que pretendemos fazer agora.

(i) Soberania da Constituição

O tratamento da temática da interpretação constitucional mereceria um trabalho específico e mais profundo, abordando, sobremaneira, todas as correntes hermenêuticas que cuidaram do problema. No entanto, o tema tangencia nosso estudo nos seguintes termos: permitir que lei complementar "defina" os conceitos previstos no texto constitucional não seria interpretar a Constituição conforme a lei, subvertendo o axioma da hierarquia do direito?

Entendemos que não. O legislador infraconstitucional também é intérprete da Constituição, e os veículos normativos expedidos são, assim, instrumentos de atuação da própria Constituição, com vistas ao desenvolvimento e à implantação de seus valores e finalidades. Ao contrário do que se possa imaginar, o prestígio da legislação complementar, pelo Poder Judiciário, confirma a *interpretação da lei conforme a Constituição*.[650]

No Estado Democrático de Direito, observar a lei infraconstitucional é um imperativo do próprio sistema, como valor fundamental para a conformação da própria Constituição. O respeito ao princípio da legalidade, de um lado, garante que as obrigações nasçam da lei e, de outro, assegura a preservação dos valores constitucionais no curso do processo de positivação do direito.

Já vimos que o texto constitucional não é um instrumento puro, apto a alcançar a formulação de conceitos autônomos. Ao contrário, sua compreensão é fruto da intertextualidade – jurídica e extrajurídica – inerente a qualquer processo interpretativo. Nesse sentido, *interpretar a Constituição conforme a lei* é também uma forma de respeitar a Constituição.

---

650. BARROSO, Luís Roberto. *Interpretação e aplicação da Constituição* – Fundamentos de uma dogmática constitucional transformada. 3 ed. São Paulo: Saraiva, 1999, p. 147.

Em matéria de competência tributária, dada a excessiva vagueza e ambiguidade dos termos da Constituição, em que as materialidades dos impostos foram oferecidas de maneira discreta, torna-se necessária a construção de conceitos constitucionais mínimos. Sabemos, todavia, que não existe propriamente esse "conceito mínimo", senão, como ressalta Aurora Tomazini de Carvalho, "aquele que nós construímos e consideramos como mínimo".[651] São os conceitos constitucionais que vão estabelecer balizas ao legislador complementar, freando seus excessos de forma a garantir a soberania da Constituição.

Entretanto, a construção dos conceitos constitucionais não é livre, já que "não se pode dizer qualquer coisa sobre qualquer coisa ou ainda qualquer coisa que a consciência nos impõe".[652] A intersubjetividade que se instaura com o giro linguístico "exige que, no interior da própria linguagem, seja feito o necessário controle hermenêutico. Deve-se, pois, levar o texto a sério".[653] A construção de sentido toma por base o texto constitucional, e as palavras ali mencionadas, apesar de não conterem em si mesmas uma significação, denotam conceitos acatados por determinada comunidade linguística.

Assim, é desarrazoada a noção de que a legislação complementar não pode atuar na demarcação da competência impositiva, quando encontramos, já na Seção I do Capítulo do Sistema Tributário Nacional, designado de "Princípio Gerais", dispositivo que elege esse veículo normativo como o instrumento derradeiro para solucionar os conflitos de competência.

Está no Congresso Nacional, por meio de normas gerais, o dever de integrar o sistema tributário e apartar, de forma

---

651. CARVALHO. Aurora Tomazini de. *Teoria geral do Direito (o constructivismo lógico-semântico)*. 4. ed. são Paulo: noeses, 2014, p. 241

652. STRECK, Lenio Luiz. Os limites semânticos e sua importância na e para a democracia. *Revista da AJURIS*, v. 41, n. 135, set. 2014, p. 175.

653. Ibidem, p. 175.

quase absoluta, os conflitos entre os entes políticos. Quanto aos critérios para solução de conflitos de competência, o judiciário somente deve desconsiderar a lei complementar quando afrontar os conceitos constitucionais que, como mencionamos, são tomados em uma acepção mínima.

Enfim, o Estado Democrático de Direito dá legitimidade ao Congresso para conformar a Constituição, mas isso não significa que o legislador é livre. A constante tensão – atuação do Congresso para integração do sistema *vs* limites constitucionais – é fruto da própria história de cada país: ora marcado por ditaturas do Legislativo, ora por ativismo do Judiciário. Porém, em relação ao legislador infraconstitucional, não se justifica a desconfiança congênita, tampouco a confiança ingênua.

(ii) Interpretação literal

Na Antiguidade, admitia-se o famoso aforismo jurídico, hoje abandonado, segundo o qual *in claris cessat interpretatio*. Esse brocardo representava o mais absoluto império da lei no processo interpretativo, impondo-se a ideia de que quando a lei fosse clara, sem qualquer obscuridade ou ambiguidade, não haveria necessidade de interpretação.

A hermenêutica atual superou a noção de que a interpretação permite extrair o sentido exato da norma ou o seu verdadeiro significado. É ilusória a noção de que a interpretação puramente literal é capaz de esgotar o sentido do texto. Para construir o conteúdo da norma, o intérprete é obrigado a valer-se de técnicas que buscam o sentido *contextual* da norma.

Todavia, por vezes, são chamados de *intérpretes literais*[654]

---

654. A propósito, José Roberto Vieira: "Sempre nos pareceu que a tese da taxatividade, inclinando-se pela exigência prévia da definição complementar dos serviços a serem tributados, situa-se na esteira de uma lamentável interpretação literal, que, não progredindo além de uma paupérrima preocupação gramatical, adota uma visão assistemática e miseravelmente apegada ao texto. Ao passo que a ótica da exemplificatividade, percebendo o conteúdo da lei complementar como de normas gerais, cingidas aos limites do dispor sobre conflitos de competência, localiza-se no rumo de uma louvável hermenêutica compreensiva, que, insatisfeita com a penúria textual,

aqueles que defendem o uso da lei complementar como instrumento intercalar entre a norma de competência tributária legislativa e a regra-matriz de incidência. Essa crítica, a nosso ver, não merece maiores considerações, já que se trata de técnica retórica que ataca o argumento por considerá-lo ridículo ou tautológico. Há muito se sabe que não existe uma interpretação puramente literal, já que a leitura do texto é apenas o ponto de partida, o começo, e nunca o fim do processo hermenêutico.[655]

Não acreditamos que os autores que pugnam pelo prestígio da lei complementar cometam o equívoco de interpretar os dispositivos constitucionais somente com o dicionário em mãos e de maneira isolada. Creio que todos conhecem o princípio federativo e o da autonomia dos Municípios, só não os colocam acima do princípio da lei complementar. Chamar de intérprete literal os que enaltecem este princípio afigura-se, nesse sentido, mais uma técnica retórica (de atacar o emissor, ao invés da sua mensagem) do que um argumento tecnicamente válido.

(iii) Alteração da competência tributária pelo legislador complementar

A crítica, nesse ponto, é quanto à possibilidade de as normas gerais alterarem a Constituição Federal no que se refere à competência tributária dos entes políticos. Realmente, como já advertia Aliomar Baleeiro, a lei complementar não pode criar limitações que não foram previstas na Constituição, pois a norma "não restringe nem dilata o campo limitado. Completa e esclarece as disposições relativas à limitação, facilitando sua execução de acordo com os fins que inspiram o

---

assume uma intelecção sistemática, cuja atitude de estabelecer no texto o ponto de partida não se completa nem se realiza senão quando logra o contexto. VIEIRA, José Roberto, O Papel da Lei Complementar no Estabelecimento das Fronteiras IPI x ISS: Óculos para macacos. In: MOREIRA, André Mendes et al. (orgs.). *Sistema Tributário brasileiro e as relações internacionais*. São Paulo: Noeses, 2013, p. 18.

655. FERRAZ JR., Tercio Sampaio. *A ciência do direito*. São Paulo: Atlas, 1980, p. 76.

legislador constituinte".[656] Porém algumas questões merecem ser consideradas.

Primeiro, dizer que a lei complementar não pode alterar a Constituição exige que fixemos exatamente o que lá está e que não pode ser alterado, assunto de que já tratamos linhas atrás (soberania da Constituição). Para nós, parcela significativa da competência não se encontra na Constituição, mas sim na lei complementar. Com relação aos conflitos de competência, a liberdade do legislador é ainda maior, pois não existe apenas uma forma de estabelecer limites entre os impostos confrontantes.

Segundo, não é demais lembrar que a lei complementar tributária é veículo normativo de caráter nacional, cujo regime jurídico formal exige a aprovação mediante quórum qualificado (art. 69 da CF), o que torna mais difícil o deslize por parte do Congresso Nacional.

Terceiro, em termos estatísticos, não há razão para permanecermos na desconfiança excessiva em relação ao Congresso Nacional. O STF julgou, entre 1989 e 2015, o total de 1.329 ações diretas de inconstitucionalidade, das quais 847 foram consideradas procedentes no todo ou em parte. O percentual de 63,7% de leis inconstitucionais pode impressionar, porém: (i) é extremamente baixo, se consideramos o total de normas que podem ser objeto de Adin; e (ii) a grande maioria não foi editada pelo Congresso Nacional, mas pelos Legislativos Estaduais, Executivo e até pelo Judiciário. Em 2014, por exemplo, das 84 normas declaradas inconstitucionais pelo STF via ADI, apenas uma foi editada pelo legislador federal.[657]

Quarto, se a lei complementar não pode "alterar" a competência, reduzindo-a ou ampliando-a, cremos que o constituinte derivado não está sujeito a essa limitação. Poderíamos,

---

656. BALEEIRO, Aliomar. *Limitações constitucionais ao poder de tributar*. 8 ed. Rio de Janeiro: Forense, 1997, p. 156.

657. Anuário da Justiça Brasil 2015. São Paulo: Consultor jurídico, 2015.

no entanto, defender que a edição de Emenda Constitucional requer um quórum ainda mais qualificado (3/5 do Congresso e em 2 turnos – art. 60 da CF). Todavia, se compararmos o número de leis complementares editadas após a promulgação da Constituição com a quantidade de Emendas Constitucionais, vamos perceber que quase coincidem (até 2015 são ao todo 90 emendas e 92 leis complementares). É, assim, ilusório acreditar na rigidez da Constituição, salvo se entendermos que a competência tributária é cláusula pétrea, o que não podemos aceitar. Como mencionamos anteriormente (item 1.2.2), a garantia da federação não decorre necessariamente da competência tributária, mas de medidas que assegurem recursos financeiros suficientes, o que pode advir, inclusive, de receitas partilhadas entre as pessoas políticas.

Quinto, o receio de que a ausência da lei complementar importaria em inibição da competência tributária – mormente dos Municípios que dependem da definição dos serviços tributáveis por meio de lista – não nos parece real. Desde que editada a lista, em 1968, pelo Decreto-lei n. 406, jamais ficamos sem qualquer definição. Ao contrário, de lá para cá, só aumentaram os serviços tributáveis. Ademais, entendemos que ao Congresso Nacional falece a competência, por ausência de motivação, para proceder a simples revogação de qualquer item da lista, conforme veremos adiante.

Para concluir, é claro que a lei complementar pode, eventualmente, afrontar a Constituição. Reconhecemos, como menciona Paulo Ayres Barreto, que fixar limites estreitos ao legislador infraconstitucional não é tarefa fácil, mas seria um "erro não buscar alternativas que reduzam as possibilidades interpretativas".[658] Nesse sentido, entendemos que precisamos inverter a premissa. Em vez de partirmos de outros critérios doutrinários que admitem a atuação da lei complementar somente para os casos de insuficiência do critério proposto,

658. BARRETO, Paulo Ayres. *Contribuições:* regime jurídico, destinação e controle. São Paulo: Noeses, 2006, p. 12.

para nós, que permanecemos com a dupla presunção de legitimidade da lei, o raciocínio correto é de que somente nas situações em que a lei complementar afrontar diretamente os conceitos constitucionais, tomados em acepção mínima, é que se deve buscar outros critérios. Com efeito, o emprego da lei complementar não é subsidiário em relação aos demais critérios: é justamente o contrário.

(iv) Ofensa ao princípio federativo e autonomia municipal

É recorrente a menção de que a lei complementar estaria a afrontar o princípio federativo e a autonomia municipal das pessoas políticas que recebem, diretamente da Constituição, a aptidão para instituir tributos. Olvidam-se, porém, que a autonomia das ordens jurídicas parciais não é universal e ilimitada, mas decorrente do que estabelece cada ordenamento. O dogma da indeterminação da autonomia dos Estados e Municípios é uma ideologia nascida na ciência do direito tributário, mas dela emancipada: "Esse dogma não é manifestação de doutrina, mas de doutrinação. É um recurso retórico ('endoutrinamento', com a permissão do neologismo), que, inobstante generalizado, contribui apenas para disseminar o erro na interpretação do CTN".[659]

Geraldo Ataliba e Aires Barreto, em célebre comentário, fundado em Rui Barbosa e repisado por muitos autores, entendem que a Constituição "não retira com a mão direita aquilo que deu com a mão esquerda".[660] Já mais recentemente, Alcides Jorge Costa faz a crítica: "Usando da mesma metáfora das mãos, antes de saber se a mão esquerda está tirando o que a direita deu, é preciso saber o que foi dado".[661] E mais a

659. BORGES, José Souto Maior. Normas Gerais de Direito Tributário: Velho Tema Sob Perspectiva Nova. Revista Dialética de Direito Tributário. São Paulo. n. 213. jun. 2013, p. 57/58 e 65

660. ATALIBA, Geraldo; BARRETO, Aires Fernandino. ISS na Constituição – Pressupostos positivos – Arquétipo do ISS. *Revista de Direito Tributário*. São Paulo, n. 37, ano 10, jut-set, 1986, p. 38.

661. COSTA, Alcides Jorge. Normas gerais como instrumentos de uniformização do direito tributário. *In Sistema tributário nacional e a estabilidade da Federação Brasi-*

adiante arremata: "Não basta dizer que é autônomo. É preciso verificar, na própria Constituição, qual a extensão desta autonomia".[662]

O sistema tributário brasileiro tem como princípio conformador a lei complementar tributária, cujos limites de atuação dependem dos conceitos constitucionais relativos a cada um dos impostos previstos na Constituição. É com base nessa lei que resolvemos os conflitos de competência entre o ICMS, ISS e IPI, conforme veremos a seguir.

5.3 Lei complementar e os conflitos entre o ISS, ICMS e IPI

5.3.1 Crônica de uma morte anunciada: o fim do ISS

Já mencionamos que a proposta original do texto da Constituição de 1988 concedia ao Estado a competência para cobrar o imposto sobre prestações de serviço (item 3.2.2). Na Comissão de Sistematização, portanto, após ultrapassar as Comissões Técnicas, a redação do artigo foi alterada e o ISS permaneceu na competência dos Municípios. Embora o relator da Emenda reconheça a existência de operações nebulosas que envolvem o ISS e o ICMS e de sua sugestão de aperfeiçoar a proposta, o texto final manteve-se o mesmo, dividindo-se a tributação das mercadorias e dos serviços por entes distintos.

---

leira. São Paulo: Noeses, 2012, p. 22.

662. Ibidem, p. 22
No mesmo sentido Humberto Ávila: "caberá à lei complementar concretizar os limites e os fins garantidores da uniformidade federativa, de acordo com os quais os Municípios poderão exercer sua autonomia. A autonomia municipal não é anterior ou independente das limitações decorrentes dos ideais de uniformidade e unidade federativas; é resultado deles. (...) A competência municipal nasce, assim, limitada desde já pela Constituição Federal. (...) os limites e os fins, aos quais os Municípios estão jungidos no exercício da sua competência, são estabelecidos por meio de lei complementar". ÁVILA, Humberto. *O* Imposto Sobre Serviços e a Lei Complementar 116/03. In: ROCHA, Valdir de Oliveira (coord.). *O ISS e a LC n. 116*. São Paulo: Dialética, 2003, p. 103.

De acordo com o relatório de 2014 da Organização de Cooperação e de Desenvolvimento Econômico – OCDE, *Tendências na tributação sobre o consumo*,[663] 164 países no mundo adotam o tributo sobre o valor agregado (*value added tax* – VAT) ou seu equivalente, o tributo sobre mercadorias e bens (*goods and services tax* – GST). Apesar de incluído na lista por manter o ICMS, o Brasil é um dos poucos países no mundo que tributa separadamente as atividades de venda de mercadoria e de prestação de serviço.

Conforme constatamos em recentes relatórios das empresas contábeis multinacionais KPMG,[664] EY[665] e PWC,[666] além do Brasil, apenas Honduras, Timor Leste e Bermuda ainda mantêm um imposto específico sobre serviços. Na Ásia, a Malásia e a Índia, que tributavam os serviços de forma separada, substituíram por um amplo VAT, o primeiro, em 2015, e o segundo, a entrar em vigor em junho de 2016. Na América Central, o último país a abandonar a tributação segregada dos serviços foi Porto Rico, que criou o tributo sobre mercadorias e bens (*goods and services tax* – GST), a vigorar a partir de 01/01/2016.

Parece-nos que no Brasil, único país da América Latina a manter o ISS, a significativa mudança do exercício da atividade econômica relativa à produção de bens e serviços, da qual tratamos no item a seguir, não encontrou, infelizmente, guarida no legislador constitucional, originário ou derivado, permanecendo a nossa legislação em descompasso com a realidade social. Nesse sentido, como brevíssima crônica de uma

---

663. Consumption Tax Trends 2014. VAT/GST and excise rates, trends and policy issues. *OECD*, dec 2014.

664. KPMG INTERNATIONAL. Global Indirect Tax Services. *Latin America Indirect Tax Coutry Guide*. October 2012 e o KPMG INTERNATIONAL. Global Indirect Tax Services. *Asia Pacific Indirect Tax Country Guide*. Apr 2013.

665. ERNEST YOUNG (EY). *Indirect Tax in 2015*. A review of global indirect tax developments and issues, 2015.

666. PRICEWATERHOUSECOOPERS (PWC). *Worldwide Tax Summaries*. Corporate Taxes, 2015/16.

morte anunciada,[667] profetizamos o fim do ISS, com a criação de um único imposto sobre produção e consumo de mercadorias e serviços.

5.3.2 Escalada de conflitos entre o ISS, ICMS e IPI

Não é demais lembrarmos que o direito positivo é linguagem de sobrenível que recorta os fatos colhidos na realidade social. Ainda que o direito seja constituído de linguagem própria e, nesse sentido, independente da linguagem comum, sua compreensão e estudo não se dão no vácuo, mas sob a influência de um contexto multifacetário, em que a construção de conceitos, apesar de ter por base o plano da literalidade do direito, a todo instante se inter-relaciona com outros textos, inclusive extrajurídicos.

Nesse ponto, verificamos que a complexidade da vida moderna aumenta a cada dia; tecnologias surgem a uma velocidade maior do que podemos compreender, somos bombardeados por informações instantâneas advindas de qualquer lugar do mundo, e as relações sociais se estabelecem mediante um simples *click* no *mouse* do computador. Na atividade econômica não é diferente: contratos são celebrados sem qualquer assinatura, bens circulam sem se materializarem em um suporte físico palpável e serviços fruídos no Brasil são prestados por um operador de telemarketing localizado na Índia.

O reflexo da complexidade no direito é imediato, afinal, ele é um objeto cultural criado pelo homem. Não é difícil perceber que, a cada dia, mais e mais enunciados prescritivos surgem a fim de acompanhar essas constantes mudanças e, no meio do colapso do caos,[668] está o intérprete do direito, fazendo malabarismos com os signos do direito positivo e percorrendo a difícil estrada entre dois mundos.

---

667. A expressão é o mesmo título da obra de Gabriel García Marquez. São Paulo: Record, 1998.

668. A expressão é de Jack Cohen e Ian Stewart na obra *Collapse of chaos: discovering simplicity in a complex world*. New York: Penguin Books, 1995.

Como lembra Rubens Gomes de Souza, o "direito não tem vida própria. Seu material, sua substância, seu sangue, é a realidade de cada dia; moldado ela, o direito vive; divorciado dela, morre". E enuncia: "a vida do direito é experiência e não é lógica" e, em acertada constatação, critica o "excesso de dogmatismo e carência de pragmatismo".[669] Assim, a vida do direito não tem alternativa senão mover-se no influxo da vida moderna.

Relativamente aos impostos sobre produção e consumo, especialmente o ISS, o ICMS e o IPI, objetos de nosso estudo, sabemos que suas materialidades indicam comportamentos ocorridos na realidade econômica de produção de bens e serviços, a cada dia mais complexa. Aqueles contornos entre serviços e mercadorias, que pareciam tão nítidos ao tempo do Império Romano, tornam-se mais fluidos, e a dicotomia estabelecida pela ciência do direito tributário, fixada com base em obrigações de dar e fazer, parece perder credibilidade.

Os teóricos da administração já veem a atividade econômica como uma *relação de continuidade* de mercadorias e serviços (*goods-services continuum*[670]), em que as atividades "puras" estariam colocadas em extremidades de um mesmo vetor. Assim, as atividades de serviços e mercadoria só podem ser identificadas de maneira mais clara em situações extremas, já que a grande parte das atividades hoje se encontram entre as extremidades. A venda, por exemplo, de um móvel de prateleira é mercadoria, mas basta a encomenda de uma simples modificação no bem pelo comprador que já saímos do estado de certeza e caminhamos em direção ao sentido oposto.

Em uma breve incursão em novos modelos de negócios, encontramos, por exemplo, o "sistema de produto-serviço"

---

669. Prefácio da obra Temas de Direito Tributário, de Gilberto Ulhôa Canto. Conclui o autor, afirmando que o direito está sempre em crise, "seja de crescimento, seja de adaptação, seja de senilidade, a crise é a sua condição vital: a estagnação é que seria a sua morte". CANTO, Gilberto Ulhôa. *Temas de Direito Tributário*. v. 1. Rio de Janeiro: Alba, s/n.

670. PARRY, Glenn; NEWNES Linda; HUANG; Xiaoxi. Goods, products and services. *Service design and delivery*. New York: Springer, 2011, p. 25.

(em inglês, *product-service system* - PSS[671]), ocasião em que uma empresa oferece um *mix* de produtos e serviços numa mesma transação comercial (*package*). A desverticalização, terceirização do processo industrial, a customização em massa (*mass customization*)[672] são fenômenos que já se tornaram realidade no Brasil, com reflexos diretos na incidência do ISS, ICMS e IPI.

Cabe ao direito acompanhar essas mudanças, seja por via legal, o tanto quanto possível, seja por via interpretativa, nas situações em que a abertura do texto permite ao intérprete qualificar os fatos sem comprometer a funcionalidade e estabilidade do sistema jurídico. Porém, sem o apego a teorias que, construídas há mais de 2000 anos, já não se prestam para explicar a realidade.

Convém lembrar que a análise do fenômeno adjacente ao direito, entendido também como texto, e o contato com outras ciências, como a economia ou a administração, não significa que o cientista do direito deve descartar o plano da literalidade do direito positivo e importar conceitos de outras áreas.[673]

---

671. PARRY, Glenn; NEWNES Linda; HUANG; Xiaoxi. Goods, products and services. *Service design and delivery*. New York: Springer, 2011, p. 25.

672. A expressão, segundo Roy Westbrook, foi cunhada por J Pine em 1993 no artigo "Mass Customization: The New Frontier in Business Competition", Harvard University Press, Cambridge, MA, e significa a possibilidade de produzir, em grandes quantidades, bens e serviços que atendam aos anseios específicos de cada cliente, individualmente. WESTBROOK, Roy. Implications of mass customization for operations management. *International Journal of Operations & Production Management*. v. 19, n. 3, 1999, p. 262-275.

673. Nesse sentido, as lições de Paulo de Barros Carvalho: "o direito não pede emprestado conceitos de fatos para outras disciplinas. Ele mesmo constrói sua realidade, seu objeto, suas categorias e unidades de significação. O paradoxo inevitável, e que causa perplexidade no trabalho hermenêutico, justifica a circunstância do disciplinar levar ao interdisciplinar e este último fazer retornar ao primeiro. Sem disciplinas, portanto, não teremos as interdisciplinas, mas o próprio saber disciplinar, em função do princípio da intertextualidade, avança na direção dos outros setores do conhecimento, buscando a indispensável complementariedade. Tanto o jurídico quanto o econômico fazem parte do domínio social e, por ter este referente comum, justifica-se que entre um e outro haja aspectos ou áreas que se entrecruzem, podendo ensejar uma tradução aproximada e, em parâmetros mais amplos, uma densa e profícua conversação". CARVALHO, Paulo de Barros. O absurdo da Interpretação Econômica do

Não é isso que defendemos. Cremos que, embora a linguagem do direito seja autossuficiente na construção da realidade jurídica, essa linguagem fala sobre algo; fala sobre fatos sociais; incide sobre condutas efetivas ocorridas no mundo real. E ainda que esses acontecimentos não correspondam ao fato jurídico, este produto exclusivo da linguagem do direito, não podemos admitir um descompasso tal que o direito passe a ser um instrumento totalmente desconectado da vida social. O direito, enquanto um sistema comunicacional que regula as condutas intersubjetivas, não pode "não se comunicar", ou se comunicar de forma conflituosa ou imprecisa.

Como se sabe, a norma – juízo hipotético-condicional – é construída na mente do intérprete de acordo com o universo linguístico em que se situa. O intérprete, assim, é um ser desde sempre inserido nesse mundo formado pela linguagem e, entre o texto do direito positivo e o contexto interpretativo (texto em sentido lato), o cientista do direito concebe suas ideias. Com base nessas premissas, entendemos que as atividades econômicas praticadas pelos contribuintes são textos que devem ser levados em consideração pelo cientista para formar ou reformular os conceitos jurídicos, confirmando que o direito positivo, apesar de sintaticamente homogêneo, é semanticamente heterogêneo.

Em um mundo mais complexo, por mais paradoxal que possa parecer, é possível simplificar o caos. No atual panorama legal, a "escalada de conflitos" tributários só pode ser reduzida pelo recurso à lei complementar tributária.

5.3.3 Prevenção dos conflitos de competência

O Estado Democrático de Direito não exige apenas que as condutas reguladas sejam disciplinadas por lei (legalidade formal), mas que a aplicação da lei se dê em um contexto de

---

Fato Gerador – Direito e sua Autonomia – O Paradoxo da Interdisciplinaridade. *Revista da Faculdade de Direito de São Paulo*. São Paulo, v. 102, 2007, p. 442.

estabilidade das relações jurídicas. É essa uma exigência do sobreprincípio da certeza do direito, que experimenta um duplo sentido que não pode ser ignorado: (i) o comando jurídico requer que a conduta regrada esteja rigorosamente especificada; e que, ao mesmo tempo, (ii) haja previsibilidade, isto é, o "administrado tem o direito de saber, com antecedência, qual o conteúdo e alcance dos preceitos que serão imputados".[674]

Na seara tributária, o principio da segurança jurídica, pairando sobre as relações entre fisco e contribuinte, exige a presença de um feixe de estimativas, "integradas para garantir o desempenho da atividade jurídico-tributária pelo Estado Administração".[675] Todavia, enquanto não ocorre uma mudança no plano constitucional nas competências para instituir o ISS, ICMS e IPI, findando por vez os conflitos, precisamos encontrar o método que mais atenda à segurança jurídica, no tocante à previsibilidade. Nesse sentido, se cabe ao judiciário *resolver* os conflitos já instaurados, compete à lei complementar *preveni-los*.

Já discorremos que o crescimento exponencial dos conflitos tributários gera instabilidade no sistema. Também mencionamos que a Constituição não definiu as competências tributárias de forma rígida e precisa, de modo a prescindir de uma legislação intercalar que reduza a sua vagueza e ambiguidade. De outro lado, a busca, por si só, por um critério mais objetivo não é, a princípio, garantia da prevenção absoluta de conflitos, tampouco implica a constitucionalidade do método escolhido. O critério eleito deve, primeiro, estar em consonância com a Constituição; e, segundo, ser mais eficaz na redução de incerteza e de desigualdades na aplicação da lei, tudo em prol, especialmente, dos princípios da segurança jurídica e igualdade. Quanto ao primeiro ponto, já demonstramos ser a lei complementar o veículo, constitucionalmente eleito, para

674. CARVALHO, Paulo de Barros. *Direito Tributário, linguagem e método*. 2. ed. São Paulo: Noeses, 2010, p. 265.

675. Ibidem, p. 264.

"dispor sobre conflitos de competência" (art. 146, I) e, assim sendo, não há razão para afastá-la simplesmente. No que se refere ao segundo aspecto – eficácia do critério – também entendemos que é o mais adequado.

Não temos a pretensão de concluir, com foros de verdade absoluta, que a aplicação da lei complementar pelos tribunais é e sempre será o critério definitivo para solução de conflitos de competência. Porém, a pesquisa jurisprudencial empreendida no Capítulo 4 indica uma percepção, ainda que sensível, de que ela é capaz de prevenir novas disputas judiciais. Nossa opinião decorre da verificação, no STJ e no STF, da diminuição, ao longo dos anos, de casos de conflitos de competência nas atividades em que o critério escolhido foi, de maneira uniforme, a lei complementar. Vejamos os gráficos abaixo, em que comparamos duas atividades em que se debate a incidência do ISS e do ICMS:

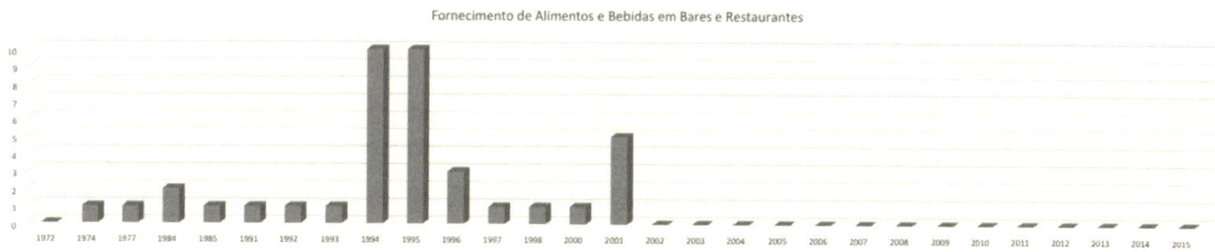

Com a aplicação do critério da lei complementar, no caso de conflitos na atividade de fornecimento de alimentos e bebidas por bares e restaurantes, identificamos um completo esvaziamento da discussão no âmbito do STF e do STJ. Vale recordar que os precedentes paradigmáticos foram de uma clareza ímpar quanto à necessidade do uso da lei. No RE n.

129.877 do STF, julgado pela Primeira Turma em 1992, o relator, Ministro Marco Aurélio, chega a afirmar que o "equilíbrio é perfeito e, na verdade, possui contornos práticos. Somente à mercê de inúmeras inconveniências poder-se-ia implementar a separação do que é pago a ambos os títulos – serviços e fornecimento (de refeições)".[676] Outro precedente bastante mencionado, o RE n. 144.795, de relatoria do Ministro Ilmar Galvão, também da Primeira Turma, julgado em 1993, o relator conclui pela incidência do ICMS "pelo singelo motivo de que não se acha relacionado em lei complementar".[677]

No caso das atividades gráficas, em que os critérios variam consideravelmente (lei complementar, encomenda e personalização e destinação), além de a disputa entre os entes permanecer ativa, não é sequer possível saber qual o critério que vai prevalecer, conforme analisamos no Capítulo 4.

Certamente, em relação ao exame da eficácia do critério, poderiam ser mencionados outros fatores; mas, em uma lógica que pode parecer inocente, a solução do conflito pelo singelo motivo de estar ou não a atividade prevista na lei complementar, parece-nos consideravelmente adequada. Reduzindo-se o grau de subjetividade, aumenta-se o grau de certeza, mormente se compararmos com critérios casuísticos, ou que abrem maior margem para diversas interpretações, como o critério da encomenda e personalização e o da destinação, já devidamente criticados.

5.3.4 Conflitos entre o ISS e o ICMS

Os conflitos de competência entre o ISS e o ICMS decorrem, essencialmente, das situações em que uma atividade contempla, de forma inseparável, uma atividade imaterial e a entrega de bens materiais. A dúvida é saber se a atividade realizada em favor de terceiro é um serviço que tem os materiais como

676. RE n. 129.877. Voto do Ministro Relator Marco Aurélio, p. 7, fl. 271 dos autos.

677. RE n. 144.795. Voto do Ministro Relator Ilmar Galvão, fl. 05, p. 104 dos autos.

insumos ou como elemento acessório, sujeita, portanto, ao ISS; ou se a entrega de materiais se caracteriza como o comércio de mercadorias, tributável pelo ICMS, situação em que a atividade realizada não constitui, em si, um negócio autônomo.

Valendo-nos da classificação das obrigações de fazer e dar, apenas para ilustrar o raciocínio, seriam as situações em que temos um "fazer para dar", como nas próteses sob encomenda, serviço de chaveiro e alfaiataria; ou um "fazer com dar", em que as obrigações estão lado a lado, como no conserto de equipamentos, fornecimento de refeições, serviços farmacêuticos e a instalação de equipamentos providos pelo próprio instalador.

Discorremos no item 5.2.3 que, nos dias atuais, cada vez mais as atividades de prestação de serviço e de venda de mercadorias são realizadas de maneira conjunta, em que os contornos das materialidades dos respectivos tributos ficam cada vez mais obscuros. Também tratamos, no item 2.2.3, da materialidade do ISS, que não se amolda ao conceito civilista de obrigação de fazer, mas em noção mais ampla, no sentido de tributar residualmente todos os negócios jurídicos com conteúdo econômico que não se referem à circulação de mercadorias, desde que previstos em lei complementar. No que diz respeito ao ICMS-mercadorias, objeto do item 2.3.2, concluímos que o imposto incide sobre operações, negócios jurídicos, que permitam a circulação (patrimonial e jurídica) de mercadorias. Por fim, reiteradamente, pugnamos pela aplicação da lei complementar para resolver, de forma mais profunda, os conflitos de competência entre os impostos. Diante de tal cenário, a lei complementar dispôs sobre os conflitos entre o ISS e o ICMS conforme os seguintes enunciados contidos no plano da literalidade textual:

i. O ICMS incide sobre o fornecimento de alimentação e bebidas em bares, restaurantes e estabelecimentos similares (art. 2º, I, da LC n. 87/96). A base de cálculo, nesse caso, é o valor da operação, compreendendo mercadoria e serviço (art. 13, II, da LC n. 87/96).

ii. O ICMS incide sobre o fornecimento de mercadorias com prestação de serviços não compreendidos na competência tributária dos Municípios (art. 2º, IV da LC n. 87/96). A base de cálculo é o valor total da operação (art. 13, IV, a, da LC n. 87/96).

iii. O ICMS incide sobre o fornecimento de mercadorias com prestação de serviços sujeitos ao ISS, quando a lei complementar aplicável expressamente o sujeitar à incidência do imposto estadual (art. 2º, V da LC n. 87/96). A base de cálculo do ICMS é o preço corrente da mercadoria fornecida ou empregada (art. 13, IV, *b*, da LC n. 87/96).

iv. O ISS tem como fato gerador a prestação de serviços constantes da lista anexa à Lei Complementar n. 116 (art. 1º, LC n. 116/03);

Com base nesse conjunto de enunciados prescritivos, podemos formular as seguintes regras para resolver conflitos entre o ISS e o ICMS:

i. O ICMS incide sobre a circulação de mercadorias. Exemplo: venda de carro, computador, energia elétrica.

ii. O ISS só incide sobre as atividades previstas na lista editada pela lei complementar e abrange o fornecimento de mercadorias quando a lista não fizer ressalva. Exemplo: serviços farmacêuticos, blindagem, serviços funerários, inclusive o fornecimento de caixão.

iii. Incidem ISS e ICMS nos serviços prestados com o fornecimento de mercadorias quando a lista assim determinar. Exemplo: conserto de equipamentos e recondicionamento de motores.

iv. Incide ICMS sobre a circulação de mercadorias com prestação de serviços não previstos na lista da lei complementar. Exemplo: instalação de máquina provida pelo instalador e fornecimento de alimentos em bares e restaurantes.

v. Não incide ICMS ou ISS nas atividades não previstas na lista e que não configurem circulação de mercadorias. Exemplo: taxidermista, tatuador, engraxate e locação de bens móveis.

A lista de serviços editada pela lei complementar assume, nesse ponto, uma dupla função: (i) define os serviços tributáveis pelo ISS; (ii) afasta ou não (quando houver ressalva) a incidência do ICMS na atividade em questão. Fica, assim, obstada qualquer tentativa de privilegiar um imposto em detrimento do outro por critério que não o da lei complementar.

Caberá ao legislador complementar eleger, em fase pré-jurídica, o que entende mais relevante: se o *insumo* ou *material* é uma mercadoria sujeita ao ICMS ou se o *esforço humano* é um serviço tributável pelo ISS. Em casos que entender, por razões políticas e não jurídicas, tributar a mesma atividade pelos dois impostos, deverá ressalvar na lista de serviços.

A definição da atividade tributável pelo legislador se sobrepõe, inclusive, ao que o contribuinte acredita estar praticando. Se a atividade prevista na lista é sujeita exclusivamente ao ISS, de nada adianta as partes pretenderem celebrar contratos com dois objetos, ou até mesmo dois contratos a fim de apartar a parcela supostamente tributável pelo ICMS. O tratamento fiscal será aquele previsto na lei complementar. Em outras palavras, não é possível cindir a atividade fixada na lista. A empresa que presta serviços funerários, por exemplo, não pode emitir nota fiscal de mercadoria pelo fornecimento de caixão (item 25.01 da lista); a farmácia não recolhe ICMS sobre o medicamento manipulado (item 4.07); o alfaiate não vende mercadoria quando confecciona roupa com material fornecido pelo tomador (item 14.09).

Ao percorrer os itens da lista, logo percebemos que não existe um critério unificador para a escolha entre o ISS e o ICMS quando serviços forem fornecidos com mercadorias. Em algumas atividades, a lista privilegia a *propriedade dos bens* objeto de esforço humano, como nas atividades de tinturaria (14.10), beneficiamento (14.05), recauchutagem de pneus (14.04) e assistência técnica (14.02); em outras situações, dá ênfase ao destino do bem, como na instalação de equipamentos ou montagem industrial, sujeitos ao ISS quando *prestados ao usuário final* (14.06); em certas ocasiões, é relevante a *forma como o preço da atividade foi acordado*, como no fornecimento de alimentação incluída na diária do hotel (9.01); algumas atividades são sujeitas ao ISS por causa da *encomenda e personalização*, como a prótese sob encomenda (4.14) ou nos serviços de confecção de chaves (24.01); em outras, basta a *encomenda* e *pessoalidade*, como nas obras de arte sob encomenda (40.01).

Com a análise da lista da lei complementar, entendemos que: (i) é inútil procurar um tratamento uniforme para as atividades de prestação de serviços com o fornecimento de mercadorias, pois o legislador não segue um padrão; (ii) apesar de identificarmos na lista diversos critérios científicos para a solução de conflitos de competência (destinação, encomenda e personalização, pessoalidade), eles foram tomados apenas em uma perspectiva pré-jurídica. Não é possível sobrepor um critério doutrinário sobre aquele eleito pelo legislador, ainda que possa parecer, à primeira vista, incoerente a solução empregada pela lei complementar.

Outro ponto que merece destaque e que é objeto de grande embate doutrinário é a tributação, pelo ICMS, de serviços não compreendidos na lista. Diversos autores[678] entendem

678. CHIESA, Clélio. Competência para tributar as operações com programas de computador (softwares). *Revista Tributária e de Finanças Públicas*. São Paulo, v. 36, jan. 2001, p. 4. BARRETO, Aires. *ISS na Constituição e na Lei*. 3 ed. São Paulo: Dialética, 2009. CARRAZZA, Roque Antônio. *Reflexões sobre a obrigação tributária*. São Paulo: Noeses, 2010, p. 132.

que não é possível reconhecer uma competência residual dos Estados sobre serviços além daqueles expressamente designados no texto constitucional. Dizem que o texto do art. 155, § 2º, IX, *b* da Constituição, que determina a incidência do ICMS "sobre o valor total da operação, quando mercadorias forem fornecidas com serviços não compreendidos na competência tributária dos Municípios", só pode referir-se aos serviços de transporte interestadual e intermunicipal. Não é o que acreditamos.

A regra é tributar, pelo ICMS e ISS, amplamente todas as atividades econômicas de produção de bens e serviços. Somente as atividades econômicas que, concomitantemente, não estiverem na lista e não forem realizadas conjuntamente com o fornecimento de mercadorias é que ficam afastadas da tributação. Aliás, pelo que verificamos nas atas da constituinte de 1988, o dispositivo do art. 155, § 2º, IX, *b*, foi introduzido justamente com o objetivo de permitir que os Estados tributem a parcela de serviço não contemplada na lista, desde que, claro, estejamos diante de uma operação mista. A Emenda 2P00789-9, apresentada por Francisco Carneiro ao plenário do Congresso, que propõe a redação do dispositivo mencionado, está assim justificada:

> A emenda visa a evitar conflitos na tributação das chamadas operações mistas, em que, simultânea e inesperadamente, coexistem o fornecimento de mercadorias e a prestação de serviços.
>
> É básica no Sistema Tributário Brasileiro a regra, aliás consagrada no Substitutivo recém-aprovado pela Comissão de Sistematização, segundo a qual, em casos de operações mistas, incide tão-somente o imposto municipal se os serviços estiverem incluídos na lista aprovada pela Lei Complementar. Se não o estiverem, incidirá sobre a operação mista apenas o imposto estadual.
>
> A redação que o Substitutivo deu ao inciso II do artigo 184 – justificadamente preocupada em tornar certo que o imposto estadual incidirá sobre a prestação de transporte interestadual e intermunicipal e de comunicação – corre o risco de ser considerada exaustiva. Se o for, não poderiam os Estados cobrar o imposto a que se refere o inciso II do artigo 184 sobre a parcela do preço das operações mistas correspondente ao valor dos serviços

> simultaneamente prestados. Com efeito, em matéria de prestação de serviços, o referido imposto estadual só poderia incidir sobre transportes interestaduais e intermunicipais e comunicações, caso prevaleça tal interpretação escrita.
>
> Convém, portanto, evitar que uma eventual interpretação, considerando exaustiva a disposição do inciso II do art. 184, venha a criar óbices à tributação, pelos Estados, e por seu valor integral, de inumeráveis operações mistas não compreendidas na competência dos Municípios que vêm sendo de há muito, pacificamente, objeto da incidência exclusiva do ICM.[679]

A transcrição foi longa, mas vale cada linha. Ao que parece, aquilo que o constituinte originário manifestamente queria evitar – interpretação de que nas operações mistas o ICMS abrangeria apenas os serviços de transporte e comunicação – é justamente o que a doutrina não quer aceitar. O dispositivo foi concebido em sentido bastante convincente pelo constituinte: permitir que os Estados tributem, nas operações mistas, os serviços que não estão na competência dos Municípios (listados).

Para Paulo de Barros Carvalho, os motivos expostos pelo legislador costumam "dar ênfase ao clima histórico-institucional em que o diploma foi produzido, discutindo, muitas vezes, as teses em confronto na circunstância da elaboração, para justificar (dar os motivos) a eleição de determinada tendência dogmática".[680] A escolha pela tendência dogmática, no caso, é mais do que clara, no sentido de buscar evitar uma (não tão) eventual interpretação exaustiva do atual art. 155, II. Diante de todas as premissas traçadas ao longo de nosso texto, não reconhecemos o risco dessa interpretação "destruir a coerência interna do sistema tributário nacional",[681] como adverte

679. Disponível na internet. Acessado em 20/11/2015. http://www2.camara.leg.br/atividade-legislativa/legislacao/Constituicoes_Brasileiras/constituicao-cidada/publicacoes/anais-da-assembleia-nacional-constituinte

680. CARVALHO, Paulo de Barros, *Derivação e positivação*. v. II. São Paulo: Noeses, 2013, p. 20- 21

681. CARRAZZA, Roque Antônio. *Reflexões sobre a obrigação tributária*. São Paulo: Noeses, 2010, p. 132.

Roque Antônio Carrazza. Ao contrário, tal posicionamento representa rebeldia contra o texto da Constituição, cujo sentido foi manifestamente esclarecido pelo constituinte originário.

Entendemos que em todas as situações em que a operação mercantil for realizada em conjunto com a prestação de um serviço, perfazendo um negócio jurídico único, o ICMS incidirá sobre a parcela do serviço, desde que este não esteja previsto na lei complementar. Por exemplo: fornecimento de alimentos por bares e restaurantes, instalação de equipamento provido pelo instalador ou beneficiamento de bens próprios em favor de terceiro. Todavia, cabe lembrar: serviços não previstos na lista e que não envolvam operações mercantis, como engraxate, locador de bens móveis ou tatuador, não são sujeitos ao ICMS, pois não se configuram operação mista.

O argumento de que o art. 155, § 2º, IX, *b* trata de base de cálculo, e não de materialidade de imposto, não nos parece convincente. A base de cálculo é elemento do critério quantitativo, mas guarda relação direta com a materialidade do tributo. Sua indicação, pelo texto constitucional, também permite a construção da hipótese de incidência, como ocorre com as bases mencionadas pelos arts. 149[682] e 195[683] da Constituição.

---

682. Art. 149. Compete exclusivamente à União instituir contribuições sociais, de intervenção no domínio econômico e de interesse das categorias profissionais ou econômicas, como instrumento de sua atuação nas respectivas áreas, observado o disposto nos arts. 146, III, e 150, I e III, e sem prejuízo do previsto no art. 195, § 6º, relativamente às contribuições a que alude o dispositivo.
§ 2º As contribuições sociais e de intervenção no domínio econômico de que trata o *caput* deste artigo:
(...)
III – poderão ter alíquotas:
a) *ad valorem*, tendo por base o faturamento, a receita bruta ou o valor da operação e, no caso de importação, o valor aduaneiro;
b) específica, tendo por base a unidade de medida adotada.

683. Art. 195. A seguridade social será financiada por toda a sociedade, de forma direta e indireta, nos termos da lei, mediante recursos provenientes dos orçamentos da União, dos Estados, do Distrito Federal e dos Municípios, e das seguintes contribuições sociais:
I – do empregador, da empresa e da entidade a ela equiparada na forma da lei, incidentes sobre:

Do que foi dito nesse item, cabe-nos reconhecer que a eleição da lei complementar como o instrumento adequado para solucionar os conflitos de competência tributária não significa que estão totalmente eliminadas as disputas entre os entes políticos. É preciso interpretar os itens da lista e evoluir na compreensão das atividades econômicas ali mencionadas, algo com que a ciência do direito tributário não se tem preocupado ultimamente, porquanto não reconhece a lei como demarcatória dos limites entre o ISS e o ICMS.

Para finalizar, não podemos deixar de tecer considerações sobre eventual inconstitucionalidade da lei complementar ao pretender demarcar as competências tributárias dos Estados e Municípios e resolver conflitos de competência. Poderá a lei complementar dizer qualquer coisa? É livre o legislador infraconstitucional para atuar nessa matéria? Claro que não. Conforme já expusemos anteriormente, item 1.2.4, os conceitos constitucionais que indicam materialidades dos impostos, tomados em sua acepção mínima, não poderão ser afrontados pelo legislador complementar. Assim, tanto em relação ao ISS (item 2.2) como ao ICMS (item 2.3), existem limites.

Quanto ao ISS, entendemos que qualquer item da lista de serviços só pode ser revogado quando o objetivo do legislador for de "dispor sobre conflitos de competência" (art. 146, I, da CF), como, por exemplo, nos casos de operações mistas, ocasião em que a atividade suprimida da lista será tributada pelo Estado. Ora, se o ISS pode tributar todas as atividades econômicas que não configuram, exclusivamente, circulação de mercadorias, e uma vez definida a atividade como tributável, função exercida pelo Congresso Nacional em face do art. 156, III, da Constituição, falece competência ao legislador complementar para remover qualquer atividade da lista,

---

a) a folha de salários e demais rendimentos do trabalho pagos ou creditados, a qualquer título, à pessoa física que lhe preste serviço, mesmo sem vínculo empregatício;
b) a receita ou o faturamento;
c) o lucro;

sob pena de estar promovendo, por via transversa, isenção fiscal heterônoma, vedada pela Constituição (art. 151, III, da CF[684]). A lei complementar do ISS pode excluir da incidência do imposto as "exportações de serviço" (art. 156, § 3º, II) ou "regular a forma e as condições como isenções, incentivos e benefícios fiscais serão concedidos e revogados" (art. 156, § 3º, III), jamais isentar os serviços já definidos, como ocorreria, no caso, pela revogação imotivada de um serviço contido na lista.

No que se refere à inconstitucionalidade da lei complementar diante da competência tributária dos Estados, entendemos que a lista não pode contemplar uma atividade que seja considerada puramente mercantil. Nesse sentido, ainda que o conceito constitucional de *operações de circulação de mercadoria* seja intencional (conotativo) e, portanto, mais aberto que o conceito de serviço, eminentemente extensivo (denotativo), o conceito mínimo de atividade de comercialização de bens deve ser respeitado. Nos casos em que a lista elege atividades flagrantemente mercantis, desconectadas de qualquer atividade imaterial prestada em favor de terceiro, deverão ser declarados inconstitucionais pelo Poder Judiciário. Pesa a favor do legislador infraconstitucional o fato de que, das centenas de atividades previstas na lista, a nosso ver, nenhuma se caracteriza como exclusivamente mercantil. Sendo assim, a Lei Complementar n. 116/03 é, para todos os efeitos, o derradeiro instrumento para solução de conflitos de competência entre o ISS e o ICMS.

5.3.5 Conflitos entre o ISS e o IPI

Conforme tratamos no item 2.4, a materialidade do IPI-industrial é a realização de duas operações: uma, de industrializar produto (processo industrial), e outra de promover sua saída mediante uma operação (negócio jurídico) que

---

684. Art. 151. É vedado à União:
III – instituir isenções de tributos da competência dos Estados, do Distrito Federal ou dos Municípios.

transfira a posse ou a propriedade do bem industrializado. E a operação que consubstancia esse negócio jurídico não é necessariamente mercantil, já que o IPI não pressupõe, como acontece no ICMS, a circulação de mercadorias. Incide o IPI, assim, sobre qualquer título jurídico capaz de mudar a titularidade da *posse ou da propriedade* do produto, como a locação, a consignação, o comodato ou até a prestação de serviço.

Quanto à possibilidade de conflito de competência tributária entre o ISS e o IPI, objeto de análise no item 3.3 deste livro, entendemos inexistir, pois a privatividade da competência tributária não é capaz de impedir a bitributação, desde que as normas (co)incidentes estejam em consonância com a Constituição.

Como mencionamos, não há invasão de competência quando duas normas tributárias, com conteúdos de significação distintos, recortam diferentes aspectos de um mesmo fato social que, por comportar significados mais ricos do que a linguagem do direito pode cunhar, serve como suporte para aquelas hipóteses normativas. Ou seja, na ausência de uma norma expressa que vede a bitributação, não cremos que ocorra invasão de competência nas circunstâncias em que duas normas incidem sobre o mesmo fato, desde que, claro, *não haja uma contradição lógico-semântica nessa coincidência tributária.*

Todavia, não é essa a opinião geral, e tanto a doutrina quanto a jurisprudência, seguem a máxima de Geraldo Ataliba sintetizada na célebre frase: "Onde cabe ISS, não cabe ICM; onde cabe ICM não cabe ISS, onde cabe ISS não cabe IPI, onde cabe IPI, não cabe ISS. Isto é radical na Constituição".[685]

Tratemos, portanto, dos supostos conflitos entre os dois impostos. A primeira dúvida que surge é saber qual a lei complementar aplicável, ponto realmente importante, pois a LC

---

685. ATALIBA, Geraldo; CARRAZZA, Roque; BARRETO, Aires Fernandino; GIARDINO, Cléber. Conflitos entre ICM, ISS e IPI. *Revista de Direito Tributário*. São Paulo, v. 7-8, ano III, 1979, p. 119.

n. 116/03, quando dispõe sobre conflitos de competência, trata exclusivamente do ISS e do ICMS e, em momento, algum cita o IPI.[686] Aliás, a única lei complementar que menciona, conjuntamente, os dois impostos em questão é a LC n. 123/06, que institui o Simples Nacional e expressamente admite a incidência simultânea do IPI e do ISS.[687]

Ademais, no âmbito das normas gerais de direito tributário, é curioso notar que a LC n. 116/03 culminou no acirramento da disputa entre a União e os Municípios, dado que diversas atividades tributáveis "exclusivamente" pelo IPI passaram a ser de competência do Município. De acordo com a lista do antigo DL n. 406/68, as atividades previstas nos itens 71 a 74 só se sujeitavam ao ISS se realizadas sobre objetos "não destinados à industrialização ou comercialização". Já a nova lei suprimiu esse critério nos itens 14.01, 14.04 e 14.05,[688]

---

686. Art. 1º O Imposto sobre serviços de qualquer natureza, de competência dos Municípios e do Distrito Federal, tem como fato gerador a prestação de serviços constantes da lista anexa, ainda que esses não se constituam como atividade preponderante do prestador.
§ 2º Ressalvadas as exceções expressas na lista anexa, os serviços nela mencionados não ficam sujeitos ao Imposto Sobre Operações Relativas à Circulação de Mercadorias e Prestações de Serviços de Transporte Interestadual e Intermunicipal e de Comunicação – ICMS, ainda que sua prestação envolva fornecimento de mercadorias.

687. Art. 18. O valor devido mensalmente pela microempresa ou empresa de pequeno porte optante pelo Simples Nacional será determinado mediante aplicação das alíquotas efetivas, calculadas a partir das alíquotas nominais constantes das tabelas dos Anexos I a V desta Lei Complementar, sobre a base de cálculo de que trata o § 3º deste artig, observado o disposto no § 15 do art. 3º.
§ 4º O contribuinte deverá considerar, destacadamente, para fim de pagamento, as receitas decorrentes da:
VI – atividade com incidência simultânea de IPI e de ISS, que serão tributadas na forma do Anexo II desta Lei Complementar, deduzida a parcela correspondente ao ICMS e acrescida a parcela correspondente ao ISS prevista no Anexo III desta Lei Complementar; (grifo acrescido).

688. 14.01 – Lubrificação, limpeza, lustração, revisão, carga e recarga, conserto, restauração, blindagem, manutenção e conservação de máquinas, veículos, aparelhos, equipamentos, motores, elevadores ou de qualquer objeto (exceto peças e partes empregadas, que ficam sujeitas ao ICMS).
14.04 – Recauchutagem ou regeneração de pneus.
14.05 – Restauração, recondicionamento, acondicionamento, pintura, beneficiamento, lavagem, secagem, tingimento, galvanoplastia, anodização, corte, recorte,

e indicou que o ISS incide sobre serviços realizados em "objetos quaisquer".

Para manter coerência com o que foi dito até aqui, ainda que admitíssemos a possibilidade de conflito de competência entre o ISS e o IPI, o problema também se resolveria à luz da lei complementar tributária. Assim, todas as atividades previstas na lista, ainda que possam configurar atividades de industrialização, nos moldes previstos no parágrafo único do art. 46 do Código Tributário Nacional, ficam sujeitas ao ISS. Nesse caso, apesar da existência de leis de igual hierarquia (CTN e LC n. 116/03), prevalece a lei posterior, conforme a regra de solução de antinomia (critério cronológico) prevista no art. 2º do Decreto-lei n. 4.657/42 (Lei de Introdução às Normas do Direito Brasileiro).

5.4 Outras consequências práticas de nossas conclusões

Eleger a lei complementar como o instrumento normativo adequado para resolver conflitos de competência entre o ISS, ICMS e IPI pode trazer diversas consequências práticas. Já mencionamos as implicações quanto à segurança jurídica e à igualdade, assim como a necessidade, frente ao novo Código de Processo Civil, de buscarmos uma jurisprudência íntegra, coerente e estável. Por oportuno, destacamos a seguir alguns pontos interessantes e que podem contribuir para um posterior debate.

5.4.1 Deslocamento da competência do STF para o STJ

O primeiro ponto a ressaltar é o deslocamento da competência jurisdicional do STF para o STJ em quase todos os casos em que se discutem conflitos entre os entes políticos acerca da incidência do ISS, ICMS e IPI e, de certa forma, dos tributos em geral.

---

polimento, plastificação e congêneres, de objetos quaisquer.

Se a lei complementar é o veículo normativo a que compete dispor sobre conflitos de competência, isso por expressa outorga constitucional, o embate deve dar-se na interpretação da lei infraconstitucional, matéria, portanto, sujeita à competência exclusiva do STJ (art. 105, III, da CF). A compreensão das atividades da lista, como a abrangência do conceito do serviço de composição gráfica (item 13.05), deve ser realizada exclusivamente pelo STJ, que fixará os contornos hermenêuticos dos itens que geram a discussão.

O STF só poderia ser instado a manifestar-se nos casos de ofensa flagrante, pela lei complementar, daqueles conceitos mínimos constitucionais que traçamos linhas atrás, nunca para dar sentido a item da lista que envolve, por exemplo, operações mistas. Como nesses casos temos a presença de serviço e fornecimento de mercadoria, a discussão acerca da incidência de um ou de outro imposto é travada com base na lei infraconstitucional, e eventual ofensa ao texto da Constituição seria somente reflexa. Ora, se a lei complementar é o instrumento eleito para resolver conflitos, sua atuação não estará, a priori, contrariando dispositivo da Constituição. A "desconstitucionalização" da matéria relativa à competência tributária ocasiona, portanto, mudanças no poder jurisdicional.

5.4.2 Além da lista sem sair da lista

A aplicação do critério da lei complementar exige o aprofundamento do estudo dos itens da lista de serviços, tarefa que a ciência do direito e a jurisprudência não vêm fazendo até agora.

Todavia, o domínio sobre as atividades elencadas na lei complementar não deve tomar por base aqueles critérios científicos individualmente criticados no item 5.1 deste livro, que são sugeridos com a pretensão de se sobreporem à própria lei, mas o entendimento do sentido denotativo ou conotativo de cada atividade econômica prevista na lista.

O processo hermenêutico deve "partir da lista, sem sair da lista". O item da lista da lei complementar, plano da literalidade textual, serve como baliza ao intérprete, que deve também travar contato com as atividades econômicas efetivamente exercidas no plano da linguagem social. É a intertextualidade extrajurídica, texto e contexto, direito positivo e realidade adjacente, o maior desafio do intérprete.

Consequências práticas também se refletem no Poder Legislativo que deve, sobretudo, ter mais cautela e responsabilidade na definição de serviços tributáveis. É imperativo que busque o máximo de clareza e precisão, especialmente na descrição dos subitens da lista, evitando, tanto quanto possível, o uso do termo "congêneres", que amplia ao grau máximo a vagueza na identificação da atividade. Deve também atualizar a lista constantemente, seja para incluir novas atividades, em função das constantes mudanças que se verificam na realidade social, seja para melhor demarcar o sentido do item, como verificamos recentemente na atividade de composição gráfica.[689]

689. Cabe mencionar o Projeto de Lei Complementar n. 366/2013, já aprovado na Câmara e que aguarda manifestação do Senado que, dentre outras alterações à Lei Complementar n. 116/03, modifica o item da atividade gráfica, introduzindo a destinação do bem como aspecto relevante. Pelo novo texto, se o bem for destinado à comercialização ou à industrialização, vai incidir ICMS. A redação da lei em vários momentos pode ser criticada, mas ressaltamos o papel do legislador complementar que, a toda evidência, procura melhor conformar os limites entre os impostos e atender as exigências do setor gráfico.

CONCLUSÃO

A proposta deste trabalho foi estudar as situações em que se verificam os conflitos de competência tributária entre o ISS, ICMS e IPI e, na sequência, procurar a forma de melhor resolver esses conflitos. Já imaginávamos que seria ilusório acreditar na existência de algum critério capaz de resolver todos os problemas decorrentes desses conflitos de competência. Em um país federado, em que as competências para instituir impostos foram concedidas a diferentes entes políticos e gravam atividades econômicas que se assemelham, conflitos são inevitáveis. Também reconhecemos que os critérios oferecidos pela ciência do direito tributário são todos igualmente válidos, e, uns mais outros menos, prestam-se a melhor demarcar as fronteiras do ISS, do ICMS e do IPI. Nosso objetivo, porém, foi procurar identificar o critério mais adequado à luz do ordenamento jurídico, especialmente em face do sobreprincípio da segurança jurídica.

Partimos da noção de que o direito, enquanto linguagem, é representado pelo conjunto de signos identificados no plano da literalidade textual e não contém em si significações, mas meros estímulos que despertam em nós a construção do seu conteúdo. A interpretação dos textos jurídicos, assim como qualquer processo de construção de sentido, é regida pelos axiomas da inesgotabilidade e da intertextualidade. O primeiro consiste em reconhecer que o processo de compreensão da realidade e, portanto, do direito, é infindável, modificando--se conforme o contexto, o que nos remete à imagem de uma espiral hermenêutica. Já a intertextualidade é a constatação de que a interpretação mantém constante diálogo com outros textos, jurídicos e extrajurídicos.

Ao enfrentarmos o tema da discriminação das competências tributárias, verificamos que muitos autores entendem que a Constituição demarcou de maneira rígida, precisa e exaustiva as competências outorgadas aos entes políticos, resultando nos seguintes efeitos: (i) garantia do federalismo brasileiro, em face da autonomia financeira dos entes políticos ao receberem campos de tributação exclusivos; (ii) redução do âmbito de atuação do legislador infraconstitucional, já que a Constituição regulou a matéria de forma exaustiva; (iii) bloqueio das sobreposições e dos conflitos de competência, devido à perfeição perseguida pelo legislador constituinte na demarcação das materialidades dos impostos.

Concluímos em sentido oposto. A outorga de competência tributária privativa não garante a aplicação do princípio federativo, porquanto a autonomia financeira não depende da competência tributária em si, mas da suficiência de recursos financeiros. Ademais, sabemos que a Constituição não traz em si conceitos, mas apenas signos, cujos sentidos são construídos pelo intérprete conforme o contexto interpretativo. O problema se agrava ao verificarmos que a Constituição não dispendeu muitas palavras no desenho da materialidade dos impostos. Aliás, ao estabelecer importantes funções à lei complementar, autoproclamou-se insuficiente.

Não reconhecemos também a aclamada perfeição empreendida pelo constituinte. Diante das dezenas de conflitos de competência ainda não resolvidos, não nos parece correto simplesmente atribuir a culpa exclusivamente aos intérpretes, incapazes de interpretar a Constituição que, pelo visto, só é compreendida pelo cientista onisciente e que tudo resolve. Acreditar que o legislador constituinte é perfeito é colocar-se em posição etérea, metafísica, despreocupada com a experiência e em desacordo com a riqueza pragmática da aplicação das normas jurídicas. Tal conduta conduz o intérprete a permanecer desconectado do legislador constituinte derivado e do legislador infraconstitucional, pois insiste na crença de que o constituinte originário foi perfeito e que o sistema não precisa ser aperfeiçoado. Em nosso estudo, especialmente das atas da constituinte de 1988, verificamos que o legislador estava essencialmente preocupado em aumentar receitas, o que resultou na manutenção de um sistema caótico e complexo. Assim, essa perfeição do constituinte só pode representar mais uma aspiração do cientista do direito tributário do que a realidade.

A linguagem constitucional é deveras vaga, ambígua, e, portanto, potencialmente conflituosa. Para nós, a divisão do poder de tributar empreendida pelo texto constitucional, material e territorial, não é capaz, sozinha, de precisar a demarcação da competência tributária e, consequentemente, de resolver os diversos conflitos de competência que se instauram todos os dias. Antevendo os problemas que poderiam surgir, a Constituição adequadamente elegeu um instrumento legal, de âmbito nacional, para solucionar os conflitos e fixar barreiras legais ao exercício da faculdade de criar tributos. Realmente, se as competências fossem fixadas de maneira rígida, não faria sentido o legislador Constituinte inserir, na Seção I, Princípios Gerais do Sistema Tributário Nacional, extenso artigo em que incumbe relevantes matérias à lei complementar.

De outro lado, reconhecida a importância do legislador infraconstitucional que, como se sabe, é limitada, entendemos que não é possível, *a priori*, definir maior ou menor atuação da lei complementar sem analisar cada um dos tributos dentro de cada contexto histórico. Entra em cena o tema dos conceitos constitucionais.

Cumpre lembrar que a expressão *conceito constitucional* é, em si, um argumento retórico de que se vale o intérprete, já que ninguém ousaria falar de competência tributária legislativa com base em conteúdos de significação construídos exclusivamente no âmbito infraconstitucional. Todos falam em nome da Constituição. Porém ainda que seja instrumento da retórica, a expressão é também uma exigência do próprio direito e nos permite, especialmente em matéria de competência tributária, verificar a constitucionalidade das normas produzidas pelo legislador ordinário e complementar.

Todavia, na construção dos conceitos constitucionais o exegeta não é livre, vários são seus limites. Como um primeiro balizamento, parte-se de um plano comum a todos: a Constituição. Na sequência, o intérprete emana suas significações dentro de determinada comunidade linguística e em um contexto histórico-cultural concreto, que certamente estabelecem novos limites para a construção de sentido. Acrescentam-se, ainda, os textos fornecidos pelo judiciário, os quais repercutem na mente do hermeneuta, no caminho da intertextualidade.

Na seara tributária, os conceitos constitucionais devem ser construídos com base numa noção de "conceito mínimo", fundado na referência discreta que o legislador fez aos termos que indicam as materialidades dos tributos, como também na própria outorga de competência à lei complementar tributária para demarcar os contornos dos impostos previstos na Constituição.

Outro ponto que mereceu destaque em nosso estudo foi o tema da bitributação que, para nós, designa o concurso de normas jurídicas fundadas em normas de competência distintas e que gravam um único fato. No Brasil, em vez de formular uma regra geral para a bitributação, o legislador constituinte optou por formular regras de competência, ora permitindo, ora proibindo a justaposição de tributos. A crença em um princípio implícito de proibição de bitributação nos leva necessariamente a: (i) optar por um tributo frente a outro quando o legislador constituinte não optou, ocasionando a redução indevida de competência de um ente político; (ii) criar critérios casuísticos e muitas vezes contraditórios para solucionar supostos conflitos de competência; (iii) buscar, de maneira incessante, ingrata e criativa, uma racionalidade no sistema tributário que é de todo inexistente e, por consequência, (iv) tentar resolver os problemas de sobreposição de competências exclusivamente no plano hermenêutico, afastando-se da única solução possível para findar com a bitributação: a mudança legislativa.

Realmente, a bitributação é um fenômeno próprio deste país federado que procurou outorgar competências a entes políticos distintos e que, não raro, é exercida sobre um mesmo fato. É, em si, um fenômeno ruim, já que o contribuinte se vê obrigado a cumprir normas e ser fiscalizado por diferentes órgãos, além de correr grave risco de sofrer excessiva tributação que, ao se tornar confiscatória, passa a ser inconstitucional.

No entanto, ainda que o sistema permita a dupla tributação, ela não pode ocorrer em qualquer caso, já que existem áreas particulares (privativas), atribuídas a certas pessoas políticas. Nesses casos, a dúvida é saber, nesses casos se: (i) a privatividade consiste na impossibilidade de um ente político eleger, legislativamente, a materialidade outorgada a outro ente, ou seja, indicar certos enunciados prescritivos no texto legal?; ou (ii) pressupõe também a proibição de dois tributos incidirem sobre um mesmo fato?

Para nós, a privatividade é o reconhecimento de que determinados conceitos jurídicos que compõem as normas de competência tributária não podem ser confundidos, ou seja, é vedado aos entes políticos eleger, no plano legislativo, signos idênticos ou que correspondam a significações reservadas à outra entidade. A privatividade, assim, é sobre o tema relativo a cada tributo, sendo certo que existem fatos que podem ser recortados sob várias perspectivas e, dentro desses prismas, pode haver dupla incidência ou pluri-incidência.

Por não ser vedada, a (co)incidência tributária é, em regra, permitida. Só é vedada quando as normas de competência não alcançam o mesmo fato em razão da amplitude semântica dos signos que atribuem competência ou por expressa norma constitucional que veda a bitributação. Portanto, para saber se há invasão de competência, é necessário estudar as normas de competência tributária dos impostos envolvidos. Foi o que fizemos na sequência.

Relativamente ao ISS, após longa crítica ao conceito civilista de serviço, entendemos que o imposto pode gravar toda e qualquer atividade objeto de um negócio jurídico, com conteúdo econômico, capaz de gerar utilidade, material ou imaterial, a terceiro e prevista na lista de serviços editada por lei complementar. O ICMS-mercadorias é o imposto que incide sobre operações, negócios jurídicos, que permitam a circulação (patrimonial e jurídica) de mercadorias. E o IPI-industrial incide quando alguém realiza uma operação de industrialização e, posteriormente, promove a saída desse produto em função de um ato ou negócio jurídico que transmita a sua posse ou a propriedade.

Avançamos no estude com a definição de conflitos de competência entre impostos. De maneira geral, compreendemos que as invasões de competência podem surgir: (i) da introdução, no plano legal, de enunciados que denotam materialidades, bases de cálculo ou territorialidades pertencentes a outra pessoa política, ou seja, conflitos no plano da lei tributária; ou (ii) da circunstância em que o intérprete qualifica um fato tributário em desacordo com a norma que o regulamenta, ocasionando conflitos no plano da aplicação da regra-matriz de incidência.

Com relação ao ISS e ICMS, os conflitos surgem em razão dos negócios jurídicos que implicam, de maneira indissociável ou quase indissociável, a transferência de bens e a realização de um esforço humano em favor de terceiro, como pares de prestações associadas. Nesse ponto do trabalho, verificamos que a complexidade da vida moderna aumenta a cada dia e aqueles contornos entre serviços e mercadorias, que pareciam tão nítidos no império romano, tornam-se cada vez mais fluidos e confusos.

A atividade econômica de produção e consumo de mercadorias e serviços já é vista como uma *relação de continuidade* (*goods-services continuum*), em que as atividades "puras" estariam colocadas em extremidades de um mesmo vetor. Destacamos que essa realidade também é texto e deve ser levada em consideração pelo cientista para formar ou reformular os conceitos jurídicos, confirmando que o direito positivo, apesar de sintaticamente homogêneo, é semanticamente heterogêneo. Cabe também ao direito acompanhar essas mudanças, seja por via legal, o tanto quanto possível, seja por via interpretativa, nas situações em que a abertura do texto permite ao intérprete qualificar os fatos sem comprometer a funcionalidade e a estabilidade do sistema jurídico. Porém, sem o apego a teorias construídas há mais de 2000 anos e que já não servem para explicar a realidade.

No que se refere ao ISS e ao IPI nas chamadas operações de industrialização sob encomenda, nossa opinião é de que não há conflito de competência entre esses impostos. Primeiro, porque a operação que consubstancia negócio jurídico do IPI não é necessariamente mercantil, pois não pressupõe, como acontece no ICMS, a circulação de mercadorias. O industrial, quando produz para a venda, torna-se também comerciante, mas quando produz sob encomenda de terceiro, afigura-se um prestador de serviços. Da mesma forma que ocorre na bitributação do IPI com o ICMS, no ISS também estamos diante de materialidades distintas: significações particulares (privativas) de cada um dos impostos (IPI e ISS), porém, capazes de recortar aspectos de um mesmo fato sem que isso resulte em sobreposição ilícita. Convém lembrar que não desejamos essa bitributação. Todavia, dados os limites impostos pelo próprio sistema tributário, somos compelidos a reconhecer que essa interpenetração de tributos só pode ser ajustada por via legislativa, jamais mediante o processo hermenêutico, impondo-se limites que o legislador não fez.

Sabemos que, neste último aspecto, nossa posição é isolada, razão pela qual prosseguimos a estudar os critérios para solucionar conflitos de competência entre o ISS, ICMS e IPI, no que identificamos os seguintes: (i) obrigação de fazer e dar; (ii) atividade-meio e atividade-fim; (iii) encomenda e personalização; (iv) destinação do produto; (v) lei complementar; (vi) preponderância qualitativa e quantitativa; (vii) preponderância funcional da utilidade fornecida; (viii) classificação econômica de bem material e imaterial; (ix) especificação do bem produzido; (x) pessoalidade; (xi) finalidade e grau de particularização; (xii) propriedade dos materiais inerentes à operação; (xiii) industrialização do produto; (xiv) quantidade de bens produzidos; (xv) esforço pessoal no processo produtivo.

A pesquisa empírica realizada no âmbito do Superior Tribunal de Justiça e do Supremo Tribunal Federal revelou a inexistência de guia diretiva na aplicação desses critérios para solucionar conflitos de competência, em que identificamos: (i) aumento, nos últimos anos, da diversidade de critérios aplicados; (ii) uso de variados critérios para a mesma atividade, com resultados contraditórios; (iii) impossibilidade de apontar um prognóstico na jurisprudência; (iv) critérios diferentes utilizados no STJ e no STF e, ainda pior, na mesma turma do respectivo tribunal ou até na mesma lide. O distúrbio comunicacional é endêmico.

No entanto, com o novo Código de Processo Civil (Lei n. 13.105/15), essa realidade pode sofrer profunda alteração. Trata-se da previsão, com característica principiológica, de estabilidade, de integridade e de coerência na jurisprudência brasileira (art. 926). Nesse novo horizonte, critérios doutrinários que não se prestam a assegurar maior uniformidade na solução dos conflitos de competência certamente devem ser repensados, pois não é possível que a ciência do direito tributário permaneça inerte diante de tantas decisões conflitantes. Quanto ao plano pragmático, entendemos necessário abandonar boa parte da jurisprudência que se construiu até aqui, sem olvidar importantes precedentes judiciais que aplicaram adequadamente o critério da lei complementar, como o RE n. 129.877 e o RE n. 144.795 julgados pelo STF e, no âmbito do

STJ, o Resp n. 881.035 e o Resp n. 1.092.206; estes dois últimos transcrevem as razões de decidir exaradas nos precedentes do STF acima citados. Diante da situação em que nos encontramos, aplicar com mais vigor a lei complementar é o critério que melhor atende a aclamada *coerência* e *integridade* prevista no novo sistema processual brasileiro.

Para nós, a redução da incerteza quanto ao conteúdo da competência para instituir impostos só é possível no curso do processo de positivação do direito tributário, partindo de normas em grau máximo de vagueza, para normas que apresentam maior conotação das materialidades dos tributos, leis complementares, para, enfim, estabelecer os elementos que compõem a regra-matriz de incidência. A vagueza do texto constitucional é, aliás, inerente à própria hierarquia do sistema. Normas constitucionais tendem a ser vagas, pois assim garantem maior perenidade ao texto. Disso resulta que pretender tratar de problemas concretos, como os conflitos de competência entre o ISS, ICMS e IPI, com base em termos vagos colhidos exclusivamente no altiplano constitucional, só pode resultar em maior possibilidade interpretativa, gerando mais incerteza, imprecisão, insegurança e eventuais desvios.

Com delegação às normas gerais o poder de dispor sobre conflitos de competência, entendemos que o CTN, a LC n. 123/03 e a LC n. 87/96 passam a gozar de dupla presunção de legalidade. Primeiro, porque são veículos normativos aprovados mediante processo regular legislativo. Segundo, porque receberam essa específica função de forma expressa pela Constituição (art. 146, I). Ao que tudo indica, afastar as leis complementares de seu relevante papel no sistema tributário exige um esforço extra do intérprete e só pode ocorrer quando ofender, de maneira indubitável, norma constitucional.

Ao contrário do que se afirma, a garantia da preservação do pacto federativo não resta afrontada com a autorização da União de editar leis complementares – que assumem caráter de leis nacionais – mas ao contrário, são antes instrumentos que asseguram aquele princípio. A doutrina que criticamos, em vez de evoluir na demarcação da competência valendo-se desse importante instrumento intercalar, simplesmente esvaziou sua influência. Tal conduta aumenta a disfunção no sistema, pois arruína a norma que foi concebida funcionalmente para neutralizar os conflitos. A consequência? Um buraco científico no estabelecimento de limites ao legislador complementar, que, desde o princípio, nada poderia prescrever.

É claro que a lei complementar pode, eventualmente, afrontar a Constituição. Porém, precisamos inverter a premissa. Em vez de partirmos de outros critérios doutrinários que admitem a atuação da lei complementar somente para os casos de insuficiência do critério proposto, para nós, que permanecemos com a dupla presunção de legitimidade da lei, o raciocínio correto é de que somente nas situações em que a lei complementar afrontar diretamente os conceitos constitucionais, tomados em acepção mínima, é que se deve buscar outros critérios. Com efeito, o emprego da lei complementar não é subsidiário em relação aos demais critérios: é justamente o contrário.

O critério da lei complementar, além de estar em consonância com a Constituição, é o mais eficaz na redução de incerteza e de desigualdades na aplicação da lei. Essa opinião decorre da pesquisa jurisprudencial empreendida, em que verificamos a redução dos casos de conflitos de competência nos casos em que o critério escolhido foi, de maneira uniforme, a lei complementar.

Diante de todas essas premissas, acreditamos que os conflitos entre o ISS e o ICMS seguem as seguintes regras: (i) o ICMS incide sobre a circulação de mercadorias; (ii) o ISS só incide sobre as atividades previstas na lista editada pela lei complementar e abrangerá o fornecimento de mercadorias quando a lista não fizer ressalva; (iii) incidem ISS e ICMS nos serviços prestados com o fornecimento de mercadorias quando a lista assim determinar; (iv) incide ICMS sobre a circulação de mercadorias com prestação de serviços não previstos na lista da lei complementar.

Merece lembrança o embate doutrinário acerca desta última regra acima citada: a tributação, pelo ICMS, de serviços não compreendidos na lista. Diversos autores dizem que o texto do art. 155, § 2º, IX, *b* da Constituição, que determina que o ICMS incide "sobre o valor total da operação, quando mercadorias forem fornecidas com serviços não compreendidos na competência tributária dos Municípios", só pode referir-se aos serviços de transporte interestadual e intermunicipal. Não é o que acreditamos.

Primeiro, porque a regra é de tributar, pelo ICMS e ISS, amplamente todas as atividades econômicas de produção de bens e serviços. Segundo, pelo que verificamos nas atas da constituinte de 1988, o dispositivo citado foi introduzido pela Emenda 2P00789-9 e, de acordo com a justificativa da proposta, foi concebido com o objetivo claro de permitir que os Estados tributem a parcela de serviço não contemplada na lista. Ou seja, aquilo que o constituinte originário manifestamente queria evitar, é justamente o que a doutrina insiste em acreditar.

Quanto aos conflitos entre o ISS e o IPI, para manter coerência com o que foi dito até aqui, ainda que admitíssemos conflito de competência entre esses impostos, esse também se resolveria à luz da lei complementar tributária. Assim, todas as atividades previstas na lista da LC n. 116/03, mesmo podendo configurar atividades de industrialização, nos moldes previstos no parágrafo único do art. 46 do Código Tributário Nacional, ficam sujeitas ao ISS. Nesse caso, apesar de termos leis de igual hierarquia (CTN e LC n. 116/03), prevalece a lei posterior, conforme a regra de solução de antinomia (critério cronológico) prevista no art. 2º do Decreto-lei n. 4.657/42 (Lei de Introdução às Normas do Direito Brasileiro).

Não é demais ressaltar que as nossas proposições acima não eliminam as disputas entre os entes políticos. É preciso interpretar os itens da lista da lei complementar, algo com que a ciência do direito tributário não se tem preocupado ultimamente, porquanto não a reconhece como demarcatória dos limites entre o ISS e o ICMS. Em tom retórico, devemos partir da lista, sem sair da lista.

Para encerrar, lembramos que, no Estado Democrático de Direito, o primado da legalidade não dispensa o legislador de agir com prudência, tampouco com excessiva morosidade. Não atender aos palpitantes anseios de uma sociedade que se modifica cada vez mais rapidamente, por certo nos levará à escalada de conflitos, à rebelião doutrinária contra os códigos e ao ativismo judicial. Sem a necessária mudança constitucional nos tributos sobre consumo, corremos o risco de nos equipararmos ao incansável acendedor de lampião, cujo diálogo com o Pequeno Príncipe mencionado na epígrafe, bem demonstra o quão cruéis as leis podem ser.

REFERÊNCIAS BIBLIOGRÁFICAS

ALVES-MAZZOTTI, Alda Judith; GEWANDSZNAJDER, Fernando. *O método nas ciências naturais e sociais* – Pesquisa quantitativa e qualitativa. 2. ed. São Paulo: Pioneira, 1999.

ARAÚJO, Clarice. *Normas Gerais de Direito Tributário: Uma Abordagem Pragmática, 1997*. Dissertação (Mestrado em Direito Tributário) – Pontifícia Universidade Católica, São Paulo, 1997.

ARRUDA, Geraldo. O ICM e as Gráficas. *Doutrinas essenciais de Direito Tributário*. São Paulo, fev. 2011, v. 4, p. 511-513.

ARZUA, Heron. Fabricação e instalação de elevadores – ICMS e ISS. *Revista Dialética de Direito Tributário*. São Paulo. out. 1999, n. 49, p.116-32.

_____. O imposto sobre serviço e o princípio da territorialidade. In: MELLO, Celso Antônio Bandeira. *Estudos em Homenagem a Geraldo Ataliba*. São Paulo: Malheiros, 1997.

ATALIBA, Geraldo; BARRETO, Aires Fernandino. ISS – Conflitos de Competência e Tributação de Serviços. *Revista de Direito Tributário*. São Paulo, out/dez 1978, n. 6, ano II.

_____. ISS – Construção Civil – Pseudo-Serviço e Prestação de Serviço – Estabelecimento Prestador – Local da Prestação. *Revista de Direito Tributário*. São Paulo, abr-jun. 1987, n. 40, ano II, p. 85-102.

_____. ISS e Locação – Conceito Constitucional de Serviço – Locação não é Serviço: Não Pode a Lei Assim Considera-la para Efeitos

Tributários. *Revista dos Tribunais*. São Paulo, mai. 1987, v. 619, p. 7-19.

_____. ISS na Constituição – Pressupostos Positivos – Arquétipo do ISS. *Revista de Direito Tributário*. São Paulo, jut-set, 1986, n. 37, ano 10.

_____. Serviço tributável. In: DÓRIA, Antônio Roberto Sampaio; ATALIBA, Geraldo; CARVALHO, Paulo de Barros. *Direito Tributário*. São Paulo: Resenha Tributária e Revista dos Tribunais, 1983.

ATALIBA, Geraldo; CARRAZZA, Roque; BARRETO, Aires Fernandino; GIARDINO, Cléber. Conflitos entre ICM, ISS e IPI. *Revista de Direito Tributário*. São Paulo, 1979, v. 7-8, ano III, p. 105-131.

ATALIBA, Geraldo; GIARDINO, Cleber. Hipótese de Incidência do IPI. *Revista de Direito Tributário*. São Paulo, jul-set, 1986, ano 10, n. 37.

_____. Núcleo da definição constitucional do ICMS (operações, circulação e saída). *Revista de Direito Tributário*. São Paulo: Revista dos Tribunais, 1983, n. 25/26, p. 101-119.

ATALIBA, Geraldo. Bitributação. *Revista da Faculdade de Direito da Universidade de São Paulo*. São Paulo, p. 159-169, v. 60, 1965.

_____. *Estudos e pareceres de Direito Tributário*. São Paulo: RT, 1977-1980.

_____. Imposto sobre produtos industrializados e sua hipótese de incidência. *Doutrinas Essenciais de Direito Tributário*. São Paulo, fev. 2011,v. 3, p. 849-855.

_____. Imposto Sobre Serviço. *Revista de Direito Tributário*. São Paulo, 1986, n. 35.

_____. Lei Complementar em matéria tributária. *Revista de Direito Tributário*. São Paulo. v.13, n. 48, abr-jun. 1989, p. 84-106.

_____. *Lei Complementar na Constituição*. São Paulo: RT, 1971.

_____. Normas gerais de direito financeiro e tributário e a autonomia dos Estados e Municípios. *Revista de Direito Público*, São Paulo, out.-dez. 1969, ano 2, n. 10, p. 45-80.

_____. *Sistema Constitucional Tributário Brasileiro*. São Paulo: RT, 1968.

ÁVILA, Humberto. O Imposto Sobre Serviços e a Lei Complementar n. 116/03. In: ROCHA, Valdir de Oliveira (coord.). *O ISS e a LC 116*. São Paulo: Dialética, 2003.

_____. *Parecer anexado aos autos da Adin no STF n. 4.413*.

_____. *Sistema Constitucional Tributário*. 5 ed. São Paulo: Saraiva, 2012.

AZEVEDO, Ana Jenn Mei Shu; RENZETTI, Maria Eugênia Rey Rocha Pinto. Conflito de competência entre Estados e Municípios. In: DACOMO, Natalia de Nardi; MACEDO, Alberto (coords.). *ISS pelos conselheiros julgadores*. São Paulo: Quartier Latin, 2012.

BALEEIRO, Aliomar. Bis in idem. In: CARVALHO SANTOS, J. M. de. *Repertório enciclopédico do Direito brasileiro*. Rio de Janeiro: Borsoi, 1947. v. 6.

_____. *Uma Introdução à ciência das finanças*. 14. ed. Rio de Janeiro: Forense, 1984.

_____. ISS e empresas de vigilância. *Revista de Direito Tributário*. São Paulo, n. 5, ano II, p. 7-19, jul-set, 1978.

_____. *Limitações constitucionais ao poder de tributar*. 8 ed. Rio de Janeiro: Forense, 1997.

BALTHAZAR, Ubaldo Cesar. *História do tributo no Brasil*. Florianópolis: Fundação Boiteux, 2005.

BAPTISTA, Marcelo Caron. *ISS:* Do texto à norma. São Paulo: Quartier Latin, 2005.

BARRETO, Aires Fernandino. ICMS e ISS: Estremação da incidência. *Revista Dialética de Direito Tributário*. São Paulo, ago. 2001, n. 71, p. 7-18.

_____. ISS – Atividade-meio e serviço-fim. *Revista Dialética de Direito Tributário*. São Paulo, n. 5, 1996, p.72-97.

_____. ISS – Não incidência sobre cessão de espaço em bem imóvel. *Revista de Direito Tributário*. São Paulo, 1999, n. 76, p. 19-27.

_____. ISS e ICM – Competência municipal e estadual – Limites. *Revista de Direito Tributário*. São Paulo, jan.-jun. 1981, n. 15-16, ano V.

_____. ISS e Lei Complementar 116/2003. Mesa de Debates "C". *Revista de Direito Tributário*. São Paulo, v. 92, 2005, p. 87-109.

_____. *ISS na Constituição e na Lei*. 3 ed. São Paulo: Dialética, 2009.

BARRETO, Paulo Ayres. In: SANTI, Eurico Marcos Diniz de (coord.). *Tributação e desenvolvimento*. Homenagem ao professor Aires Barreto. São Paulo: Quartier Latin, 2011.

_____. Ordenamento e Sistema Jurídicos. In: CARVALHO, Paulo de Barros. *Constructivismo Lógico-semântico*. São Paulo: Noeses, 2014.

_____. Contribuições: Regime jurídico, destinação e controle. São Paulo: Noeses, 2006.

BARRETO, Simone Rodrigues Costa. *Mutação do Conceito Constitucional de Mercadoria*, 2014. Tese (Doutorado em Direito) – Pontifícia Universidade Católica de São Paulo, São Paulo, 2014.

BARROSO, Luís Roberto. *Direito Constitucional brasileiro:* O problema da Federação. Rio de Janeiro: Forense, 1982.

_____. *Interpretação e aplicação da Constituição* – Fundamentos de uma dogmática constitucional transformada. 3 ed. São Paulo: Saraiva, 1999.

BARTHEN NETO, Hélio. LC n. 116/03 – Conflitos de Incidência entre o ISS e o IPI. *Revista Dialética de Direito Tributário*. São Paulo, dez. 2005, n. 123, p. 31-46.

BASTOS, Celso Ribeiro. *Lei complementar* – Teoria e comentários. 2 ed. São Paulo: Instituto Brasileiro de Direito Constitucional, 1999.

BATALHA, Célio de Freitas. Conflitos de competência (imposto sobre operações relativas à circulação de mercadorias e imposto sobre serviços). In: DORIA, Antônio Roberto Sampaio; ATALIBA, Geraldo; CARVALHO, Paulo de Barros. *Textos selecionados de Direito Tributário*. São Paulo: Resenha Tributária e Revista dos Tribunais, 1983.

_____. Tese – Os chamados conflitos entre competências, diante do Sistema Constitucional Tributário brasileiro, em relação ao ICMS e ao ISS. *Revista de Direito Tributário*. São Paulo, jan.-jun. 1982, n. 19-20, p. 118, ano VI, p. 118.

BECKER, Alfredo Augusto. *Teoria geral do Direito Tributário*. 3 ed. São Paulo: Saraiva, 2002.

BECKER, Walmir Luiz. A industrialização sob encomenda e as orientações da Receita Federal do Brasil sobre o cabimento de incidências simultâneas do ISS e do IPI sobre essa operação. *Revista Dialética de Direito Tributário*. São Paulo, ago. 2013,n. 215, p. 167-79.

BORGES, José Souto Maior. ISS na Constituição. In: DORIA, Antônio Roberto Sampaio; ATALIBA, Geraldo; CARVALHO, Paulo de Barros. *Textos selecionados de Direito Tributário*. São Paulo: Resenha Tributária e Revista dos Tribunais, 1983.

_____. *Lei Complementar Tributária*. São Paulo: RT, 1975.

_____. Normas gerais de Direito Tributário: Velho tema sob perspectiva nova. *Revista Dialética de Direito Tributário*. São Paulo, jun. 2013, n. 213, p. 48-65.

_____. O fato gerador do ICM e os estabelecimentos autônomos. *Revista de Direito Administrativo*. Rio de Janeiro, jan.-mar, 1971, n. 103, p. 33-48.

_____. Sobre o todo e suas partes no Sistema Tributário Nacional. *Revista Dialética de Direito Tributário*. São Paulo. nov 2013, n. 218, p. 33-48.

_____. Aspectos fundamentais da competência municipal para instituir o ISS. In: TÔRRES, Heleno Taveira (coord.). *ISS na Lei Complementar 116/2003 e na Constituição*. São Paulo: Manole, 2004.

_____. Hierarquia e Sintaxe Constitucional da Lei Complementar Tributária. *Revista Dialética de Direito Tributário*. São Paulo. mar. 2008, n. 150.

BOTTALLO, Eduardo Domingos. *Fundamentos do IPI* (Imposto sobre Produtos Industrializados). São Paulo: RT, 2002.

_____. ICMS: Base de Cálculo. Revista de Direito Tributário. São Paulo, n. 116, p. 74-79. 2012.

_____. *IPI – Princípios e estrutura*. São Paulo: Dialética, 2009.

_____. Linhas Básicas do IPI. *Revista de Direito Tributário*. São Paulo, jul-dez. 1980, n. 13/14, ano IV.

_____. Notas Sobre o ISS e a Lei Complementar 116/2003. In: ROCHA, Valdir de Oliveira (coord.). *O ISS e a LC 116*. São Paulo: Dialética, 2003.

BRASIL. Senado Federal (Atas da Comissão). Disponível em: http://www2.camara.leg.br/atividade-legislativa/legislacao/Constituicoes_Brasileiras/constituicao-cidada/publicacoes/anais-da-assembleia-nacional-constituinte. Acesso em: 19 de janeiro de 2016.

BRIGAGÃO, Gustavo; REZENDE, Condorcet. Definição dos Limites de Competência Tributária em Matéria de Industrialização por Encomenda, à Luz da LC 116/03. In: MARTINS, Ives Gandra da Silva. PEIXOTO, Marcelo Magalhães (orgs). *ISS – LC 116/2003*. Curitiba: Juruá, 2004.

_____. Municípios tentam tributar industrialização por encomenda. *Revista Consultor Jurídico,* 21 de março de 2012.

BRITO, Edvaldo. IPI: Gerador na importação. *Revista Tributária de Finanças Públicas*. São Paulo, jul-ago. 2002, n. 45.

_____. ISS e a Lei Complementar n. 116 – Conflito de Competência. In: ROCHA, Valdir Oliveira. *Grandes questões atuais do Direito Tributário*. São Paulo: Instituto Brasileiro de Estudos Tributários, 2004.

CAMBI, Eduardo. Jurisprudência Lotérica. *Revista dos Tribunais*. São Paulo, 2001, v. 786, p. 108-128.

CAMPOS, Dejalma de. O Exercício da Competência Municipal Relativo ao ISSQN e a LC 116/03. *Revista Tributária e de Finanças Públicas*. São Paulo, nov. 2004, v. 59, p. 317.

CANOTILHO, José Joaquim Gomes. *Direito Constitucional*. 6 ed. Coimbra: Almedina, 1993.

CANTO, Gilberto de Ulhôa. Alguns Problemas da Competência Tributária Concorrente. *Revista de Direito Administrativo*. São Paulo, jul-set. 1959, v. 57, p. 9-19.

_____. Reforma Tributária – Emenda Constitucional n. 18. *Revista de Direito Administrativo*. Rio de Janeiro, n. 103, p. 436-442, jan.-mar, 1971.

_____. Temas de Direito Tributário. Vol. 1. Rio de Janeiro: Alba, sem ano.

CARAMICO, Maria Eugênia Buonanno. Do conflito existente na tributação das embalagens, rótulos e bulas produzidas sob encomenda pelas industrias gráficas. *Revista de Direito Tributário Atual*. São Paulo, 2012, n. 27, p. 494-505.

CARPIO, Graciela Beatriz. Atividade de Beneficiamento – Conflito de Competências – ISSQN x IPI e ICMS. In: BRASIL JR., Vicente (coord.). *Questões Práticas do ISS*. São Paulo: Ônixjur Publicações Jurídicas, 2011.

CARRAZA, Elizabeth Nazar. Imposto sobre Serviço na Constituição, 1976. Dissertação (Mestrado). Pontifícia Universidade Católica de São Paulo, São Paulo, 1976.

CARRAZZA, Roque Antonio. *Conflitos de competência* – Um caso concreto. São Paulo: RT, 1983.

_____. *Curso de Direito Constitucional Tributário*. São Paulo: Malheiros, 2011.

_____. *ICMS*. 16 ed. São Paulo: Malheiros, 2012.

_____. ISS e Local da Prestação (Breves considerações sobre o artigo 12 do Decreto-lei n. 406/68). In: DORIA, Antônio Roberto Sampaio; ATALIBA, Geraldo; CARVALHO, Paulo de Barros. *Textos Selecionados de Direito Tributário*. São Paulo: Resenha Tributária e Revista dos Tribunais, 1983.

_____. *Reflexões Sobre a Obrigação Tributária*. São Paulo: Noeses, 2010.

_____. Inconstitucionalidade dos itens 21 e 21.1 da Lista Anexa. In: TÔRRES, Heleno Taveira (coord.). *ISS na Lei Complementar 116/2003 e na Constituição*. São Paulo: Manole, 2004.

CARVALHO, Cristiano Rosa de. Seção VI – Imposto sobre serviço de qualquer natureza (artigos 71 ao 73). In: PEIXOTO, Marcelo Magalhães; LACOMBE, Rodrigo Santos Masset (Coord.). *Comentários ao Código Tributário Nacional*. São Paulo: MP, 2005.

_____. O IPI e a Industrialização por encomenda. In: PEIXOTO, Marcelo Magalhães (coord.). *IPI* – Aspectos jurídicos relevantes. São Paulo: Quartier Latin, 2003.

CARVALHO, Paulo de Barros. *Derivação e Positivação*. v. II. São Paulo: Noeses, 2013.

_____. Alguns apontamentos sobre a teoria flusseriana. In: *XI Congresso Nacional de Estudos Tributários.* São Paulo, mar. 2011.

_____. *A regra matriz do ICM.* Tese (Livre docência em Direito) – Pontifícia Universidade Católica de São Paulo, São Paulo, 1981.

_____. *Curso de Direito Tributário.* São Paulo: Saraiva, 2011.

_____. *Direito Tributário, linguagem e método.* 2 ed. São Paulo: Noeses, 2008.

_____. *Direito tributário:* fundamentos jurídicos da incidência. 8 ed. São Paulo: Saraiva, 2010.

_____. IPI – Comentários sobre as regras de interpretação da tabela BM/SH (TIPI/TAB). *Revista Dialética de Direito Tributário*, São Paulo, v. 12, 1996.

_____. O princípio da segurança jurídica no campo tributário. *Revista de Direito Tributário.* São Paulo, n. 94, p. 14-16, 2007.

_____. Legislador Como Poeta. In: BERNARDO, Gustavo (org.). *A filosofia da ficção de Vilém Flusser.* São Paulo: Annablume, 2011.

_____. O absurdo da interpretação econômica do "fato gerador" – Direito e sua autonomia – O paradoxo da interdisciplinaridade. Revista de Direito Tributário, v. 97, p. 07-17, 2007.

_____. Que cabe ao jurista fazer? Notas sobre as relações de derivação e positivação no sistema do Direito. *Revista de Direito Tributário.* São Paulo, n. 115, 2012.

CARVALHO. Aurora Tomazini de. *Teoria geral do Direito (o Constructivismo Lógico-Semântico).* 4. ed. São Paulo: Noeses, 2014.

CASTRO, Danilo Monteiro de. *Conflito de competência em matéria tributária a questão posta como um Ruído Comunicacional, 2013.* Dissertação (Mestrado em Direito). Pontifícia Universidade Católica de São Paulo, S, 2013.

CHIESA, Claine. *IPI – Compostura das regras-matrizes e a essencialidade dos produtos como fator determinante na fixação da carga tributária,* 2013. Dissertação (Mestrado em Direito). Pontifícia Universidade Católica de São Paulo, São Paulo, 2013.

CHIESA, Clélio. ICMS vs. ISS: Demarcação da Competência Impositiva. *Revista Tributária das Américas*. São Paulo, v. 3, p. 85, jan. 2011.

_____. A tributação dos serviços de internet prestados pelos provedores: ICMS ou ISS? *Revista Tributária e de Finanças Públicas*. São Paulo, abr. 1999, v. 27, p. 14.

_____. Competência para tributar as operações com programas de computador (softwares). *Revista Tributária e de Finanças Públicas*. São Paulo, jan. 2001, v. 36, p. 41.

_____. Industrialização sob encomenda – Incidência de ISS, IPI, ICMS ou nenhum desses impostos? In: ROCHA, Valdir Oliveira (coord.). *Grandes questões atuais do Direito Tributário*. São Paulo: Dialética, 2005.

_____. O critério espacial do ISSQN e a questão da sua Incidência ou não sobre a locação de bens móveis. *Revista Tributária e de Finanças Públicas*. São Paulo, v. 40, p. 109, set., 2001.

COELHO, Fábio Ulhoa. *Curso de Direito Civil: Obrigações e responsabilidade civil*. 5 ed. São Paulo: Saraiva, 2012.

COELHO, Sacha Calmon Navarro. *Comentários à Constituição de 1988 – Sistema Tributário*. 7 ed. Rio de Janeiro: Forense, 1998.

CONTIPELLI, Ernani. Normas gerais de Direito Tributário, solidariedade e federalismo. *Revista Tributária e de Finanças Públicas*. São Paulomar. 2011, v. 97, p. 13.

COPI, Irving M. *Introdução à lógica*. Tradução de Álvaro Cabral. São Paulo: Mestre Jou, 1978.

COSTA, Alcides Jorge. *Estudos sobre IPI, ICMS e ISS*. São Paulo: Dialética, 2009.

_____. Normas gerais como instrumentos de uniformização do direito tributário. *Sistema tributário nacional e a estabilidade da Federação Brasileira*. São Paulo: Noeses, 2012.

COSTA. Maurício Ricardo Pinheiro da Costa. *Semiose jurídica e a mutação de normas de competência tributária*, 2011. Dissertação (Mestrado em Direito). Pontifícia Universidade Católica de São Paulo, São Paulo, 2011.

CRUZ, Antonio Mauricio da. Conflitos de competência ISS - IPI e ICM. *Revista de Direito Tributário*. São Paulo, 1982, n. 19-20, ano VI, p. 63-89.

_____. *O regime constitucional do Imposto sobre Produtos Industrializados*, 1981. Dissertação (Mestrado em Direito). Pontifícia Universidade Católica de São Paulo, São Paulo, 1981.

DÁCOMO, Natália de Nardi. IPI e ISS: Conflitos de Competência. In: PEIXOTO, Marcelo Magalhães; MELO, Fábio Soares de (coords.). *IPI* - Questões fundamentais. São Paulo: MP, 2008.

_____. ISS: Atividade-fim x Atividade-meio. In: PINTO, Sergio Luiz de Moraes; MACEDO, Alberto; ARAÚJO, Wilson José (org). Gestão tributária municipal e tributos municipais. São Paulo: Quartier Latin, 2011.

_____. Hipótese de incidência do imposto sobre serviços. São Paulo: Noeses, 2007, p. 34.

DERZI, Misabel na obra BALEEIRO, Aliomar. *Direito Tributário brasileiro*. 12 ed. Rio de Janeiro: Forense, 2013.

DERZI. Misabel Abreu Machado. *Direito Tributário, Direito Penal e tipo*. São Paulo: RT, 1988.

DÓRIA, Antônio Roberto. *Discriminação de competência impositiva (sua evolução na Federação Brasileira)*. Tese (Concurso à cadeira de Direito Financeiro da Faculdade de Direito da Universidade de São Paulo) - Universidade de São Paulo, São Paulo, 1972.

_____. Empreitadas industriais e regime de apuração de lucros. *Revista de Direito Público*. São Paulo, 1972, v. 5, n. 19.

_____. Execução de serviços para indústria gráfica. *Revista dos Tribunais*. São Paulo, jun, 1968, v. 392, ano, 57, p. 47-55.

ECHAVE, Delia Teresa; URQUIJO, María Eugenia; GUIBOURG, Ricardo A. *Lógica, proposición y norma*. 6 ed. Buenos Aires: Astrea, 2002.

ERNEST YOUNG (EY). *Indirect Tax in 2015*. A Review of Global Indirect Tax Developments and Issues, 2015.

FACHINI. Marcelo Gentile. *Concretização das normas de competência tributária:* Uma análise a partir da teoria estruturante do Direito de Friederich Muller, 2010. Dissertação (Mestrado em Direito). Pontifícia Universidade Católica de São Paulo, São Paulo, 2010.

FAGUNDES, Seabra. In: CARVALHO SANTOS, J. M. de. Repertório enciclopédico do direito brasileiros. Rio de Janeiro: Borsoi, 1947, v. 6.

FALCÃO, Amilcar de Araújo. *Direito Tributário brasileiro (aspectos concretos)*. Rio de Janeiro: Financeiras, 1960.

_____. *Sistema Tributário Brasileiro* – Discriminação de rendas. Rio de Janeiro: Financeiras, 1965.

FENSTERSEIFER, Pedro; BRASIL JR., Vicente. Fronteiras Entre o IPI e o ISS – Proposta de estudo de um caso concreto. In: BRASIL JR., Vicente (coord.). *IPI* – Questões atuais. Curitiba: Juruá, 2006.

FERNANDES, Rodrigo Mineiro. A tributação dos serviços farmacêuticos na farmácia de manipulação. *Revista Tributária e de Finanças Públicas*. São Paulo, jul. 2014, v. 57, p. 108.

FERRAZ JR., Tercio Sampaio. Competência tributária municipal. *Revista de Direito Tributário*. São Paulo, jul-set. 1990, v.14, n. 53, p.82-6.

_____. *Introdução ao estudo do direito*. São Paulo: Atlas, 1995.

_____. *A ciência do direito*. São Paulo: Atlas, 1980.

_____. Segurança jurídica e normas gerais tributárias. *Revista de Direito* Tributário. São Paulo, jul-dez, 1981, ano V, n. 17-18, p. 51-56.

FORTES, Maurício Cezar Araújo. *A Regra-matriz de incidência de imposto sobre serviço de qualquer natureza*, 2009. Dissertação (Mestrado) – Faculdade de Direito da Universidade de São Paulo, São Paulo, 2009.

FRANCO, Carlos Henrique de Mattos. *Aspectos e estruturação do imposto sobre serviços*. 1989.

FUNDAÇÃO GETÚLIO VARGAS. Comissão de Reforma do Ministério da Fazenda. *Reforma da Discriminação Constitucional de Rendas (anteprojeto)*. v. 6. Rio de Janeiro, 1965.

GAMA, Tácio Lacerda. *Competência tributária:* Fundamentos para uma teoria da nulidade. São Paulo: Noeses, 2009.

______. Sentido, consistência e legitimação no Direito. *Revista Diálogo Jurídico*. Salvador, 2012, n. 18.

______. Teoria dialógica da validade – Existência, regularidade e efetividade das normas tributárias. *Direito Tributário* – Homenagem a Paulo de Barros Carvalho. São Paulo: Quartier Latin, 2008.

GIARDINO, Cleber. Conflitos entre Impostos sobre Produtos Industrializados e Imposto sobre Operações relativas à Circulação de Mercadorias. *Revista de Direito Tributário*. São Paulo, jul-dez. 1980, n. 13-14, p. 137-144.

GOLDSCHMIDT, Fabio Brun. *Teoria da proibição de bis in idem no Direito Tributário e sancionador tributário*. São Paulo: Noeses, 2014.

GOMES, Orlando. *Obrigações*. 17 ed. Rio de Janeiro: Forense, 2008.

GRECO, Marco Aurélio. ICMS x ISS: Fabricação de embalagens sob encomenda; incidência do ICMS. *Revista Fórum de Direito Tributário*. Belo Horizonte, set-out., 2010, v.8. n.47, p. 179-208.

GRUPENMACHER, Betina Treiger. Tributação na atividade-meio no processo industrial. In: CARVALHO, Ana Carolina Papacosta Conte et. al. Congresso Nacional de Estudos Tributários. *Derivação e positivação no direito tributário*. São Paulo: Noeses, 2011.

HARADA, Kiyoshi. Industrialização por encomenda. Enfoque prático para distinguir IPI-ICMS do ISS. In: SARAIVA FILHO, Oswaldo Othon de Pontes; VALADÃO, Marcos Aurélio Pereira. IPI – Temas Constitucionais Polêmicos. Belo Horizonte: Fórum, 2009.

HEGENBERG, Leonidas. *Definições – termos teóricos e significados*. São Paulo: Cultrix, 1974.

HENARES NETO, Halley. O ICMS e o ISS – Critérios jurídicos diferenciadores e a respectiva incidência nas obras de construção civil e serviços complementares. In: ROCHA, Valdir de Oliveira. *O ICMS, a LC 87/96 e questões jurídicas atuais*. São Paulo: Dialética, 1997.

HORTA, Raul Machado. Reconstrução do Federalismo Brasileiro. *Doutrinas Essenciais de Direito Constitucional*. São Paulo, maio 2011, v. 3.

HORVATH, Estevão. Conflitos de competência (IPI, ICMS, ISS ETC.). In: DERZI, Misabel Abreu Machado (coord.). *Competência tributária*. Belo Horizonte: Del Rey, 2011.

ICHIHARA, Yoshiaky. Conflitos de Competência ICM e ISS - PIS e Funrural. *Revista de Direito Tributário*. São Paulo, 1982, n. 19-20, ano VI, p. 91-117.

JAKOBSON, Roman. *Linguística e comunicação*. Trad. José Paulo Paes e Isidoro Blikstein. São Paulo: Cultrix, 2003.

JESUS, Fernando Bonfá de. *ICMS* - Aspectos pontuais. São Paulo: Quartier Latin, 2007.

JUSTEN FILHO. Marçal. *O imposto sobre Serviços na Constituição, 1985*. Dissertação (Mestrado em Direito). Pontifícia Universidade Católica de São Paulo, São Paulo, 1985.

KELSEN, Hans. *Teoria geral do Direito e do Estado*. São Paulo: Martins Fontes, 2000.

KPMG INTERNATIONAL. Global Indirect Tax Services. *Asia Pacific Indirect Tax Country Guide*. apr, 2013.

KPMG INTERNATIONAL. Global Indirect Tax Services. *Latin America indirect tax coutry guide*. October 2012.

LEAL, Victor Nunes. Incidência do ISS, com exclusão do ICM nos serviços de concretagem por empreitada. *Revista de Direito Tributário*. São Paulo, 1979, n. 7-8, ano III, p. 22.

LEAL, Victor Nunes. Leis complementares da Constituição. *Revista de Direito Administrativo*. Rio de Janeiro, 1947, n. 7.

LEOCATA, Francisco. *Persona, Lenguaje y Realidad*. Buenos Aires: Educa, 2003

LIMA, Pérsio Oliveira. Bitributação na doutrina do Direito Tributário. *Revista de Direito Público*. São Paulo, jul-set. 1973, n. 25, ano VI, p. 129.

LINS, Robson Maia . A regra matriz do Imposto sobre Produtos Industrializados. In: SANTI, Eurico Marcos Diniz de; CANADO, Vanessa Rahal (orgs.). *Tributação do setor industrial*. São Paulo: Saraiva, 2013.

LUNARDELLI. Pedro Guilherme Accorsi. A industrialização por encomenda e seu enquadramento no Código Civil. Reflexões Sobre a

Incidência do ICMS e do ISSQN In: PARISI, Fernanda Drummond. TORRES, Heleno Taveira; MELO, José Eduardo Soares de. *Estudos de Direito Tributário em homenagem ao Professor Roque Antônio Carrazza*. São Paulo: Malheiros, 2014.

_____. ICMS e ISS. Alterações e pontos controvertidos da Lei Complementar n. 116.2003. In: CAMPILONGO, Paulo Antônio Fernandes. *ICMS – Aspectos Jurídicos Relevantes*. São Paulo: Quartier Latin, 2008.

MACEDO, Alberto. ISS – O conceito econômico de serviços já foi juridicizado há tempos também pelo direito privado. In: XII *Congresso Nacional de Estudos Tributários – IBET.* São Paulo, 2015.

_____. ISS e IPI – A lei complementar e o redesenho das fronteiras competenciais. In: MACEDO, Alberto et al. Congresso Nacional de Estudos Tributários. *Sistema Tributário Brasileiro e a Crise Atual.* São Paulo: Noeses, 2009.

MACHADO, Celso Cordeiro. *Limites e conflitos de competência tributária no sistema brasileiro, 1968.* Tese (Concurso para provimento da cátedra de Finanças e Direito Financeiro da Faculdade de Direito da UFMG). Universidade Federal de Minas Gerais, Belo Horizonte, 1968.

MACHADO, Hugo de Brito. A privatividade das competências tributárias. In: PARISI, Fernanda Drummond. TORRES, Heleno Taveira; MELO, José Eduardo Soares de. *Estudos de Direito Tributário em homenagem ao Professor Roque Antônio Carrazza*. São Paulo: Malheiros Editores, 2014.

_____. ISSQN ou ICMS na manipulação de medicamentos. *Revista Dialética de Direito Tributário*. São Paulo, jul. 2010, n. 178, p. 95-101.

_____. Restaurações, conserto e beneficiamento de produtos: Impossibilidade de Incidência do IPI e o ISS sobre o Mesmo Fato. *Revista Dialética de Direito Tributário*. São Paulo. maio 2006, n. 128, p. 26-38.

_____. A identidade específica da Lei Complementar. *Revista Dialética de Direito Tributário*. São Paulo, jun. 2005, n. 117.

MACHADO, Raquel Cavalcanti. *Competência tributária:* Entre a rigidez do sistema e a atualização interpretativa, 2013. Tese (Doutorado em Direito). Pontifícia Universidade Católica de São Paulo, São Paulo, 2013.

MANDETTA *apud* MOTA, Sergio Ricardo Ferreira. Bitributação no âmbito do direito interno brasileiro: Distinção do 'bis in idem' na tributação, da justaposição e da sobreposição econômica de tributos, 2012. Dissertação (Mestrado em Direito) – Universidade Federal de Santa Catarina, Florianópolis, 2012.

MARTINS, André Malta. Não incidência do ICMS sobre as vendas de produtos manipulados em farmácias magistrais. *Revista Tributária e de Finanças Públicas*. São Paulo, jan. 2002, v. 42, p. 52.

MARTINS, Ives Gandra da Silva; BASTOS, Celso Ribeiro. *Comentários à Constituição do Brasil (Promulgada em 5 de Outubro de 1988)*. São Paulo: Saraiva, 1990.

MARTINS, Ives Gandra da Silva. A evolução do Sistema Tributário no Brasil. *Revista Tributária e de Finanças Públicas*. São Paulo, v. 8, jul. 1994.

_____. *Sistema tributário na Constituição de 1988*. São Paulo: Saraiva, 1989.

_____. A hipótese de imposição do ICMS nas operações com energia elétrica. *Revista Tributária e de Finanças Públicas*. São Paulo, jul. 2001, v. 39, p. 237.

_____. *Uma teoria do tributo*. São Paulo: Quartier Latin. 2005.

_____. *Curso de Direito Tributário*. 13 ed. São Paulo: Saraiva, 2011.

_____. *Direito Tributário interpretado*. São Paulo: Cejup, 1985.

_____. IPI, ICM e ISS nas operações de recondicionamento e renovação. *Revista de Direito Tributário*. São Paulo, abr-jun, 1986, v.10. n. 36. p. 159-71.

_____. O Seguro-saúde não é fato imponível do ISS – inconstitucionalidade da Lei Complementar n. 56/87. Revista trimestral de jurisprudências dos Estado. São Paulo: Jurid Vellench, 1977, v. 14, n. 83.

_____. O licenciamento e sub-licenciamento de programas de software não se confundem com circulação de mercadorias – Impossibilidade de incidirem sobre as respectivas operações ICMS, IPI e II – Parecer, 1989.

MARTINS, Sérgio Pinto. *Manual do Imposto sobre Serviços*. São Paulo: Malheiros, 1998.

_____. *A Lei Complementar Definidora dos Serviços Submetidos ao ISSQN, 1992*. Dissertação (Mestrado em Direito). Universidade de São Paulo, São Paulo, 1992.

MASINA, Gustavo. *ISSQN: Regra de competência e conflitos tributários,* 2008. Dissertação (Mestrado) – Universidade Federal do Rio Grande do Sul, Porto Alegre, 2008.

MAXIMILIANO, Carlos. *Comentário à Constituição Brasileira*. 3 ed. Porto Alegre: Globo, 1929.

_____. Hermenêutica e aplicação do direito. 9. ed. Rio de Janeiro: Forense, 1981.

MELO, Celso. A inexistência de hierarquia entre a lei complementar e as leis ordinárias. *Revista Tributária e de Finanças Públicas*, jan. 1999, vol. 26.

MELO, Hildete Pereira de; ROCHA, Frederico; FERRAZ, Galeno; DWECK, Ruth. *O setor serviços no Brasil:* Uma visão global 1985/95. IPEA – Texto Para Discussão n. 549. Rio de Janeiro, 1998.

MELO, José Eduardo Soares de. *ICMS* – Teoria e prática. São Paulo: Dialética, 2005.

_____. *IPI* – Teoria e prática. São Paulo: Malheiros, 2009.

_____. IPI e ISS – Conflito de competência. In: PEIXOTO, Marcelo Magalhães; MELO, Fábio Soares de (coords.). *IPI* – Questões fundamentais. São Paulo: MP, 2008.

_____. O ISS e a Lei Complementar 116 – Conflito de Competência. In: ROCHA, Valdir Oliveira (coord.). *Grandes questões atuais de Direito Tributário*. São Paulo: Instituto Brasileiro de Direito Tributário, 2004.

_____. Regime Constitucional do ISS. In: TORRES, Heleno Taveira (coord.). Tratado de Direito Constitucional Tributário. *Estudos em homenagem a Paulo de Barros Carvalho*. São Paulo: Saraiva, 2005.

_____. Sistema Tributário – Bitributação, bis in idem e cumulatividade – Reformas. In: MARTINS, Ives Gandra da Silva (coord.).

Direito Tributário e reforma do sistema. São Paulo: RT, 2003.

_____. Tributação sobre os serviços da guerra fiscal. In: *V Congresso Nacional de Estudos Tributários*, 2008.

_____. *Aspectos teóricos e práticos do ISS*. São Paulo: Dialética, 2001.

MENDONÇA, Cristiane. *A competência legislativo-tributária no Estado brasileiro*. Tese (Doutorado em Direito). Pontifícia Universidade Católica de São Paulo, São Paulo, 2005.

MENDONÇA, Manoel Ignácio Carvalho de. *Doutrina e prática das obrigações ou tratado geral dos direitos de crédito*. Curitiba: Typ. E Lith a Vapor Imp. Paranánense, 1908.

MICHAELLIS. *Dicionário prático* – Língua Portuguesa. São Paulo: Melhoramentos, 2011.

MIRANDA, Francisco Cavalcanti Pontes de. *Tratado de direito privado*. 3. ed. Rio de Janeiro: Borsoi, 1970. t. 1.

MONTEIRO, Washington de Barros. *Curso de Direito Civil* – Direito das Obrigações, V Parte. São Paulo: Saraiva, 2003.

MORAES, Bernando Ribeiro de. A atividade de indústria gráfica diante do sistema tributário nacional. *Doutrinas essenciais de Direito Tributário*. São Paulo, fev, 2011, v. 5.

_____. *Compêndio de Direito Tributário*. Rio de Janeiro: Forense, 1995.

_____. *Doutrina e prática do imposto sobre serviços*. São Paulo: RT, 1975.

MORANDO, Thais Helena. Confecção de embalagens, rótulos, etiquetas e bulas – Conflito de competências ISS x IPI e ICMS. In: CARRAZA, Elizabeth Nazar (coord.). *ICMS* – Questões atuais. São Paulo: Quartier Latin, 2007.

MOTA, Sergio Ricardo Ferreira. *Bitributação no âmbito do direito interno brasileiro*: distinção do 'bis in idem' na tributação, da justaposição e da sobreposição econômica de tributos, 2012. Dissertação (Mestrado em Direito) – Universidade Federal de Santa Catarina, Florianópolis, 2012.

MOURA, Frederico Araújo Seabra de. *Lei complementar e normas gerais em matéria tributária, 2007*. Dissertação (Mestrado em Direito). Pontifícia Universidade Católica de São Paulo, São Paulo, 2007.

MOUSSALLEM, Tárek Moysés. *Fontes do Direito Tributário*. São Paulo: Max Limonad, 2001.

MUNIZ, Ian de Porto Alegre. Industrialização por encomenda e a Lei Complementar 116/2003. *Revista Tributária e de Finanças Públicas*. São Paulo, jul. 2005, v. 63, p. 21.

NAGIB, Luiza. *IPI* - Critério material, 2010. Tese (Doutorado em Direito). Pontifícia Universidade Católica de São Paulo, São Paulo, 2010.

NICHELE, Rafael. A transformação como modalidade da industrialização por encomenda - A não incidência do ISSQN após a Lei Complementar 116/2003. In: BRASIL JR., Vicente (coord.). *Questões práticas do ISS*. São Paulo: Ônixjur Publicações Jurídicas, 2011.

NOGUEIRA, Ruy Barbosa. A base de cálculo - Fornecimento de alimentação em restaurantes: Vendas de mercadoria "versus" prestação de serviço. *Doutrinas Essenciais de Direito Tributário*. São Paulo, fev, 2011, v. 2, p. 211.

_____. Imposto Municipal Sobre Serviços - Hospitais - Imposto Sobre Circulação de Mercadorias - Operação Mista. *Revista de Direito Administrativo*. Rio de Janeiro, jan.-mar 1969, n. 95.

_____. *Imposto sobre produto industrializado*. Suplemento - Matéria Tributária. São Paulo, ago, 1973, n. 77-73, ano IX.

_____. *Parecer:* Imposto Sobre Serviços - Auto de infração - Nulidade. São Paulo, 1972.

_____. IPI, ICMS E ISS: Fatos geradores afins ou confrontantes. *Revista Direito Tributário Atual*. 1992, v. 11/12, p. 3117-3262.

MEIRELLES, Dimária Silva. O conceito de serviço. *Revista de Economia Política*. São Paulo, jan.-mar, 2006, v. 26.

OLIVEIRA, Gustavo Gama Vital. Federalismo fiscal, jurisdição constitucional e conflitos de competência em matéria tributária: O papel da Lei Complementar. In: GOMES, Marcus Lívio; VELLOSO, Andrei Pitten. *Sistema Constitucional Tributário* - Dos fundamentos teóricos aos hard cases tributários. Estudos em Homenagem ao Ministro Luiz Fux. Porto Alegre: Livraria do Advogado, 2014.

OLIVEIRA, Júlio M. de. A Constituição, a Lei e o Regulamento do IPI – Hipóteses de conflito. In: PEIXOTO, Marcelo Magalhães (coord.). IPI – Aspectos Jurídicos Relevantes. São Paulo: Quartier Latin do Brasil, 2003.

OLIVEIRA, Julio Maria de; TANAKA, Juliana Mari. IPI e ISS – Conflito de competência. In: PEIXOTO, Marcelo Magalhães; MELO, Fábio Soares de (coords.). *IPI* – Questões fundamentais. São Paulo: MP, 2008.

OLIVEIRA, Manfredo Araújo de. *Reviravolta linguístico-pragmática da filosofia contemporânea.* 2. ed. São Paulo: Loyola, 2001.

PARRY, Glenn; NEWNES Linda; HUANG; Xiaoxi. Goods, products and services. In: *Service design and delivery.* New York: Springer, 2011.

PAULA JUNIOR, Aldo de. O conceito de serviço para fins de ISS. Da locação de bens móveis ao leasing financeiro: o STF mudou de entendimento? In: PAULA JUNIOR, Aldo de et al. *Congresso Nacional de Estudos Tributários.* Direito Tributário e os Conceitos de Direito Privado. São Paulo: Noeses, 2010.

PAULSEN, Leandro. *Curso de Direito Tributário completo.* 6. ed. Porto Alegre: Livraria do Advogado, 2014.

PEIXOTO, Marcelo Magalhães; DINIZ, Marcelo Lima Castro. Imposto sobre serviços de qualquer natureza. In: MARTINS, Ives Gandra da Silva. Curso de Direito Tributário. São Paulo: Saraiva, 2011.

______. Comentários à lista de serviços anexa à Lei Complementar n. 116/03. In: PEIXOTO, Marcelo Magalhães. *Direito Tributário Brasileiro* – Temas relevantes. São Paulo: MP, 2014.

PEREIRA, Cláudio Augusto Gonçalves. Conflito de normas entre o ISS e ICMS na indústria gráfica. In: PINTO, Sergio Luiz de Moraes; MACEDO, Alberto; ARAÚJO, Wilson José (orgs.). *Gestão tributária municipal e tributos municipais.* v. 1. São Paulo: Quartier Latin, 2011.

PEROBELLI, F. S.; CARDOSO, V. L. A intensidade de serviços na economia brasileira: uma abordagem de insumo-produto. In: *Anais do 41 Encontro Nacional de Economia* – ANPEC. Foz do Iguaçu, 2013.

PINTO, Carlos Alberto A. de Carvalho. *Discriminação de rendas*. São Paulo: Prefeitura do Município de São Paulo, 1943.

PISCITELLI, Tathiane dos Santos. *Os limites à interpretação das normas tributárias*. São Paulo: Quartier Latin, 2007.

_____. Incidência do ICMS na Importação de bens – Notas sobre invasão de competência e a postura do STF. *Revista Tributária das Américas*. São Paulo, jan. 2012, v. 5, p. 49.

PLASTINA, Eduardo Gomes. Conflito de competência entre o ICMS e o ISS e o caso do tratamento tributário das atividades gráficas. In: BRASIL JR., Vicente (coord.). *Questões práticas do ISS*. São Paulo: Onixjur Publicações Jurídicas, 2011.

PRADE, Péricles. Competência tributária privativa do município para instituir o ISSQN nas operações de leasing. *Revista Dialética de Direito Tributário*. São Paulo, 2003, n. 96, p. 64.

PRICEWATERHOUSECOOPERS (PWC). *Worldwide tax summaries*. Corporate Taxes, 2015/16.

RAMOS, José Nabantino. Fatos geradores confrontantes. *Doutrinas essenciais de Direito Tributário*. São Paulo, fev, 2011, v. 1, p. 265.

REIS, Elcio Fonseca. Os serviços de industrialização por encomenda e a repartição de competência tributária. In: PEIXOTO, Marcelo Magalhães; MELO, Fábio Soares de (coords.). *IPI* – Questões Fundamentais. São Paulo: MP, 2008.

RIBEIRO, Ricardo Lodi; LOPES, Lívia Pinheiro. A industrialização por encomenda e os conflitos de competência entre o IPI e o ISS. *Revista Fórum de Direito Tributário*. Belo Horizonte, nov.-dez, 2011, v.9. n. 54. p. 113-35.

ROBLES, Gregório. *El Derecho como texto:* Cuatro estúdios de teoria comunicacional del Derecho. Madrid: Civitas, 1998.

RODRIGUES. Juan José Carro. *Fatos geradores confrontantes – Colisões entre IPI-ISS-ICMS e outros impostos, 1988*. Dissertação (Mestrado em Direito). Universidade de São Paulo, São Paulo , 1988.

SANTI, Eurico Marcos Diniz. ISS versus ICMS na prestação de serviços. *Revista Dialética de Direito Tributário*. São Paulo, 2011, n. 186.

SARAIVA FILHO, Oswaldo Othon de Pontes. ISS x ICMS: Serviços gráficos prestados juntamente com o fornecimento de bens. *Revista Fórum de Direito Tributário*. Belo Horizonte, jul-ago, 2010, v.8. n. 46. p. 11-27.

SAROA, Silvia Vieira. As distinções entre a materialidade do IPI, ICMS, ISSQN e a solução de conflitos de competência. In: SILVA, Paulo Roberto Coimbra; BERNARDES, Flávio Couto; FONSECA, Maria Júlia (coords.). *Tributação sobre o consumo*. São Paulo: Quartier Latin, 2008.

SAUSSURE, Ferdinand de. *Curso de linguística geral*. São Paulo: Cultrix, 2003.

SCAVINO, Dardo. *La filosofia actual: pensar sin certezas*. Buenos Aires: Paidós, 2000.

SCHOUERI, Luís Eduardo Schoueri. *Direito tributário*. 2. ed. São Paulo: Saraiva. 2013.

_____. A Lei Complementar e a repartição de competências tributárias. In: COSTA, Alcides Jorge et. al. *Congresso Nacional de Estudos Tributários: Sistema Tributário e a Estabilidade da Federação Brasileira*. São Paulo: Noeses, 2012.

_____. Discriminação de competências e competência residual. In: SCHOUERI, Luís Eduardo; ZILVETI, Fernando Aurélio. *Direito tributário*. Estudos em homenagem a Brandão Machado. São Paulo: Dialética, 1998.

_____. Discriminação de competências e competência residual. In: SCHOUERI, Luís Eduardo; ZILVETI, Fernando Aurelio. *Direito Tributário*. Estudos em homenagem a Brandão Machado. São Paulo: Dialética, 1998.

SILVA, Gerson Augusto da. *Sistema Tributário Brasileiro*. Rio de Janeiro: Financeiras, 1948.

SILVA, José Afonso da. Imposto Municipal sobre Serviços – Incidência sobre operações bancárias não tributadas pela União ou Estado. *Revista de Direito Público*. São Paulo, abr-jun, 1968, v. 4, ano I, p. 107.

SIMÕES. Argos Campos Ribeiro. *As regras-matrizes de incidência tributária do ICMS-importação e suas aplicações*, 2011. Dissertação

(Mestrado em Direito). Pontifícia Universidade Católica de São Paulo, São Paulo, 2011.

SOUSA, Rubens Gomes de; ATALIBA, Geraldo; CARVALHO, Paulo de Barros Carvalho. *Comentários ao Código Tributário Nacional*. São Paulo: RT, 1975.

SOUSA, Rubens Gomes de. *Compêndio de legislação tributária*. São Paulo: Resenha Tributária, 1975.

_____. Municípios – competência tributária – bitributação e competência concorrente. *Revista de Direito Administrativo*. Rio de Janeiro, 1950, v. 21.

_____. Normas gerais do direito financeiro. *Revista de Direito Administrativo*. Rio de Janeiro, 1954, v. 37.

_____. O ICM, o IMS, o IPI e a construção civil. *Revista de Direito Público*. São Paulo, out.-dez, 1972, v. 22, ano V.

_____. *O imposto de consumo na Constituição Federal*. In: Conferência Centro de Estudos dos Agentes Fiscais do Imposto de Consumo. São Paulo, 1948.

_____. O ISS e o aceite bancário – Competência privativa da União – Mandado de Segurança. *Revista de Direito Administrativo*. Rio de Janeiro, out.-dez, 1968, v. 94.

_____. Os impostos sobre o valor acrescido no sistema tributário. *Revista de Direito Administrativo*. Rio de Janeiro, n. 110, out.-dez, 1972.

_____. Parecer: *O imposto de indústrias e profissões em face do imposto único sobre combustíveis e lubrificantes*, 1955.

_____. O Sistema Tributário Federal. *Revista de Direito Administrativo*, abr-jun, 1963, v. 72, p. 1.

SOUZA. Cecilia Priscila de. Intertextualidade no Direito Tributário, 2012. Dissertação (Mestrado em Direito). Pontifícia Universidade Católica de São Paulo, São Paulo, 2012.

SOUZA, Hamilton Dias de. Lei Complementar em matéria tributária. In: MARTINS, Ives Gandra da Silva (coord.). *Curso de direito tributário*. São Paulo: Saraiva, CEU, 1982.

STRECK, Lênio Luiz. *Hermenêutica jurídica e(m) crise*. Porto Alegre: Livraria do Advogado, 2003.

_____. Os limites semânticos e sua importância na e para a democracia. *Revista da AJURIS*, set 2014, v. 41, n. 135.

_____. O novo Código de Processo Civil (CPC) e as inovações hermenêuticas – O fim do livre convencimento e a adoção do integracionismo dworkiniano. *Revista de Informação Legislativa*, 2015, v. 1, p. 33-52.

STUCKY, Thales Michel. O IPI e o ISS nos contratos de industrialização sob encomenda. In: BRASIL JR., Vicente (coord.). *IPI* – Questões atuais. Curitiba: Juruá, 2006.

TAVARES, Alexandre Macedo; DELGADO, José Augusto. Não incidência do ISS sobre a atividade de beneficiamento de produtos têxteis destinados a posterior comercialização ou industrialização pelos encomendantes. *Revista Dialética de Direito Tributário*. São Paulo, set, 2012, n. 204, p. 100.

TELLES JR, Goffredo. Discriminação Constitucional de fontes de Receita Tributária. *Revista de Direito Público*. São Paulo, abr-jun, 1968, v. 4, ano I, p. 125.

TILBERY *apud* MOTA, Sergio Ricardo Ferreira. Bitributação no âmbito do direito interno brasileiro: Distinção do 'bis in idem' na tributação, da justaposição e da sobreposição econômica de tributos, 2012. Dissertação (Mestrado em Direito) – Universidade Federal de Santa Catarina, Florianópolis, 2012.

TOLEDO, José Eduardo Tellini. O IPI – *A incidência tributária e princípios pertinentes ao artigo 153 da Constituição Federal*, 2003. Dissertação (Mestrado em Direito). Pontifícia Universidade Católica de São Paulo, São Paulo, 2003.

TOMÉ, Fabiana Del Padre. *A prova no direito tributário*. 3 ed. São Paulo: Noeses. 2011.

_____. A extrafiscalidade tributária como instrumento para concretizar políticas públicas. In: SANTI, Eurico Marcos Diniz de (coord.). *Tributação e desenvolvimento* – Homenagem ao professor Aires Barreto. São Paulo: Quartier Latin, 2011.

TORRES, Heleno Taveira. Pluritributação internacional sobre as rendas das empresas. 2 ed. São Paulo: RT, 1997.

_____. A hipótese do ICMS sobre operações mercantis na constituição e a solução de conflitos normativos. In: SCHOUERI, Luís Eduardo (coord.). *Direito Tributário* – Homenagem a Paulo de Barros Carvalho. São Paulo: Quartier Latin, 2008.

_____. Conceito de estabelecimento como critério de solução de conflitos no ISS. In: PINTO, Sergio Luiz de Moraes; MACEDO, Alberto; ARAÚJO, Wilson José (orgs.). *Gestão tributária municipal e tributos municipais*. São Paulo: Quartier Latin, 2011.

_____. ISSQN e Serviços de Impressão Gráfica por Encomenda. In: PINTO, Sergio Luiz de Moraes; MACEDO, Alberto; ARAÚJO, Wilson José (org). *Gestão tributária municipal e tributos municipais*. v. 2. São Paulo: Quartier Latin, 2011.

_____. Funções das leis complementares no Sistema Tributário nacional – Hierarquia de Normas Papel do CTN no Ordenamento. *Revista de Direito Tributário*. São Paulo, 2003, n. 84.

_____. Sistema Constitucional e Competências Tributárias. *Interesse Público*. Belo Horizonte, nov.-dez 2012, v.14. n.76. p.179-99.

TORRES, Ricardo Lobo. *Curso de Direito Financeiro e Tributário*. 10 ed. Rio de Janeiro: Renovar, 2003.

_____. *Tratado de direito constitucional*. Tratado de Direito Constitucional Financeiro e Tributário – Valores e princípios constitucionais tributários. v. 4. Rio de Janeiro: Renovar, 2005.

UELZE, Hugo Barroso. O conflito IPI-ICMS-ISSQN e a industrialização por encomenda. *Revista de Estudos Tributários*. São Paulo, mai-jun. 2015, ano XVIII, n. 103.

UEMURA, Henrique. Conflitos heterogêneos entre ISS e ICMS. *Fiscosoft Impresso*. Artigo Municipal 0301, 2013.

VENOSA, Silvio de Salvo. *Direito Civil:* Teoria geral das obrigações e teoria geral dos contratos. 13 ed. São Paulo: Atlas S.A, 2013.

VIEIRA, José Roberto, IPI x ICMS e ISS: Conflitos de competência ou sedução das aparências. In: SANTI, Eurico Marcos Diniz de;

CANADO, Vanessa Rahal (orgs.). *Tributação do Setor Industrial*. São Paulo: Saraiva, 2013.

_____. O papel da lei complementar no estabelecimento das fronteiras IPI x ISS: Óculos para macacos. In: MOREIRA, André Mendes et al. (orgs.). *Sistema Tributário brasileiro e as Relações Internacionais*. São Paulo: Noeses, 2013.

_____. *A regra-matriz de incidência do IPI*, 1992. Dissertação (Mestrado em Direito) - Universidade de São Paulo, São Paulo, 1992.

_____. Imposto sobre Produtos Industrializados - Uma água Garcia-marquiana entre os tributos. In: SANTI, Eurico Marcos Diniz; ZILVETI, Fernando Aurélio; MOSQUERA, Roberto Quiroga (coords.) *Tributação das empresas*. São Paulo: Quartier Latin, 2006.

VILANOVA, Lourival. Sobre o conceito de direito. In: VILANOVA, Lourival. *Escritos jurídicos e filosóficos*. v. 1. São Paulo: Axis Mundi - IBET, 2003.

WALD, Arnold. *Direito Civil:* Direito das obrigações e teoria geral dos contratos. 20 ed. São Paulo: Saraiva, 2011.

XAVIER, Alberto. *Direito tributário internacional do Brasil*. 6 ed. Rio de Janeiro: Forense. 2004.

ZILVETI, Fernando Aurelio. A LC n. 116/03 do ISS em face dos princípios de Direito Tributário. In: FERRAZ, Roberto. *Princípios e limites da tributação*. São Paulo: Quartier Latin, 2005.

_____. O ISS, a Lei Complementar n. 116/03 e a interpretação econômica. *Revista Dialética de Direito Tributário*. São Paulo. maio, 2004, n. 104. p. 34-46.

WESTBROOK, Roy. Implications of mass customization for operations management. *International Journal of Operations & Production Management*, 1999, v. 19 n. 3, p. 262-275.

APÊNDICE

TABELA 1 - ACÓRDÃOS DO STF						
ORDEM	ACÓRDÃO	ANO	TURMA	ATIVIDADE ECONÔMICA	CRITÉRIO(S)	DECISÕES QUE BASEARAM O JULGAMENTO
1	RE 74.213	1972	2ª	Composição gráfica	Lei complementar	
2	RE 75.760	1974	1ª	Alimentação e remédios fornecidos por hospitais	Lei complementar	
3	RE 79.251	1974	1ª	Alimentos/bebidas em bares/restaurantes	Lei complementar	
4	RE 84.387	1976	2ª	Composição gráfica	Lei complementar	
5	RE 82.501	1976	2ª	Concreto para construção civil	Lei complementar	
6	RE 85.262	1977	Pleno	Alimentos/bebidas em bares/restaurantes	Lei complementar	RE's 83.835 e 76.984
7	RE 91.562	1979	1ª	Composição gráfica	Lei complementar	RE 84.837
8	RE 91.111	1979	2ª	Concreto para construção civil	Não adota critérios	RE's 87.375 e 82.501
9	RE 93.032	1980	1ª	Composição gráfica	Lei complementar	RE's 91.562 e 84.387
10	RE 91.757-8	1980	1ª	Composição gráfica	Não adota critérios	RE 9.1562
11	RE 92.762	1980	2ª	Composição gráfica	Não adota critérios	RE 92.161
12	RE 92.761	1980	2ª	Composição gráfica	Não adota critérios	RE's 84.387, 91.592 e 92.138
13	RE 92.161	1980	2ª	Composição gráfica	Não adota critérios	RE's 84.387 e 91.592

14	RE 92.927	1980	2ª	Composição gráfica	Não adota critérios	RE's 84.387 e 91.592
15	RE 94.375-7	1981	1ª	Composição gráfica	Encomenda e personalização	RE's 94.052 e 92.481
16	RE 93.053	1981	1ª	Composição gráfica	Lei complementar	RE's 92.927, 92.762, 92.761, 92.161, 93.032, 91.562, 91.757, 92.138 e 84.837
17	RE 94.939	1981	1ª	Composição gráfica	Lei complementar	
18	RE 94.498	1981	1ª	Composição gráfica	Lei complementar	
19	RE 94.052	1981	2ª	Composição gráfica	Encomenda e personalização	RE 93.884
20	RE 95.331	1981	2ª	Composição gráfica	Encomenda e personalização	RE's 84.387, 93.993 e 93.884
21	RE 93.884	1981	2ª	Composição gráfica	Encomenda e personalização	
22	RE 92.481	1981	2ª	Composição gráfica	Lei complementar	RE's 93.884, 93.993 e 84.837
23	RE 93.993	1981	2ª	Composição gráfica	Lei complementar	
24	RE 94.959	1981	2ª	Composição gráfica	Não adota critérios	RE's 92.161, 92.762 e 92.927
25	RE 93.508	1981	2ª	Concreto para construção civil	Não adota critérios	
26	RE 95.185-7	1982	1ª	Composição gráfica	Encomenda e personalização	RE's 84.387, 91.562, 92.927, 94.052, 92.481, 94.959, 94.498, 94.805 e 94.939
27	RE 94.805-8	1982	1ª	Composição gráfica	Lei complementar	
28	RE 97.537	1982	2ª	Composição gráfica	Encomenda e personalização	RE's 95.331 e 84.837
29	RE 96.047	1982	2ª	Composição gráfica	Não adota critérios	RE 92.927
30	RE 95.954	1982	2ª	Composição gráfica	Não adota critérios	RE's 92.993, 92.997, 92.762, 92.761, 92.161 e 93.032

31	RE 99.800	1983	2ª	Composição gráfica	Encomenda e personalização	
32	RE 98923	1983	2ª	Beneficiamento	Lei complementar	
33	RE100.030	1983	2ª	Composição gráfica	Não adota critérios	RE's 91.562 e 84.387
34	RE100.563	1984	1ª	Alimentos/bebidas em bares/restaurantes	Não adota critérios	
35	RE 99.410	1984	1ª	Alimentos/bebidas em bares/restaurantes	Não adota critérios	
36	RE 102.599-9	1984	2ª	Composição gráfica	Encomenda e personalização	RE's 94.052, 94.375, 92.481, 94.498, 94.805 e 94.502
37	RE 102.482	1984	2ª	Composição gráfica	Lei complementar	RE's 84.837, 91.56, 91.767 e 92.454
38	RE 102.948	1984	2ª	Composição gráfica	Não adota critérios	RE 92.927
39	RE 100.965	1984	2ª	Composição gráfica	Não adota critérios	RE's 95.954, 92.927, 96.047 e 100.479
40	RE 103.674-5	1984	2ª	Composição gráfica	Não adota critérios	RE 95.954
41	RE 106.069	1985	1ª	Composição gráfica	Encomenda e personalização	
42	RE 106.800	1985	1ª	Composição gráfica	Encomenda e personalização	RREE 91.562 e RE's 92.161, 92.927, 94.052, 92.481, 94.959, 94.498, 94.805, 94.939 , 94.375 e 103.804
43	RE 106.768-3	1985	2ª	Composição gráfica	Encomenda e personalização	
44	RE 106.048-4	1985	2ª	Alimentos/bebidas em bares/restaurantes	Não adota critérios	RE's 86.993 e 104.715
45	RE 111.566	1986	1ª	Composição gráfica	Encomenda e personalização	RE 106.069
46	RE 110.944	1986	1ª	Composição gráfica	Encomenda e personalização	Resp 106.069
47	RE 106.173-1	1986	2ª	Composição gráfica	Encomenda e personalização	RE 94.939

48	RE 198.385	1988	1ª	Gravação e distribuição de filmes e vídeo	Lei Complementar	
49	RE 108.854-1	1988	1ª	Composição gráfica	Não adota critérios	RE 101.093-2
50	RE 129.877-4	1992	2ª	Alimentos/bebidas em bares/restaurantes	Lei complementar	
51	RE 144.795-8	1993	1ª	Alimentos/bebidas em bares/restaurantes	Lei complementar	RE 129.877-4
52	RE 146.359-7	1994	1ª	Alimentos/bebidas em bares/restaurantes	Lei complementar	RE's 79.251, 80.852, 81.124, 81.650, 79.251, 113.730, 86.993, 100.563, 106.295, 107.348, 109.392, 109.962, 109.707, 113.489, 99.410, 105.528, 108.344, 104.496, 109.458, 111.966, 114.041, 85.262 e 129.874
53	RE 171.808-1	1994	Pleno	Alimentos/bebidas em bares/restaurantes	Lei complementar	RE's 129.877-4 e 144.795-8
54	RE 176.626	1998	1ª	Licença/cessão de sistemas/programas de computador	Encomenda e personalização	
55	RE 196.123	1998	1ª	Gravação e distribuição de filmes e vídeo	Lei Complementar	
56	RE 194.705	1999	1ª	Gravação e distribuição de filmes e vídeo	Encomenda	RE's 176.626 e 196.123
57	RE 191.732-6	1999	1ª	Gravação e distribuição de filmes e vídeo	Encomenda	RE's 176.626, 179.560, 195.705 e 195.856
58	RE 196.856	1999	1ª	Gravação e distribuição de filmes e vídeo	Encomenda	RE's 176.626 e 196.123
59	RE 179.560	1999	1ª	Gravação e distribuição de filmes e vídeo	Encomenda	RE 176.626
60	RE 182.781-5	1999	1ª	Gravação e distribuição de filmes e vídeo	Encomenda	RE's 179.560, 194.705, 196.856 e 176.626
61	RE 191.454-8	1999	1ª	Gravação e distribuição de filmes e vídeo	Encomenda	RE's 179.560, 194.705, 196.856 e 176.626
62	RE 252.329	1999	1ª	Gravação e distribuição de filmes e vídeo	Encomenda	
63	RE 205.984	1999	1ª	Gravação e distribuição de filmes e vídeo	Encomenda	RE's 179.560 e 164.599

64	RE 199.464-9	1999	1ª	Licença/cessão de sistemas/programas de computador	Encomenda e personalização	RE 176.626
65	RE 164.599	1999	2ª	Gravação e distribuição de filmes e vídeo	Lei complementar	
66	RE 160.007-1	2001	Pleno	Alimentos/bebidas em bares/restaurantes	Lei complementar	RE's 129.877-4 e 144.795-8
67	RE 161.450-1	2001	Pleno	Alimentos/bebidas em bares/restaurantes	Lei complementar	RE's 129.877-4 e 144.795-8
68	RE 164.995-0	2001	Pleno	Alimentos/bebidas em bares/restaurantes	Lei complementar	RE's 129.877-4 e 144.795-8
69	RE 168.262-1	2001	Pleno	Alimentos/bebidas em bares/restaurantes	Lei complementar	RE's 129.877-4 e 144.795-8
70	RE 171.782-3	2001	Pleno	Alimentos/bebidas em bares/restaurantes	Lei complementar	RE's 129.877-4 e 144.795-8
71	RE 183.190-1	2002	1ª	Gravação e distribuição de filmes e vídeo	Encomenda	RE's 191.732, 164.599, 179.560 e 205.984
72	AgRg no AI 533.202-3	2008	2ª	Composição gráfica	Encomenda e personalização	Súmula 156/STJ
73	RG no 605.552	2011	Pleno	Manipulação de Medicamentos	Aguarda decisão - RG	
74	MC na ADI 4.389	2011	Pleno	Composição gráfica	Destinação	REsp 1.092.206
75	AgRg no AI 803.296	2013	1ª	Composição gráfica	Preponderância qualitativa/quantitativa e destinação	MC na ADI 4.389
76	RE 606960 AgR-AgR	2014	1ª	Beneficiamento	Destinação	RE 803296 e MC em ADI 4389
77	AgRg no A 839.976	2015	1ª	Composição gráfica	Destinação	MC na ADI 4.389 e 803.296
78	MC na ADI 4.413	2015	Pleno	Composição gráfica	Não adota critérios	

TABELA 2 - ACÓRDÃOS DO STJ

ORDEM	ACÓRDÃO	ANO	TURMA	ATIVIDADE ECONÔMICA	CRITÉRIO(S)	DECISÕES QUE BASEARAM O JULGAMENTO
1	REsp 5.010	1991	1ª	Composição Gráfica	Lei complementar	RE 106.0687
2	REsp 1.235	1991	2ª	Composição gráfica	Lei complementar	RE 94.9399 e REsp 8.052
3	Resp 8.052	1991	2ª	Composição gráfica	Lei complementar	
4	REsp 8.572	1991	1ª	Alimentos/ bebidas em bares/restaurantes	Lei complementar	REsp 4.017 e 3.986
5	Resp 15.154	1992	1ª	Composição Gráfica	Lei complementar	REsp 5.010
6	REsp 5.808-0	1992	1ª	Composição gráfica	Lei complementar	RE 106.069
7	REsp 8.296	1992	2ª	Construção civil	Lei complementar	
8	REsp 37.548-7	1993	1ª	Composição gráfica	Lei complementar	REsp 5.010
9	REsp 11.979	1993	1ª	Construção Civil	Lei complementar	
10	REsp 32.133-9	1993	2ª	Gravação e distribuição de fitas de vídeo	Lei complementar	AC 177.9402
11	REsp 30.296-5	1993	1ª	Outros	Lei complementar	
12	REsp 38.587-3	1994	1ª	Acondicionamento de gases industriais	Lei complementar	
13	REsp 46.145-6	1994	1ª	Composição gráfica	Lei complementar	REsp 5.010, REsp 37.5487
14	REsp 46.338-6	1994	1ª	Composição Gráfica	Lei complementar	REsp 1235
15	REsp 18.992-0	1994	2ª	Composição gráfica	Lei complementar	
16	REsp 33.414	1994	2ª	Composição gráfica	Lei complementar	
17	REsp 49.401-0	1994	1ª	Construção civil	Lei complementar	REsp 8.296 e 11.9790 e RE 93.508 e 95.508
18	REsp 46.650	1994	1ª	Construção Civil	Lei complementar	

19	REsp 10.544-0	1994	1ª	Alimentos/ bebidas em bares/restaurantes	Lei complementar	RE 129.8778,172.0182 e 144.795
20	REsp 21.388-9	1994	1ª	Alimentos/ bebidas em bares/restaurantes	Lei complementar	
21	REsp 43.041-0	1994	1ª	Alimentos/ bebidas em bares/restaurantes	Lei complementar	
22	REsp 20.007-0	1994	2ª	Alimentos/ bebidas em bares/restaurantes	Lei complementar	REsp 129.8774 e RE 144.7958
23	REsp 15.234-0	1994	1ª	Alimentos/ bebidas em bares/restaurantes	Lei complementar	RE 129.8778
24	REsp 46.955-4	1994	1ª	Alimentos/ bebidas em bares/restaurantes	Lei complementar	
25	REsp 48.459-6	1994	1ª	Alimentos/ bebidas em bares/restaurantes	Lei complementar	
26	REsp 48.561-4	1994	1ª	Alimentos/ bebidas em bares/restaurantes	Lei complementar	
27	REsp 47.050-1	1994	1ª	Alimentos/ bebidas em bares/restaurantes	Lei complementar	
28	REsp 50.012-5	1994	1ª	Alimentos/ bebidas em bares/restaurantes	Lei complementar	
29	REsp 50.593-3	1994	1ª	Alimentos/ bebidas em bares/restaurantes	Lei complementar	
30	EREsp no REsp 31.927-5	1994	1ª	Alimentos/ bebidas em bares/restaurantes	Lei complementar	REsp's 31.707, 41.747, 44.6988, 43.8632, 44.4977 e 44.2222
31	REsp 53.236-1	1994	1ª	Alimentos/ bebidas em bares/restaurantes	Lei complementar	RE 129.8774

32	EREsp em REsp 45.407-5	1994	1ª	Alimentos/ bebidas em bares/restaurantes	Lei complementar	EREsp 31.9275
33	EREsp 43.984-0	1994	1ª	Alimentos/ bebidas em bares/restaurantes	Lei complementar	RE 129.8774,e RE 144.7958, EREsp 11.492, 13.093, 13.093 e 31.082 e REsp 23.5083 e46.9554
34	REsp 54.323-1	1994	1ª	Alimentos/ bebidas em bares/restaurantes	Lei complementar	
35	REsp 45.576	1994	2ª	Alimentos/ bebidas em bares/restaurantes	Lei complementar	
36	REsp 36.809-0	1994	1ª	Gravação e distribuição de fitas de vídeo	Lei complementar	
37	REsp 40.121-6	1994	1ª	Gravação e distribuição de fitas de vídeo	Lei complementar	
38	REsp 35.551-6	1994	2ª	Gravação e distribuição de fitas de vídeo	Lei complementar	REsp 32.1339
39	REsp 44.809-3	1994	1ª	Gravação e distribuição de fitas de vídeo	Lei complementar	
40	REsp 45.686-0	1994	1ª	Gravação e distribuição de fitas de vídeo	Lei complementar	
41	REsp 33.860-1	1994	1ª	Gravação e distribuição de fitas de vídeo	Lei complementar	
42	REsp 35.573-7	1994	2ª	Gravação e distribuição de fitas de vídeo	Lei complementar	REsp 32.1339, 36.9517, 39.8169 e 40.1216
43	REsp 35.876-0	1994	2ª	Gravação e distribuição de fitas de vídeo	Lei complementar	REsp 32.1339, 36.8090, 39.8169, 40.1216 e 35.576
44	REsp 42.860-2	1994	1ª	Gravação e distribuição de fitas de vídeo	Lei complementar	
45	REsp 54.480-7	1994	2ª	Gravação e distribuição de fitas de vídeo	Lei complementar	REsp 32.1339, 41.8186, 49.3978 e 40.5467
46	REsp 36.418-3	1994	1ª	Gravação e distribuição de fitas de vídeo	Lei complementar	REsp 32.1339 e 42.8602
47	REsp 6.219-0	1994	1ª	Instalação e montagem	Preponderância qualitativa	

48	REsp 39.457-0	1994	1ª	Licença/cessão de sistemas/ programas de computador	Classificação econômica de bem material e imaterial	REsp 39.7979
49	REsp 39.797-9	1994	1ª	Licença/cessão de sistemas/ programas de computador	Classificação econômica de bem material e imaterial	
50	REsp 41.747-3	1994	1ª	Alimentos/ bebidas em bares/restaurantes	Lei complementar	RE 129.877 e 144.795
51	REsp 44.698-8	1994	1ª	Alimentos/ bebidas em bares/restaurantes	Lei complementar	RE 100.563, 144.795 e 172.018 e REsp 11.460
52	REsp 43.863-2	1994	1ª	Alimentos/ bebidas em bares/restaurantes	Lei complementar	RE 100.563, 144.795 e 172.018 e REsp 11.460
53	REsp 40.546-7	1994	2ª	Gravação e distribuição de fitas de vídeo	Lei complementar	REsp 32.1339
54	REsp 39.816-9	1994	1ª	Gravação e distribuição de fitas de vídeo	Lei complementar	
55	REsp 41.818-6	1994	2ª	Gravação e distribuição de fitas de vídeo	Lei complementar	REsp 32.1339
56	REsp 49.397-8	1994	2ª	Gravação e distribuição de fitas de vídeo	Lei complementar	
57	REsp 37.291-7	1995	1ª	Acondicionamento de gases industriais	Lei complementar	REsp 38.5873
58	REsp 59.652-1	1995	1ª	Acondicionamento de gases industriais	Atividade meio e fim	REsp 46.6628
59	REsp 46.662-8	1995	1ª	Acondicionamento de gases industriais	Atividade meio e fim	
60	REsp 37.967	1995	1ª	Composição gráfica	Lei complementar	
61	REsp 44.892	1995	2ª	Composição gráfica	Lei complementar	
62	REsp 61.914	1995	1ª	Composição gráfica	Lei complementar	

63	REsp 70.701	1995	1ª	Composição gráfica	Encomenda e personali-zação	REsp 1.235 e 46.3386
64	REsp 48.454	1995	1ª	Conserto, ma-nutenção e conservação	Lei comple-mentar	
65	Resp 62.589	1995	1ª	Construção civil	Lei comple-mentar	Resp 30.671
66	EREsp 24.193-4	1995	1ª	Alimentos/ bebidas em bares/restau-rantes	Lei comple-mentar	RE 129.8774, 144.7958 e 156.5863 e AI 141.9181
67	REsp 60.574-1	1995	1ª	Alimentos/ bebidas em bares/restau-rantes	Lei comple-mentar	RE 129.8774 e 144.7958
68	EREsp 30.405-7	1995	1ª	Alimentos/ bebidas em bares/restau-rantes	Lei comple-mentar	RE 129.8774, 144.7958 e RE 156.5863
69	REsp 22.304-4	1995	1ª	Alimentos/ bebidas em bares/restau-rantes	Lei comple-mentar	RE 129.8774 e 144.7958
70	EREsp 38.825-0	1995	1ª	Alimentos/ bebidas em bares/restau-rantes	Lei comple-mentar	
71	REsp 67.137-0	1995	1ª	Alimentos/ bebidas em bares/restau-rantes	Lei comple-mentar	
72	REsp 22.271-4	1995	1ª	Alimentos/ bebidas em bares/restau-rantes	Lei comple-mentar	AI 141.9181 e RE 156.5683
73	REsp 26.082-0	1995	1ª	Alimentos/ bebidas em bares/restau-rantes	Lei comple-mentar	REsp 129.8774 e RE 144.7958
74	REsp 61.355-8	1995	2ª	Alimentos/ bebidas em bares/restau-rantes	Lei comple-mentar	
75	AgRg no Ag 65.932	1995	2ª	Alimentos/ bebidas em bares/restau-rantes	Lei comple-mentar	
76	REsp 57.777-2	1995	1ª	Gravação e distribuição de fitas de vídeo	Lei comple-mentar	REsp 36.9517, 40.1216 e 51.2336

77	REsp 58.810-3	1995	2ª	Gravação e distribuição de fitas de vídeo	Lei complementar	REsp 32.1339, 36.9517, 39.8169 e 40.1216
78	REsp 34.064-4	1995	1ª	Gravação e distribuição de fitas de vídeo	Lei complementar	REsp 42.8602, 45.8722, 44.8093, 11.3030, 35.5516 e 35.5737 e Súmula 135/STJ
79	REsp 64.003-2	1995	1ª	Gravação e distribuição de fitas de vídeo	Lei complementar	REsp 36.9517, 40.1216 e 51.2336
80	REsp 66.616-3	1995	1ª	Gravação e distribuição de fitas de vídeo	Lei complementar	REsp 42.8602, 45.8722, 44.8093, 45.6860, 35.5737 e Súmula 135/STJ
81	REsp 72.128	1995	2ª	Gravação e distribuição de fitas de vídeo	Lei complementar	REsp 32.1339, 36.8090, 39.8169 e 40.1216 e Súmula 135/STJ
82	REsp 50.216	1996	2ª	Acondicionamento de gases industriais	Atividade meio e fim	REsp 31.5431 e 59.6521
83	REsp 83.180	1996	1ª	Composição gráfica	Lei complementar	REsp 15.154, 5.010 e 37.9679
84	REsp 74.878	1996	1ª	Composição gráfica	Lei complementar	REsp 5.808, 33.414, 70.701, 37.9679 e 61.9149
85	REsp 60.679	1996	2ª	Composição Gráfica	Lei complementar	REsp 33.414
86	REsp 51.285	1996	2ª	Composição gráfica	Lei complementar	REsp 33.414 e 58.839 e Súmula 156/STJ
87	REsp 102.131	1996	2ª	Composição gráfica	Lei complementar	REsp 33.414 e Súmula 156/STJ
88	REsp 29.858	1996	2ª	Construção civil	Lei complementar	
89	REsp 40.356	1996	2ª	Construção Civil	Lei complementar	
90	REsp 27.358	1996	1ª	Alimentos/bebidas em bares/restaurantes	Lei complementar	REsp 129.8774 e RE 144.7958
91	REsp 76.174	1996	1ª	Alimentos/bebidas em bares/restaurantes	Lei complementar	REsp 48.4596
92	AgRg no AI 101.894	1996	1ª	Alimentos/bebidas em bares/restaurantes	Lei complementar	EREsp 11.072 e REsp 15.763, 31.443, 59.951, 54.323 e 88.080
93	REsp 58.063-3	1996	2ª	Gravação e distribuição de fitas de vídeo	Lei complementar	REsp 32.1339 e Súmula 135/STJ

94	REsp 40.808-3	1996	2ª	Gravação e distribuição de fitas de vídeo	Lei complementar	Súmula 135/STJ
95	REsp 84.443	1996	2ª	Gravação e distribuição de fitas de vídeo	Lei complementar	REsp 32.1339, AC 164.9132 e Súmula 135/STJ
96	REsp 87.686	1996	2ª	Gravação e distribuição de fitas de vídeo	Lei complementar	REsp 32.1339, AC 164.9132 e Súmula 135/STJ
97	REsp 93.752	1996	1ª	Gravação e distribuição de fitas de vídeo	Lei complementar	REsp 32.1339, REsp 42.8602 e Súmula 135/STJ
98	REsp 100.277	1996	1ª	Gravação e distribuição de fitas de vídeo	Lei complementar	Súmula 135/STJ
99	REsp 81.881	1996	1ª	Outros	Lei complementar	REsp 30.2965, REsp 43.4823, REsp 9.584
100	REsp 89.584	1996	1ª	Outros	Lei complementar	REsp 30.296, REsp 43.4823
101	REsp 87.906	1996	1ª	Gravação e distribuição de fitas de vídeo	Lei complementar	REsp 36.8090, Súmula 135
102	REsp 55.961	1997	2ª	Composição gráfica	Encomenda e personalização	Súmula 156/STJ
103	REsp 88.078	1997	1ª	Construção Civil	Preponderância qualitativa	REsp 6.219
104	Resp 130.539	1997	1ª	Construção civil	Lei complementar	RMS 3.4569 e REsp 30.671, 9.933, 37.8427, 77.048 e 36.060
105	RMS 8.037	1997	1ª	Construção civil	Lei complementar	RMS 3.4569 e REsp 62.589, 130.539, 30.671, 77.048 e 36.060
106	REsp 97.065	1997	1ª	Alimentos/bebidas em bares/restaurantes	Lei complementar	RE 129.8774 e 144.7958
107	REsp 106.598	1997	2ª	Gravação e distribuição de fitas de vídeo	Lei complementar	REsp 36.418 e Súmula 135/STJ
108	REsp 130.268	1997	2ª	Gravação e distribuição de fitas de vídeo	Lei complementar	REsp 72.128, 36.418, 39.8169 e 40.1216 e Súmula 135/STJ
109	REsp 123.022	1997	1ª	Licença/cessão de sistemas/programas de computador	Encomenda e personalização	RMS 5.934
110	REsp 114.171	1997	1ª	Outros	Lei complementar	REsp 43.482

111	REsp 70.508	1997	2ª	Outros	Lei complementar	REsp 30.296, 89.584 e 43.482
112	REsp 107.589	1998	2ª	Acondicionamento de gases industriais	Atividade meio e fim	REsp 37.291, 59.652 e 6.2199
113	REsp 136.398	1998	1ª	Beneficiamento	Industrialização do produto	
114	REsp 118.352	1998	1ª	Beneficiamento	Industrialização do produto	REsp 136.398
115	REsp 89.385	1998	2ª	Composição gráfica	Encomenda e personalização	Súmula 156/STJ
116	REsp 167.342	1998	2ª	Composição gráfica	Lei complementar	REsp 33.414 e Súmula 156/STJ
117	REsp 120.666	1998	1ª	Composição gráfica	Lei complementar	REsp 1.235, 33.4140, 46.1455 e 33.4668
118	REsp 115.083	1998	1ª	Alimentos/ bebidas em bares/restaurantes	Lei complementar	Súmula 163/STJ
119	REsp 130.429	1998	2ª	Gravação e distribuição de fitas de vídeo	Lei complementar	REsps 36.418, 66.616, 106.598 e Súmula 135/ STJ
120	REsp 123.558	1999	1ª	Beneficiamento	Lei complementar	
121	REsp 122.202	1999	1ª	Construção civil	Lei complementar	REsp 149.946 MS
122	REsp 108.860	1999	2ª	Construção civil	Lei complementar	
123	REsp 198.436	1999	1ª	Outros	Lei complementar	REsps 70.508, 43.4822 e 89.584
124	REsp 255.054	2000	1ª	Composição gráfica	Lei complementar	REsp 5.010 e 37.5487
125	AgRg no REsp 260254	2000	1ª	Composição gráfica	Lei complementar	REsp 37.5487 e 5.010, Súmula 156/STJ e RE 94.939
126	REsp 149.946 MS	2000	1ª	Construção civil	Lei complementar	
127	REsp 130.350	2000	1ª	Alimentos/ bebidas em bares/restaurantes	Lei complementar	REsp 144.7958 e 129.8774
128	EDcl no REsp 125.851	2000	1ª	Instalação e montagem	Preponderância qualitativa	

129	REsp 139.921	2000	1ª	Outros	Preponderância qualitativa	REsp 42.820
130	REsp 142.339	2001	1ª	Composição gráfica	Lei Complementar	REsp 260.254 e 199.624
131	EDcl no REsp 226.794	2001	2ª	Gravação e distribuição de fitas de vídeo	Encomenda	RE 191.7326 e Súmula 135/STJ
132	REsp 416.939	2002	1ª	Beneficiamento	Industrialização do produto	REsp 136.398, 118.352 e 273.205
133	REsp 436.330	2002	1ª	Beneficiamento	Industrialização do produto	REsps 136.398 e 118.352
134	REsp 225.592	2002	2ª	Composição gráfica	Lei complementar	REsp 18.9920, 142.339 e 260.254 e Súmula 156/STJ
135	REsp 327.504	2002	1ª	Composição gráfica	Lei complementar	REsp 5.010 e 37. 5487, RE 94.939, e Súmula 156/STJ
136	EDcl no REsp 316.253	2002	1ª	Composição gráfica	Lei complementar	RE 106.0687 e REsp 44.892, 51285, 120.571 e 15154
137	AgRg no REsp 331.201	2002	1ª	Composição gráfica	Não adota critérios	REsp 225.592 e 327.504 e Súmula 156/STJ
138	AgRg no AI 452.646	2002	1ª	Composição gráfica	Não adota critérios	REsp 225.592, REsp 142.339, Edcl no AgRg no REsp 260.254, REsp 51.166, Súmula 156/STJ
139	AgRg no REsp 189.329	2002	1ª	Construção civil	Lei complementar	REsps 149.946 e 49.401, AI 445.852 e Súmula 167/STJ.
140	AgRg no AgRg no AgRg no REsp 330.229	2002	1ª	Construção civil	Lei complementar	EREsp 149.946 e Súmula 167/STJ.
141	AI 445.852	2002	1ª	Construção civil	Lei complementar	
142	AgRg no AI 406.149	2002	1ª	Gravação e distribuição de fitas de vídeo	Lei complementar	REsp 278.070, 87.906, 130.429 e 87.686 e Súmula 135/STJ
143	REsp 216.967	2002	2ª	Licença/cessão de sistemas/programas de computador	Encomenda e personalização	REsp 123.022, RMS 5.934 e, RE 191.732 e 176.6263
144	REsp 437.324	2003	2ª	Composição gráfica	Encomenda e personalização	Súmula 156/STJ e REsp 142.339 e 70.701

145	AgRg nos EDcl no REsp 406.805	2003	1ª	Gravação e distribuição de fitas de vídeo	Encomenda	REsp 226.794 e Súmula 135/STJ
146	REsp 395.633	2003	2ª	Instalação e montagem	Industrialização do produto	
147	REsp 258.599	2004	2ª	Composição gráfica	Encomenda e personalização	Súmula 156/STJ e REsp 55.961 e 1.235
148	AgRg no AI 454.156	2004	2ª	Composição gráfica	Não adota critérios	REsp 33.466, 33.414 e 18.992 e Súmula 156/STJ
149	REsp 470.577	2004	2ª	Composição gráfica	Preponderância qualitativa	
150	REsp 540.490	2004	2ª	Composição gráfica	Encomenda e personalização	AGA 454.156 e Súmula 156/STJ
151	REsp 506.227	2004	2ª	Composição gráfica	Encomenda e personalização	Súmula 156/STJ e AGA 454.156
152	REsp 621.191	2004	1ª	Composição Gráfica	Lei Complementar	REsp 486.020, 316.253 , 327.504, 225.592, 37.548, 18.992 e 37.967 e Súmula 156/STJ
153	Resp 486.020	2004	2ª	Composição gráfica	Encomenda	
154	REsp 472.984	2004	2ª	Gravação e distribuição de fitas de vídeo	Encomenda	REsp 472.984 e 226.794, RE 183.190 e 191.7326 e Súmula 135/STJ
155	REsp 633.405	2004	1ª	Licença/cessão de sistemas/programas de computador	Encomenda e personalização	REsp 123.022 e 216.967 e ROMS 5.934
156	REsp 126.939	2005	2ª	Beneficiamento	Lei complementar	REsp 123.558
157	REsp 493.749	2005	1ª	Composição gráfica	Lei complementar	REsp 540.490, 225.592 e 316.253, AgRg no AG 452.646 e 454.156, AgRg no REsp 331.201 e Súmula 156/STJ
158	REsp 621.623	2005	2ª	Composição gráfica	Lei complementar	REsp 486.020 e 225.592
159	REsp 725.246	2005	1ª	Composição gráfica	Obrigação de fazer e dar, Atividade meio e fim eeponderância qualitativa	REsp 470.577, Ag Rg no AI 454.156 e Súmula 156/STJ

160	REsp 203.522	2005	2ª	Gravação e distribuição de fitas de vídeo	Encomenda e personalização	REsp 472.984 e RE 183.190 e 191.732
161	REsp 788.235	2006	2ª	Composição gráfica	Lei complementar	REsp 486.020 e 225.592 e Súmula 156/STJ
162	REsp 702.871	2006	1ª	Composição gráfica	Lei complementar	REsp 540490 e 205544, EDcl no AgRg no REsp 260254 e Súmula 156/STJ
163	AgRg no AI 599.075	2006	2ª	Composição gráfica	Encomenda e personalização	AGA 454.156, RE 102.939, REsp 493.749 e Súmula 156/STJ
164	REsp 578.214	2006	2ª	Composição gráfica	Encomenda e personalização	AGA 454.156 e Súmula 156/STJ
165	REsp 453.173	2006	2ª	Construção civil	Lei complementar	AgRg no REsp 189.329, REsps 11.979 e 149.946 e Súmula 167/STJ.
166	AgRg no REsp 737.263	2006	1ª	Outros	Lei complementar	REsp 114.171 e 89.584
167	REsp 433.704	2007	2ª	Composição gráfica	Lei complementar	REsp 493.749, 540.490 e 327.504 e Súmula 156/STJ
168	REsp 542.242	2007	2ª	Composição gráfica	Lei complementar	REsp 74.878, 33.414, 578.466, 433.704, 788.235, 621.623, 437.324, 540.490, 331.201, 702.871 e 327.504, AgRg no REsp 621.191 e Súmula 156/STJ
169	AgRg no REsp 804.427	2007	1ª	Construção civil	Lei complementar	REsp 122.202 e 149.946
170	AgRg no REsp 307.163	2007	2ª	Gravação e distribuição de fitas de vídeo	Encomenda	REsp 203.522 e 472.984 e, Súmula 135/STJ
171	REsp 888.852	2008	1ª	Beneficiamento	Obrigação de fazer e dar e Atividade meio e fim	
172	AgRg no REsp 937.803	2008	1ª	Composição gráfica	Lei complementar	REsp 542.242, 578.466, 439.749, 205.544 e eSúmula 156/STJ
173	REsp 650.687	2008	1ª	Composição gráfica	Lei complementar	REs 129.877 e 144795
174	REsp 732.496	2008	1ª	Composição gráfica	Lei complementar	RE 144.795 e 129.877, REsp 702.871 e 881.035 e Súmula 156/STJ

175	AgRg no AI 999.995	2008	1ª	Composição gráfica	Lei complementar	REsp 788.253 e 327.504, AgRg no REsp 621.191 e Súmula 156/STJ
176	AI 997.948	2008	1ª	Composição gráfica	Lei complementar	REsps 1.235 46.3386 e Súmula 156/STJ
177	REsp 882.526	2008	1ª	Composição gráfica	Lei complementar	REs 129.877 e 129.8774 e Súmula 156/STJ
178	AgRg no REsp 966.184	2008	2ª	Composição gráfica	Encomenda e personalização	f
179	REsp 913.694	2008	2ª	Composição Gráfica	Encomenda	REsp 205.544, 621.623, 493.749, 486.020 e 225.592 e AgRg no Ag 454.156
180	REsp 1.019.453	2008	2ª	Gravação e distribuição de fitas de vídeo	Encomenda e personalização	REsp 203.522 e 472.984, RE 191.732 e Súmula 135/STJ
181	REsp 1.070.404	2008	2ª	Licença/cessão de sistemas/programas de computador	Encomenda e personalização	REsp 123.022 e 633.405 e RE 191.732 e 176.6263
182	REsp 881.035	2008	1ª	Manipulação de Medicamentos	Lei complementar	REsp 975.105 e 881.035 e RE 129.8774
183	REsp 959.258	2009	2ª	Beneficiamento	Obrigação de fazer e dar e Atividade meio e fim	REsp 888.852 e Súmula 156/STJ
184	REsp 1.097.249	2009	1ª	Beneficiamento	Obrigação de fazer e dar e Atividade meio e fim	REsp 888.852
185	REsp 1.092.206	2009	1ª	Composição gráfica	Lei complementar	RE 144.795 e 129.87, REsp 542.242 e 913.694, AgRg no REsp 713.471, AgRg no Ag 933.118, AgRg no REsp 937.803 e Súmula 156/STJ
186	AgRg no REsp 921.740	2009	2ª	Composição gráfica	Lei complementar	REsp 1.092.206 e Súmula 156/STJ
187	AgRg no AI 1.071.523	2009	1ª	Composição gráfica	Lei complementar	REsp 788.235, 327.504, 540490, 486020, 225592 e 1.092.206, AgRg no REsp 621.191 e Súmula 156/STJ
188	AgRg no REsp 968.969	2009	1ª	Composição gráfica	Lei complementar	REsp 1.092.206 e Súmula 156/STJ

189	REsp 975.105	2009	2ª	Manipulação de Medicamentos	Lei complementar	REsp 881.035
190	AgRg no AI 1.279.303	2010	2ª	Beneficiamento	Obrigação de fazer e dar e Atividade meio e fim	REsp 888.852, 959.258 e 1.097.249
191	AgRg nos EDcl no REsp 1.190.282	2010	1ª	Beneficiamento	Industrialização do produto	REsp 436.330, 416.939, 118.352 e 136.398
192	REsp 950.444	2010	1ª	Beneficiamento	Obrigação de fazer e dar e Atividade meio e fim	RESP 1.092.206
193	AgRg no AgRg no AI 1.202.698	2010	1ª	Composição gráfica	Lei complementar	AgRg no AgRg no AI 1.181.909, AgRg no AI 497.015, Súmula 156/STJ, REsp 225592, 327504, 486020, 540490, 788.235 e 486.020, AgRg no Ag 1.071.523 e AgRg no REsp 621.191
194	AgRg no REsp 1.064.634	2010	2ª	Composição gráfica	Lei complementar	AgRg no REsp 451.177 e 331.201, AgRg no AI 452.646, REsp 1.092.206 e Súmula 156/STJ
195	EDcl no AgRg no AgRg no REsp 1.168.488	2010	2ª	Conserto, manutenção e conservação	Lei complementar	RE 129.8774
196	AgRg em REsp 1.158.069	2010	1ª	Manipulação de Medicamentos	Lei complementar	REsp 881.035 e 975.105
197	AgRg no AI 1.212.016	2010	1ª	Manipulação de Medicamentos	Lei complementar	REsp 881.035, 975.105 e AgRg no REsp 1.158.069
198	REsp 1.102.838	2010	1ª	Outros	Lei complementar	RE 144.795, 129.877, AgRg no REsp 1.168.488 e REsp 1.092.206
199	AgRg no AI 1.362.310	2011	1ª	Beneficiamento	Obrigação de fazer e dar e Atividade meio e fim	REsp 1.097.249, AgRg no AI 1.279.303 e REsp 888.852
200	REsp 1.251.682	2011	2ª	Composição gráfica	Lei complementar	REsp 1.092.206, Súmula 156/STJ e AgRg no REsp 1.064.634

201	AgRg no AI 1.377.427	2011	2ª	Composição gráfica	Encomenda e personalização	
202	REsp 1.068.491	2011	1ª	Conserto, manutenção e conservação	Lei complementar	Edcl no AgRg no AgRg no REsp 1.168.488
203	REsp 1.239.018	2011	2ª	Conserto, manutenção e conservação	Lei complementar	REsp 1.092.206
204	AgRg no REsp 1.280.329	2012	2ª	Beneficiamento	Obrigação de fazer e dar e Atividade meio e fim	REsp 888.852 e 1.097.249
205	AgRg no REsp 1.292.324	2012	2ª	Composição gráfica	Encomenda e personalização	AgRg no AI 1.377.427, AgRg no REsp 1.064.634 e 921.740 e Súmula 156/STJ
206	AgRg no AREsp 126.025	2012	2ª	Composição gráfica	Lei complementar	REsp 1.092.206, AgRg no REsp 966.184 e Súmula 156/STJ
207	AgRg no REsp 1.301.117	2012	2ª	Composição gráfica	Lei complementar	REsp 1.092.206 e 1.251.682, AgRg no REsp 1.064.634 e Súmula 156/STJ
208	AgRg no AREsp 103.409	2012	2ª	Composição gráfica	Destinação	MC em ADI 4389
209	AgRg no AREsp 213.594	2012	2ª	Composição gráfica	Encomenda e personalização	Súmula 156/STJ, AgRg no REsp 966.184 e REsp 437.324
210	AgRg no AI 1.389.891	2012	1ª	Manipulação de Medicamentos	Lei complementar	REsp 881.035, 975.105 e AgRg no AI 1.212.016
211	EDcl nos EDcl no AgRg no AREsp 309.854	2013	2ª	Beneficiamento	Obrigação de fazer e dar e Atividade meio e fim	REsp 888.852, 1.280.329 e 1.097.249 e AgRg no AI 1.362.310
212	EDcl no AgRg no AREsp 328.624	2013	2ª	Beneficiamento	Obrigação de fazer e dar e Atividade meio e fim	REsp 888.852, 1.280.329 e 1.097.249, AgRg no AREsp 309.854 e 207.589, AgRg no AI 1.362.310 e MC em ADI 4389
213	AgRg no AI 1.361.444	2013	1ª	Beneficiamento	Obrigação de fazer e dar e Atividade meio e fim	AgRg no AI 1.369.818, AgRg no AREsp 328.624 e 207.589

214	AgRg no REsp 1.308.633	2013	2ª	Composição gráfica	Encomenda e personalização	Súmula 156/STJ, AgRg no AREsp 213.594 e 966.184 e REsp 437.324 e 470.577
215	AgRg no AREsp 330.870	2014	2ª	Beneficiamento	Obrigação de fazer e dar e Atividade meio e fim	REsp 888.852 e 1.097.249 e AgRg no AI 1.279.303
216	AgRg nos EAg 1.360.188	2014	1ª	Beneficiamento	Obrigação de fazer e dar e Atividade meio e fim	REsp 888.852 e 959.258, AgRg no AI 1.362.258, AgRg no AREsp 328.624 e e 207.589 e AgRg no Ag 1369818
217	REsp 1.231.669	2014	1ª	Construção civil	Encomenda e personalização e Industrialização do produto	AgRg no AREsp 213.594 e REsp 437.324
218	AgRg no AREsp 445.591	2014	1ª	Manipulação de Medicamentos	Lei complementar	AgRg no AI 1.212.016 , AgRg no REsp 1.158.069 e REsp 975.105
219	AgRg no REsp 1.369.577	2014	2ª	Composição gráfica	Encomenda e personalização	Súmula 156/STJ, AgRg no AREsp 213.594, 966.184 e AgRg no REsp 1.308.633
220	AgRg no AREsp 60.091	2015	1ª	Beneficiamento	Não adota critérios	AgRg no Eag 1.360.188, AgRg no Ag 1.361.444 e AgRg no REsp 1.323.284
221	AgRg no REsp 1.447.225	2015	2ª	Manipulação de Medicamentos	Lei complementar	AgRg no AI 1.389.891 e 1.212.015 AgRg no REsp 1.158.069 e 487.691, REsp 881.035 e EDcl no AgRg no REsp 1105699

TABELA 3 - ACÓRDÃOS DO STF NÃO ANALISADOS

ORDEM	ACÓRDÃOS	MOTIVO
1	RE 80.852	Não trata de conflito de competência
2	RE 81.650	Não trata de conflito de competência
3	RE 86.815	Não trata de conflito de competência
4	RE 115.359	Não trata de conflito de competência
5	RE 76.721	Não trata de conflito de competência

6	RE 75.845	Não trata de conflito de competência
7	RE 86.993	Não trata de conflito de competência
8	RE 11.228	Indicado na doutrina ou na própria jurisprudência, mas não encontrado no repertório do STF
9	RE 221.577	Indicado na doutrina ou na própria jurisprudência, mas não encontrado no repertório do STF
10	AGRG no AI 398.118	Indicado na doutrina ou na própria jurisprudência, mas não encontrado no repertório do STF
11	AGRG no AI 154.614	Indicado na doutrina ou na própria jurisprudência, mas não encontrado no repertório do STF
12	AgRg 79.078	Indicado na doutrina ou na própria jurisprudência, mas não encontrado no repertório do STF
13	RE 97.927	Indicado na doutrina ou na própria jurisprudência, mas não encontrado no repertório do STF
14	RE 12.947	Indicado na doutrina ou na própria jurisprudência, mas não encontrado no repertório do STF
15	RE 76.907	Não trata de conflito de competência
16	RE 77.943	Não trata de conflito de competência
17	RE 78.871	Não trata de conflito de competência
18	AGR 68.821	Indicado na doutrina ou na própria jurisprudência, mas não encontrado no repertório do STF
19	AGR 64.392	Indicado na doutrina ou na própria jurisprudência, mas não encontrado no repertório do STF
20	RE 112.947	Não trata de conflito de competência
21	RE 626.706	Não trata de conflito de competência
22	RE 115.103-0	Não trata de conflito de competência
23	RE 163.725	Não trata de conflito de competência
24	RE 547.245	Não trata de conflito de competência
25	RE 592.905	Não trata de conflito de competência
26	RE 106.047	Não trata de conflito de competência
27	RE 95.251	Óbice - Ausência de prequestionamento
28	RE 86.833	Óbice - Súmula 400
29	RE 90.094	Não trata de conflito de competência
30	RE 461.968	Não trata de conflito de competência
31	RE 214.414	Não trata de conflito de competência
32	RE 69.828	Não trata de conflito de competência
33	RE 71.073	Não trata de conflito de competência

34	RE 183.403	Não trata de conflito de competência
35	RE 134.071	Não trata de conflito de competência
36	RE 101.441	Não trata de conflito de competência
37	RE 75.952	Não trata de conflito de competência
38	RE 259.339	Não trata de conflito de competência
39	RE 189.225	Não trata de conflito de competência
40	RE 357.950	Não trata de conflito de competência
41	RE 86.343	Não trata de conflito de competência
42	RE 203.075	Não trata de conflito de competência
43	RE 82.557	Não trata de conflito de competência
44	RE 166.772	Não trata de conflito de competência
45	RE 213.094	Não trata de conflito de competência
46	RE 277.806	Não trata de conflito de competência
47	RE 236.604	Não trata de conflito de competência
48	RE 71.758	Não trata de conflito de competência
49	RE 91.662	Não trata de conflito de competência
50	RE 87.049	Não trata de conflito de competência
51	RE 92.883	Não trata de conflito de competência
52	RE 115.308	Não trata de conflito de competência
53	RE 40.356	Não trata de conflito de competência
54	RE 70.538	Não trata de conflito de competência
55	RE 94.580	Não trata de conflito de competência
56	RE 84.837	Não trata de conflito de competência
57	RE 236.931	Não trata de conflito de competência
58	AgRg no AI 167.777	Não trata de conflito de competência
59	ADIN 28	Não trata de conflito de competência
60	RE 149.955	Não trata de conflito de competência
61	RE 161.428	Não trata de conflito de competência
62	RMS 5934	Não trata de conflito de competência
63	RE 97.804	Não trata de conflito de competência
64	ADI 2591	Não trata de conflito de competência
65	RE 91.161	Não trata de conflito de competência
66	ADI 4565	Não trata de conflito de competência

67	RE 583.327	Não trata de conflito de competência
68	RE 584.608	Não trata de conflito de competência
69	RE 71.307	Não trata de conflito de competência
70	RE 100.779	Não trata de conflito de competência
71	RE 607.056	Não trata de conflito de competência
72	RE 150.755-1	Não trata de conflito de competência
73	RE 346.084-6	Não trata de conflito de competência
74	RE 185.789	Não trata de conflito de competência
75	RE 87.190	Não trata de conflito de competência
76	RE 136.215	Não trata de conflito de competência
77	RE 77.183	Não trata de conflito de competência
78	RE 112.040	Não trata de conflito de competência
79	RE 74.464	Não trata de conflito de competência
80	ADI 1851	Não trata de conflito de competência
81	RE 450.342	Não trata de conflito de competência
82	RE 361.829	Não trata de conflito de competência
83	RE 106.915	Não trata de conflito de competência
84	RE 113.093-8	Óbice: Apreciação detéria deova
85	AgRg no RE 394.298-1	**Óbice:** súmula 283/STF
86	RE 567.935	Não trata de conflito de competência
87	RE 158.834-9	Não trata de conflito de competência
88	EDcl no AgRg no ARE 854.709	Não trata de conflito de competência
89	AgRg no AI 826.468	Óbice: Súmula 279/STF e Ofensa reflexa à CF
90	AgRg no AI 826.554	Óbice: Ofensa reflexa à CF
91	AgRg no ARE 765.686	Óbice: Súmula 284/STF e Ofensa reflexa à CF
92	AgRg no RE 599.838	Óbice: Súmula 279/STF e Ofensa reflexa à CF
93	RE 205.634-1	Não trata de conflito de competência
94	ADI 4.481	Não trata de conflito de competência
95	AgRg no AI 173.676-3	Não trata de conflito de competência
96	AgRg no AI 672.328-8	Não trata de conflito de competência
97	AgRg no AI 704.599	Não trata de conflito de competência
98	AgRg no RE 270.827-5	Não trata de conflito de competência
99	AgRg no RE 635.209	Não trata de conflito de competência

100	AgRg no AI 199.864-7	Não trata de conflito de competência
101	AI 47.518	Não trata de conflito de competência
102	EDcl no AI 250.852-3	Não trata de conflito de competência
103	EDcl no AI 617.850	Não trata de conflito de competência
104	RE 212.637-3	Não trata de conflito de competência
105	RE 145.491-1	Não trata de conflito de competência
106	RE 196.527-4	Não trata de conflito de competência
107	RE 200.168-6	Não trata de conflito de competência
108	RE 89.590-6	Não trata de conflito de competência
109	RE 71.300	Não trata de conflito de competência
110	RE 78.623	Não trata de conflito de competência
111	RE 72.406	Não trata de conflito de competência
112	RE 68.924	Não trata de conflito de competência
113	RE 68.344	Não trata de conflito de competência
114	RE 77.366	Óbice: súmula 282/STF
115	AgRg no ARE 708.067	Óbice: Súmula 279/STF e Ofensa reflexa à CF
116	AgRg no AgRg no RE 515.765	Não trata de conflito de competência
117	AgRg no RE 354.376	Não trata de conflito de competência
118	MC em ADI 3.389-1	Não trata de conflito de competência
119	RE 101.083-5	Não trata de conflito de competência
120	RE 185.318-2	Não trata de conflito de competência
121	RE 191.648-6	Não trata de conflito de competência
122	RE 660.970	Decisão pela existência de repercussão geral/processo ainda não julgado.
123	AgRg no RE 601.706	Óbice: Súmula 282 e 356/STF
124	AgRg no RE 492.800	Óbice: Recurso de caráter protelatório
125	AgRg no RE 248.301	Óbice: Súmula 279, 282 e 356/STF
126	AgRg no RE 781.262	Óbice: Súmula 279/STF e Ofensa reflexa à CF
127	AgRg no ARE 886.770	Óbice: Súmula 279/STF e Ofensa reflexa à CF
128	AgRg no AI 794.590	Óbice: Súmula 279/STF e Ofensa reflexa à CF
129	AgRg no AI 526.899	Óbice: Súmula 279/STF e Ofensa reflexa à CF
130	AgRg no AI 817.605	Óbice: Súmula 279/STF
131	RE 196.123-6	Óbice: Ofensa reflexa à CF

132	AgRg no RE 555.796	Óbice: Súmula 279/STF
133	EDcl AgRg no AI 215.253-1	Óbice: Ofensa reflexa à CF
134	AgRg no RE 448.080-8	Óbice: Ofensa reflexa à CF
135	AgRg no RE 179.689-8	Óbice: Ofensa reflexa à CF
136	AgRg no AI 795.083	Óbice: Ofensa reflexa à CF
137	AgRg no AI 630.117	Óbice: Ofensa reflexa à CF
138	AgRg no AI 333.612-6	Óbice: Ofensa reflexa à CF
139	AgRg no AI 203.241-2	Óbice: Ofensa reflexa à CF
140	AgRg no AI 237.774-0	Óbice: Ofensa reflexa à CF
141	RE 170-784-4	Não trata de conflito de competência
142	MC na ADI 18-5	Não trata de conflito de competência
143	RE 240.785	Não trata de conflito de competência
144	RE 226.899	Não trata de conflito de competência
145	RE 540.829	Não trata de conflito de competência
146	AgRg no RE 549.532	Não trata de conflito de competência
147	AgRg no RE 357.291-1	Não trata de conflito de competência
148	MC na ADI 1.945	Não trata de conflito de competência
149	AC 130-7	Não trata de conflito de competência
150	AgRg no AI 662.441	Não trata de conflito de competência
151	AgRg no RE 572.811-1	Não trata de conflito de competência
152	AgRg no RE 559.936	Não trata de conflito de competência
153	AgRg no RE 636.896	Não trata de conflito de competência
154	AgRg no RE 417.912	Não trata de conflito de competência
155	AgRg no RE 444.885-8	Não trata de conflito de competência
156	AgRg no RE 527.820-4	Não trata de conflito de competência
157	RE 541.090	Não trata de conflito de competência
158	RE 611.586	Não trata de conflito de competência
159	ADI 2.588	Não trata de conflito de competência
160	RE 93.319	RE não conhecido - MS via inadequada
161	RE 106.438	RE não conhecido
162	RE 437.324	Não trata de conflito de competência
163	RE 116.121-3	Não trata de conflito de competência
164	RE 446.003	Não trata de conflito de competência

165	AgRg no RE 455.613	Não trata de conflito de competência
166	AgRg no RE 553.223	Não trata de conflito de competência
167	RE 465.456	Não trata de conflito de competência
168	AgRh no RE 450.120	Não trata de conflito de competência
169	AgRg no AI 543.317	Não trata de conflito de competência
170	AgRg no AI 551.336	Não trata de conflito de competência
171	AgRg no AI 546.588	Não trata de conflito de competência

TABELA 4 - ACÓRDÃOS DO STJ NÃO ANALISADOS

ORDEM	ACÓRDÃOS	MOTIVO
1	REsp 926.913	Súmula 7/STJ
2	REsp 264.126	Não trata de conflito de competência
3	REsp 699.986	Não trata de conflito de competência
4	Resp 221.557	Não trata de conflito de competência
5	AI 436.896	Não trata de conflito de competência
6	REsp 218.505	Não trata de conflito de competência
7	REsp 541.867	Não trata de conflito de competência
8	REsp 29.135	Não trata de conflito de competência
9	REsp 596.812	Não trata de conflito de competência
10	REsp 54.683	Não trata de conflito de competência
11	REsp 121.428	Não trata de conflito de competência
12	REsp 567.592	Não trata de conflito de competência
13	REsp 204.987	Não trata de conflito de competência
14	REsp 144.339	Não trata de conflito de competência
15	REsp 119.705	Não trata de conflito de competência
16	REsp 115.279	Não trata de conflito de competência
17	REsp 132.435	Não trata de conflito de competência
18	REsp 41.630	Não trata de conflito de competência
19	REsp 61.228	Não trata de conflito de competência
20	REsp 176.082	Não trata de conflito de competência
21	AgRg 128.065	Não trata de conflito de competência
22	REsp 254.549	Não trata de conflito de competência

23	REsp 411.580	Não trata de conflito de competência
24	REsp 40.171	Não trata de conflito de competência
25	REsp 234.498	Não trata de conflito de competência
26	REsp 492.869	Não trata de conflito de competência
27	RMS 27.243	Não trata de conflito de competência
28	REsp 68.455	Não trata de conflito de competência
29	REsp 256.267	Não trata de conflito de competência
30	REsp 41.867	Não trata de conflito de competência
31	AgRg no REsp 1173678	Não trata de conflito de competência
32	AgRg no REsp 1350801	Não trata de conflito de competência
33	REsp 115.337	Não trata de conflito de competência
34	REsp 109.220	Não trata de conflito de competência
35	REsp 1.125.133	Não trata de conflito de competência
36	ERESP 168.023	Não trata de conflito de competência
37	REsp 178.908	Não trata de conflito de competência
38	REsp 1.902.206	Indicado na doutrina ou na própria jurisprudência, mas não encontrado no repertório do STJ
39	REsp 778.333	Não trata de conflito de competência
40	REsp 31.543	Não trata de conflito de competência
41	REsp 817.182	Óbice: Ausência de prequestionamento e súmulas 282 e 356/STF
42	AgRg no AREsp 350.842	Óbice: súmula 284/STF e 7/STJ
43	REsp 1.185.230	Óbice: Ofensa ao 535 do CPC
44	REsp 439.884	Não trata de conflito de competência
45	REsp 657.707	Não trata de conflito de competência
46	RMS 27.473	Não trata de conflito de competência
47	REsp 1.023.185	Óbice: Súmula 7/STJ
48	REsp 1.017.358	Não trata de conflito de competência
49	EDcl nos EDcl no AgRg no REsp 812703	Negado seguimento ao REsp com base no artlgo 557 do CPC/Súmula 07.
50	AgRg no AI 1.367.363	Óbice: Súmula 7/STJ e ausência de cotejo analítico
51	AgRg no AI 101.355	Óbice: Ausência de prequestionamento e reexame de prova

52	AgRg em REsp 1.323.284	Óbice: Súmula 7/STJ
53	AgRg no AREsp 207.589	Óbice: Súmula 7/STJ
54	AgRg no AgRg no REsp 795.257	Não trata de conflito de competência
55	AgRg no AI 581.593	Não trata de conflito de competência
56	AgRg no AI 746.597	Não trata de conflito de competência
57	REsp 222.246	Não trata de conflito de competência
58	REsp 84.832	Não trata de conflito de competência
59	REsp 88.080	Não trata de conflito de competência
60	REsp 105.395	Não trata de conflito de competência
61	AgRg no AI 703.431	Não trata de conflito de competência
62	AgRg no AREsp 44.970	Não trata de conflito de competência
63	AgRg no REsp 1.092.686	Não trata de conflito de competência
64	AgRg no REsp 1.241.806	Não trata de conflito de competência
65	AgRg no REsp 1.247.425	Não trata de conflito de competência
66	AgRg no REsp 1.532.655	Não trata de conflito de competência
67	AR 2.183	Não trata de conflito de competência
68	EREsp 167.476	Não trata de conflito de competência
69	MC 12.110	Não trata de conflito de competência
70	REsp 1.029.434	Não trata de conflito de competência
71	REsp 1.051.058	Não trata de conflito de competência
72	REsp 1.117.139 Repetitivo	Não trata de conflito de competência
73	REsp 1.191.860	Não trata de conflito de competência
74	REsp 1.201.635 Repetitivo	Não trata de conflito de competência
75	REsp 1.246.317	Não trata de conflito de competência
76	REsp 1.252.683	Não trata de conflito de competência
77	REsp 1.259.688	Não trata de conflito de competência
78	REsp 1.337.338	Não trata de conflito de competência
79	REsp 1.369.395	Não trata de conflito de competência

80	REsp 198.413	Não trata de conflito de competência
81	REsp 237.484	Não trata de conflito de competência
82	REsp 325.858	Não trata de conflito de competência
83	REsp 637.756	Não trata de conflito de competência
84	REsp 665.126	Não trata de conflito de competência
85	REsp 667.950	Não trata de conflito de competência
86	REsp 676.994	Não trata de conflito de competência
87	REsp 702.325	Não trata de conflito de competência
88	REsp 702.730	Não trata de conflito de competência
89	REsp 725.983	Não trata de conflito de competência
90	REsp 750.790	Não trata de conflito de competência
91	REsp 751.368	Não trata de conflito de competência
92	REsp 794.352	Não trata de conflito de competência
93	REsp 842.270	Não trata de conflito de competência
94	REsp 853.040	Não trata de conflito de competência
95	REsp 881.370	Não trata de conflito de competência
96	REsp 984.880	Não trata de conflito de competência
97	RMS 17.238	Não trata de conflito de competência
98	RMS 21.240	Não trata de conflito de competência
99	RMS 27.107	Não trata de conflito de competência
100	AgRg no AI 1.269.818	Não trata de conflito de competência
101	AgRg no AgRg no REsp 1.148.822	Não trata de conflito de competência
102	AgRg no AI 1.156.362	Não trata de conflito de competência
103	AgRg no AI 1.168.476	Não trata de conflito de competência
104	AgRg no AREsp 517.939	Não trata de conflito de competência
105	AgRg no AREsp 572.862	Não trata de conflito de competência
106	AgRg no REsp 1.087.256	Não trata de conflito de competência
107	AgRg no REsp 1.090.782	Não trata de conflito de competência
108	AgRg no REsp 1.497.917	Não trata de conflito de competência
109	AgRg no RMS 44.924	Não trata de conflito de competência

110	EREsp 899.485	Não trata de conflito de competência
111	REsp 1.015.855	Não trata de conflito de competência
112	REsp 1.116.087	Não trata de conflito de competência
113	REsp 1.133.895	Não trata de conflito de competência
114	REsp 1.138.280	Não trata de conflito de competência
115	REsp 1.224.342	Não trata de conflito de competência
116	REsp 1.286.617	Não trata de conflito de competência
117	REsp 1.333.356	Não trata de conflito de competência
118	REsp 1.340.323	Não trata de conflito de competência
119	REsp 58.265	Não trata de conflito de competência
120	REsp 110.481	Não trata de conflito de competência
121	REsp 113.917	Não trata de conflito de competência
122	REsp 117.135	Não trata de conflito de competência
123	REsp 506.076	Não trata de conflito de competência
124	REsp 518.656	Não trata de conflito de competência
125	REsp 614.009	Não trata de conflito de competência
126	REsp 762.748	Não trata de conflito de competência
127	REsp 807.130	Não trata de conflito de competência
128	REsp 811.712	Não trata de conflito de competência
129	REsp 903.394 Repetitivo	Não trata de conflito de competência
130	REsp 952.373	Não trata de conflito de competência
131	REsp 977.090 Repetitivo	Não trata de conflito de competência
132	RMS 19.176	Não trata de conflito de competência
133	RMS 19.521	Não trata de conflito de competência
134	REsp 850.362	Não trata de conflito de competência
135	AgRg no AREsp 324.790	Não trata de conflito de competência
136	AgRg no AREsp 122.928	Não analisa critério
137	EDcl no REsp 120.571	Não analisa critério
138	REsp 10.388	Não trata de conflito de competência
139	REsp 13.892-0	Não trata de conflito de competência
140	REsp 15.728-0	Não trata de conflito de competência

141	AgRg no AI 67.882-2	Não trata de conflito de competência
142	AgRg no AI 71.800-0	Não trata de conflito de competência
143	EREsp 13.089-0	Não trata de conflito de competência
144	REsp 41.369-9	REsp não conhecido
145	REsp 258.121	Não trata de conflito de competência
146	REsp 710.774	Não trata de conflito de competência
147	REsp 766.004	Não trata de conflito de competência
148	REsp 848.490	Não trata de conflito de competência
149	REsp 879.797	Não trata de conflito de competência
150	EDcl no AgRg no AREsp 464.154	Óbice: Súmula 7/STJ
151	EDcl no AI 1.021.671	Óbice: Súmula 7/STJ
152	EDcl no REsp 85.328	Óbice: não há obscuridade, contradição ou omissão
153	AgRg na MC 13.999	Óbice: Súmula 7/STJ
154	AgRg no Ai 684.796	Óbice: Súmula 7/STJ
155	AgRg na MC 19.332	Sem exame de mérito (art. 267, CPC)
156	AgRg no AI 499.664	Óbice: Ausência de prequestionamento
157	AgRg no AI 892.987	Óbice: Súmula 7/STJ
158	AgRg no AI 933.118	Óbice: Súmula 7/STJ
159	AgRg no AREsp 1.698	Óbice: Súmula 7/STJ
160	AgRg no AREsp 95.241	Óbice: Súmula 7, 284/STJ e ausência de prequestionamento
161	AgRg no AREsp 109.200	Óbice: Ausência de prequestionamento
162	AgRg no AREsp 318.599	Óbice: Súmula 7/STJ
163	AgRg no AREsp 449.342	Óbice: Súmula 7/STJ
164	AgRg no AREsp 572.340	Óbice: Súmula 7/STJ
165	AgRg no AREsp 621.725	Óbice: Súmula 7/STJ
166	AgRg no AREsp 662.465	Óbice: Súmula 7/STJ
167	AgRg no REsp 1.068.423	Óbice: Súmula 7/STJ
168	AgRg no REsp 251.941	Óbice: Súmula 7/STJ

169	AgRg no REsp 573.753	Óbice: Súmula 7/STJ
170	AgRg no REsp 713.471	Óbice: ausência de cotejo analítico
171	AR 1.084	Óbice: improcedência da ação rescisória por falta dos requisitos
172	REsp 1.084.715	Óbice: Súmula 7/STJ
173	REsp 1.135.251	Óbice: Ausência de prequestionamento
174	REsp 984.543	Óbice: Súmula 7/STJ
175	REsp 990.739	Óbice: Súmula 7/STJ
176	REsp 205.544	Óbice: Súmula 7/STJ
177	REsp 506.326	Óbice: Súmula 7/STJ
178	REsp 578.466	Óbice: Súmula 7/STJ
179	REsp 799.775	Óbice: Súmula 7/STJ
180	REsp 138.823	Óbice: Súmula 7/STJ
181	REsp 158.813	Óbice: fundamentação de natureza constitucional
182	REsp 188.760	Óbice: Súmula 7/STJ
183	REsp 268.437	Óbice: Súmula 7/STJ
184	REsp 31.687-3	Óbice: Súmula 7/STJ
185	REsp 623.352	Óbice: Súmula 7/STJ
186	REsp 201.841	Não trata de conflito de competência
187	REsp 202.353	Não trata de conflito de competência
188	REsp 215.655	Não trata de conflito de competência
189	REsp 219.588	Não trata de conflito de competência
190	REsp 226.685	Não trata de conflito de competência
191	REsp 239.331	Não trata de conflito de competência
192	AgRg natição 3.352	Não trata de conflito de competência
193	AgRg no AI 346.098	Não trata de conflito de competência
194	AgRg no AI 575.357	Não trata de conflito de competência
195	AgRg no AI 629.813	Não trata de conflito de competência
196	AgRg no AI 643.139	Não trata de conflito de competência
197	AgRg no AI 655.308	Não trata de conflito de competência
198	AgRg no AI 687.218	Não trata de conflito de competência
199	AgRg no AI 691.094	Não trata de conflito de competência

200	AgRg no AI 750.255	Não trata de conflito de competência
201	AgRg no AI 757.508	Não trata de conflito de competência
202	AgRg no AI 803.690	Não trata de conflito de competência
203	AgRg no AREsp 157.345	Não trata de conflito de competência
204	AgRg no EREsp 1.188.875	Não trata de conflito de competência
205	AgRg no REsp 1.002.693	Não trata de conflito de competência
206	AgRg no REsp 1.020.749	Não trata de conflito de competência
207	AgRg no REsp 1.058.589	Não trata de conflito de competência
208	AgRg no REsp 1.062.395	Não trata de conflito de competência
209	AgRg no REsp 1.085.475	Não trata de conflito de competência
210	AgRg no REsp 1.128.343	Não trata de conflito de competência
211	AgRg no REsp 1.137.648	Não trata de conflito de competência
212	AgRg no REsp 1.189.255	Não trata de conflito de competência
213	AgRg no REsp 1.197.712	Não trata de conflito de competência
214	AgRg no REsp 1.327.092	Não trata de conflito de competência
215	AgRg no REsp 1.505.664	Não trata de conflito de competência
216	AgRg no REsp 262.059	Não trata de conflito de competência
217	AgRg no REsp 336.458	Não trata de conflito de competência
218	AgRg no REsp 609.270	Não trata de conflito de competência
219	AgRg no REsp 621.484	Não trata de conflito de competência
220	AgRg no REsp 623.286	Não trata de conflito de competência
221	AgRg no REsp 658.265	Não trata de conflito de competência

222	AgRg no REsp 721.096	Não trata de conflito de competência
223	AgRg no REsp 917.751	Não trata de conflito de competência
224	AgRg no REsp 921.804	Não trata de conflito de competência
225	AgRg no REsp 953.172	Não trata de conflito de competência
226	AgRg no REsp 953.840	Não trata de conflito de competência
227	AgRg nos EDcl no AI 883.278	Não trata de conflito de competência
228	AgRg nos EDcl no REsp 1.081.617	Não trata de conflito de competência
229	AgRg nos EDcl no REsp 606.104	Não trata de conflito de competência
230	AgRg nos EDcl no REsp 973.432	Não trata de conflito de competência
231	EDcl no REsp 1.108.515	Não trata de conflito de competência
232	EDcl no RMS 9.630	Não trata de conflito de competência
233	EDcl no RMS 12.062	Não trata de conflito de competência
234	EDcl nos EDCl no AgRg no REsp 779.496	Não trata de conflito de competência
235	MS 5.655	Não trata de conflito de competência
236	Rcl 6.407	Não trata de conflito de competência
237	REsp 1.019.004	Não trata de conflito de competência
238	REsp 1.044.239	Não trata de conflito de competência
239	REsp 1.068.041	Não trata de conflito de competência
240	REsp 1.135.489	Não trata de conflito de competência
241	REsp 1.160.256	Não trata de conflito de competência
242	REsp 1.194.562	Não trata de conflito de competência
243	REsp 1.204.976	Não trata de conflito de competência
244	REsp 1.439.753	Não trata de conflito de competência
245	RMS 8.334	Não trata de conflito de competência
246	RMS 10.678	Não trata de conflito de competência
247	RMS 13.875	Não trata de conflito de competência
248	RMS 15.571	Não trata de conflito de competência

249	RMS 16.852	Não trata de conflito de competência
250	RMS 23.799	Não trata de conflito de competência
251	RMS 24.552	Não trata de conflito de competência
252	RHC 10.705	Não trata de conflito de competência
253	REsp 937.433	Não trata de conflito de competência
254	REsp 976.605	Não trata de conflito de competência
255	REsp 511.390	Não trata de conflito de competência
256	REsp 523.528	Não trata de conflito de competência
257	REsp 524.239	Não trata de conflito de competência
258	REsp 595.773	Não trata de conflito de competência
259	REsp 726.229	Não trata de conflito de competência
260	REsp 736.607	Não trata de conflito de competência
261	REsp 779.515	Não trata de conflito de competência
262	REsp 782.987	Não trata de conflito de competência
263	REsp 884.845	Não trata de conflito de competência
264	REsp 887.145	Não trata de conflito de competência
265	REsp 901.772	Não trata de conflito de competência
266	REsp 912.865	Não trata de conflito de competência
267	REsp 926.339	Não trata de conflito de competência
268	REsp 931.566	Não trata de conflito de competência
269	REsp 935.420	Não trata de conflito de competência
270	REsp 804.004	Não trata de conflito de competência
271	REsp 838.685	Não trata de conflito de competência
272	REsp 840.025	Não trata de conflito de competência
273	REsp 859.616	Não trata de conflito de competência
274	REsp 862.470	Não trata de conflito de competência
275	REsp 864.619	Não trata de conflito de competência
276	REsp 883.254	Não trata de conflito de competência
277	REsp 885.530	Não trata de conflito de competência
278	REsp 184.569	Não trata de conflito de competência
279	REsp 303.139	Não trata de conflito de competência
280	REsp 325.155	Não trata de conflito de competência
281	REsp 328.427	Não trata de conflito de competência

282	REsp 330.000	Não trata de conflito de competência
283	REsp 438.942	Não trata de conflito de competência
284	REsp 480.531	Não trata de conflito de competência
285	REsp 612.490	Não trata de conflito de competência
286	REsp 613.709	Não trata de conflito de competência
287	REsp 616.041	Não trata de conflito de competência
288	REsp 620.112	Não trata de conflito de competência
289	REsp 622.385	Não trata de conflito de competência
290	REsp 648.368	Não trata de conflito de competência
291	REsp 247.595	Não trata de conflito de competência
292	RMS 5.934	Não trata de conflito de competência
293	RMS 5.552	Não trata de conflito de competência
294	REsp 76721	Não trata de conflito de competência
295	REsp 77969	Não trata de conflito de competência
296	REsp 109.7248	Indicado na doutrina ou na própria jurisprudência, mas não encontrado no repertório do STJ
297	REsp 11.533	Não trata de conflito de competência
298	REsp 25.599	Não trata de conflito de competência
299	REsp 36.199	Não trata de conflito de competência
300	REsp 40.161	Não trata de conflito de competência
301	REsp 130.621	Não trata de conflito de competência
302	REsp 1.194.999	Não trata de conflito de competência
303	AgRg no AgRg no REsp 1.139.844	Não trata de conflito de competência
304	REsp 456.650	Não trata de conflito de competência
305	REsp 323.358	Não trata de conflito de competência
306	REsp 486.202	Indicado na doutrina ou na própria jurisprudência, mas não encontrado no repertório do STJ
307	AGRG em AI 166.138	Indicado na doutrina ou na própria jurisprudência, mas não encontrado no repertório do STJ
308	REsp 215.211	Indicado na doutrina ou na própria jurisprudência, mas não encontrado no repertório do STJ
309	REsp 41693	Indicado na doutrina ou na própria jurisprudência, mas não encontrado no repertório do STJ

310	AgRg nos EDcl no REsp 1.190.282	Não trata de conflito de competência. Óbice: Súmula 7/ STJ. Dispositivo: com fundamento no art. 557, caput, do CPC, conheceu em parte do recurso especial e negou-lhe provimento.
311	EREsp 836	Não trata de conflito de competência

Impressão e acabamento
Intergraf Ind. Gráfica Eireli.